2026
详解版

# 初中化学
# 奥林匹克竞赛

主　　编　蓝　涧
本册主编　张立新



# 全真试题

## 全国联赛卷

長江出版傳媒　湖北科学技术出版社

**图书在版编目(CIP)数据**

初中化学奥林匹克竞赛全真试题．全国联赛卷 2026 详解版 / 蓝润主编．-- 武汉 ：湖北科学技术出版社，2025. 6. -- ISBN 978-7-5706-4215-1

Ⅰ．G634.83

中国国家版本馆 CIP 数据核字第 2025566S5G 号

初中化学奥林匹克竞赛全真试题．全国联赛卷 2026 详解版
CHUZHONG HUAXUE AOLINPIKE JINGSAI QUANZHEN SHITI QUANGUO LIANSAIJUAN 2026 XIANGJIEBAN

责任编辑：梅嘉容
责任校对：陈横宇　　封面设计：胡　博

---

出版发行：湖北科学技术出版社
地　　址：武汉市雄楚大街 268 号（湖北出版文化城 B 座 13—14 层）
电　　话：027-87679468　　邮　　编：430070

---

印　　刷：湖北大合印务有限公司　　邮　　编：433000

---

880 毫米 ×1230 毫米　1/16　　14 印张　　290 千字
2025 年 6 月第 1 版　　2025 年 6 月第 1 次印刷
定　　价：45.00 元

---

# 前　　言

数理化奥林匹克竞赛是覆盖面较广的一种群众性竞赛活动，几乎覆盖了全国各地每一所学校。各级各类的竞赛活动旨在拓宽学生的知识视野，激发学生的学习兴趣，培养学生的思维习惯、动手能力，发展学生的个性特长。同时，竞赛活动对促进教师自身素质的提高，促进教学改革的深入开展和教学质量的提高也有重要作用。

然而竞赛试题内容广博、命题新颖、思路开阔，对学生的综合素质和创新要求较高。当家长看到孩子做不出训练题目想帮一把却又感到无助之时，总感叹自己手中没有一本好的辅导用书。市场上现有的辅导用书不是太难，就是太易，或是太偏，抑或是缺少系统性，家长面对太多的竞赛资料总觉得有些茫然。许多教师也为竞赛书太多太滥而大伤脑筋，为辅导竞赛缺少一本既有系统性又不超竞赛大纲的书而犯愁。为此我们广泛收集，将全国部分省市十几年来的初中数理化竞赛试题进行精选，将全国数理化联赛试题进行汇总，并吸收部分国际竞赛的典型试题，汇编成这套丛书。书中通过对试卷的全面分析和研究，对每道赛题都逐一进行了详细的解析，力求通俗易懂、化难为易，既便于学生自学，也便于家长和教师参考。本套丛书力求体现以下特点。

**导向性。**全面反映近几年来中学数理化竞赛的重要题型，及所考查的知识点和解题方法，从而可以预测未来竞赛命题的趋势。

**新颖性。**所选内容均是经过我们筛选的近几年的国际国内竞赛试题，不仅内容新鲜，题目新颖，而且精彩有趣。

**精巧性。**许多试题虽有一定难度，但难而不怪，高而可攀。当然，解答时要求具备较强的分析推理能力和灵活运用知识的能力。我们在解析时，注意做到语句通俗、简明，思路清晰、简捷。有的解答还配有图表说明，便于学生理解。对于一题多解，选用的是其中一两种较为简便或典型的方法，这对拓展学生的解题思路、启迪学生的思维、发展学生的智力，将有很大的帮助。

**实用性。**本丛书前半部分是试题，后半部分是参考答案。可供学生在赛前进行检测，检测后再对照答案掌握和理解解题方法。

**权威性。**本丛书由在各级奥赛中辅导学生屡夺金牌的特、高级教师和国家级奥林匹克优秀教练员编写。

参加本书编写的有：张立新、查震、李琳、查建章、林泉、秦翔、郑烈山、周玲、沈南林、周璧虎、张立迁、汪鹏、李红梅、高秀玲、赵小峰、陈展、王永、张胜、杜谦、王胜、江一新、付明、叶丽。

由于时间仓促和水平有限，编写中恐有不当之处，敬请广大读者提出宝贵意见。希望本套丛书助您成功。

编　者

2024 年 10 月

CONTENTS

# 目录

CONTENTS

# 2012年全国初中学生化学素质和实验能力竞赛复赛试题

学习笔记

**一、选择题**(本题包括15个小题,每小题2分,共30分。每小题有1个或2个选项符合题意。若有2个答案的错1个不得分,漏选1个扣1分。)

**1.** 我国"化学"一词最早出于《化学鉴原》(1871年)。该书把一种元素翻译为"矽(xī)"。在地壳里,"矽"的含量在所有元素含量中占第二位,现代把这种"矽"元素命名为(　　)

A. 锡　　B. 硒　　C. 氧　　D. 硅

**2.** 人们可用铁钛矿(主要成分为 $FeTiO_3$)制取金属钛(Ti),其在一定条件下的主要反应有:

①$FeTiO_3+H_2=Fe+TiO_2+H_2O$;

②$TiO_2+2C+2Cl_2=TiCl_4+2CO$;

③$TiCl_4+2Mg=2MgCl_2+Ti$。

下列叙述中正确的是(　　)

A. 反应①中的 $H_2$ 被氧化　　B. 反应②中钛元素的化合价升高

C. 反应③是复分解反应　　D. 反应②中 $Cl_2$ 中的"Cl"得到电子

**3.** 正常人胃液的pH在0.3~1.2之间。用以治疗胃酸过多的药物中常含 $MgCO_3$、$NaHCO_3$、酒石酸钠等,这主要是由于(　　)

A. 碳酸、酒石酸都不是强酸

B. 酒石酸是营养品

C. $Na^+$、$Mg^{2+}$ 都是人体必需的元素

D. $MgCO_3$、$NaHCO_3$ 与胃酸作用生成 $CO_2$,服药后有喝汽水的感觉

**4.** 下列制取物质的设计中,不可能实现的是(　　)

A. $CaCO_3\xrightarrow{煅烧}CaO\xrightarrow{H_2O}Ca(OH)_2\xrightarrow{Na_2CO_3溶液、过滤}NaOH$ 溶液

B. $Cu\xrightarrow[\triangle]{O_2}CuO\xrightarrow{稀H_2SO_4}CuSO_4\xrightarrow{Na_2CO_3溶液、过滤}Cu(OH)_2$ 沉淀

C. $KMnO_4\xrightarrow{\triangle}O_2\xrightarrow{S、点燃}SO_3\xrightarrow{H_2O}H_2SO_4$

D. $Ba(OH)_2\xrightarrow{盐酸}BaCl_2$ 溶液 $\xrightarrow{通入CO_2}BaCO_3$ 沉淀

**5.** 两个或多个同种含氧酸分子之间可以脱水形成相对分子质量更大的酸,如磷酸 $H_3PO_4$ 可形成 $H_4P_2O_7$ 或 $H_5P_3O_{10}$ 等。下列物质中**不属于**硫酸($H_2SO_4$)脱水后形成的是(　　)

A. $H_2S_2O_7$　　B. $H_2S_3O_{10}$　　C. $H_2S_2O_8$　　D. $H_2S_4O_{13}$

**6.** "碳捕捉技术"是指通过一定的方法,将工业生产中产生的 $CO_2$ 分离出来进行储存和利用。常利用NaOH溶液来"捕捉"$CO_2$,过程如下图所示(部分条件及物质未标出)。

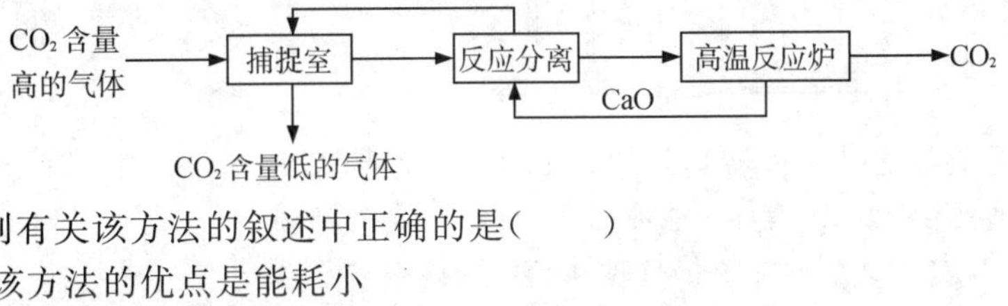


下列有关该方法的叙述中正确的是(　　)

A. 该方法的优点是能耗小

B. 该方法可减少碳排放

C. 整个过程中,只有一种物质可以循环利用

D. "反应分离"中,分离物质的基本操作是蒸发、结晶

7. 已知复分解反应 $2CH_3COOH+Na_2CO_3 \xlongequal{} 2CH_3COONa+H_2O+CO_2\uparrow$ 可进行。在常温下，测得相同浓度的下列五种溶液的 pH：

| 溶质 | $CH_3COONa$ | $NaHCO_3$ | $Na_2CO_3$ | NaClO | NaCN |
|---|---|---|---|---|---|
| pH | 8.8 | 8.6 | 11.6 | 10.3 | 11.1 |

表中数据揭示出复分解反应的一条规律，即碱性较强的物质发生类似反应可以生成碱性弱的物质。依照该规律，请你判断下列反应中不能成立的是(　　)

A. $CO_2+H_2O+2NaClO \xlongequal{} Na_2CO_3+2HClO$

B. $CO_2+H_2O+NaClO \xlongequal{} NaHCO_3+HClO$

C. $CH_3COOH+NaCN \xlongequal{} CH_3COONa+HCN$

D. $NaClO+CH_3COOH \xlongequal{} HClO+CH_3COONa$

8. 为测定气球内的气体成分，有学生用超薄材料的气球按右图所示装置进行实验。开始时气球沉于烧杯底部，打开开关后，过一会儿气球从烧杯底部慢慢浮起，最后悬于烧杯口。气球内可能的气体是(　　)

A. 甲烷　　　　B. 氧气

C. 氯气　　　　D. 氢气

9. 在 CuO 和 Fe 的混合物中加入一定量的稀硫酸，微热，待反应停止后过滤，滤出不溶物后再往滤液里加入一枚铁钉，若铁钉无变化，则错误的叙述是(　　)

A. 不溶物中一定有铜

B. 不溶物可能全部是铁

C. 滤液是硫酸亚铁溶液

D. 滤液是硫酸铜和硫酸亚铁的混合溶液

10. 某水溶液中含有以下离子中的若干种：$K^+$、$Cl^-$、$Mg^{2+}$、$Ba^{2+}$、$CO_3^{2-}$、$SO_4^{2-}$。现取两份 100 mL 溶液进行如下实验：

(1)第一份加入 $AgNO_3$ 溶液有沉淀产生。

(2)第二份加足量 $BaCl_2$ 溶液后，得沉淀物 6.27 g，经足量硝酸洗涤、干燥后，沉淀质量为 2.33 g；在所得滤液中加入 $AgNO_3$ 溶液有沉淀产生。

根据上述实验，以下推测中正确的是(　　)

A. $Cl^-$ 一定存在　　　　B. 100 mL 溶液中 $K^+$ 的质量不小于 2.34 g

C. $K^+$ 一定存在　　　　D. $Ba^{2+}$ 一定不存在，$Mg^{2+}$ 可能存在

11. 某同学为使过滤操作能自动添加液体，设计了如下图所示的"自动加液过滤器"。倒置的烧瓶中盛放待过滤的液体，当漏斗中的液体减少时，烧瓶中的液体会从"液体流出管"流入漏斗而不会从漏斗中溢出。为使液体顺利流下，需插入"空气导入管"与大气相通。下列各图中"空气导入管"安装正确的是(　　)

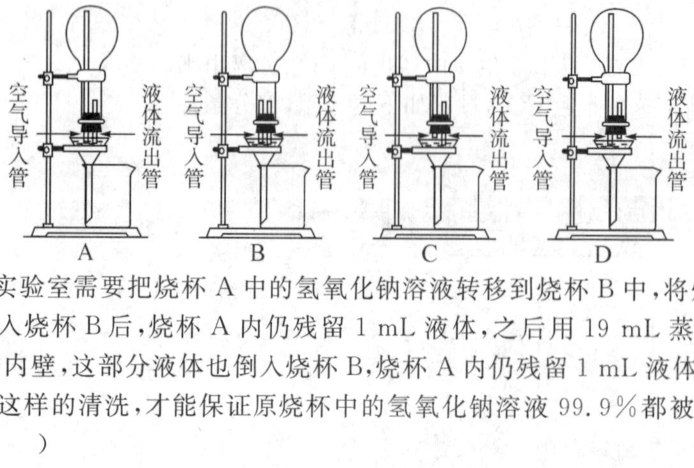


12. 实验室需要把烧杯 A 中的氢氧化钠溶液转移到烧杯 B 中，将烧杯 A 内的液体倒入烧杯 B 后，烧杯 A 内仍残留 1 mL 液体，之后用 19 mL 蒸馏水清洗烧杯 A 的内壁，这部分液体也倒入烧杯 B，烧杯 A 内仍残留 1 mL 液体……至少需要几次这样的清洗，才能保证原烧杯中的氢氧化钠溶液 99.9% 都被转移至新烧杯？(　　)

A. 2 次　　　　B. 3 次　　　　C. 4 次　　　　D. 5 次

13. 已知 $FeO$、$Fe_2O_3$、$Fe_3O_4$ 组成的混合物中，铁与氧的质量比为 21∶8，则混合物中 $FeO$、$Fe_2O_3$、$Fe_3O_4$ 三种物质的质量比可以是(　　)

A. 9∶20∶5　　B. 18∶40∶33

C. 2∶5∶3　　D. 5∶6∶3

14. $Fe_2O_3$、$ZnO$、$CuO$ 的固体混合粉末 $a$ g，在加热条件下用足量 CO 还原，得到金属混合物 2.41 g，将生成的 $CO_2$ 气体用足量的澄清石灰水吸收后，产生 5.00 g 白色沉淀，则 $a$ 的数值为(　　)

A. 7.41　　B. 3.59　　C. 3.21　　D. 2.46

15. 我们常用原子利用率来衡量化学反应过程的原子经济性，其计算公式：

$$原子利用率=\frac{目标生成物的质量}{参加该反应所有反应物的总质量}\times100\%$$

下面是用联合工艺法制备新型自来水消毒剂 $ClO_2$ 的反应原理：

①电解氯化钠溶液　$NaCl+3H_2O\xlongequal{通电}NaClO_3+3H_2\uparrow$

②氢气与氯气合成氯化氢

③生成二氧化氯　$2NaClO_3+4HCl\xlongequal{}2NaCl+2ClO_2\uparrow+Cl_2\uparrow+2H_2O$

此方法的原子利用率最大为(　　)

A. 37.6%　　B. 53.6%　　C. 62.2%　　D. 94.4%

**二、填空题**(本题包括 10 个小题，共 40 分。)

16. (4 分)稀薄燃烧发动机具有高效、经济、环保等优点，和普通汽车发动机对比如下：

| 发动机类型 | 发动机混合气中汽油与空气的质量比 | 发动机运转的温度 | 尾气中 CO 的含量 | 尾气中 $NO_x$ 的含量 |
|---|---|---|---|---|
| 普通发动机 | 1∶15 | 较高 | 较高 | 较高 |
| 稀薄燃烧发动机 | 1∶40 | 较低 | 较低 | 较低 |

(1)根据上表的数据可知“稀薄”的含义是________。

A. 发动机混合气中的汽油含量低

B. 发动机混合气中的空气含量低

C. 发动机混合气中的氧气含量低

D. 发动机混合气中的氮气含量低

(2)为何稀薄燃烧发动机产生的尾气中 CO 含量会减少？

________________________________________________________________。

(3)已知汽车尾气中的氮氧化物(以 $NO_x$ 表示)是氮气与氧气在高温下反应产生的。试解释为何稀薄燃烧发动机产生的尾气中 $NO_x$ 含量也会减少。

________________________________________________________________。

(4)某种减少尾气中 CO 与 $NO_x$ 的方法是使用催化转换器，转换过程中发生反应的化学方程式为：$CO+NO_x\longrightarrow CO_2+N_2$(未配平)。若 $x=1.5$，则化学方程式中 $CO_2$ 与 $N_2$ 的系数之比为________。

17. (7 分)在 A、B、C、D 四支试管中分别盛有 $NaHSO_4$、$Na_2CO_3$、$BaCl_2$、$BaCO_3$ 固体，某同学在只有蒸馏水和若干试管的条件下，将它们一一鉴别出来。

(1)$NaHSO_4$ 在水中会解离出 $Na^+$、$H^+$ 和 $SO_4^{2-}$。从物质分类的角度考虑，$NaHSO_4$ 属于________(A. 酸　B. 碱　C. 盐　D. 氧化物)。

(2)最先检验出来的固体物质是________，利用它又可直接检验出的固体物质是________。

(3)剩余两种固体被检验出来时发生反应的化学方程式分别是____________________________________；________________________________。

18. (5 分)合金是由两种或两种以上的金属(或金属与非金属)熔合而成的具有金属特性的物质。一般来说，合金的熔点低于其中任何一个组成金属的熔点。下表是一些金属熔点的数据。

| 金属 | 铜 | 锌 | 锡 | 铅 | 铋 | 镉 |
|---|---|---|---|---|---|---|
| 熔点/℃ | 1083 | 419.6 | 231.9 | 327.5 | 271.3 | 320.9 |

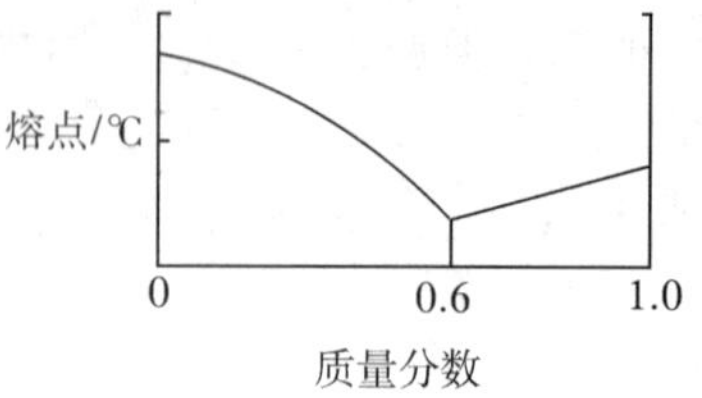


(1)铅锡合金中某种金属的质量分数与合金的熔点有如右图所示的关系，其中横坐标表示的是________的质量分数；当合金熔点最低时，合金中铅与锡的质量比为________。

(2)保险丝由铋、铅、锡、镉等金属组成，其熔点为________。

A. 20～40 ℃　　　　B. 60～80 ℃

C. 230～250 ℃　　　　D. 300～320 ℃

(3)青铜器的主要成分是铜锡合金。崭新的青铜器呈土黄色。当青铜器长期埋在地下，逐渐形成了绿色的铜绿[主要成分 $Cu_2(OH)_2CO_3$]，从其化学式可知，铜绿是铜与________(填物质的化学式)长期作用的结果。

**19.** (2分)我们知道除了水是常见的溶剂外，酒精、液氨等也可以作溶剂。下表是一些物质 25 ℃时在无水酒精中的溶解度(100 g溶剂)。根据下表回答：

| 物质 | $Ca(NO_3)_2$ | $CaCl_2$ | $Ba(NO_3)_2$ | $BaBr_2$ | $CaBr_2$ | NaOH | NaCl |
|---|---|---|---|---|---|---|---|
| 溶解度/g | 33.9 | 20.5 | 0.002 | 3.96 | 34.8 | 14.7 | 0.07 |

请选用表中两种物质作反应物，写出它们在无水酒精中所发生的复分解反应的化学方程式：________________________________________。

**20.** (6分)汽车安全气囊中的填充物主要成分是 $NaN_3$、$KNO_3$ 和 $SiO_2$。汽车发生猛烈碰撞时，$NaN_3$ 分解，生成甲、乙两种单质，有关的化学方程式为____________________；$KNO_3$ 的作用是与可能会对人体造成伤害的单质甲反应，生成单质乙和两种氧化物，请写出该反应的化学方程式：____________________；生成的两种氧化物分别与 $SiO_2$ 反应，从理论上计算可知，$SiO_2$ 与 $NaN_3$ 的质量比宜大于________。

**21.** (3分)$TiO_2$ 的"纳米材料"有广泛的应用，工业上制取 $TiO_2$ 的方法是：$2FeTiO_3+7Cl_2+3C \xlongequal{} 2X+2FeCl_3+3CO_2$，X 的化学式是________；X 再与氧气反应生成 $TiO_2$ 和氯气，该反应的化学方程式是________________________________。

**22.** (3分)蛋白质是组成细胞的基础物质，一些可溶性的重金属盐(如含 $Cu^{2+}$、$Ba^{2+}$、$Ag^{+}$ 等)会使蛋白质发生凝固变性，从而使其丧失生理功能，致人中毒。因此，可溶性重金属盐为有毒物质。根据上述知识回答下列问题：

(1)若医疗上用 X 射线检查胃肠疾病时，要服用________(俗称钡餐)的悬浊液，而不能服用碳酸钡，其原因是人体胃液中含有一定量的________，与碳酸钡反应后，产生了一定量的使人中毒的氯化钡。

(2)若误服氯化钡溶液，下列方案中可作为解毒措施的是________(填标号)。

A. 多饮糖水　　　　B. 饮用牛奶

C. 饮用食盐水　　　　D. 饮用硫酸铝溶液

**23.** (4分)已知 α-氨基丙酸的结构简式为 $\underset{\displaystyle NH_2}{CH_3—\overset{}{CH}—COOH}$（NH₂ 连在 CH 上），它可与 NaOH 反应生成 α-氨基丙酸钠，其化学式为 $C_3H_6O_2NNa$，又知味精的主要成分是谷氨酸一钠，它可以由谷氨酸与 NaOH 反应生成，其结构简式为 HOOC—CH(NH₂)—CH₂—CH₂—COONa，已知它具有下列有关性质：①常态下为白色晶体,含有一分子结晶水,无气味,易溶于水,有肉类鲜味;②在碱性条件下会生成似咸非咸、似涩非涩的谷氨酸二钠,鲜味降低;③在 150 ℃时失去结晶水,在 210 ℃时生成对人体有害的焦谷氨酸盐,并在 270 ℃左右进一步分解。根据以上信息填空:

(1)α-氨基丙酸与氢氧化钠反应的化学方程式为______________________;

(2)写出谷氨酸二钠的结构简式:______________________________;

(3)使用味精适宜的条件是__________________________________。

**24.** (3 分)氮氧化物($NO_x$)等气体破坏人类生存的环境。

(1)汽车尾气净化装置里装有 Pd 等过渡元素的催化剂,气体在催化剂表面吸附与解吸作用的机理如右图所示。尾气净化装置中发生的总反应的化学方程式为____________________________________。

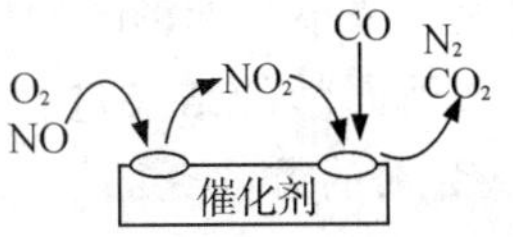


(2)上述反应中的氧化剂是__________________________________。

**25.** (3 分)已知氯气的氧化性很强,与金属发生反应一般生成高价态的金属氯化物。现有铜、铝、镁、铁、锌五种金属中的两种组成的混合物,取该混合物 4 g 与足量的氯气反应后,固体质量增加 7.1 g;将等质量的该金属混合物投入足量的盐酸中,产生氢气 0.2 g。金属混合物的组成情况可能有________种,分别为________。

**三、实验题**(本题包括 3 个小题 ,共 20 分。)

**26.** (3 分)用右图所示实验装置进行氯化氢气体与氨气的反应。甲、乙两烧杯里分别盛放浓盐酸和浓氨水,可看到容器中有白烟产生。填空:

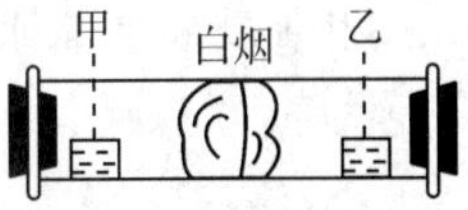


(1)产生白烟的化学方程式为__________________________________。

(2)盛有浓盐酸的烧杯附近白烟更浓,解释产生这一现象的原因:____________________________________________________。

**27.** (6 分)化学兴趣小组对某品牌牙膏中的碳酸钙含量进行以下探究。查得资料:该牙膏摩擦剂主要由碳酸钙、氢氧化铝组成;其他成分遇到盐酸时无气体生成。利用下图所示装置(图中夹持仪器略去)进行实验,充分反应后,测定 B 中生成的 $BaCO_3$ 沉淀质量,以确定碳酸钙的质量分数。

依据实验过程回答下列问题:

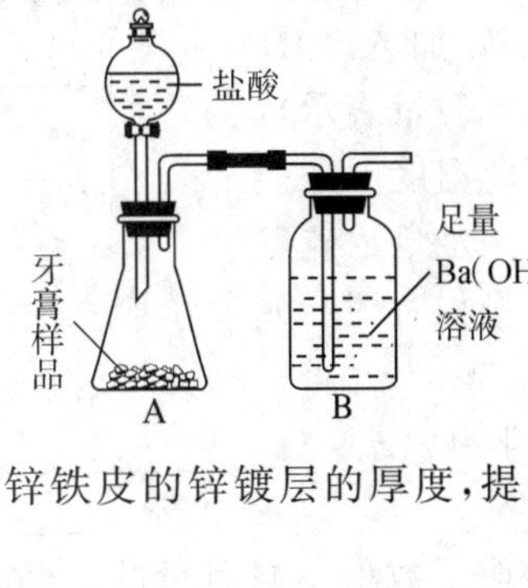


(1)准确称取 8.00 g 样品三份,进行测定,测得 $BaCO_3$ 平均质量为 3.94 g。则样品中碳酸钙的质量分数为________。

(2)若计算值比实际值偏小,分析其原因:________;若计算值比实际值偏大,分析其原因:________;改进措施是________________。

**28.** (11 分)某学习小组的三位同学为测定镀锌铁皮的锌镀层的厚度,提出了各自的设计方案(忽略锌镀层的氧化)。

(1)甲同学的方案是先用盐酸将镀锌铁皮表面的锌反应掉,通过差量计算出锌的质量,然后再由锌的密度算出锌层的体积,最后由体积除以镀锌铁皮的面积计算得到锌层的厚度。在实际操作中,甲同学的方案存在一个很大的问题是__________________________________________。

(2)乙同学通过查阅资料,知道 $Zn(OH)_2$ 既可以与酸反应也可与碱反应,于是设计了如下方案:

镀锌铁皮 $\xrightarrow[①]{\text{足量 5\% 盐酸}}$ 金属全部溶解 $\xrightarrow[②]{\text{过量氢氧化钠}}$ 沉淀 $\xrightarrow[③\quad④]{\text{烘干、灼烧}}$ $Fe_2O_3$ 固体

配制 5%的盐酸 1 L($\rho$=1.025 g/cm$^3$),需取用 36.5%($\rho$=1.181 g/cm$^3$)的盐酸________ mL(保留一位小数)。配制过程中用到的玻璃仪器除烧杯外,还有

________。步骤③的操作是________________________________________。

若使用的镀锌铁皮的质量为 28.156 g，最后称得灼烧后固体的质量为 40.000 g，镀锌铁皮长 5.10 cm，宽 5.00 cm，锌的密度为 7.14 $g/cm^3$，则锌层的厚度为________。

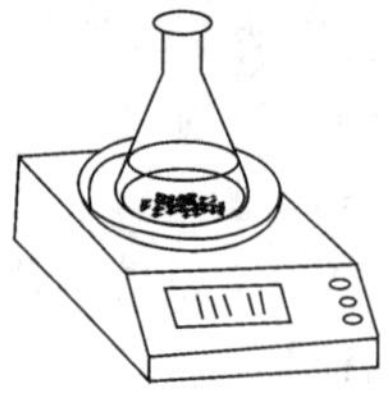

(3)丙同学的方案是通过右图所示装置，测量镀锌铁皮与强酸反应产生气体的质量来计算锌层的厚度。已知镀锌铁皮质量为 18.200 g，加入稀硫酸质量为 140 g，则稀硫酸的质量百分比浓度至少应大于________。若改用浓盐酸，则测出锌的厚度会________（填"偏大""偏小""无影响"）。

(4)实验后，将乙同学和丙同学的结果进行比较，发现他们对同种镀锌铁皮的测量结果差异很大，你认为谁的方案更加可靠呢？________。原因是______。

**四、计算题**（本题包括 2 个小题，共 10 分。）

**29.**（4 分）治理被 $Cd^{2+}$（镉，相对原子质量 112）污染的河水的方法是：使 $Cd^{2+}$ 沉淀以降低河水中 $Cd^{2+}$ 的浓度。查得 25 ℃时，$Cd(OH)_2$（相对分子质量 146）、$CdCO_3$（相对分子质量 172）的溶解度分别为 $1.7\times10^{-4}$ g、$2.8\times10^{-6}$ g。问分别把适量 NaOH、$Na_2CO_3$ 投入被 $Cd^{2+}$ 污染的河水中形成 $Cd(OH)_2$、$CdCO_3$ 沉淀后，河水中 $Cd^{2+}$ 的浓度能否达到国家要求的标准：≤0.005 mg/L？（河水密度为 1.0 $g/cm^3$）

**30.**（6 分）有一瓶久藏的 $Na_2SO_3$，欲测定该药品变质程度，进行如下定量分析：将试样烘干后称取 $m$ g，用适量的蒸馏水配成溶液，加入足量的 $BaCl_2$ 溶液使沉淀完全。滤出的沉淀经洗涤、干燥后，质量为 $n$ g。

(1)若试样部分变质，$\frac{n}{m}$ 的范围为______________。

(2)若取试样 $m$=10.0 g，其中 $Na_2SO_3$ 已有 50%变质，则 $n$ 为________ g。

**附加题**（共 10 分。）

固体铵盐 A、B 的成分可能是 $(NH_4)_2SO_4$、$NH_4HSO_4$，或是两者的混合物。甲、乙两个研究性学习小组的同学想要确定 A 和 B 的成分，并测定 B 中氮元素的质量分数。

(1)甲实验小组的同学取了数份相同质量的样品 A 溶于水，然后加入 40% NaOH 溶液（图中用氢氧化钠质量表示），水浴加热至气体全部逸出（此温度下铵盐不分解）。该气体经干燥后用足量浓硫酸完全吸收，浓硫酸增重的质量如右图。分析该图象并回答下列问题：

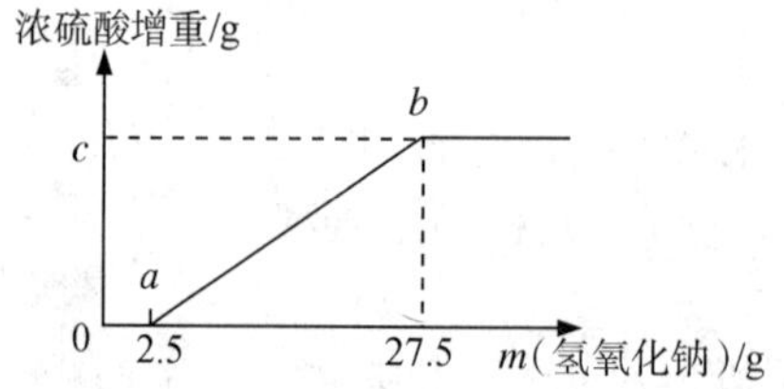


①写出 $ab$ 段涉及的化学方程式：______________________________。

②样品 A 的成分是________，$c$ 点的数值是________。

(2)乙实验小组的同学取了数份不同质量的样品 B，测定方法与甲组同学大部分相同，不同的是，他们将不同质量的铵盐分别加入 50.00 mL 溶液中（含 8.12 g NaOH），测定结果如下：

| 实验编号 | Ⅰ | Ⅱ | Ⅲ | Ⅳ |
| --- | --- | --- | --- | --- |
| 铵盐的质量/g | 10.00 | 20.00 | 30.00 | 50.00 |
| 浓硫酸增加的质量/g | $m$ | $m$ | 1.36 | 0 |

①分析实验数据可知，实验编号为________的实验中，氢氧化钠足量，铵盐中的铵根离子完全转化成气体。

②计算 B 中氮元素的质量分数（保留两位小数）。

# 2013年全国初中学生化学素质和实验能力竞赛复赛试题

**一、选择题**（本题包括15个小题，每小题2分，共30分。每小题有1个或2个选项符合题意。若有2个答案的错1个不得分，漏选1个扣1分。）

**1.** 2013年世界地球日的主题是“多样的物种，唯一的地球，共同的未来”。下列描述中符合这一主题的是（　　）

A. 为粮食增产，多施用高效化肥、农药

B. 霾是一种自然现象，对人体健康影响不大

C. 大力推广新型材料

D. 努力实施“绿色化学”，把化学对环境的负面影响降到最低

**2.** 化学概念相互间存在如下图所示的3种关系，下列对概念间关系的说法中正确的是（　　）

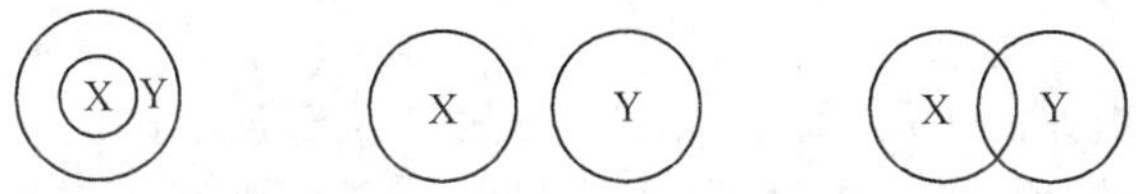


包含关系　　并列关系　　交叉关系

A. 纯净物与混合物属于包含关系

B. 化合物与氧化物属于包含关系

C. 单质与化合物属于交叉关系

D. 氧化反应与化合反应属于并列关系

**3.** 过氧化氢（$H_2O_2$）是常见的过氧化物，下列物质中也属于过氧化物的是（　　）

A. $MnO_2$　　B. $CaO_2$　　C. $NO_2$　　D. $SiO_2$

**4.** 晋代葛洪的《食肉方》（去除黑痣的药方）中记载：“取白炭灰（石灰）、荻灰（草木灰）等分煎合……”可去黑痣。起到“食肉”作用的主要物质是（　　）

A. 碳酸钙　　B. 熟石灰　　C. 碳酸钾　　D. 苛性钾

**5.** 生物体死亡后，体内含有的$^{14}C$会逐渐减少（称为衰变）。因此，科学家可通过测量生物体遗骸中$^{14}C$的含量，来计算它存活的年代，这种方法称为放射性碳测年法。$^{14}C$原子核中含6个质子与8个中子，在衰变时，一个中子变成质子，形成新的原子核。下列关于新原子核的说法中正确的是（　　）

A. 碳原子核，含7个质子，8个中子

B. 氮原子核，含7个质子，7个中子

C. 碳原子核，含6个质子，7个中子

D. 氧原子核，含7个质子，8个中子

**6.** 取4份等质量的$KClO_3$，向其中3份中分别加入少量等质量的$KMnO_4$、$MnO_2$和Mn，分别在某温度下加热至质量不再改变，测定产生氧气的质量。然后将剩余固体溶于足量水中，添加过物质的组别中均有相同组成的不溶物。测定结果如下：

| 组别 | ① | ② | ③ | ④ |
|---|---|---|---|---|
| 加入物质 | 无 | $KMnO_4$ | $MnO_2$ | Mn |
| 产生氧气的质量/g | 0 | $m_1$ | $m_2$ | $m_3$ |
| 不溶物的质量/g | 0 | $w_1$ | $w_2$ | $w_3$ |

已知$m_1>m_2>m_3$，下列关于此实验的说法中一定正确的是（　　）

A. 3种物质的加入都有利于$KClO_3$分解制氧气

B. 残留不溶物的质量关系为$w_1<w_2<w_3$

C. $KMnO_4$是$KClO_3$分解制氧气效果最好的催化剂

D. 不加入其他物质时，$KClO_3$未发生分解反应

**7.** 下列各组微粒中，属于同一种元素的是(　　)

A. Cl 和 $Cl^-$　　B. $CO_2$ 和 CO

C. H 和 He　　D.  和 

**8.** 下列变化过程中一定发生化学反应的是(　　)

A. 燃烧　　B. 爆炸

C. 颜色发生了改变　　D. 状态发生了改变

**9.** 将硅粉与镁粉混合后隔绝空气强热，得到一种暗蓝色的化合物。将此化合物投入水中，发生剧烈反应，产生气体，并伴有爆炸声与火光。此过程不可能发生的反应是(　　)

A. $2Mg + Si \xlongequal{高温} Mg_2Si$

B. $Mg_2Si + 4H_2O \xlongequal{} 2Mg(OH)_2 + SiH_4\uparrow$

C. $SiO_2 + H_2O \xlongequal{} H_2SiO_3$

D. $SiH_4 + 2O_2 \xlongequal{} SiO_2 + 2H_2O$

**10.** 甲、乙两种固体物质的溶解度曲线如图Ⅰ所示。常温下，分别向装有适量甲、乙物质的两支试管里加入等量的蒸馏水，充分振荡后，两支试管底部均有未溶解的固体；再将两支试管放入盛有冰水混合物的烧杯里，如图Ⅱ所示。关于该实验，下列说法中正确的是(　　)

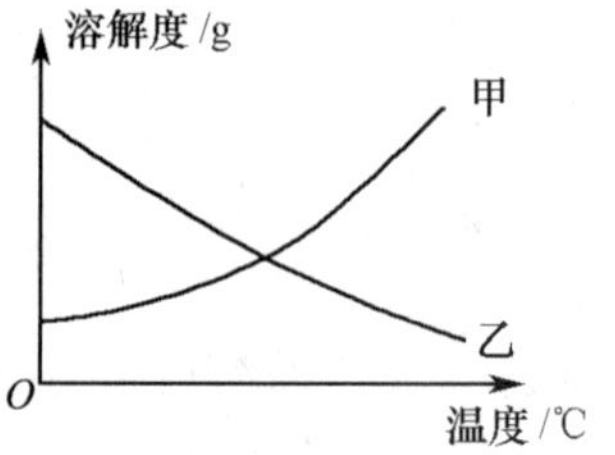


图Ⅰ

图Ⅱ

A. 乙溶液中溶质的质量分数增大

B. 装有甲物质的试管中剩余的固体减少

C. 甲、乙两物质的溶解度都增大

D. 两支试管里剩余的固体都增多

**11.** 下列$CO_2$制备装置中，不能起到"随开随制，随关随停"效果的是(　　)

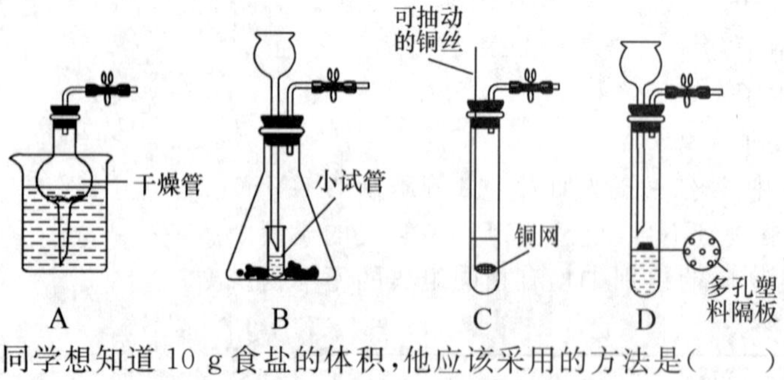


**12.** 某同学想知道 10 g 食盐的体积，他应该采用的方法是(　　)

A. 将食盐放入空量筒中，观察表面对应的刻度

B. 将食盐放入装有水的量筒中，观察液面对应刻度的变化

C. 将食盐放入装有沙子的量筒中，观察表面对应刻度的变化

D. 将食盐放入装有饱和食盐水的量筒中，观察液面对应刻度的变化

**13.** 3 种无色溶液，溶质分别为硫酸铵、氯化钠和碳酸钾。3 位同学设计的鉴别方案如下：

甲：各加入少量盐酸，有气体产生的是碳酸钾。然后向无明显现象的试管中

滴加少量氯化钡溶液，有沉淀产生的是硫酸铵，无沉淀产生的是氯化钠。

乙：各加入足量烧碱溶液，加热，有气体产生的是硫酸铵。然后向无明显现象的试管中滴加少量硝酸银溶液，再加入少量稀硝酸，有沉淀产生的是氯化钠，无沉淀产生的是碳酸钾。

丙：各加入少量氯化钡溶液，再加入少量稀硝酸，有沉淀产生的是硫酸铵。然后向无明显现象的试管中滴加少量硝酸银溶液，有沉淀产生的是氯化钠，无沉淀产生的是碳酸钾。

其中正确的有(　　)

A. 甲　　B. 甲和乙　　C. 乙和丙　　D. 甲和丙

**14.** 现有失去标签的氯化钙、硝酸银、盐酸、碳酸钠4种无色溶液。将它们编号为甲、乙、丙、丁后，两两混合的现象如下表所示。根据实验现象判断甲溶液中溶质的化学式是(　　)

| 实验顺序 | 实验内容 | 实验现象 |
|---|---|---|
| ① | 甲＋乙 | 有气泡生成 |
| ② | 甲＋丙 | 有沉淀生成 |
| ③ | 丙＋丁 | 有沉淀生成 |
| ④ | 乙＋丙 | 没有现象发生 |

A. $CaCl_2$　　B. $AgNO_3$　　C. HCl　　D. $Na_2CO_3$

**15.** 将5.4 g金属铝投入一定量的混合盐溶液中，反应后可得到36.0 g金属单质(无气体产生)。则原混合盐的组成可能为(　　)

A. $Pb(NO_3)_2$与$Hg(NO_3)_2$　　B. $Fe(NO_3)_2$和$Zn(NO_3)_2$

C. $AgNO_3$与$Cu(NO_3)_2$　　D. $Sn(NO_3)_2$与$Mg(NO_3)_2$

**二、填空题**(本题包括8个小题，共40分。)

**16.** (4分)生活与化学密切相关，处处都充满着化学知识。

(1)下列食物中，能提供大量维生素的是________(填标号)。

A. 牛奶　　B. 大米　　C. 蔬菜

(2)加钙牛奶中的“钙”是指钙元素，身体中一旦缺钙，可能患有的疾病是___________(填“骨质疏松”或“贫血”)。

(3)下列物品中，所使用的主要材料属于天然纤维的是________(填标号)。

A. 橡胶手套　　B. 棉布围裙　　C. 塑料保鲜膜

(4)我们常用洗涤剂清洗餐具上的油污，这是因为洗涤剂具有________功能。

**17.** (6分)我们周围的物质世界是由100多种元素组成的，为了便于研究元素的性质，常常需要寻找它们之间的内在规律。下表列出的是1～18号元素的部分最高正化合价和最低负化合价。请阅读并回答下列问题：

| | | | | | | | |
|---|---|---|---|---|---|---|---|
| 1 H<br>+1 | | | | | | | 2 He<br>0 |
| 3 Li<br>+1 | 4 Be<br>+2 | 5 B<br>+3 | 6 C<br>+4 −4 | 7 N<br>+5 −3 | 8 O<br>−2 | 9 F<br>−1 | 10 Ne<br>0 |
| 11 Na<br>+1 | 12 Mg<br>+2 | 13 Al<br>+3 | 14 Si<br>+4 −4 | 15 P<br>+5 −3 | 16 S | 17 Cl<br>+7 −1 | 18 Ar<br>0 |

(1)11号元素属于________元素(填“金属”或“非金属”)，它在化学反应中形成的离子与________(填元素符号)原子具有相同的核外电子排布。

(2)16号元素的原子核外电子数为________，推测该元素最低负化合价为________，最高正化合价的氧化物的化学式为________。

(3)从化合价角度分析，我们可以发现一些规律，请写出其中的一个：________。

**18.** (4分)某厂废水中含有质量分数为4.9%的$H_2SO_4$，需中和后才能排放。某兴趣小组同学经过讨论，提出了两种中和方案，所用试剂的价格如下：

| 中和试剂 | 氢氧化钠 | 氢氧化钙 |
| --- | --- | --- |
| 价格/(元·吨$^{-1}$) | 800 | 450 |

(1)请从经济与产物角度说明选择氢氧化钙的理由：

①________________；②________________。

(2)有同学建议用氨水进行中和，可以回收一种化肥，其化学式为________。该废水还会引起的环境问题是________(填标号)。

A. 重金属污染　B. 有毒物质污染　C. 富营养化污染　D. 悬浮物污染

**19.**(5分)一包白色粉末，由$CuSO_4$、$CaCO_3$、$BaCl_2$、$Na_2SO_4$、NaOH中的两种或两种以上的物质混合而成。为探究其组成，进行如下实验：

(1)取少量白色粉末，向其中加入足量的水，充分搅拌后过滤，得到白色沉淀和无色滤液，则原白色粉末中一定不含________。

(2)取实验(1)滤出的白色沉淀，向其中加入足量的盐酸，沉淀全部溶解，并产生无色气体，则原白色粉末中一定含有________。

根据上述实验可推断：原白色粉末的组成有________种可能。

为进一步探究原白色粉末的组成，取实验(1)得到的滤液，向其中通入$CO_2$，产生白色沉淀，则可推断原白色粉末中一定还含有________________。

**20.**(3分)高氯酸($HClO_4$)是最强酸。现有一种不常见的氯的化合物叫作高氯酸氯，其分子中氯的质量分数为0.526，且每个分子中含有4个氧原子。

(1)高氯酸氯的化学式为________。

(2)高氯酸氯在室温下即发生分解，形成$Cl_2$、$O_2$和另一种氯的氧化物。已知该反应的化学方程式中3种产物的化学计量数相同。请写出该分解反应的化学方程式：________________________。

**21.**(6分)Fenton法常用于处理含难降解有机物的工业废水。其原理是利用$Fe^{2+}$和$H_2O_2$的反应产生能降解污染物的活性成分。现运用该方法降解有机污染物p-CP，探究有关因素对降解反应速率的影响。

实验探究：控制p-CP的初始浓度相同，实验温度恒定在25 ℃或40 ℃(其余实验条件见下表)，设计如下对比试验。

(1)请完成以下实验设计表(将空格补充完整)。

| 实验编号 | 实验目的 | 温度/℃ | pH | 浓度/(mg·L$^{-1}$) | |
| --- | --- | --- | --- | --- | --- |
| | | | | $H_2O_2$ | $Fe^{2+}$ |
| ① | 为②③提供参照 | 25 | 3 | 204 | 16.8 |
| ② | 探究温度对降解反应速率的影响 | | | | |
| ③ | | 25 | 10 | 204 | 16.8 |

实验测得p-CP的浓度随时间变化的关系如右图。

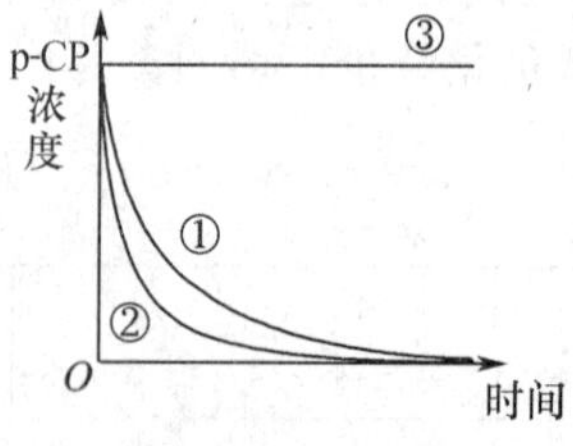


(2)实验①、②表明温度升高，降解反应速率________。

实验发现，温度过高时，降解反应较难发生。请从Fenton法所用试剂$H_2O_2$的角度分析原因：________________________________。

(3)实验③得出的结论是：pH等于10时，________________。

(4)为测定不同时间内有机物降解的浓度，需在不同时间从反应器中取样，并使所取样品中的降解反应立即停止。根据上图中的信息，给出一种迅速停止反应的方法：________________________。

**22.**(5分)工业上利用太阳能进行海水晒盐。已知海水蒸发浓缩过程中析出盐的种类和质量如下表(表中数据为每升海水在浓缩过程中析出各种盐的质量)：

| 海水密度/(g·mL$^{-1}$) | $CaSO_4$/g | NaCl/g | $MgCl_2$/g | $MgSO_4$/g | NaBr/g |
|---|---|---|---|---|---|
| 1.13 | 0.56 | | | | |
| 1.20 | 0.91 | | | | |
| 1.21 | 0.05 | 3.26 | 0.004 | 0.008 | |
| 1.22 | 0.015 | 9.65 | 0.01 | 0.04 | |
| 1.26 | 0.01 | 2.64 | 0.02 | 0.02 | 0.04 |
| 1.31 | | 1.40 | 0.54 | 0.03 | 0.06 |

(1)海水从密度为 1.21 g·mL$^{-1}$浓缩到 1.22 g·mL$^{-1}$时发生的变化是________(填标号)。

A. 各种盐的溶解度增大

B. 海水中水的质量分数不变

C. 析出粗盐中 NaCl 的质量分数增大

D. 海水中 $Br^-$ 的质量分数不变

(2)海水在浓缩过程中,最先析出的盐是________。实际晒盐生产中,海水的密度一般控制在 1.21～1.26 g·mL$^{-1}$范围内。由上表可知,所得粗盐中含有的杂质离子有________。

(3)下列各图中能较正确地反映浓缩过程中海水中 NaCl 的质量分数($A\%$)与海水密度($d$)的关系的是________(填标号)。

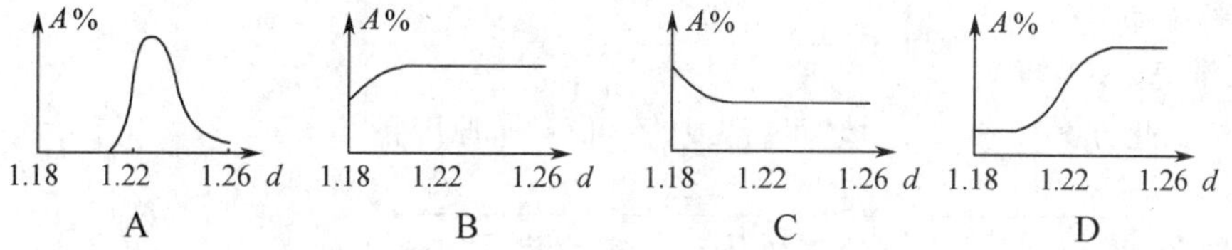


**23.** (7 分)肼($N_2H_4$)是氮和氢形成的一种化合物,易溶于水。工业上利用尿素法生产肼,同时得到副产品十水合碳酸钠,其工艺流程如下:

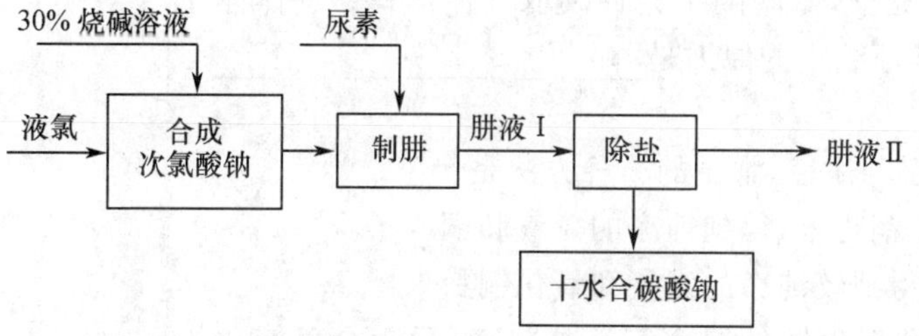


十水合碳酸钠制肼过程的反应:

$CO(NH_2)_2$(尿素)$+NaClO+2NaOH═N_2H_4+Na_2CO_3+NaCl+H_2O$。

(1)实验室若配制 30%的烧碱溶液,所需的玻璃仪器除玻璃棒外,还有________(填标号)。

A. 漏斗　　　B. 烧杯　　　C. 烧瓶　　　D. 量筒

(2)已知:$Cl_2+H_2O═HCl+HClO$。请推测 $Cl_2$ 与 NaOH 溶液发生反应的化学方程式:________________________________________。

从后续反应过程来看,若要使原料不浪费,合成次氯酸钠时投入的液氯与烧碱的质量之比为 71∶____。

(3)在实验室中,欲从母液中分离出十水合碳酸钠晶体,可采用的操作依次为________(填标号)。

A. 蒸馏　B. 蒸发　C. 灼烧　D. 过滤　E. 冷却结晶

(4)肼具有很好的还原性,且氧化产物无污染,故可用于除去锅炉等设备供水中的溶解氧等。请写出肼除氧时发生反应的化学方程式:____________________。

**三、实验题**(本题包括 3 个小题,共 20 分。)

**24.**(4 分)在实验室用右图所示装置进行 CO 和 $CO_2$ 的分离和干燥。现只有稀盐酸、浓硫酸、氢氧化钠溶液,按要求填写下列空白。

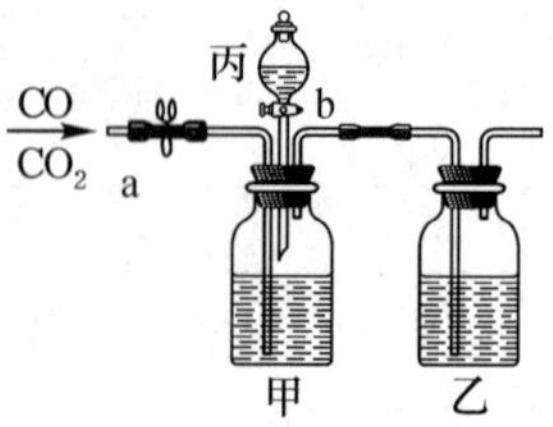


操作过程:应先关闭 b,再打开 a,乙中排出________气体。若要获得另一种气体,丙中应盛放的溶液为________,操作为________,此刻甲中反应的化学方程式为________________________________________。

**25.**(5 分)实验室常用 $MnO_2$ 与浓盐酸反应制备 $Cl_2$,反应的化学方程式为 $MnO_2+4HCl(浓) \xlongequal{\triangle} MnCl_2+Cl_2\uparrow+2H_2O$,反应装置如图 1 所示(部分夹持装置已略去)。

(1)检查装置气密性之后的操作依次是________(填标号)。

A. 向烧瓶中加入 $MnO_2$ 粉末

B. 加热

C. 向烧瓶中加入浓盐酸

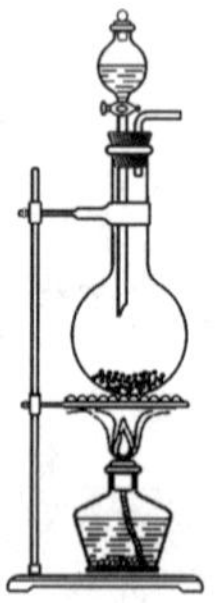

图 1

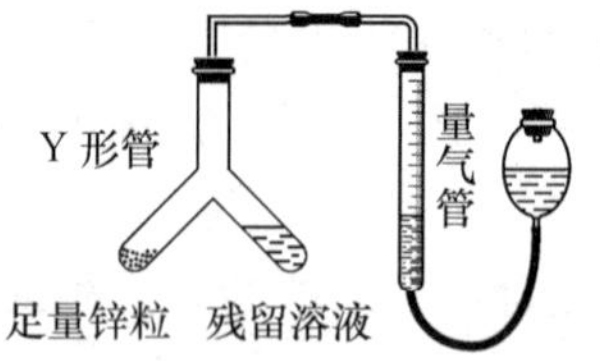


图 2

(2)制备反应会因盐酸浓度下降而停止。为测定反应残余液中盐酸的浓度,探究小组同学提出下列实验方案:

①甲同学的方案:与足量 $AgNO_3$ 溶液反应,称量生成沉淀的质量。此方案________(填"可行"或"不可行"),原因是________________________________________;

②乙同学的方案:与足量 Zn 反应,测量生成的气体体积。实验装置如图 2 所示(夹持装置已略去)。使 Y 形管中的残留溶液与锌粒反应的正确操作是将________转移到________中。反应完毕,每间隔 1 分钟读取气体体积。气体体积逐渐减小,直至不变。气体体积逐渐减小的原因是____________________(仪器和实验操作的影响因素除外)。

**26.**(11 分)实验室获取氮气有多种途径,常见的 3 种方法是:

方法一:将氨气通入灼热的氧化铜粉末,得到纯净的氮气和铜。

方法二:将空气通过灼热的铜,得到较纯净的氮气和氧化铜粉末。

方法三:将亚硝酸钠($NaNO_2$)和氯化铵的混合溶液加热,氮元素全部转化为氮气。

进行实验时可选择的实验仪器如下图所示(省略夹持装置与加热装置):

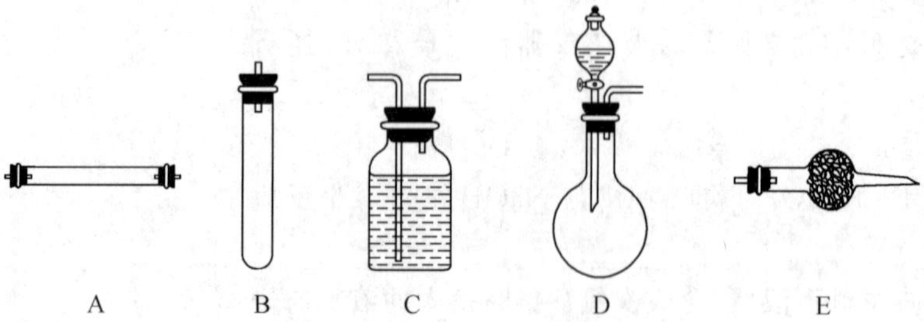


(1)方法一:制氮气所需的氨气可以用浓氨水滴加到生石灰中得到,此反应的发生装置最好选用________(填标号)。

请写出生石灰在此反应中的两个作用:________________;________________。

(2)方法二:为保证所得氮气尽可能纯净,除了使用铜外,还可以向装置________中加入________以除去其他杂质气体。

(3)方法三:制氮气的化学方程式为________________________________。

(4)“绿色化学”是指在制造和应用化学产品时应有效利用(最好可再生)原料,消除废弃物和避免使用有毒的和危险的试剂与溶剂。在制取氮气的三种方法中,联合使用方法一和方法二与单独使用方法三相比,具有很多优越性,请从“绿色化学”的角度进行评价:________________________________________。

(5)1892 年,英国科学家瑞利(Rayleigh)发现,采用方法二得到的氮气在相同条件下比方法三得到的氮气密度总是偏大 5‰左右。若上述实验设计与操作均无错误,且氮气已完全干燥,请解释产生这一现象的原因:____________________。

**四、计算题**(本题包括 2 个小题,共 10 分。)

**27.** (4 分)某校化学兴趣小组同学发现,长期使用的热水壶底部有一层水垢,水垢的主要成分是碳酸钙和氢氧化镁,为了测定水垢中碳酸钙的含量,将足量质量分数为 10.0%的盐酸加入 10.0 g 水垢中,产生 $CO_2$ 气体的情况如右图所示。

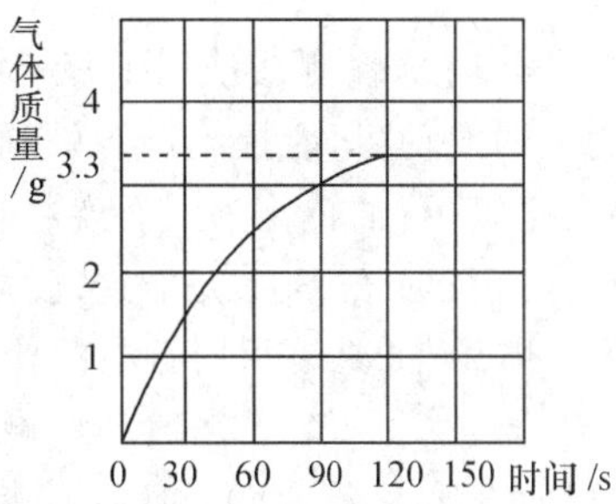


(1)水垢中碳酸钙的质量分数是多少?

(2)假设水垢中除碳酸钙和氢氧化镁外,不含有其他杂质,溶解 10.0 g 水垢,至少需要质量分数为 10.0%的盐酸的质量是多少?(结果保留一位小数)

**28.** (6 分)蛋白质主要由 C、H、O、N 等元素组成,其中 N 的质量分数为 16%。因此,测定奶制品中 N 的含量就可以知道奶制品中蛋白质的含量。有不法商人在奶制品中加入三聚氰胺($C_3H_6N_6$)以“提高”其中 N 的含量。

(1)三聚氰胺中 N 的质量分数是多少?(结果保留一位小数)

(2)加入 1 g 三聚氰胺,就 N 的含量而言,“相当于”多少克蛋白质?(结果保留一位小数)

**附加题**(共 10 分。)

**1.** (6 分)天然碱的组成可以用 $a\mathrm{Na_2CO_3} \cdot b\mathrm{NaHCO_3} \cdot c\mathrm{H_2O}$($a$、$b$、$c$ 为整数)表示。现有 3 种不同的天然碱样品,分别进行如下实验以确定其化学式。

(1)将质量为 62.0 g 的样品 A 平均分成两份。一份在 300 ℃下充分灼烧($Na_2CO_3$ 不分解),固体质量减轻 9.8 g;另一份溶于水后加入足量的 $Ba(OH)_2$ 溶液,得到白色沉淀 59.1 g。样品 A 的化学式可以表示为________。

(2)将质量为 4.71 g 的样品 B 溶于水,逐滴滴加一定浓度的稀盐酸,产生气体的质量与加入盐酸的质量有下表所示关系:

| 盐酸质量/g | 20 | 40 | 60 | 80 |
|---|---|---|---|---|
| 气体质量/g | 0 | 0.44 | 1.32 | 1.98 |

(已知:在盐酸不足时会发生反应:$\mathrm{Na_2CO_3 + HCl \xlongequal{} NaHCO_3 + NaCl + H_2O}$)盐酸的质量分数为________;样品 B 的化学式可以表示为________。

**2.** (4 分)已知:①温度、压强恒定时,相同体积的气体,如 $O_2$、$N_2$ 或 $O_2$ 和 $N_2$ 混合气体中的 $O_2$ 分子数、$N_2$ 分子数、$O_2$ 和 $N_2$ 的分子总数相同。

②$O_n$ 的氧化性强于 $O_2$,能和松节油反应(无气体生成),而 $O_2$ 不能。$O_2$ 经过静电放电装置,体积略有缩小,可推知其中的分子数减少,则 $O_2$ 经静电放电发生反应的化学方程式为 $n\mathrm{O_2}$($n$ 个 $O_2$ 分子)$\xlongequal{}$ $2\mathrm{O}_n$(2 个 $O_n$ 分子)

测定 $O_n$ 组成的实验:一定温度、压强下,把含有 $O_2$ 和 $O_n$ 的气体均分成两份。一份和松节油反应,气体体积缩小 $a$ mL;对另一份加热,使 $O_n$ 完全分解为 $O_2$,恢复到原温度、压强时,气体体积增加了 $a/2$ mL。求 $n$ 的值。

学习笔记

**一、选择题**(本题包括15个小题,每小题2分,共30分。每小题有1个或2个选项符合题意。若有2个答案的错1个不得分,漏选1个扣1分。)

**1.**"信息""材料""能源"被称为新科技革命的三大支柱。下列有关说法中错误的是(　　)

A. 我国发射的"嫦娥三号"月球探测器使用了复合材料

B. 用耐高温的陶瓷制成的发动机,能提高能源的利用效率

C. 发展新能源,主要是把煤、石油转化为气态燃料来提高能源的利用率

D. 光导纤维传导光信号进行通信,$SiO_2$是制造光导纤维的主要原料

**2.** 航天飞机表面覆盖石墨瓦,主要是利用石墨的什么性质(　　)

A. 具有导电性、防辐射　　B. 密度小,减轻机身重量

C. 熔点高、化学性质稳定　　D. 硬度小,有润滑作用

**3.** 绿色荧光蛋白简称GFP,在氧化状态下产生荧光,强还原剂能使GFP转变为非荧光型体,后者一旦重新暴露在空气或氧气中,荧光便立即得到恢复。下列说法中错误的是(　　)

A. GFP具有很强的氧化性

B. 可用GFP标记研究特定的反应

C. GFP的发光是将化学能转化为光能

D. GFP产生荧光受外界环境影响

**4.** 用下图所示实验装置制取干燥的气体正确的是(　　)

| | A | B | C | D |
|---|---|---|---|---|
| X | 大理石与盐酸 | 锌粒与稀硫酸 | 双氧水与二氧化锰 | 二氧化锰与氯酸钾 |
| Y | 浓硫酸 | 浓硫酸 | 浓硫酸 | 浓硫酸 |
| Z | $CO_2$ | $H_2$ | $O_2$ | $O_2$ |

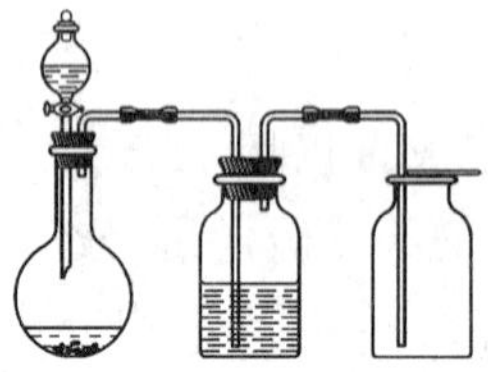


**5.** 用$Na_2SO_4$溶液[含有少量杂质$Fe_2(SO_4)_3$]制取$Na_2SO_4 \cdot 10H_2O$晶体,可供选择的操作有:①加适量$H_2SO_4$溶液(指示剂控制);②加金属Na;③蒸发、冷却、结晶、倾倒;④加过量NaOH;⑤加强热脱结晶水;⑥过滤。正确的操作步骤是(　　)

A. ②⑥③　　B. ④⑥①③　　C. ④⑥③②　　D. ②⑥①③⑤

**6.** 一定温度和压强下,乙腈($CH_3CN$)是极易溶于水的无色液体,向质量分数为$a$的乙腈水溶液中加入等体积的水,所得溶液中乙腈的质量分数为$0.4a$。若同样条件下,乙腈的密度为$d_1$,水的密度为$d_2$,则下列说法中正确的是(　　)

A. $d_1>d_2$　　B. $d_1<d_2$　　C. $d_1=d_2$　　D. 无法确定

**7.** 高锰酸钾溶液显紫红色,要证明紫红色是$MnO_4^-$,而不是$K^+$呈现的颜色,下列实验操作中与实验目的无关的是(　　)

A. 观察氯化钾溶液没有颜色

B. 在氯化钾溶液中加入适量锌粉振荡,没有明显变化

C. 在稀高锰酸钾溶液中加入适量锌粉振荡,紫红色褪去

D. 将高锰酸钾晶体加热分解,所剩固体质量减少

**8.** 20 ℃时，将等质量不含结晶水的甲、乙固体分别加入盛有 100 g 水的烧杯中，充分搅拌后现象如图 1，加热到 50 ℃时现象如图 2(不考虑水分蒸发)，甲、乙固体的溶解度曲线如图 3。下列说法中错误的是(　　)

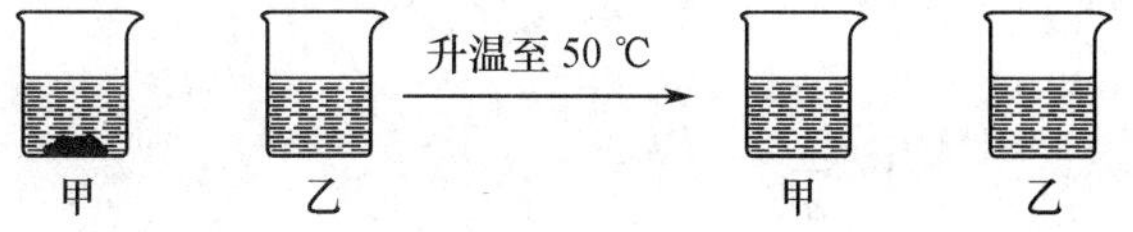

图 1　　　　图 2

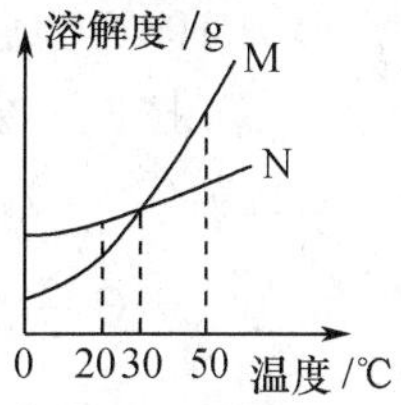

图 3

A. 图 1 中，甲一定是饱和溶液

B. 图 2 中，两溶液中溶质的质量分数一定相等

C. 图 3 中，M 表示甲的溶解度曲线

D. 图 2 中，两溶液降温至 30 ℃一定都不会析出晶体

**9.** 地球上缺少淡水，若将海水淡化供应饮用水，下列方法中在原理上可行的是(　　)

A. 加明矾使海水中的盐分沉淀而淡化

B. 利用太阳能将海水蒸发冷凝

C. 控制条件使海水结冰以获取淡水

D. 加碱使海水中的有害金属离子沉淀而淡化

**10.** 已知 $CuSO_4$ 溶液分别与 $Na_2CO_3$ 溶液、$Na_2S$ 溶液的反应情况如下：

(1)$CuSO_4$ 溶液与 $Na_2CO_3$ 溶液混合。

主要反应：$CuSO_4+Na_2CO_3+H_2O \xlongequal{} Na_2SO_4+Cu(OH)_2\downarrow+CO_2\uparrow$

次要反应：$CuSO_4+Na_2CO_3 \xlongequal{} Na_2SO_4+CuCO_3\downarrow$

(2)$CuSO_4$ 溶液与 $Na_2S$ 溶液混合。

主要反应：$CuSO_4+Na_2S \xlongequal{} Na_2SO_4+CuS\downarrow$

很难发生的反应：$CuSO_4+Na_2S+2H_2O \xlongequal{} Na_2SO_4+Cu(OH)_2\downarrow+H_2S\uparrow$

对下列几种物质溶解度大小的比较中，正确的是(　　)

A. $CuS<Cu(OH)_2<CuCO_3$　　　　B. $CuS>Cu(OH)_2>CuCO_3$

C. $Cu(OH)_2>CuCO_3>CuS$　　　　D. $Cu(OH)_2<CuCO_3<CuS$

**11.** 向一定质量 $AgNO_3$ 和 $Cu(NO_3)_2$ 的混合溶液中加入 Zn，溶液质量与加入 Zn 的质量关系如右图所示。下列说法中正确的是(　　)

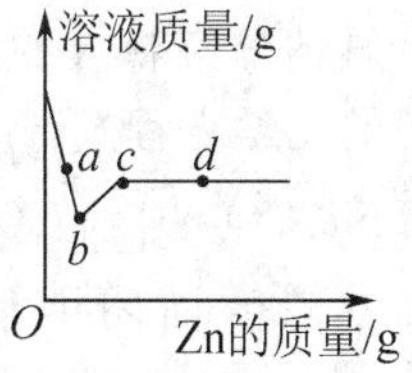


A. 取 $a$ 点溶液，滴加稀盐酸，无白色沉淀

B. $c$ 点溶液中溶质为 $Zn(NO_3)_2$

C. 若取 $b$～$c$ 段固体，滴加稀盐酸，无气泡产生

D. 取 $d$ 点的固体有 2 种

**12.** 取两份等质量的 $xCuCO_3\cdot yCu(OH)_2$ 固体，在一份中加入过量盐酸，生成 $CO_2$ 6.6 g；加热另一份使其完全分解，得到 CuO 20.0 g。则 $x$ 和 $y$ 的正确关系是(　　)

A. $x:y=1:1$　　　　B. $x:y=2:3$

C. $x:y=3:2$　　　　D. $x:y=2:1$

**13.** a、b、c、d 是 HCl、$BaCl_2$、$AgNO_3$、$Na_2CO_3$ 四种溶液中的一种，现将它们两两混合的现象列表如下：

| 反应物 | a+b | c+d | a+d | a+c | b+d |
|---|---|---|---|---|---|
| 现象 | 沉淀 | 沉淀 | 沉淀 | 沉淀 | 无色气体 |

由上述现象可推知 a、b、c、d 依次是(　　)

A. $HCl$、$BaCl_2$、$AgNO_3$、$Na_2CO_3$　　B. $AgNO_3$、$HCl$、$Na_2CO_3$、$BaCl_2$

C. $BaCl_2$、$Na_2CO_3$、$AgNO_3$、$HCl$　　D. $AgNO_3$、$HCl$、$BaCl_2$、$Na_2CO_3$

**14.** 聚合氯化铝(PAC)的化学式为$[Al_2(OH)_nCl_{6-n}]_m$，是无机高分子混凝剂。它以软铝矿(主要成分是$Al_2O_3 \cdot H_2O$)为原料制备……最后一步反应是将$Al(OH)_3$凝胶与$[Al(OH)_2(H_2O)_4]Cl$按照一定配比恰好完全反应制得PAC，则该反应中两种反应物的计量数之比为(　　)

A. 1∶1　　B. $\frac{4-n}{6-n}$　　C. $\frac{n-4}{6-n}$　　D. $\frac{1}{m}$

**15.** 某无色气体可能含有$H_2$、$CO$、$CH_4$中的一种或几种，依次进行下列实验(假设每一步反应或吸收均完全)：①无色气体在氧气中充分燃烧；②燃烧生成的气体通过盛浓硫酸的洗气瓶，装置质量增加10.8 g；③再将剩余气体通过盛NaOH溶液的洗气瓶，装置质量增加13.2 g。下列推断中不正确的是(　　)

A. 该气体一定含有$H_2$、$CO$、$CH_4$　　B. 该气体可能含有$H_2$和$CO$

C. 该气体可能含有$CO$和$CH_4$　　D. 该气体可能含有$CH_4$

**二、填空题**(本题包括10个小题，共40分。)

**16.** (6分)化学是造福人类的科学。请回答下列问题。

(1)化肥为保证粮食丰产起到了重要作用。常用化肥有：①尿素$CO(NH_2)_2$；②硝酸钾$KNO_3$；③硝酸铵$NH_4NO_3$；④磷酸钙$Ca_3(PO_4)_2$。上述化肥中属于复合肥的是________(填序号)。

(2)硫酸钡可用作诊断胃病的造影剂(钡餐)。可溶性的钡盐是有毒的，如果患者误服了碳酸钡，会发生中毒。如果中毒，应立即服用泻盐($MgSO_4$)解毒。请解释误服碳酸钡引起中毒的原因：________________________________，发生反应的化学方程式为________________________；用泻盐可以解毒的原因是________________________________________________，相应的化学方程式为____________________。

(3)黑火药是我国古代四大发明之一，黑火药爆炸原理可用下式表示：$2KNO_3 + S + 3C \xlongequal{} X + N_2\uparrow + 3CO_2\uparrow$。请据此推出X的化学式：________________________________。

**17.** (5分)饮食中和形成二氧化碳有关的几个问题。

(1)馒头：面团经发酵后显酸性，向其中加入的适量碳酸钠会转化为碳酸氢钠，面团蒸熟过程中，碳酸氢钠分解释放的二氧化碳形成气孔，所以馒头松软可口。请配平碳酸氢钠分解的化学方程式：

□$NaHCO_3$——□$Na_2CO_3$+□$CO_2$+□$H_2O$

(2)油饼(油条)：向发酵的面团中加入碳酸钠的同时，加入适量明矾$[K_2SO_4 \cdot Al_2(SO_4)_3 \cdot 24H_2O]$，成型后放入热油中，炸制过程中会生成较多气体，使油饼松脆可口。请配平下列化学方程式：

□$K_2SO_4 \cdot Al_2(SO_4)_3 \cdot 24H_2O$+□$NaHCO_3$——□$K_2SO_4$+□$Na_2SO_4$+□$Al(OH)_3$+□$CO_2$+□$H_2O$

(3)食用这种油饼会摄入少量氢氧化铝，对人体健康不利。为避免摄入氢氧化铝，市售不含铝的膨松剂的主要成分是：$NaHCO_3$和$Ca(H_2PO_4)_2$。请配平下列化学方程式：

□$Ca(H_2PO_4)_2$+□$NaHCO_3$——□$CaHPO_4$+□$Na_2HPO_4$+□$CO_2$+□$H_2O$

**18.** (3分)三聚氰胺的化学式为$C_3H_6N_6$，其中氮元素的质量分数为________；常见蛋白质的含氮量相近，平均约为16%，请解释为什么不法商贩要在奶制品中添加三聚氰胺：________________________________________。

19. (2分)将反应 $4(NH_4)_2SO_4 \xlongequal{\triangle} N_2\uparrow + 6NH_3\uparrow + 3SO_2\uparrow + SO_3\uparrow + 7H_2O$ 产生的气体通入 $BaCl_2$ 溶液，产生两种沉淀，请写出沉淀的化学式：________。

20. (5分)实验室里有四只编号为Ⅰ、Ⅱ、Ⅲ、Ⅳ但无试剂名称标签的试剂瓶，分别盛有盐酸、氯化镁溶液、氢氧化钠溶液和硫酸钠溶液。为确认试剂名称，进行如下三个实验(还可使用硝酸银溶液)，实验均没有明显现象。

(a)向溶液Ⅰ中滴入少量溶液Ⅱ，在所得的混合溶液中滴加少量的溶液Ⅲ；

(b)将溶液Ⅰ加入溶液Ⅲ中；

(c)向溶液Ⅳ中滴加少量硝酸银溶液(溶液较稀，微溶物不产生沉淀)。

请回答下列问题。

(1)盐酸是________号，硫酸钠是________号。

(2)先将Ⅱ与Ⅲ混合，再加入Ⅰ，现象是________________________________，有关的化学方程式是________________________________________。

21. (4分)$C_{60}$的模型如图所示，每个碳原子和相邻的________个碳原子以小棍结合。若要搭建一个这样的模型，需要代表碳原子的小球________个，需要代表化学键的连接小球的小棍________根。

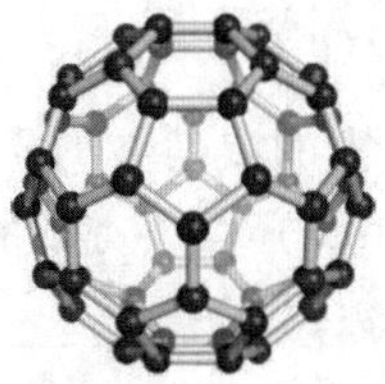

22. (3分)向含有 NaOH 和 $Ca(OH)_2$ 的混合溶液中缓缓通入 $CO_2$ 直到过量。其现象为：沉淀……请按照先后顺序写出相应的生成盐的化学式：____________________。

23. (4分)1 L 海水在逐渐浓缩过程中析出盐的种类和质量(单位：g)的关系如下表所示：

| 海水密度/$(g \cdot mL^{-1})$ | $CaSO_4$/g | NaCl/g | $MgCl_2$/g | $MgSO_4$/g | NaBr/g |
|---|---|---|---|---|---|
| 1.13 | 0.56 | | | | |
| 1.20 | 0.91 | | | | |
| 1.21 | 0.05 | 3.26 | 0.004 | 0.008 | |
| 1.22 | 0.015 | 9.65 | 0.01 | 0.04 | |
| 1.26 | 0.01 | 2.64 | 0.02 | 0.02 | 0.04 |
| 1.31 | | 1.40 | 0.54 | 0.03 | 0.06 |

(1)根据表中数据可知普通海水的密度小于________g/mL。

(2)在海水晒盐的过程中，卤水的密度应控制在什么范围内？________。原因是________________________________________。

24. (6分)某化工厂用废硫酸制备 $K_2SO_4$ 的流程如下：

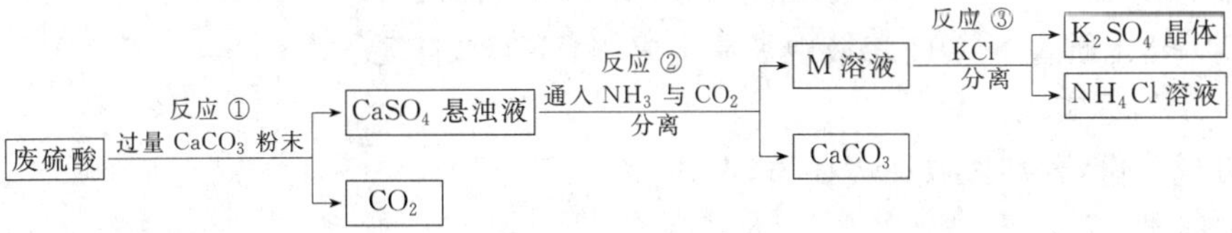


(1)生产上将 $CaCO_3$ 研成粉末的目的是________________________________。

(2)上述流程中，除可综合利用 $CO_2$ 外，还可循环使用的物质是________(填写化学式)。

(3)反应③中相关物质的溶解度如下表所示。反应③在常温下能实现的原因是________________________________________。

| 物质 | KCl | $K_2SO_4$ | $NH_4Cl$ | $(NH_4)_2SO_4$ |
|---|---|---|---|---|
| 溶解度/g(20℃) | 34.2 | 11.1 | 37.2 | 75.4 |

(4)洗涤反应③所得晶体不用水而用饱和 $K_2SO_4$ 溶液的目的是__________；检验此晶体是否洗涤干净的方法是____________________________。

**25.** (2 分) $CaSO_4 \cdot 2H_2O$ 受热会逐步失去结晶水。取纯净的 $CaSO_4 \cdot 2H_2O$ 固体 3.44 g 进行加热，测定固体质量随温度的变化情况如下图所示。$C$ 点固体的化学式是________。$T_3 \sim T_4$ 温度段加热固体所产生的气体是形成酸雨的主要物质之一，则 $D \sim E$ 段发生反应的化学方程式为____________________。

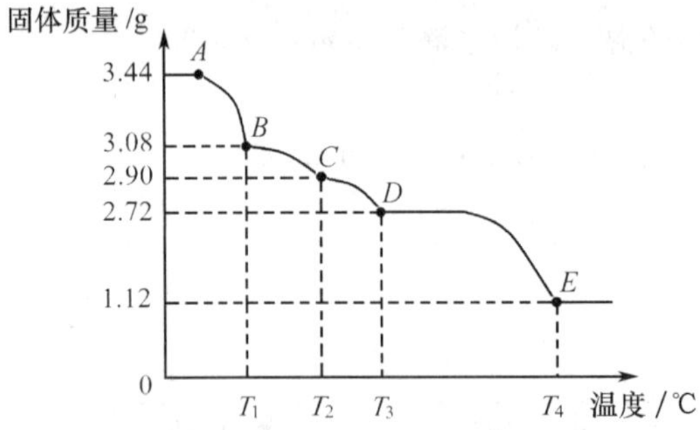


三、实验题(本题包括 4 个小题，共 20 分。)

**26.** (4 分)市场上销售的浓硝酸的质量分数为 65%，密度为 1.4 $g/cm^3$，要配制 30% 的稀硝酸 500 mL，还需要查阅的数据是________。若配制过程中不使用天平，则必须要计算的数据是________，必须要使用的仪器是________。

**27.** (7 分)实验室利用下图所示装置测量锌的相对原子质量。$a$ g 锌与 $H_2SO_4$ 反应(设锌全部参加反应，产生的气体在量程范围内，气体的密度为 0.0893 g/L)，请回答下列问题。

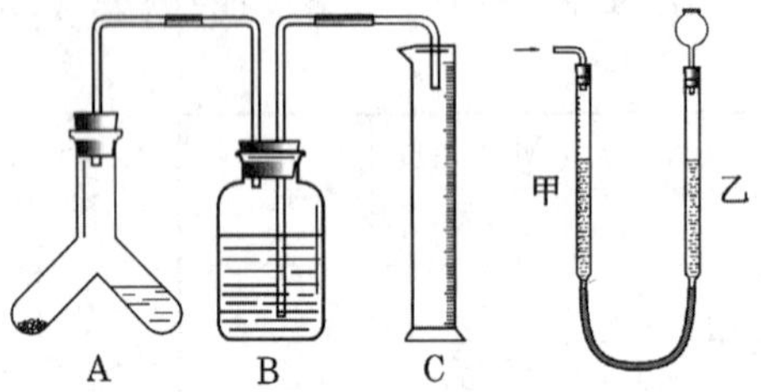


(1)检验该装置的气密性的方法是______________________________。

(2)实验结束，恢复到室温后测定 C 中收集到液体的体积为 $V$ L，则锌的相对原子质量表达式为____________。如果锌的质量是准确的，但实际测得锌的相对原子质量偏大的可能原因是____________________________。

(3)若气体测量装置部分改为如图甲、乙管的装置，保证容器内气压与大气压一致的操作是________________________，读数时注意视线____________________________。

**28.** (4 分)实验室里用未知浓度的 50 mL NaOH 溶液和适量 $CO_2$ 气体反应制备纯 $Na_2CO_3$ (已知过量 $CO_2$ 气体通入 NaOH 溶液中极易生成 $NaHCO_3$，且无明显现象)。于是有同学设计了如下实验方案：

①将 50 mL NaOH 等分成两份，分别盛放在烧杯 A、B 中；

②向 A 中通入过量 $CO_2$ 气体；

③将 A、B 两烧杯中的液体混合后蒸干、灼烧。

(1)步骤②中发生反应的化学方程式为____________________________。

(2)步骤③中发生反应的化学方程式为____________________________。

(3)如果向 50 mL NaOH 溶液中通入过量 $CO_2$，再将溶液蒸干、灼烧，该方法与以上方法相比有何不足？____________________________。

**29.** (5 分)茶叶中含有丰富的有机物和无机物。某化学研究小组测定茶叶中钙元素含量的实验方案如下：(已知茶叶中铝、铁元素对钙离子的测定有影响，

所以要预先除去，溶液中铝离子、铁离子完全转化为氢氧化物沉淀，其 pH 在 6 左右，加热有利于沉淀聚沉）

①称取 100 g 干燥的茶叶，充分灼烧使茶叶灰化，再用研钵磨细后移入烧杯中，然后加入 200 mL 盐酸，搅拌、过滤、洗涤；②向步骤①所得滤液中逐滴加入稀氢氧化钠溶液，调节溶液的 pH 为 6～7，再加热煮沸 30 min，过滤后得到滤液和沉淀；③向步骤②所得的滤液中加入 1.59 g 无水碳酸钠，充分搅拌，待充分反应后，过滤、洗涤后得到滤液和沉淀。

请回答下列问题。

(1)步骤①中灼烧灰化的目的是____________________________。

(2)步骤②中加热煮沸 30 min 的目的是________________________。

(3)计算茶叶中钙元素的含量还需要测定的数据是________。

(4)步骤③中无水碳酸钠的用量“1.59 g”是________(填“适量”“过量”“不足量”)的。

**四、计算题**(本题包括 2 个小题，共 10 分。)

**30.** (4 分)燃烧 1.0 $m^3$ 天然气($CH_4$)需 10～12 $m^3$ 空气(其中氧气的体积分数为 21%)，燃烧 1.0 $m^3$ 液化气需 30 $m^3$ 空气。已知，在相同温度和压强下，1.0 $m^3$ 空气中 $N_2$ 分子和 $O_2$ 分子总数和 1.0 $m^3$ $CH_4$ 中的分子数，以及 1.0 $m^3$ 液化气中的分子总数相等。燃烧 1.0 $m^3$ $CH_4$ 需 10 $m^3$ 空气，则氧气过量多少倍？

**31.** (6 分)铝-镁合金因密度小、强度高、刚性好等特点，在人类生活中应用广泛。某兴趣小组的同学对编号为①、②的两种铝-镁合金样品进行了如下实验。

已知：镁能与酸反应，但不能与碱溶液反应；铝既能与酸反应，又能与氢氧化钠等碱溶液反应，后者的化学方程式为 $2Al+2NaOH+2H_2O═2NaAlO_2+3H_2↑$，$NaAlO_2$ 溶液与二氧化碳反应能产生氢氧化铝沉淀，后者经过滤、洗涤、灼烧后生成相应氧化物。

(1)取质量为 $m_1$ 的样品①和过量的氢氧化钠溶液反应，然后过滤；再向滤液中通入过量的二氧化碳气体，将所得沉淀过滤、洗涤、烘干、灼烧，所得固体的质量仍为 $m_1$。求样品①中铝的质量分数。

(2)取不同质量的样品②分别和 30 g 相同浓度的盐酸反应，所取合金质量与产生气体体积(气体的密度为 0.0893 g/L)如下表所示：

| 实验序号 | a | b | c |
|---|---|---|---|
| 合金质量/mg | 510 | 765 | 918 |
| 气体体积/mL | 560 | 672 | 672 |

求：Ⅰ.盐酸中溶质的质量分数；Ⅱ.合金中铝、镁的质量比。

**附加题**(共 10 分。)

**1.** (4 分)某同学为了研究生石灰(CaO)露置于空气中变质的情况，设计了如下实验：

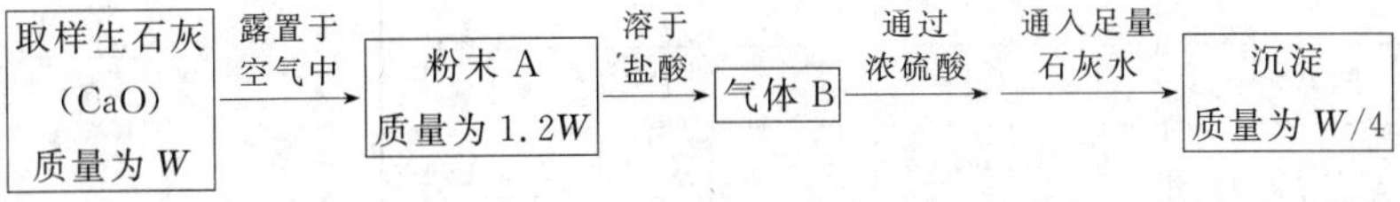


请通过计算推断粉末 A 的成分，并计算粉末 A 中 CaO 的质量分数。

**2.** (6 分)某液化气由两种含量相近的可燃性气体组成，二者的分子式均可表示为 $C_nH_{2n+2}$，且 $n$ 值仅相差 1。这两种气体燃烧的化学方程式可表示为：$C_nH_{2n+2}+(1.5n+0.5)O_2 \longrightarrow nCO_2+(n+1)H_2O$。

已知燃烧 1.0 $m^3$ 该液化气消耗 30 $m^3$ 空气，求该液化气中两种组分的分子式。

# 2015年全国初中学生化学素质和实验能力竞赛复赛试题

学习笔记

**一、选择题**（本题包括15个小题，每小题2分，共30分。每小题有1个或2个选项符合题意。若有2个答案的错1个不得分，漏选1个扣1分。）

**1.** 网络歌曲“化学是你，化学是我”揭示了化学与生活的密切关系。下列有关说法中正确的是（　　）

A. 碳酸钠俗名纯碱，也叫苏打，可用于清洗厨房用具上的油污

B. 84消毒液在日常生活中使用广泛，溶液无色，有漂白作用，它的有效成分为 $Ca(ClO)_2$

C. 青铜是我国使用最早的合金材料，目前世界上使用量最大的合金材料是铁合金

D. 明矾[$KAl(SO_4)_2 \cdot 12H_2O$]溶于水会形成胶体，因此可用于自来水的消毒杀菌

**2.** 科学家最近在−100 ℃的低温下合成了一种化合物X，此化合物的分子模型如右图所示，其中黑圆代表碳原子，白圆代表氢原子，下列说法中不正确的是（　　）

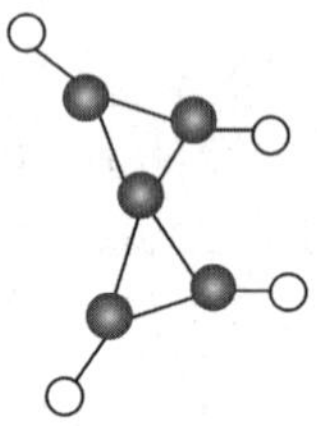

A. 该分子的分子式为 $C_5H_4$

B. 该分子中碳元素的质量分数为93.75%

C. 该分子中的氢原子与碳原子的原子个数比为4∶5

D. 等质量的该物质与甲烷相比，燃烧时消耗的氧气更多

**3.** 下列做法中会使人中毒的是（　　）

A. 用工业酒精配制白酒饮用　　B. 将燃气热水器安装在浴室内

C. 向蔬菜大棚内通入适量的 $CO_2$　　D. 用胆矾对饮用水进行消毒

**4.** 海水淡化可采用膜分离技术。如右图所示，对淡化膜右侧的海水加压，水分子可以透过淡化膜进入左侧淡水池，而海水中其他各种离子不能通过淡化膜，从而得到淡水。下列对加压后右侧海水成分变化的分析中正确的是（　　）

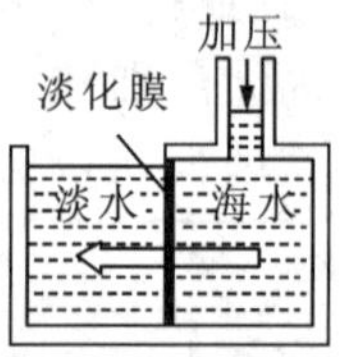


A. 溶质质量增加　　B. 溶剂质量减少

C. 溶液质量不变　　D. 溶质质量分数减小

**5.** 已知①钠、镁、铝等活泼金属能与乙醇反应，生成乙醇的金属化合物和氢气；②二氧化碳不支持燃烧是相对的，有些金属如镁能在二氧化碳中燃烧生成金属氧化物和单质碳。下表各选项中，不能利用置换反应通过Y得到W的一组化合物是（　　）

| | A | B | C | D |
|---|---|---|---|---|
| Y | $CO_2$ | $Fe_2O_3$ | $C_2H_5OH$ | $FeCl_3$ |
| W | $MgO$ | $Al_2O_3$ | $C_2H_5ONa$ | $CuCl_2$ |

**6.** 已知加热蒸干 $MgCl_2$ 溶液可得到 $MgO$ 固体。某同学通过系列实验探究Mg及其化合物的性质，下列选项中操作正确且能达到目的的是（　　）

A. 将水加入浓硫酸中得到稀硫酸，置镁条于其中探究Mg的活泼性

B. 将NaOH溶液缓慢滴入 $MgSO_4$ 溶液中，观察 $Mg(OH)_2$ 沉淀

C. 将 $Mg(OH)_2$ 浊液直接倒入已装好滤纸的漏斗中过滤，洗涤并收集沉淀

D. 将 $Mg(OH)_2$ 沉淀转入蒸发皿中，加足量稀盐酸，加热蒸干得无水 $MgCl_2$

7. 如图所示，将密闭的相互连通的装置放在天平上，调节天平使之平衡。经过一段时间后，下列有关叙述中与事实相符合的是(　　)

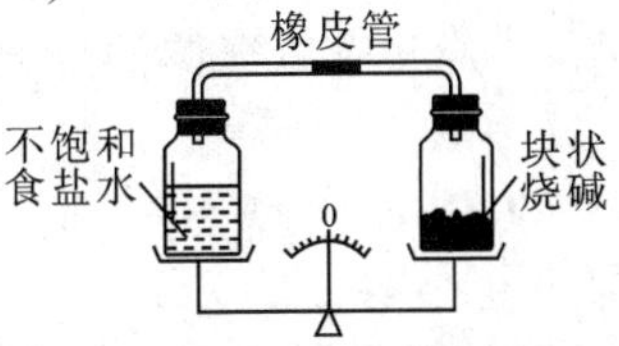


A. 指针偏左，食盐溶液一定变稀，烧碱不潮解

B. 指针偏右，食盐溶液不一定饱和，烧碱潮解

C. 指针偏左，食盐溶液一定变浓，烧碱潮解

D. 指针偏右，食盐溶液一定变浓，烧碱潮解

8. $CO_2$ 是造成温室效应加剧的主要气体，在工业上可用 $CO_2$ 来制备甲醇等物质。"碳捕捉技术"是指通过一定的方法，将工业生产中产生的 $CO_2$ 分离出来并利用，能有效地减少 $CO_2$ 气体的排放。如可利用 NaOH 溶液来"捕捉"$CO_2$，其基本过程如下图所示(部分条件及物质未标出)。

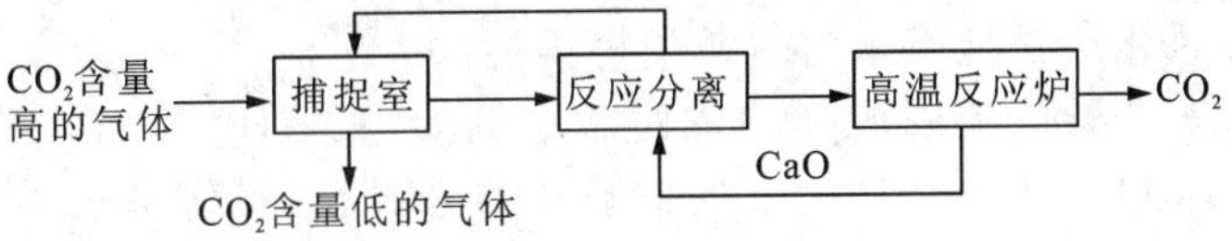


下列有关该方法的叙述中正确的是(　　)

A. 能耗大是该方法的一大缺点

B. 整个过程中，只有一种物质可以循环利用

C. "反应分离"环节中，分离物质的基本操作是蒸发结晶

D. 该方法可以减少碳排放，捕捉到的 $CO_2$ 还可以用来制备甲醇等产品

9. 19 世纪 60 年代，通过对当时发现的 63 种元素采用科学的分类方法，研制出世界上第一张元素周期表的科学家是(　　)

A. 戴维　　B. 道尔顿　　C. 门捷列夫　　D. 阿伏伽德罗

10. 车用乙醇汽油由乙醇与汽油按 1∶9 的比例混合而成，下列有关推广使用乙醇汽油的说法中正确的是(　　)

A. 可大大降低油料价格

B. 有助于减轻大气污染，改善大气环境

C. 乙醇是一种不可再生的能源

D. 有助于促进粮食转化，提高农民收入

11. 为了除去粗盐中的 $Ca^{2+}$、$Mg^{2+}$、$SO_4^{2-}$ 及泥沙，可将粗盐溶于水，然后进行下列五项操作。正确的操作顺序是(　　)

①过滤；②加过量的 NaOH 溶液；③加适量盐酸；④加过量 $Na_2CO_3$ 溶液；⑤加过量 $BaCl_2$ 溶液。

A. ④②⑤①③　　B. ⑤④②①③

C. ②⑤④①③　　D. ⑤②④①③

12. 将铁粉加入一定量的硝酸银、硝酸铜及硝酸锌的混合溶液中。待充分反应后过滤，再在滤渣中加入稀盐酸，没有气体产生，则在滤液中(　　)

A. 只有硝酸锌和水　　B. 一定有硝酸锌和硝酸亚铁

C. 一定没有硝酸银　　D. 如果没有硝酸铜，一定没有硝酸银

13. 在 $Na_2SO_4$、NaCl、$NaNO_3$ 的混合溶液中，含有 $Na^+$、$SO_4^{2-}$、$Cl^-$、$NO_3^-$，已知其中 $Na^+$、$SO_4^{2-}$、$NO_3^-$ 的个数比为 8∶1∶2，则溶液中 $Na_2SO_4$、NaCl、$NaNO_3$ 的"分子"个数比为(　　)

A. 1∶1∶1　　B. 1∶4∶2　　C. 1∶2∶4　　D. 1∶3∶2

14. 在一定温度下，向 15 g 蒸馏水中加入无水硫酸铜粉末，充分搅拌并过滤，得到一定质量的蓝色晶体和 8.4 g 滤液，若此温度下无水硫酸铜的溶解度为 40 g，则此无水硫酸铜的质量是(　　)

A. 6.6 g　　B. 9 g　　C. 18.4 g　　D. 16 g

15. 已知：在同温同压下，相同体积的任何气体所含的分子数目都相同，常温下二氧化硫气体和硫化氢气体混合，发生反应生成硫和水。现将 $m$ 个二氧化硫分子和 $n$ 个硫化氢分子混合，若反应后气体的分子数是反应前的 1/2，则 $m$ 与 $n$ 的比值为（　　）

A. 1∶5　　B. 1∶3　　C. 1∶1　　D. 2∶1

**二、填空题**（本题包括 9 个小题，共 40 分。）

**16.**（2 分）要将含有盐酸的氯化钙中和到中性，得到较为纯净的氯化钙溶液，若用酚酞作指示剂，加入的试剂可以是________（写化学式）；在不用指示剂的情况下，加入的试剂可以是________（写化学式）。

**17.**（5 分）有一种溶液______能把 $MgCl_2$、KOH、$BaCl_2$ 三种无色溶液区分开，有关的化学方程式为________；________。

**18.**（3 分）矿泉水一般是由岩石风化后被地下水溶解其中可溶解部分生成的，此处所说的风化是指矿物与水及二氧化碳同时作用的过程。例如，长石（$KAlSi_3O_8$）风化生成高岭土[$Al_2(Si_2O_5)(OH)_4$]，此反应的离子方程式为：$2KAlSi_3O_8+2H_2CO_3+5H_2O$ ══ $2KHCO_3+4H_2SiO_3+Al_2(Si_2O_5)(OH)_4$。

（1）可以用氧化物的形式表示硅酸盐的组成，如 $Na_2SiO_3$ 可以写成（$Na_2O\cdot SiO_2$），镁橄榄石（$Mg_2SiO_4$）可以表示为 $2MgO\cdot SiO_2$。将上述复杂硅酸盐改写成氧化物形式：

①$KAlSi_3O_8$ ________；

②$Al_2(Si_2O_5)(OH)_4$ ________。

（2）上述反应能够发生的原因是________。

**19.**（6 分）$SO_2$ 和 $Cl_2$ 均能将湿润的有色物质漂白成无色物质。某兴趣小组为验证 $SO_2$ 和 $Cl_2$ 的漂白性，设计了如下方案，请你参与并回答下列问题（尾气处理装置未画出）。

（1）如下图所示，通过干燥的 $Cl_2$ 后，同学们发现甲中红色布条不褪色，乙中红色布条褪色了，说明 $Cl_2$ 本身______漂白性（填"有"或"没有"），$Cl_2$ 和水反应的生成物 HClO ______ 漂白性（填"有"或"没有"），将乙中的布条取出烘干，发现未变为原来的红色，说明 HClO 漂白性是________（填"可恢复的"或"不可恢复的"）。

（2）如图丙所示，向品红溶液中通入 $SO_2$，同学们发现品红褪色了，停止通入气体，加热试管，发现试管又变为红色，说明 $SO_2$ 的漂白是________（填"可恢复的"或"不可恢复的"）。

（3）如图丁所示，将干燥的 $Cl_2$ 和 $SO_2$ 按体积比 1∶1 混合，通入石蕊溶液中，发现石蕊溶液变红，并褪色，试用化学方程式解释：________________。

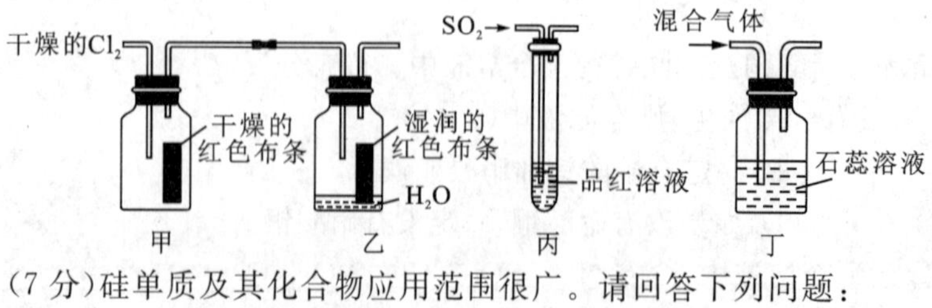


**20.**（7 分）硅单质及其化合物应用范围很广。请回答下列问题：

（1）制备硅半导体材料必须先得到高纯硅。三氯甲硅烷（$SiHCl_3$）还原法是当前制备高纯硅的主要方法，生产过程示意图如下：

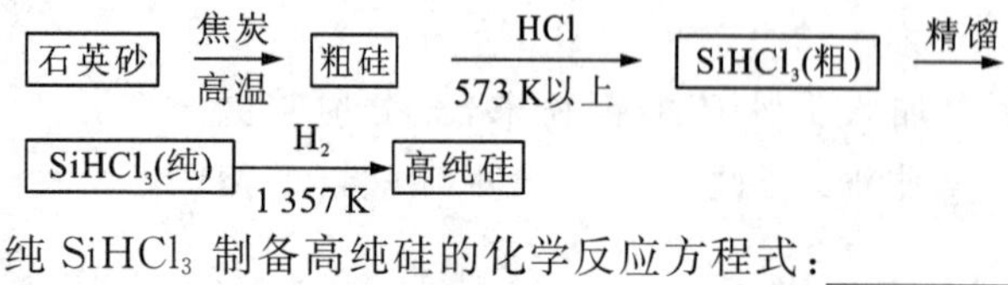


①写出用纯 $SiHCl_3$ 制备高纯硅的化学反应方程式：________。

②整个制备过程必须严格控制无水无氧。$SiHCl_3$ 遇水剧烈反应生成

$H_2SiO_3$、HCl 和另一种物质，写出配平的化学反应方程式：______________________________；$H_2$ 还原 $SiHCl_3$ 过程中若混入 $O_2$，可能引起的后果是____________________________。

(2)石英砂的主要成分是二氧化硅，高纯度的二氧化硅可用于制造高性能通信材料——光导纤维。二氧化硅和二氧化碳一样，也能与氢氧化钠溶液反应，生成硅酸钠(其水溶液称水玻璃)和水。请写出二氧化硅与氢氧化钠溶液发生反应的化学方程式：________________________。

**21.**(3 分)如图所示，一物体悬挂在饱和的氯化钠溶液中，在恒温条件下向烧杯内的溶液中分别加入下列物质(悬挂物不参与反应)，判断弹簧秤示数的变化情况(填"变大""不变""变小")：

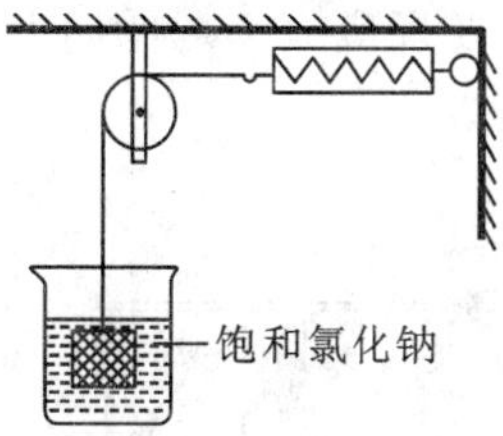


(1)如果加入氯化钠晶体，弹簧秤示数________。

(2)如果加入蒸馏水，弹簧秤示数________。

(3)如果加入氯化钾晶体，弹簧秤示数________。

**22.**(4 分)金属 A 和非金属 B 可直接合成化合物 AB，甲、乙、丙三人分别做 A 和 B 化合反应的实验，充分反应时各人所用 A 和 B 的质量不同，但总质量都是 9 g。甲、乙所用 A 和 B 的质量及三人得到化合物 AB 的质量如下表，请填写表中的空格。

| | A 的用量 | B 的用量 | 得到 AB 的质量 |
|---|---|---|---|
| 甲 | 7 g | 2 g | 6 g |
| 乙 | 4 g | 5 g | 6 g |
| 丙 | | | 7.5 g |

**23.**(5 分)铜是生活中常见的金属，请回答下列问题：

(1)Cu 不活泼，通常情况下不与稀硫酸反应，但向 Cu 和稀硫酸的混合物中滴入 $H_2O_2$ 后，溶液很快变蓝色，试写出该反应的化学方程式：____________________________。

(2)将硫酸铜溶液和碳酸钠溶液混合，会析出 $Cu_2(OH)_2CO_3$ 绿色固体，试写出该反应的化学方程式：____________________________________。

(3)火法炼铜的原理：$Cu_2S+O_2 \xlongequal{高温} 2Cu+SO_2$，在 $Cu_2S$ 中铜的化合价为________。

**24.**(5 分)有人设计了在实验室制取蒸馏水的五个步骤：

①将蒸馏烧瓶固定在铁架台上，在蒸馏烧瓶上塞好带有温度计的橡皮塞；

②连接好冷凝管。把冷凝管固定在铁架台上，并与蒸馏烧瓶相连接，将冷凝管进水口的橡皮管的另一端放在水槽中；

③把酒精灯放在铁架台上，根据酒精灯的高度确定铁圈的高度，放好石棉网；

④向蒸馏烧瓶中放入几片碎瓷片，再用漏斗向烧瓶中加入自来水，塞好带有温度计的橡皮塞，把连接器接在冷凝器的末端，并伸入接收装置(如锥形瓶)中；

⑤检查气密性(利用给固定装置微热的方法)。

请回答下列问题：

(1)上述实验正确的操作顺序是____________________(填序号)。

(2)所用的主要玻璃仪器有__________________________________。

(3)冷凝管里水流的方向与水蒸气的流向________(填"相同"或"相反")。

(4)温度计的水银球应放在__________________。

(5)蒸馏烧瓶中放几片碎瓷片的目的是________________________。

**三、实验题**(本题包括 4 个小题，共 20 分。)

**25.**(7 分)金属镁可与热水反应生成氢氧化镁，所得溶液呈碱性，可使酚酞溶液显红色。某同学将镁条放在水中煮沸，趁热取出部分溶液，滴加酚酞溶液，变为红色，放置在空气中一段时间后，发现溶液的红色褪去了。

(1) 金属镁与热水反应的化学方程式为________________________________。

(2) 溶液的红色褪去说明溶液的碱性________________。

(3) 据你推测，导致溶液碱性变化的原因是：①____________________________；②____________________________________________________________________。

(4)设计一个实验来验证你的一种推测，简要说明操作、现象及结论。

**26.** (6 分)某校课外活动小组的同学在老师的帮助下，探究用赤铁矿(主要成分是 $Fe_2O_3$)炼铁的主要反应原理。他们设计的实验装置如下图所示。回答下列问题：

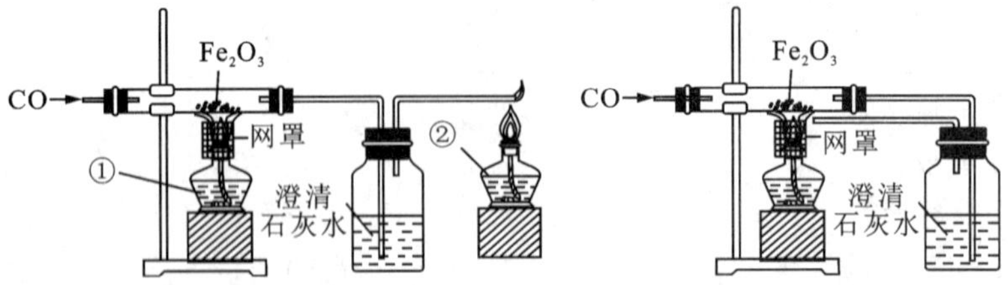

图甲 图乙

(1)写出用一氧化碳还原氧化铁的化学反应方程式：____________________。

(2)实验中澄清石灰水的作用是________________________。

(3)图甲中第①个酒精灯上网罩的作用是________________。实验时应先点燃第________个酒精灯。

(4)与图甲所示实验装置相比，图乙所示实验装置的主要优点是__________。

**27.** (4 分)全世界每年因锈蚀损失的钢铁占世界钢铁产量的 1/4。小明同学想探究铁生锈的条件，他将三枚干净的铁钉分别放入 A、B、C 三支试管(如下图所示)，定期观察并记录现象。请回答下列问题：

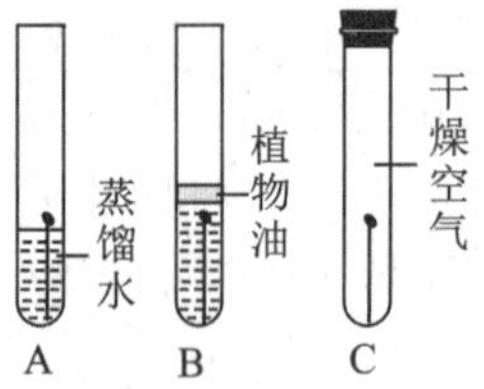


(1)一周后，观察到试管中铁钉生锈的是__________(填标号)，由此得出铁生锈的主要条件是(填具体物质)__________。

(2)根据生锈条件，试分析厨房里用的刀可以采用哪些防锈措施？________。

(3)某化学兴趣小组在对该市火力发电厂的调查与研究中发现该厂周围的铁件腐蚀情况比其他地方严重。请你参与他们的研究活动，大胆分析其原因。

**28.** (3 分)为了探究影响金属与酸反应快慢的因素，进行以下实验：

| 实验序号 | 实验过程 | 实验现象 |
|---|---|---|
| 1 | 镁粉和铁粉分别与 5%盐酸反应 | 镁粉产生气体快 |
| 2 | 铁片和铁粉分别与 10%盐酸反应 | 铁粉产生气体快 |
| 3 | 铁粉分别与 5%的盐酸和 10%的盐酸反应 | 10%的盐酸产生气体快 |

由此得出影响金属与酸反应快慢程度的因素有：

(1)____________________________________________。

(2)____________________________________________。

(3)____________________________________________。

**四、计算题**(本题包括 2 个小题，共 10 分。)

**29.** (4 分)天然的和绝大部分人工制备的晶体都存在各种缺陷，例如在某种氧化镍 NiO 晶体中就存在如右图所示的缺陷：一个 $Ni^{2+}$ 空缺，另有两个 $Ni^{2+}$ 被两个 $Ni^{3+}$ 所取代，其结果晶体仍呈电中性，但此化合物中 Ni 和 O 的比值却发生了变化。某氧化镍样品组成中个数比 Ni : O = 97 : 100。

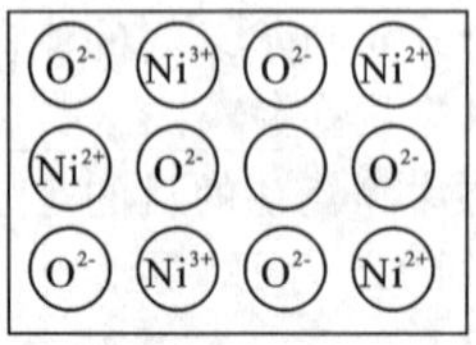

(1)写出该氧化镍样品的化学式：______________。

(2)试计算晶体中 $Ni^{2+}$ 与 $Ni^{3+}$ 的离子个数之比。

**30.**(6 分)工业上用 CO 和 $H_2$ 在 170～200 ℃温度下，用钴作催化剂时，可以反应生成 $n=5\sim8$ 的烷烃，这是人工合成汽油的方法之一。

(1)写出用 $C_nH_{2n+2}$ 表示的人工合成汽油的配平的化学方程式：______________________________。

(2)如果向密闭的合成塔里通入恰好能完全反应的 CO 和 $H_2$，完全反应后，合成塔内温度不变，而塔内气体压强降低到原来的 $\frac{2}{5}$，通过计算来说明这时有无汽油生成。

(3)要达到上述合成汽油的要求，CO 和 $H_2$ 的体积比的取值范围是______。

**附加题**(共 10 分。)

煤和石油是重要的能源，也是生产化工产品的重要原料。下图是煤化工产业链的一部分。

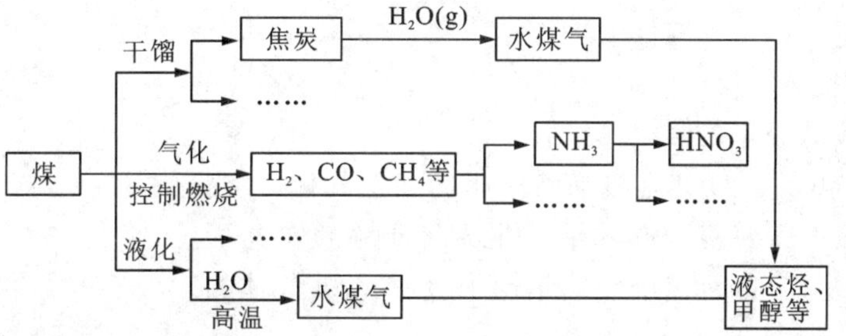


试用所学知识，解决下列问题：

(1)柴油是由石油加工得到的重要产品，它在燃烧时往往冒黑烟，可能的原因是______________________________。

(2)煤经过干馏可以得到焦炉气、煤焦油和焦炭等。煤的干馏属于________(填"物理"或"化学")变化。

(3)煤的直接液化是煤和适当溶剂混合在高温和______________存在下与______________作用生成液态燃料的过程。

(4)煤和石油等化石燃料燃烧排放的大量二氧化碳会引起全球气候变暖。一种新的处理方法是将二氧化碳气体通入含有长石(地壳中最常见的矿石，含量高达 60%)成分的水溶液里，其中一种反应的化学方程式是 $KAlSi_3O_8+CO_2+2H_2O = KHCO_3+X\downarrow+3SiO_2\downarrow$，则 X 的化学式为__________________。

(5)在煤燃烧前需对煤进行脱硫处理。煤的某种脱硫技术的原理如下：

$$FeS_2 \xrightarrow[O_2/H_2O]{\text{在微生物作用下}} Fe^{2+}+SO_4^{2-} \xrightarrow[O_2/H^+]{\text{在微生物作用下}} Fe^{3+}$$

这种脱硫技术称为微生物脱硫技术。该技术的第一步反应的化学方程式为__________________，第二步反应的化学方程式为______________________。

(6)工业上主要采用氨氧化法生产硝酸，如右图是氨氧化率与氨-空气混合气中氧氨比的关系。其中直线表示反应的理论值，曲线表示生产实际情况。当氨氧化率达到 100%，理论上 $\gamma[n(O_2)/n(NH_3)]=1.25$，实际生产要将 γ 值维持在 1.7～2.2，原因是____________________。

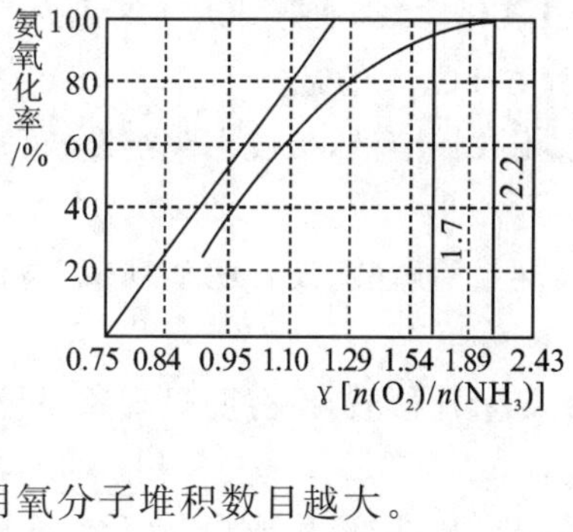


温馨提示：$n(O_2)$可以认为是表示氧气分子堆积数目的一种物理量。$n(O_2)$数目越大，说明氧分子堆积数目越大。

# 2016年全国初中学生化学素质和实验能力竞赛复赛试题

学习笔记

**一、选择题**(本题包括 15 个小题,每小题 2 分,共 30 分。每小题有 1 个或 2 个选项符合题意。若有 2 个答案的错 1 个不得分,漏选 1 个扣 1 分。请将答案填在答卷相应题号的空格内。)

**1.** 下列过程或物质的使用中一定涉及化学反应的是(　　)

A. 用活性炭除去冰箱中的异味　　B. 用生石灰干燥二氧化碳气体

C. 二氧化锰作某反应的催化剂　　D. 工业上常用液氨作制冷剂

**2.** 下列说法中在一定条件下不可以实现的是(　　)

A. 弱酸与盐溶液反应可以得到强酸

B. 两种酸溶液充分反应后的溶液体系为碱性

C. 没有水、气体和沉淀生成的复分解反应

D. 把人呼出的二氧化碳转化为人吸进的氧气

**3.** 盐酸的溶质是氯化氢气体(HCl)。HCl 是极易溶于水的无色气体。实验室将制得的 HCl 气体用水吸收,根据需要用水再稀释,可得到不同浓度的盐酸。下图左面的装置是制 HCl 的发生装置,右面四个装置是用来吸收 HCl 气体的。四个吸收装置中有科学性错误的是(　　)

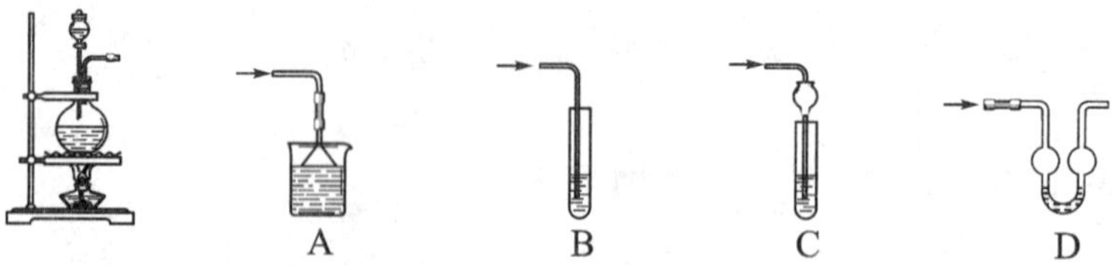

A　　B　　C　　D

**4.** 下列图象中正确的是(　　)

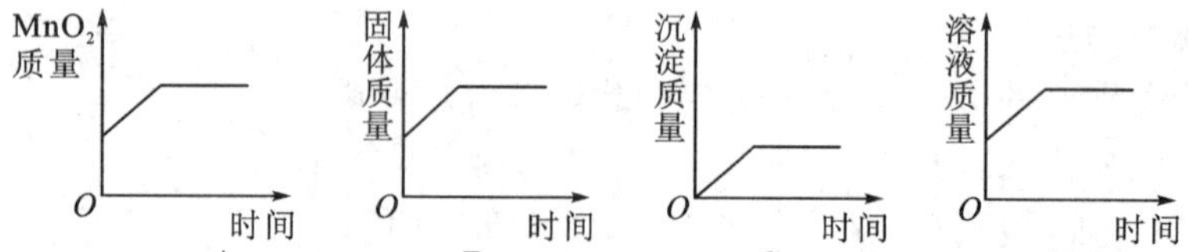


A　　B　　C　　D

A. 表示加热 $KMnO_4$ 制 $O_2$ 生成 $MnO_2$ 的质量与时间的关系图

B. 表示 CO 还原 CuO 的实验中,试管内的固体质量与时间的关系图

C. 表示向 $Ca(NO_3)_2$(含少量 HCl)溶液中滴加 $K_2CO_3$ 溶液,沉淀量与 $K_2CO_3$ 的加入量的关系图

D. 表示向足量的稀 HCl 中加入少量 Fe,溶液质量与时间的关系图

**5.** 已知硝酸是一种强氧化性酸,能把 $SO_3^{2-}$ 氧化为 $SO_4^{2-}$。则下列实验方案中能确定某未知试液中存在 $SO_4^{2-}$ 的是(　　)

A. 取少量试液,滴加 $BaCl_2$ 溶液,生成白色沉淀,再加入足量稀盐酸,沉淀不溶解

B. 取少量试液,加入足量稀硫酸,没有明显现象,再滴加 $BaCl_2$ 溶液,生成白色沉淀

C. 取少量试液,加入足量稀盐酸,没有明显现象,再滴加 $BaCl_2$ 溶液,生成白色沉淀

D. 取少量试液,滴加 $BaCl_2$ 溶液,生成白色沉淀,再加入足量稀硝酸,沉淀不溶解

**6.** 据报道，科学家使用普通氧分子与带正电的氧离子作用，制造出新物质 $O_4$。下列关于 $O_4$ 的说法中，正确的是(　　)

A. $O_4$ 与 $O_2$、$O_3$ 都是氧单质　　　B. $O_4$ 属于化合物

C. $O_4$ 分子是由氧元素构成的　　　D. 合成 $O_4$ 的反应属于化学变化

**7.** 下图是气体分子的示意图，图中"●"和"○"分别表示质子数不同的原子，其中能表示化合物的是(　　)

A　　　B　　　C　　　D

**8.** 正常人体胃液的 pH 在 0.3～1.2，胃酸(一般以盐酸表示)多了，需要治疗。某些用来治疗胃酸过多的药物中含有 $MgCO_3$、$NaHCO_3$，还可用酒石酸钠来治疗。这主要是由于(　　)

A. 碳酸、酒石酸都不是强酸

B. 对人体而言酒石酸是营养品

C. $Na^+$、$Mg^{2+}$ 都是人体必需的微量元素

D. 它们会与胃酸反应产生 $CO_2$，在服药后会有舒适感

**9.** 下列说法中正确的是(　　)

A. 物质的溶解度都是随温度的升高而增大的

B. 任何物质的饱和溶液都比它们的不饱和溶液浓

C. 某温度下的 $KNO_3$ 不饱和溶液可能是浓溶液

D. 某温度下，在 $KNO_3$ 的饱和溶液中加入食盐，若温度不变，则食盐不溶解

**10.** 临床试验数据表明：抗流感新药帕拉米韦氯化钠注射液对 H7N9 禽流感患者具有显著的治疗作用。下列关于帕拉米韦($C_{15}H_{28}N_4O_4$)的说法中正确的是(　　)

A. 属于有机化合物

B. 一个帕拉米韦分子中含 2 个氧分子

C. C、H、N、O 四种元素的质量比为 15∶28∶4∶4

D. 组成元素中，碳元素质量分数最大

**11.** 下列物质中属于复合肥的是(　　)

A. 硝酸钾　　　B. 碳酸钾　　　C. 硫酸铵　　　D. 磷酸铵

**12.** 用铱做的钢笔尖经久耐用。铱在元素周期表中的相关信息如下图，下列有关铱的说法中不正确的是(　　)

| | |
|---|---|
| 77 | Ir |
| 铱 | |
| 192.2 | |

A. 铱元素属于金属元素

B. 铱化学性质很稳定

C. 铱原子的核外电子数为 77

D. 铱元素的相对原子质量为 192.2 g

**13.** 浙江大学课题组制备出一种超轻气凝胶，比空气还轻，压在狗尾草上也不会压弯狗尾草的毛尖。气凝胶用碳纳米管和石墨烯共同支撑，内部有无数个空隙，充斥空气，故而得名。它也是迄今为止已报道的吸油能力最高的材料。下列说法中正确的是(　　)

A. 气凝胶常温下化学性质很不稳定

B. 气凝胶具有很强的吸附作用

C. 气凝胶是一种化合物

D. 气凝胶在氧气中完全燃烧的产物是 $CO_2$

**14.** BGO 是我国研制的一种闪烁晶体材料，曾用于诺贝尔奖获得者丁肇中的著名实验。BGO 是锗酸铋(化学式为 $Bi_4Ge_3O_{12}$)的简称。已知在 BGO 中锗(Ge)的

化合价与 $GeO_2$ 中锗的化合价相等，则在 BGO 中铋(Bi)的化合价为(　　)

A. +5　　B. +4　　C. +3　　D. +2

**15.** 小毛同学对所学部分化学知识归纳如下，其中有错误的一组是(　　)

| | | | |
|---|---|---|---|
| A | 安全常识 | B | 物质性质与用途 |
| | 瓦斯爆炸——由天然气引起<br>假盐中毒——由黄曲霉毒素引起<br>假酒中毒——由甲醇引起 | | $N_2$ 性质稳定——填充食品袋防腐<br>乙醇具有可燃性——可用作燃料<br>CO 具有还原性——可冶炼金属 |
| C | 元素与人体健康 | D | 日常生活经验 |
| | 缺铁——易引起贫血<br>缺钙——易得佝偻病或骨质疏松<br>缺碘——易得甲状腺肿大 | | 去除衣服上的油污——用汽油洗涤<br>区别硬水与软水——常用肥皂水检验<br>使煤燃烧更旺——把煤做成蜂窝状 |

**二、填空题**(本题包括 9 个小题，共 40 分。)

**16.** (5 分) $Ag_3PO_4$、$Ag_2HPO_4$ 均为黄色沉淀。某同学向 $Na_3PO_4$ 溶液中逐滴滴加硝酸银溶液至恰好完全反应，生成黄色沉淀。

(1)若黄色沉淀是 $Ag_3PO_4$，写出反应的化学方程式：________________。

(2)若黄色沉淀是 $Ag_2HPO_4$，写出反应的化学方程式：________________。

(3)设计一个简单的实验方案，来证明所生成的黄色沉淀是 $Ag_3PO_4$ 还是 $Ag_2HPO_4$：________________________________。

**17.** (3 分)物质的量是一种物理量，其单位是摩尔(mol)，1 mol 物质大约含有 $6.02\times10^{23}$ 个该物质的微粒。如 1 mol 氢气含有 $6.02\times10^{23}$ 个 $H_2$ 分子，含有 $2\times6.02\times10^{23}$ 个 H 原子。据此回答：

(1)物质的量与物质的质量、物质的数量是________(填“相同”或“不同”)的物理量。

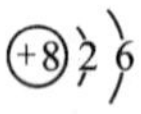


(2)1 mol 硝酸($HNO_3$)中含________个 O 原子。

(3)上图是氧原子的结构示意图，则 1 mol 氧气分子中含有________个电子。

**18.** (1 分)已知一个 $SO_2$ 分子质量为 $n$ kg，一个 $SO_3$ 分子质量为 $m$ kg，若以硫原子质量的 1/32 作为相对原子质量的标准，则 $SO_2$ 的相对分子质量为________。

**19.** (6 分)(1)已知 Fe 元素在化合物里通常显+2 或+3 价，因此 $Fe_3O_4$ 可写成氧化物形式($FeO\cdot Fe_2O_3$)或盐的形式[$Fe(FeO_2)_2$]。Pb 在化合物里显+2 价或+4 价，那么 $Pb_3O_4$ 也可以写成________或________(写化学式)。

(2)在法庭医学分析上常用马氏砷法来证明受害者是否为砒霜($As_2O_3$)中毒。将锌和盐酸与试样混合在一起，若试样中有砒霜，就会发生反应生成砷化氢($AsH_3$)、氯化锌和水。写出该反应的化学方程式：________________。

(3)CO 与 $PdCl_2$ 溶液反应产生黑色金属钯粉末，反应中有水参加，利用此反应可用氯化钯检测 CO 对大气的污染情况，此反应的化学方程式为________________________。

**20.** (7 分)已知常用的强酸($H_2SO_4$、HCl、$HNO_3$)跟常用的强碱(NaOH、KOH)反应生成的盐的水溶液显中性。

现将某白色粉末 A 溶入一无色中性液体中，按下图所示进行实验。

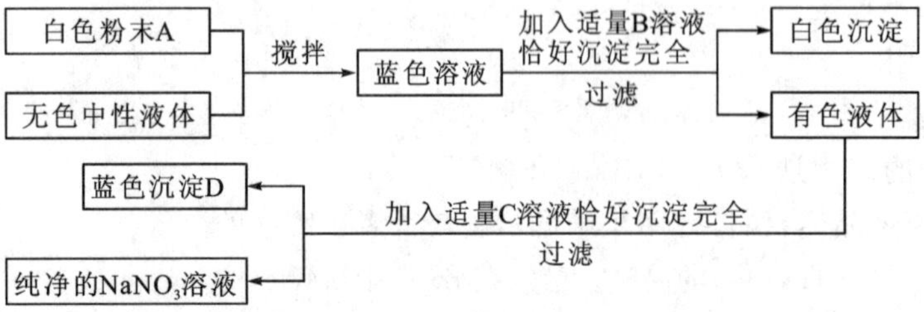

试根据上述实验推断未知物：

(1)用化学式写出：B ________；D ________。

(2)若 A 是纯净物，无色中性液体也是纯净物，则中性液体是________。

(3)若 A 是纯净物，无色中性液体是只含一种溶质的溶液，则中性液体是(填化学式)________溶液或________溶液。

(4)写出生成白色沉淀的化学方程式：________________________________。

**21.** (6 分)A～I 分别表示中学化学中常见的一种物质，它们之间的相互转化关系如下图所示(部分反应物、生成物没有列出)，且已知 A、H、I 是单质，C 和 D 的组成元素相同，G 为铝的固态氧化物，F 是红褐色难溶于水的沉淀，A、B、C、D、E、F 六种物质中均含同一种元素(提示：在高温下铝能与某些金属氧化物反应生成金属单质和氧化铝；金属铝能与强碱反应：$2Al+2NaOH+2H_2O=\!=\!=2NaAlO_2+3H_2\uparrow$；$4Fe(OH)_2+2H_2O+O_2=\!=\!=4Fe(OH)_3$)。

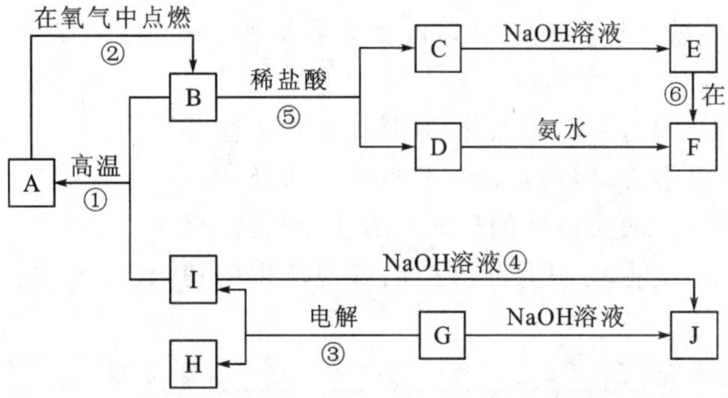


(1)A、B、C、D、E、F 六种物质中所含同一种元素是________。

(2)写出物质的化学式：C ________。

(3)写出反应①、⑥的基本反应类型：反应①________；反应⑥________。

(4)写出反应②的化学方程式：________________________________。

**22.** (6 分)用 $A^+$、$B^-$、C、D、E、F 分别表示含有 18 个电子的 6 种微粒(离子或分子)。请回答：

(1)A 元素是________，B 元素是________(用元素符号表示)。

(2)C 是由两种元素组成的双原子分子，其分子式是________。

(3)D 是氧化能力最强的双原子分子，其分子式是________。

(4)E 是由两种元素组成的三原子分子，其分子式是________。

(5)F 分子中含有 8 个原子，其分子式是________。

**23.** (4 分)烧水的铝壶中常结有一层水垢(该水垢的主要成分是 $CaCO_3$)，用适量稀盐酸可以除去它，反应的化学方程式是________________，若盐酸的用量过多，会产生的不良后果用化学方程式可表示为________________。

**24.** (2 分)在空气中煅烧草酸亚钴($CoC_2O_4$)生成钴的一种氧化物和 $CO_2$ 气体，充分煅烧后测得固体质量为 4.82 g，生成 $CO_2$ 的质量为 5.28 g。试写出空气中煅烧草酸亚钴的化学方程式：________________________________
________________。

**三、实验题**(本题包括 4 个小题，共 20 分。)

**25.** (5 分)可以利用制得的纯净氢气还原氧化铜实验测定水的质量组成，全套装置可用下图中提供的仪器进行组装。[提示：浓硫酸、氯化钙、碱石灰(CaO+NaOH)都有吸水性，常作干燥剂]

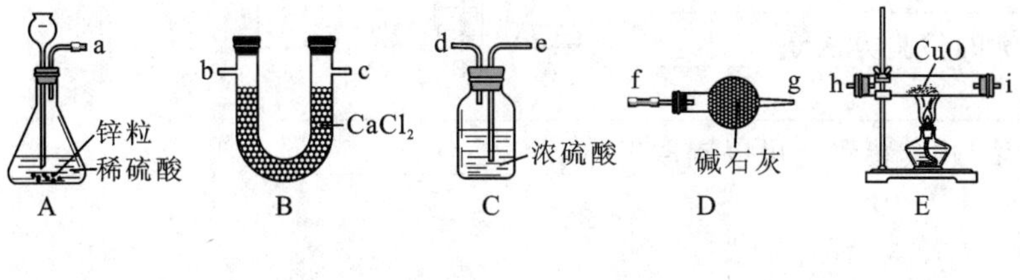

(1)写出全套装置的连接接口顺序:a→____________________→g。

(2)实验时,E 处加热与制氢先后顺序是先制氢气,赶尽空气,再加热 E 处,这样操作的目的是______________________________。

(3)完全反应后将实验测定的数据填在下表中:

| | 实验前质量/g | 实验后质量/g |
|---|---|---|
| 氧化铜+玻璃管 | 85.6 | 79.2 |
| 装置 C | 140.0 | 147.2 |

根据实验数据可知,生成水的质量为________g;还原氧化铜的氢气质量为________g。

(4)如果全套装置右末端没有 D,会使测定的氢、氧质量比________(填"偏大""偏小""无影响")。

**26.**(6 分)已知甲酸(HCOOH)与浓硫酸共热到 60~80℃可发生脱水型的分解反应,并由此而制得 CO 气体。

实验室用甲酸和浓硫酸混合后制取 CO 时,常不需加热,其具体操作方法如下:在试管内倒入一定体积的甲酸,然后再小心、缓慢地沿试管壁倒入等体积的浓硫酸,这时可见试管内液体分上、下两层,在两层液体的界面处有少量气泡,轻轻振动试管,可见液体交界面气泡增多,改变振动的力度可控制气泡产生的速率。试回答下列问题:

(1)用上述方法制取 CO 的化学方程式为______________________________。

(2)用该法制 CO 不需加热的原因:______________________________。

(3)以上操作方法可控制化学反应速率的原因:____________________。

(4)具支试管(试管侧壁有一支管,如图所示)在实验室有多种用途,试只用具支试管、橡皮塞(橡皮塞上最多只能打一个孔)、玻璃导管及连接和夹持仪器装配一个用浓硫酸和甲酸的混合液制取 CO 气体、用 CO 还原氧化铜并检验其氧化产物的实验装置。试在下面的方框图内画出该装置的示意图(同类仪器最多只能有三件,不必画夹持仪器,但需注明所装的药品;画得不好没有关系,只要你将意思表达清楚即可)。

具支试管

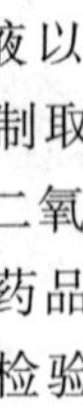

**27.**(4 分)双氧水常用于消毒、漂白等,它是过氧化氢($H_2O_2$)的水溶液。含过氧化氢 30%的溶液以二氧化锰为催化剂可迅速分解出氧气:$2H_2O_2 \xlongequal{MnO_2} 2H_2O+O_2\uparrow$。现欲制取干燥而又纯净的氧气,可采用如下图所示装置:装置 A 中,锥形瓶内盛的是二氧化锰,分液漏斗内盛的是 30%的过氧化氢溶液。

(1)装置 B 中的药品是______________。

(2)装置 C 用来检验氧气是否干燥,证明氧气已干燥的现象是______________________________。

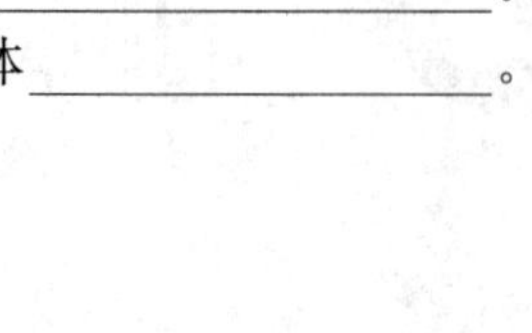


(3)装置 D 中氧气是否集满的检验方法是______________________________。

(4)若改变装置 A 中的药品,此套装置还可以制取气体______________。

**28.**（5分）同学们到化学实验室做实验时，常常闻到刺鼻难闻的气味，这是由于化学实验室要排放成分复杂的污染物。某校化学兴趣小组的同学在甲实验室中进行了氧气分别与碳、硫、铁反应的实验后，为了解该实验产生的气体对空气成分造成的影响，接着设计了如下图所示实验装置进行实验（图中多孔球泡的作用是：增大气体与溶液的接触面积，使反应充分进行）。

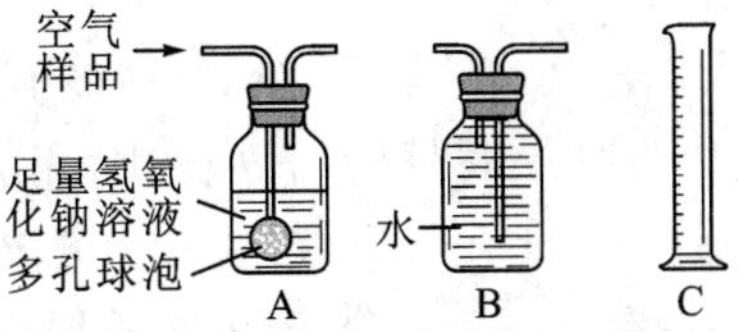


请回答下列问题：

（1）实验在没有受到污染的乙实验室中进行，取出适量甲实验室的空气样品的方法是：________________________。

（2）将取得的空气样品按如上图所示的装置进行测定，装置A的作用是________________________。

（3）若通入的空气样品体积为100 mL，实验结束后，量筒中液体的体积为99 mL（导管内液体忽略不计），说明装置中吸收了1 mL气体，若这些气体大量排放到空气中，因产生________，会对环境造成不利影响。

（4）请写出你在做化学实验时，减少实验对环境污染的一种方法：________________________。

**四、计算题**（本题包括2个小题，共10分。）

**29.**（4分）某同学用一定质量分数的 $Na_2CO_3$ 溶液做"$Na_2CO_3 + CaCl_2 = 2NaCl + CaCO_3\downarrow$"的实验。其中5次实验结果如下表所示：

| 实验次数 | 氯化钙质量/g | 碳酸钠溶液的质量/g | 碳酸钙的质量/g |
|---|---|---|---|
| 1 | 5.55 | 200 | 5 |
| 2 | 11.1 | 200 | 10 |
| 3 | 22.2 | 200 | 20 |
| 4 | 33.3 | 250 | 25 |
| 5 | 55.5 | 400 | X |

（1）哪几次反应碳酸钠有剩余________（填序号）。

（2）表中X的值是________。

（3）碳酸钠溶液中溶质的质量分数为多少？（写出计算过程）

**30.**（6分）为测定一种混合氧化物（也称为多元氧化物，例如 $NiFe_2O_4$，也可写成 $NiO \cdot Fe_2O_3$ 的形式）的组成，称取12.52 g样品，将其全部溶于过量稀硝酸后，配成100 mL溶液。取其中一半，加入过量 $K_2SO_4$ 溶液，生成白色沉淀，经过滤、洗涤、烘干后得4.66 g固体。在余下的50 mL溶液中加入过量NaOH溶液，只生成一种红褐色沉淀，将沉淀过滤、洗涤、灼烧后得3.20 g固体。

（1）计算样品中氧元素的质量分数（保留1位小数）。

（2）确定该混合氧化物的化学式。

# 2017年全国初中学生化学素质和实验能力竞赛(河南赛区)初赛试题

学习笔记

一、选择题(本题包括20个小题,共20分,每小题有1个选项符合题意。)

1. 我们生活在不断变化的物质世界里。下列变化一定属于化学变化的是(　　)

A. 用干冰进行人工降雨　　B. 铁制品在潮湿空气中生锈

C. 用空气做原料制取氧气　　D. 固体物质加热后全部变成气体

2. 化学与生活密切相关。下列说法正确的是(　　)

A. 焊接金属时用氧气作保护气

B. 腌制的泡菜富含亚硝酸盐,多吃无妨

C. 焚烧废弃塑料能解决“白色污染”问题

D. 铵态氮肥与熟石灰混合施用会降低肥效

3. 分类法是化学研究的重要方法。以下分类不正确的是(　　)

A. 合金:生铁、青铜、硬铝　　B. 氧化物:水、二氧化锰、五氧化二磷

C. 碱:纯碱、生石灰、苛性钠　　D. 合成材料:塑料、合成橡胶、合成纤维

4. 下列归纳总结完全正确的一组是(　　)

| A. 化学之最 | B. 化学与生活 |
| --- | --- |
| ①密度最小的气体是氢气<br>②地壳中含量最高的金属元素是铝<br>③天然存在的最硬的物质是金刚石 | ①衣服上的油污:可用汽油除去<br>②冰箱中的异味:可用活性炭吸附<br>③水壶中的水垢:可加食盐水浸泡除去 |
| C. 物质保存方法及解释 | D. 化学与工农业 |
| ①浓盐酸密封保存:防止吸水变稀<br>②氢氧化钠密封保存:防止潮解、变质<br>③白磷在冷水中保存:隔绝空气防止自燃 | ①用二氧化碳与铁矿石反应炼铁<br>②石油炼制可得汽油、煤油、柴油等<br>③施用过量化肥、农药来增加粮食产量 |

5. 玻璃棒是化学实验的常用仪器,下列实验过程中不需要使用玻璃棒的是(　　)

A. 稀释浓硫酸　　B. 用量筒量取一定体积的水

C. 蒸发氯化钠溶液　　D. 除去悬浮在河水中的不溶物

6. 下列有关实验操作“先”与“后”的说法中正确的是(　　)

A. 测定溶液的pH时,先将试纸用水湿润,后用干净的玻璃棒蘸取待测液点在试纸上

B. 加热氯酸钾制取氧气并用排水法收集,实验完毕应先熄灭酒精灯,后从水槽中移出导管

C. 一氧化碳还原氧化铜时,先加热氧化铜粉末至红热,后通入一氧化碳气体

D. 稀释浓硫酸时,先在烧杯中加入水,后将浓硫酸沿杯壁缓缓地注入并不断搅拌

7. 水是生命之源。下列关于水的说法不正确的是(　　)

A. 水由液态变成气态时,分子间间隔变大

B. 明矾净水是因溶于水生成的胶状物能吸附悬浮的杂质

C. 电解水生成氢气和氧气,说明水是由氢气和氧气组成的

D. 如果将水蒸干后有固体析出,这种水样中一定含有杂质

8. 下列说法中正确的是(　　)

A. 酸雨就是 pH 小于 7 的显酸性的雨水

B. 合金的熔点要比组成它的纯金属的熔点高

C. 在测定空气中氧气含量的实验中，红磷可以用木炭代替

D. 除去硝酸钾溶液中的氯化钠，可采用冷却热饱和溶液的方法

9. 元素 X 的核电荷数为 $a$，它的阳离子 $X^{m+}$ 与元素 Y 的阴离子 $Y^{n-}$ 的电子层结构完全相同，则元素 Y 的核电荷数是(　　)

A. $a+m+n$　　B. $a-m-n$　　C. $m+n-a$　　D. $m-n-a$

10. 维生素 $B_2$ 中含 C 的质量分数为 54.3%、H 为 5.3%、O 为 25.5%、N 为 14.9%，其相对分子质量是 376。则维生素 $B_2$ 的化学式为(　　)

A. $C_{16}H_{17}O_7N_4$　　B. $C_{17}H_{22}O_6N_4$

C. $C_{17}H_{20}O_6N_4$　　D. $C_{18}H_{23}O_6N_3$

11. 科学家最近在 −100 ℃的低温下合成了一种化合物，其分子模型如图所示，其中每个"◉"代表一个碳原子，每个"○"代表一个氢原子，下列说法不正确的是(　　)

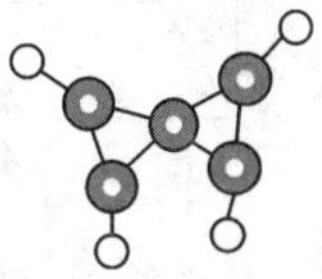

A. 该物质的化学式是 $C_5H_4$

B. 该分子中碳元素的质量分数为 93.75%

C. 相同质量的甲烷和该化合物中所含碳的质量比是 4∶5

D. 与甲烷相比，等质量的该物质完全燃烧时消耗的氧气更多

12. 一定条件下，a、b、c、d 四种物质在密闭容器中发生反应，测得反应前后各物质的质量如下表所示。下列有关说法中不正确的是(　　)

| 物质 | a | b | c | d |
|---|---|---|---|---|
| 反应前的质量/g | 30 | 20 | 10 | 15 |
| 反应后的质量/g | $x$ | $y$ | 0 | 10 |

A. 参加反应的 c 与 d 的质量比为 2∶1

B. $x+y=65$

C. 当 $y\leqslant 20$ 时，该反应一定是化合反应

D. $x$ 的取值范围：$0\leqslant x\leqslant 30$

13. 三个同学设计了如下图所示的探究实验。有关的说法中错误的是(　　)

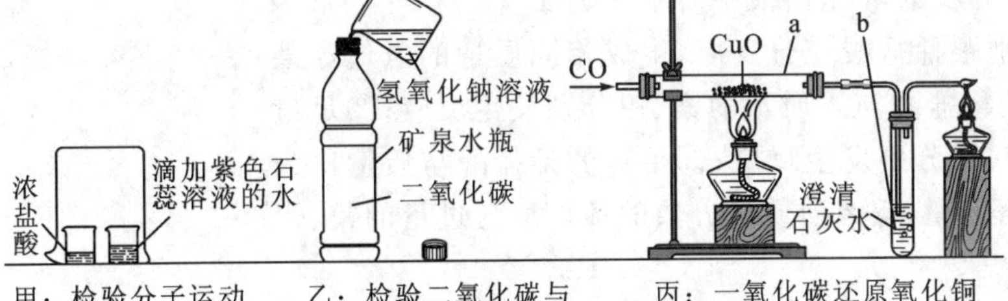


甲：检验分子运动　　乙：检验二氧化碳与氢氧化钠溶液反应　　丙：一氧化碳还原氧化铜

A. 甲的实验现象为紫色石蕊溶液变红色，说明分子在运动

B. 乙加入溶液并盖上瓶盖振荡，塑料瓶变瘪，可证明 $CO_2$ 与氢氧化钠发生了反应

C. 若丙的 a 处黑色粉末变为红色，b 处澄清石灰水变浑浊，可证明 CO 具有还原性

D. 丙实验结束时应先撤去玻璃管下方的酒精灯，继续通入 CO 至玻璃管冷却到室温

14. 下列各组物质的溶液，不用其他试剂，只用观察以及用组内物质的溶液相互混合的方法，就能将它们鉴别出来的是(　　)

A. $NaCl$、$BaCl_2$、$CuSO_4$、$NaOH$、$KNO_3$

B. $Ba(NO_3)_2$、$NaCl$、$Na_2SO_4$、$H_2SO_4$、$HCl$

C. $NaOH$、$FeCl_3$、$MgSO_4$、$BaCl_2$、$KCl$

D. $AgNO_3$、$HCl$、$Na_2CO_3$、$KCl$、$NaCl$

**15.** 除去下列各物质中的少量杂质，所选用的试剂、方法均正确的是(　　)

| 选项 | 物质 | 杂质(少量) | 加入试剂及用量 | 除杂操作方法 |
|---|---|---|---|---|
| A | $KCl$ 溶液 | $CaCl_2$ | 适量的 $Na_2CO_3$ 溶液 | 过滤、除去滤渣 |
| B | $NaCl$ | $Na_2CO_3$ | 过量的盐酸 | 加热蒸发 |
| C | $Cu(NO_3)_2$ | $AgNO_3$ | 足量的铜粉 | 过滤将滤渣烘干 |
| D | $N_2$ | $O_2$ | 足量的碳粉 | 加热 |

**16.** 下列图象分别与选项中的操作相对应，其中合理的是(　　)

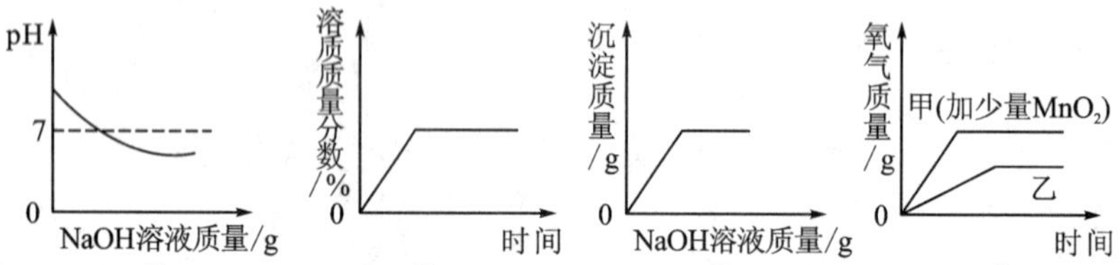


①　　②　　③　　④

A. ①往一定量的盐酸中滴加 $NaOH$ 溶液至过量

B. ②将一定量的不饱和 $KNO_3$ 溶液恒温蒸发水

C. ③向一定量的 $CuSO_4$ 溶液和稀硫酸的混合溶液中滴加 $NaOH$ 溶液

D. ④用两份等质量、等质量分数的过氧化氢溶液制取氧气(甲加入少量 $MnO_2$)

**17.** 向稀盐酸和氯化钙的混合溶液中加入过量的碳酸钠溶液，生成气体的质量是生成沉淀质量的 12.21 倍，则原混合溶液中氯化氢和氯化钙的质量比是(　　)

A. 73∶4　　B. 73∶25　　C. 4∶73　　D. 73∶111

**18.** 如右图是表示在 9.8 g 10%的稀 $H_2SO_4$ 中逐滴滴入 10%的 $Ba(OH)_2$ 溶液的变化过程，下列说法正确的是(　　)

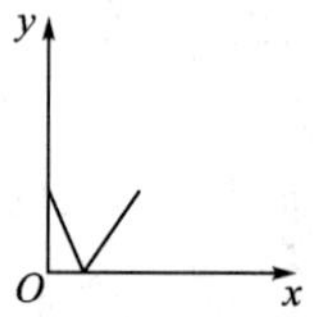


A. $x$ 是时间，$y$ 是 pH

B. $x$ 是加入 $Ba(OH)_2$ 溶液的质量，$y$ 是水的质量

C. $x$ 是加入 $Ba(OH)_2$ 溶液的质量，$y$ 是沉淀物质的质量

D. $x$ 是加入 $Ba(OH)_2$ 溶液的质量，$y$ 是溶液中溶质的质量

**19.** 现有镁、铝两种金属分别跟稀盐酸充分反应，生成相同质量的氢气。某同学推测的情况如下：①足量的稀盐酸与等质量的镁、铝分别发生反应；②足量的稀盐酸与质量比为 4∶3 的镁、铝分别发生反应；③足量的稀盐酸与质量比为 8∶9的镁、铝分别发生反应；④等质量、等溶质质量分数的稀盐酸与过量的镁、铝分别发生反应，其中正确的推测是(　　)

A. ①②　　B. ①④　　C. ②④　　D. ③④

**20.** 某固体可能含有 $Ca(NO_3)_2$、$Na_2SO_4$、$Na_2CO_3$、$FeCl_3$、$KCl$ 中的一种或几种，现对其进行如下实验：①取少量固体于试管中，加适量蒸馏水，固体完全溶解成无色透明溶液；②取少量上述溶液，加过量稀硝酸，有气泡产生；③取②所得溶液少量，滴加 $BaCl_2$ 溶液，产生白色沉淀。分析以上实验现象，下列对原固体组成的推断中正确的是(　　)

A. 肯定有 $Na_2CO_3$、$Na_2SO_4$，无 $FeCl_3$、$Ca(NO_3)_2$

B. 肯定有 $Na_2CO_3$，无 $FeCl_3$、$Ca(NO_3)_2$

C. 肯定有 $Na_2CO_3$、$Na_2SO_4$，无 $FeCl_3$

D. 肯定有 $Na_2CO_3$，无 $FeCl_3$、$KCl$

**二、填空题**(本题包括 6 个小题，每空 1 分，共 30 分。)

**21.** 选用 Na、C、H、O、N 五种元素符号组成化学式，填写在下列空白处。

(1)能用于图书馆灭火的物质是________________。

(2)炉具清洁剂里含有的能去油污的物质是________________。

(3)属于盐类的氮肥是________________。

(4)不属于碱类且 pH>7 的是________________。

(5)保持乙醇化学性质最小的微粒是________________。

**22.** 试根据物质(或粒子)的组成或结构的不同，分析下列各组中物质(或粒子)性质不同的原因。

(1)钠原子和氯原子：______________________________。

(2)一氧化碳和二氧化碳：______________________________。

(3)酸溶液和碱溶液______________________________。

(4)铜和黄铜：______________________________。

**23.** 现有 6.4 g 未知物和氧气充分反应.经测定生成 4.4 g 二氧化碳、2.8 g 一氧化碳和 7.2 g 水。则参加反应的氧气的质量是____________，生成的二氧化碳和一氧化碳的分子个数之比为____________。

**24.** 医疗上的生理盐水含有 A、B、C、D 四种元素，A、B、C、D 的原子序数依次增大。

(1)D 元素的名称是____________；C 原子的结构示意图为____________。

(2)A 与 B 可形成原子个数比 1∶1 的分子，其化学式为________________，该物质中 B 元素的化合价是________________。

(3)A、B、C 形成的化合物 X 的化学式为________________，其固体溶于水时要____________(填“吸热”或“放热”)；在 X 的水溶液中滴入少量硫酸铵溶液，微热，现象是______________________________，相关化学方程式为________________________________________。

(4)A 与 D 形成化合物 Y，从微观角度解释 Y 与 X 在水溶液中反应的实质为________________________________________。

**25.** 甲、乙两种固体物质的溶解度曲线如右图所示：

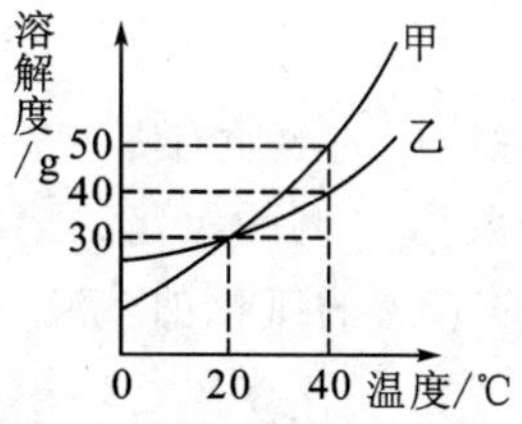


(1)20 ℃时，甲和乙的溶解度关系是________________。

(2)甲的溶解度小于乙的溶解度的温度范围是____________________________。

(3)40 ℃时，等质量的甲、乙分别溶于水形成饱和溶液，溶液质量大小关系是________________。

(4)将 40 ℃时 150 g 的甲饱和溶液降温到 20 ℃，所得溶液中溶质质量分数为________(精确到 0.1%)。

(5)40 ℃时，将 *m* g 的乙饱和溶液稀释成 10%，则需要水的质量为________。(用含 *m* 的式子表示)

**26.** 甲、乙、丙是初中化学常见物质，它们经一步反应的转化关系如图所示，其中部分反应物、生成物及反应条件已略去。

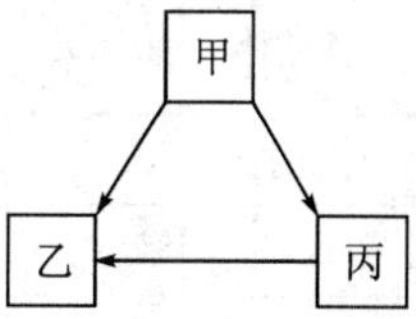


(1)若反应皆为化合反应，且均在点燃条件下发生，则丙的化学式为______________________；乙转化成丙的反应是____________(填“吸热”或“放热”)反应。

(2)若反应皆为置换反应，且均在溶液中进行，甲、乙、丙都为金属，则它们的金属活动性由强到弱的顺序是____________________________________________(用“甲”“乙”“丙”表示)。

(3)若反应皆为复分解反应，乙为白色难溶物。

①若甲为常见的酸，甲、乙、丙含相同的原子团，丙溶液为蓝色，则丙生成乙的化学式为______________________________（写出一个即可，下同）。

②若甲为常见的碱，且相对分子质量为74，甲、乙、丙含相同的金属元素，则丙生成乙的化学方程式为______________________________。

**三、简答题**（本题包括6个小题，共30分。）

**27.** 2016年冬天，北方地区雾霾严重，减少大气污染物需要使用高效清洁燃料。

(1)氢气作为新能源的优点有哪些？（写出两条即可，下同）

(2)使燃料充分燃烧，可以减少大气污染物的排放。充分燃烧的条件有哪些？

**28.** 下图表示某化学反应的微观示意图，其中“○”和“●”分别代表不同元素的原子。

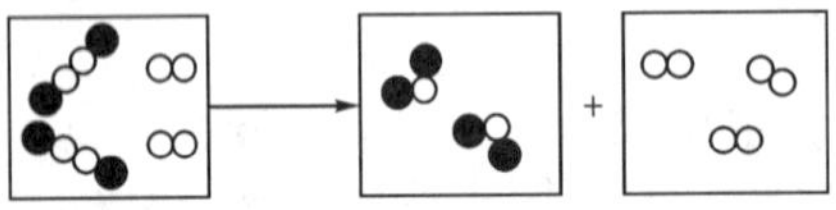

由上图可获得什么信息？（至少写两条）

**29.** 食盐是一种重要的化工原料。请回答下列问题：

(1)下面是实验室除去粗盐中的泥沙等难溶性杂质的实验步骤：

溶解 → 操作Ⅰ → 蒸发

①操作Ⅰ所用的玻璃仪器有哪些？

②在蒸发结晶过程中，什么时候停止加热比较合适？

(2)由于粗盐中含有少量的$MgCl_2$、$CaCl_2$、$Na_2SO_4$等杂质，不能满足化工生产的要求，因此必须将粗盐进行精制。其流程如下图所示：

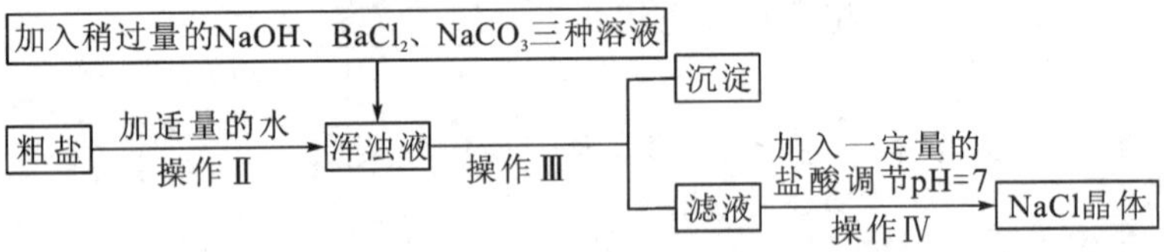


①加入稍过量的$NaCO_3$溶液除了能除去粗盐中的$CaCl_2$外，它还有一个作用是什么？

②通过操作Ⅲ所得滤液中的溶质有哪些？

(3)若有溶质质量分数为20%的氯化钠溶液100 kg（密度是$a$ g/cm$^3$），要将其变成以满足生产需要的10%的氯化钠溶液，请写出主要操作步骤（不需要具体数值）。

**30.** 闪电是一种自然现象，据估计地球上年均发生31万余次的闪电。每当电闪雷鸣时，空气中的氮气在闪电条件下与氧气化合生成不溶于水的一氧化氮气体；一氧化氮的密度比空气略大，常温下易与氧气反应生成二氧化氮；二氧化氮与水反应生成硝酸和一氧化氮，最终转化成能促进植物生长的硝酸盐被植物吸收。请写出所涉及的三个化学方程式。

**31.** 为测定21.2 g久置于空气中的氢氧化钠变质的程度，将其配制成500 mL溶液，分别取出50mL用两种方法进行测定。

| 方法 | 加入的试剂 | 测得数据 |
|---|---|---|
| 方法1 | 足量$BaCl_2$溶液 | 产生$BaCO_3$沉淀1.97 g |
| 方法2 | 足量稀硫酸 | 产生$CO_2$气体0.44 g |

请任选1种方法的数据，通过计算说明氢氧化钠变质的程度。（写出计算过程及结果）

32. 向一定量硝酸银和硝酸铜的混合溶液中加入锌粉，所得溶液的质量与加入锌粉的质量有关系如右图。请分析 $a$ 点时溶液中有哪些溶质？$c$ 点时过滤能得到哪些固体？$b$～$d$ 段溶液质量增加的原因是什么？

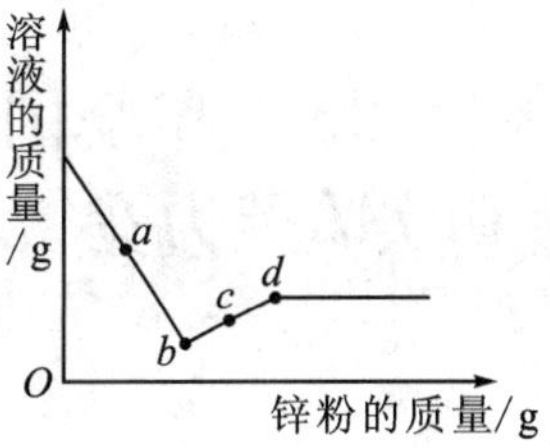


**四、综合应用题**(本小题包括 2 小题，共 20 分。)

33. 根据下图所示装置回答下列有关问题：

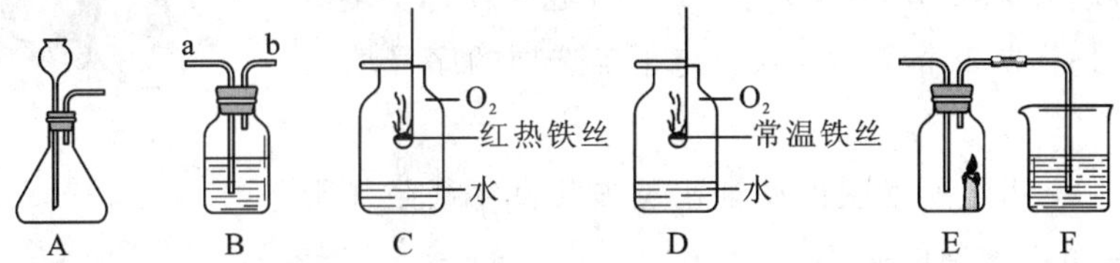


(1)检查装置 A 气密性的方法是______________________________________________。

(2)若装置 B 用排水法收集氧气，进气口应为________端(选填“a”或“b”)。

(3)用装置 B 除去 $CO_2$ 中的 HCl 气体应加入的试剂是____________，其化学方程式为____________________________。

(4)对比装置 C 和 D，可以得出关于可燃物燃烧的条件是______________。

(5)某同学连接 A、E、F 进行实验。A 中所加药品不同，F 中所加药品相同。

①若实验时 E 中蜡烛熄灭，F 中溶液变浑浊，则 E 中现象说明 A 中产生的气体所具有的性质是____________________________；

②若实验时 E 中蜡烛燃烧更旺，F 中溶液变浑浊. 则 A 中反应的化学方程式为____________________________。

34. 甲班学生做完实验室制备氧气和还原金属氧化物的实验后，将剩余物质倒入同一废液缸里。乙班课外兴趣小组的同学进行了如图所示的探究。请回答：

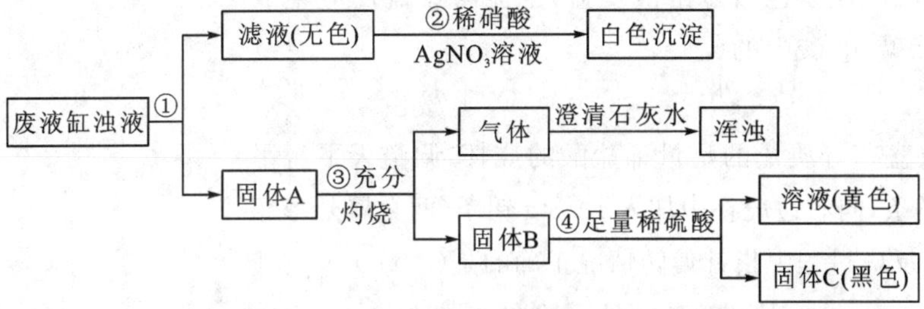


(1)由步骤②实验现象推知，甲班同学制取氧气所用的固体反应物是____________________________(写化学式)。

(2)写出②中出现白色沉淀的化学方程式____________________________。

(3)向步骤④所得溶液加入氢氧化钠溶液可得红棕色沉淀，该反应的化学方程式为____________________________。

(4)由上述实验判断固体 A 中一定含有______________(写名称)；并写出反应的化学方程式____________________________。

(5)老师请小明同学设计方案测定该实验中用到的稀硫酸中溶质的质量分数，小明先取一只洁净的小烧杯，称其质量为 16.4 g，然后往其中倒入部分硫酸溶液后称量，总质量为 50.2 g。之后，将一枚质量为 11.8 g 的铁钉(已用砂纸打磨除去铁锈)放入该小烧杯中，待铁钉表面不再有气泡产生后，再次称量，总质量为 61.9 g。请计算：

①反应后产生的气体的质量；

②计算该硫酸溶液中溶质的质量分数；

③计算所得溶液中溶质的质量分数(写出计算过程，计算结果精确到 0.1%)。

# 2017年全国初中学生化学素质和实验能力竞赛(黑龙江赛区)初赛试题

学习笔记

**一、选择题**(本题共20个小题,每题2分,共40分。1~15题每小题只有1个正确选项;16~20题每小题有1个或2个正确选项。将正确选项的序号填入括号内。)

**1.** 据统计,世界上的古建筑在20世纪所遭受的腐蚀比过去几百年甚至几千年所遭受的腐蚀还要严重,其中最可能的原因是(　　)

A. 管理部门维修不及时,引起古建筑的腐蚀

B. 化石燃料大量使用,形成酸雨,加速了古建筑的腐蚀

C. 参观的人数急剧增多,加速了古建筑的磨损

D. 温室效应加剧,加速了古建筑的风化

**2.** 为了及时发现煤气泄漏,常在煤气中加入少量有特殊气味的乙硫醇($C_2H_5SH$)。乙硫醇在煤气燃烧过程中也可燃烧,其充分燃烧时反应的化学方程式为:$2C_2H_5SH+9O_2 \xlongequal{点燃} 4CO_2+6H_2O+2X$。则X的化学式为(　　)

A. $H_2SO_4$　　B. $SO_3$　　C. $SO_2$　　D. CO

**3.** 金属活动性的强弱与人类开发和利用这些金属单质的时间顺序有着某种内在联系。由此推断,下列金属中人类开发利用最晚的是(　　)

A. Cu　　B. Fe　　C. Ag　　D. Al

**4.** 某物质溶于水,所得溶液既能使紫色石蕊溶液变蓝,也能与铵盐反应生成气体,此物质可能是①氧化物;②碱;③酸中的(　　)

A. ①②　　B. ②③　　C. ②　　D. ①②③

**5.** 在托盘天平两盘上分别放盛有等质量的足量稀盐酸的烧杯,调整天平至平衡。向左边烧杯中加入10.8 g镁条,向右边烧杯中加入10.8 g铝条(两金属外形相同,表面均经过砂纸打磨处理)。反应过程中指针偏转情况正确的是(　　)

A. 先偏左,最后偏右　　B. 先偏右,最后偏左

C. 先偏左,最后平衡　　D. 先偏右,最后平衡

**6.** 铜和铝是目前常使用的重要金属。钛(Ti)因其有许多神奇的性能也将成为21世纪的重要金属之一。下列有关三种金属及其合金的相关说法错误的是(　　)

A. 钛或钛合金放到海水中数年取出后仍光亮如初,说明钛具有很强的抗腐蚀性

B. 将大小厚薄相等的铜、铝、钛分别放入盛有稀盐酸的试管中,观察到钛的表面放出缓慢气泡,铝的表面气泡放出较快,铜的表面无现象,由此可推测三种金属的活动性顺序为:Al>Cu>Ti

C. 某同学的铜制眼镜框表面出现绿色物质[主要成分$Cu_2(OH)_2CO_3$],可用稀盐酸除去

D. 高层建筑常采用铝合金门窗而不采用铁门窗,主要原因是铝的密度小且易形成一层致密的氧化物薄膜

**7.** 实验室有失去标签的盐酸、碳酸钠、硫酸、氢氧化钾和硝酸钾五瓶溶液。为把它们区分开来,所加试剂及先后顺序合理的一组是(　　)

A. 氯化钡溶液、稀硝酸、石蕊溶液　B. 稀硝酸、石蕊溶液、硝酸银溶液

C. 石蕊溶液、稀硝酸、硝酸银溶液　D. 稀硝酸、酚酞溶液、硝酸银溶液

**8**. 如图所示，在甲、乙两个等体积的塑料瓶中，分别盛有等体积的滴有紫色石蕊溶液的水，用图示两种方法收集满二氧化碳后，旋紧瓶盖振荡，则观察到的现象是(　　)

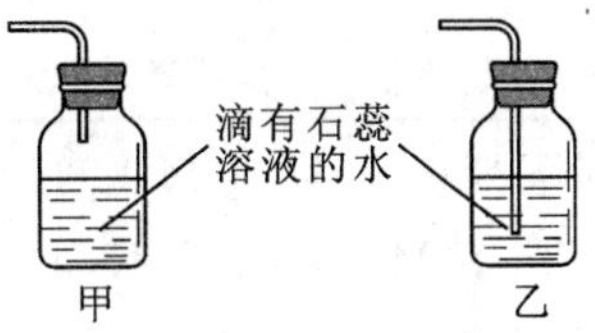


A. 甲瓶没有任何变化，乙瓶紫色石蕊溶液变红

B. 甲、乙两瓶紫色石蕊溶液均变红

C. 甲、乙两瓶紫色石蕊溶液均变红，甲瓶变瘪，乙瓶外形不变

D. 甲瓶变瘪，乙瓶试液变红

**9**. 将 6g 不纯锌(含杂质 M)和 6g 不纯铁(含杂质 N)，分别加入足量的稀硫酸中，反应到不再有氢气放出时，得到氢气的质量都是 0.2g。则 M、N 可能是(　　)

A. M 为 Mg，N 为 Cu　B. M 为 Fe，N 为 Al

C. M 为 Al，N 为 Ne　D. N 为 Cu，N 为 Zn

**10**. 人体内含有多种元素，其中许多元素都是人体所需的。但有些元素尚未证实其生理功能，在食品中它们的含量稍高会引起毒性反应。我国食品卫生法对这些元素在食品中的含量的最高标准有极严格的规定，这些元素是(　　)

①Na；②Mg；③As；④Cd；⑤Ca；⑥Zn；⑦Hg；⑧Pb；⑨Fe；⑩K

A. ⑥⑦⑧⑨　B. ②④⑥⑧　C. ③④⑦⑧　D. ②④⑥⑦⑧

**11**. 科学家使用普通氧分子和带正电的氧离子可以制造出一种含四个氧原子的新型氧分子，利用质谱仪探测可以证实它的存在。你认为下列说法正确的是(　　)

A. 该分子是一种新的氧化物分子

B. 该分子构成的物质与臭氧是同一种物质

C. 该分子的相对分子质量是 64

D. 该分子带 2 个单位正电荷

**12**. 在探索地球上生命的起源活动中，美国科学家米勒(S. Millie)做了一个著名的实验，他模拟原始大气的成分将甲烷、氨、氢和水蒸气混合，放入真空的玻璃仪器中进行实验。一个星期后，他惊奇地发现仪器中果然有数种氨基酸生成。你从米勒的实验中能得出的结论是(　　)

A. 一定发生了化学变化　B. 没有发生化学变化

C. 无法判断是否发生了化学变化　D. 一定没有发生物理变化

**13**. 用质量均为 2 g 的薄锌片，在不同温度下分别与足量某溶质质量分数的稀硫酸反应。锌片完全溶解所用时间与温度的关系如下表所示。试根据表中数据推测下列各表达式正确的是(　　)

| | | | |
|---|---|---|---|
| 1 | 5 | $m_1$ | 400 |
| 2 | 15 | $m_2$ | 200 |
| 3 | 25 | $m_3$ | 100 |
| 4 | 30 | $m_4$ | $t_4$ |
| 5 | 35 | $m_5$ | 50 |
| 6 | 10 | $m_6$ | $t_6$ |
| 7 | 20 | $m_7$ | $t_7$ |

①50＜$t_4$＜100；②$t_6$＞200＞$t_7$；③单位时间内消耗锌的质量($m$)：$m_7$＞$m_6$＞$m_2$

A. ①　　B. ②　　C. ①②　　D. ①②③

**14.** M是一种活动性比铁强的金属，$M^{2+}$与其他几种离子构成的化合物的溶解性见下表：

| | $O^{2-}$ | $OH^-$ | $CO_3^{2-}$ | $Cl^-$ | $SO_4^{2-}$ | $NO_3^-$ |
|---|---|---|---|---|---|---|
| $M^{2+}$ | 难溶 | 难溶 | 难溶 | 易溶 | 易溶 | 易溶 |

根据以上信息判断下列各反应：①M＋HCl；②$M(NO_3)_2$＋$BaCl_2$；③MO＋HCl；④$M(OH)_2$＋NaCl；⑤$M(OH)_2$＋HCl；⑥$M(NO_3)_2$＋HCl；⑦$MCO_3$＋HCl；⑧$MSO_4$＋$BaCl_2$。不能发生的是(　　)

A. ①②④⑦　　B. ⑤⑥⑦⑧　　C. ②④⑥　　D. ①③⑤⑧

**15.** 有一在空气中暴露过的KOH样品，经分析测知其含水7.62%，含$K_2CO_3$ 2.38%，KOH 90%，若将此样品加入10 g 20%的盐酸中，再用10.2%的KOH溶液中和过量的酸，则蒸发中和后的溶液所得固体的质量约为(　　)

A. 3.4 g　　B. 4.1 g　　C. 4.5 g　　D. 无法计算

**16.** 为了除去粗盐中的泥沙、$Ca^{2+}$、$Mg^{2+}$、$SO_4{}^{2-}$等杂质，将粗盐溶于水，然后进行下列五步操作：①过滤；②加过量NaOH溶液；③加适量盐酸；④加过量碳酸钠溶液；⑤加过量氯化钡溶液。正确的操作顺序是(　　)

A. ①④②⑤③　　B. ④①②⑤③　　C. ②⑤④①③　　D. ⑤②④①③

**17.** 继黄金、白金之后，钯金(Pd)首饰在市场上悄然兴起。为了获得钯金，取17.7%的$PdCl_2$溶液100 g，加入10.0 g铁粉使其充分反应得到钯金和铁的氯化物。经分析所得钯金的质量为10.6 g，未反应的铁粉质量为4.4 g。下列说法正确的是(　　)

A. 生成铁的氯化物质量为12.7 g　　B. 生成铁的氯化物质量为95.0 g

C. 生成铁的氯化物为$FeCl_2$　　D. 生成铁的氯化物为$FeCl_3$

**18.** 某同学向题图实验装置中通入气体X。若关闭活塞A，澄清石灰水变浑浊；若打开活塞A，澄清石灰水不变浑浊。则气体X和洗气瓶内溶液Y分别可能是(　　)

| | A | B | C | D |
|---|---|---|---|---|
| X | $CO_2$ | $CO_2$ 和 HCl | $CO_2$ | HCl |
| Y(足量) | NaOH | $NaHCO_3$ | 浓硫酸 | $Na_2CO_3$ |

**19.** CO、$O_2$、$CO_2$混合气体9mL，点燃爆炸后，恢复到原来状况时，体积减少1mL，然后通过NaOH溶液，体积又减少5mL，则原混合气体中CO、$O_2$、$CO_2$的体积比可能是(　　)

A. 1∶3∶5　　B. 5∶1∶3　　C. 3∶1∶5　　D. 2∶4∶3

**20.** 已知$IO_3{}^-$与$I^-$可发生反应：$IO_3{}^- + I^- + 6H^+ = 3I_2 + 3H_2O$，根据此反应，可用试纸和一些生活中常见的物质进行试验，证明加碘食盐中存在$IO_3{}^-$。可供选用的物质有：①自来水；②蓝色石蕊试纸；③碘化钾淀粉试纸；④淀粉；⑤食盐；⑥食醋；⑦白酒。进行上述实验时必须用到的物质是(　　)

A. ①③　　B. ③⑥　　C. ②④⑥　　D. ①③④⑤⑦

**二、填空题**(本题共7小题，共24分。)

**21.** 有A、B、C、D、E五种物质，其中A是酸；另外四种中有一种是碱，三种是盐。D在医院常用作诊断肠胃部疾病的药品。它们之间可以发生以下反应：

(1) $A+B \rightarrow C+H_2O$ (2) $C+H_2SO_4 \rightarrow D\downarrow +A$ (3) $E+AgNO_3 \rightarrow AgCl\downarrow +C$

根据上述反应，推断下列物质的化学式：

A ________；B ________；C ________

**22.** ZSM-5 分子筛是由多个结构单元构成的，其中一个结构单元的化学式可表示为 $Si_{96}O_{192}$。若用 4 个铝原子取代其中的 4 个硅原子，形成的原子团所带的负电荷数为________，若用铵根离子与它结合成电中性，这些铵根离子中共含有________个氢原子。

**23.** 某一由盐酸、碳酸钠溶液、稀硫酸、氯化铜溶液四种物质中的两种形成的混合溶液，现向该混合溶液中滴入氢氧化钡溶液，产生沉淀的质量与加入氢氧化钡溶液体积的关系如图所示。

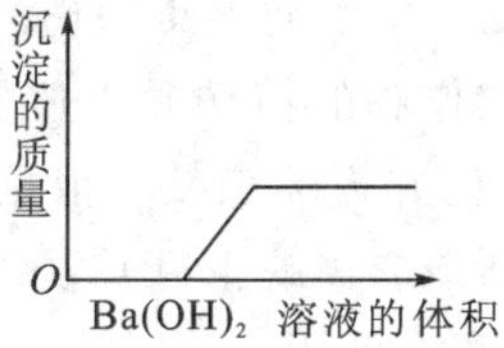


据此回答：

(1)该混合溶液是由________和________组成的。

(2)混合溶液中不含________，理由是____________。

混合溶液中不含________，理由是____________。

**24.** 仿照下列化学方程式：

$CH_4+2O_2 \xlongequal{点燃} CO_2+2H_2O$，$2H_2S+SO_2 \xlongequal{} 3S\downarrow +2H_2O$，$NaH+H_2O= NaOH+H_2\uparrow$

完成下列化学方程式：$NH_3+NO_2$ ____________________

$CaH_2+H_2O$ ____________________

**25.** 小王和小张两位同学对化学计算很有心得。以下是他们解答一道计算题的实录。请你一起参与研究并完成相关问题。(计算结果精确到 0.01)

题目：将 15 g 氯酸钾和 3 g 二氧化锰混合后放入大试管中加热，收集所需氧气后，停止加热让试管冷却。称得试管内剩余固体的质量为 10.8 g，求生成氯化钾的质量。

(1)小王很快得到(15 g+3 g−10.8 g)是________(填化学式)的质量，进而求出 KCl 的质量是________。

(2)小张依据上述计算的结果发现题目数据有问题。请你说明他发现的问题：____________。

(3)想要更正此题数据有许多方法。如将题目中"15 g 氯酸钾"改为"$a$ g 氯酸钾"，其他物质的质量不变，则 $a$ 的取值范围是____________。

**26.** 已知：(1)向氯化铝溶液中滴加氢氧化钠溶液，有白色沉淀[$Al(OH)_3$]生成。当继续滴加氢氧化钠溶液时，白色沉淀逐渐减少，直至消失，生成一种可溶性盐。此反应的化学方程式是：$Al(OH)_3+NaOH=NaAlO_2$(偏铝酸钠)$+2H_2O$。

(2)氢氧化铁固体不溶于氢氧化钠溶液。

现欲除去氯化铁溶液中混有的少量氯化铝杂质，得到较为纯净的氯化铁溶液，某同学设计了如下提纯方案：

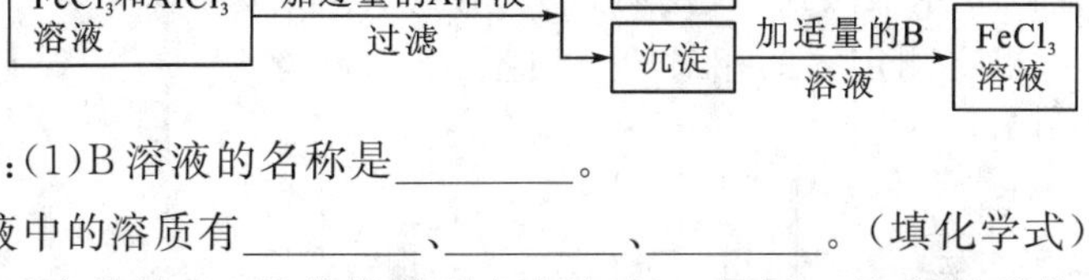


试回答：(1)B 溶液的名称是________。

(2)滤液中的溶质有________、________、________。(填化学式)

**27.** 锶(元素符号 Sr)的化学性质与钙相似。用同一浓度的稀盐酸分别溶解相同质量的 SrO 和 $Fe_2O_3$，当依次滴入稀盐酸体积比约为 1∶2时，两种氧化物都恰好完全反应。则可断定 SrO 和 $Fe_2O_3$ 相对分子质量之比约是________。

**三、简答题**(本题共 4 小题,共 16 分。)

**28.** 氨气是生产铵态氮肥的主要原料,但一旦泄漏,危害十分严重。请根据下列相关报道,回答问题:

某地一冷饮厂氨气泄漏,液氨冲破管道,喷射而出。当时,空气中弥漫着一股浓烈的刺激性气味,现场温度骤降到-30℃。抢险队员紧急中用柠檬水淋湿全身后冲进泄漏仓库堵漏,虽堵漏成功但抢险队员被冻伤。已泄漏的 500 kg 液氨经喷水 12t 后才被稀释。这次事件造成百余人氨气中毒,距离事发地点 5 m 的树木在短短半小时内叶子由绿色变成黄色。

(1)从以上报道获得的信息中,你了解到氨气有哪些性质?(至少写出 3 条)

(2)抢险队员用柠檬水淋湿全身的可能原因是什么?

(3)请解释接触液氨可能引起严重冻伤的原因。

**29.** 某块农田里的农作物的植株矮小瘦弱,叶片发黄,茎秆软弱,容易倒伏,叶片的边缘和尖端呈褐色并逐渐焦枯。根据以上特点,化学课外活动小组的成员经过分析讨论后,判断该农田缺少氮元素和钾元素。为了补充这两种元素,农民决定将碳铵和草木灰混合使用。请回答:

农民施用肥料的方法是否合理,为什么?

**30.** 某同学在家中发现一种缓泻药——"果导片",药品说明书中标明其主要成分是酚酞。该同学想知道它能否作为酚酞指示剂的代用品。他将果导片研成粉末加入消毒用酒精(酚酞不易溶于水,溶于酒精)中搅拌、静置。取上层清液滴入澄清石灰水中,观察到____________________;滴入醋酸及食盐水中观察到____________________,从而得出"果导片"可作酚酞指示剂代用品的结论。然后他又用饮料吸管缓缓向滴有"果导片"溶液的澄清石灰水中吹气,请问他观察到什么现象,为什么?

**31.** 液化石油气和煤气燃烧的主要反应分别为 $C_3H_6+5O_2 \xlongequal{点燃} 3CO_2+4H_2O$,$2CO+O_2 \xlongequal{点燃} 2CO_2$,燃气灶由灶体、进气管、电子开关等部件组成。根据以上分析,使用液化石油气的用户,在使用管道煤气后,重新购置的灶具与原来的灶具相比构造部件上最大的区别是什么?为什么?(提示:同温同压,相同体积的气体具有相同分子数)

**四、实验题**(本题共 2 小题,共 12 分。)

**32.** 将一定量的铁粉加入 $Cu(NO_3)_2$、$AgNO_3$ 混合溶液中,充分反应后过滤,则滤出固体的组成最多有几种情况?请你设计实验对滤出固体中组成最复杂的情况进行验证,填写下列实验报告。

| 猜测 | 实验内容 | 实验现象 | 结论及化学方程式 |
| --- | --- | --- | --- |
| | | | |

**33.** 现有足量的稀硫酸、1.3 g 锌片、无水硫酸铜、氧化铜和水,请从下图中选择适当的仪器,设计一个简单的实验,粗略测定锌的相对原子质量。(设环境为标准状况,标准状况下氢气的密度为 0.08928 g/L)

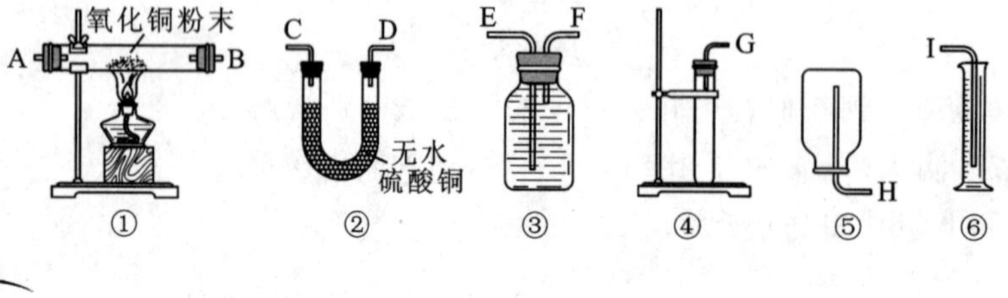

(1)应选用的装置是________________。(填写装置代号)

(2)所用装置的连接顺序是________________。(填写各接口的字母序号)

(3)如果实验中测得量筒中水的体积为 450 mL,请计算锌的相对原子质量________。

**五、计算题**(本题共 2 小题,共 8 分。)

**34.** 为研究某一镁铝合金的成分,进行甲、乙、丙三组实验。三组各取 30mL 同浓度的盐酸溶液,加入该种镁铝合金粉末。每组实验加入合金质量和产生气体质量的有关数据如下:

| 小组 | 甲 | 乙 | 丙 |
|---|---|---|---|
| 合金质量/g | 0.255 | 0.385 | 0.459 |
| 气体质量/g | 0.025 | 0.03 | 0.03 |

请根据表中数据判断和计算:

(1)甲组实验中,盐酸________(填“过量”“适量”“不足量”),乙组实验中,盐酸________(填“过量”“适量”“不足量”)。

(2)合金中镁、铝的质量比________。

**35.** 某钙片的标签如右图所示,此钙片成分中只有碳酸钙含有钙元素。

(1)请通过计算说明此标签中的含钙量是否错误。

执行标准:GB1413－99
主要成分:碳酸钙
含钙量:每片含钙 0.75 g
每瓶 50 片,重 40 g

(2)为测定这种钙片含钙量,小东每次取 10 片钙片放入已称量的盛有足量盐酸的烧杯中,发生的化学反应是:$CaCO_3 + 2HCl = CaCl_2 + H_2O + CO_2\uparrow$。充分反应后再称量烧杯和剩余物的总质量。小东做了三次实验,数据如下:

| 物质的质量 | 第一次 | 第二次 | 第三次 | 平均值 |
|---|---|---|---|---|
| 反应前:烧杯＋盐酸 | 22 g | 22 g | 22 g | 22 g |
| 10 片钙片 | 8 g | 8 g | 8 g | 8 g |
| 反应后:烧杯＋剩余物 | 26.7 g | 26.5 g | 26.9 g | 26.7 g |

①计算每片此钙片含碳酸钙的质量;

②你认为应该建议厂家如何更改标签?

# 2017年全国初中学生化学素质和实验能力竞赛(湖南赛区)初赛试题

学习笔记

**一、选择题**(每小题只有1个正确答案,请将正确答案的序号填入该题后相应的括号内,本大题共38分。)

**1.** 在互联网上搜索"中央电视台每周质量报告"时,可搜索到被曝光的事件中一定涉及化学变化的是(　　)

A. 用自来水、酱色、盐等兑制成"假酱油"

B. 用工业石蜡等涂抹在瓜子表面给瓜子"美容"

C. 用硫黄燃烧法熏蒸粉丝

D. 用淀粉、蔗糖、奶香精等掺成"假奶粉"

**2.** 夏日的校园,百花盛开,阵阵花香,沁人心脾。花香四溢的现象说明(　　)

A. 分子是不断运动的　　B. 分子是由原子构成的

C. 分子具有一定的质量　　D. 分子之间有一定的间隙

**3.** "羊毛出在羊身上",羊毛的主要成分是(　　)

A. 纤维素　　B. 脂肪　　C. 蛋白质　　D. 糖类

**4.** 下列检验和区分物质的方法正确的是(　　)

A. 用酚酞溶液检验氢氧化钠溶液是否变质

B. 用水区分氯化钠和硝酸铵固体

C. 用石蕊溶液检验生石灰中是否混有熟石灰

D. 用燃着的木条区分二氧化碳和氮气

**5.** 实验过程中要注意安全,下列实验操作安全的是(　　)

A. 将鼻孔凑到容器口去闻药品的气味

B. 点燃一氧化碳前先检验其纯度

C. 将水直接倒入浓硫酸中稀释浓硫酸

D. 给试管内液体加热时管口对着人

**6.** 2017年,我国科学家成功实现首次单分子自旋态控制。这是世界上首次实现单个分子内部的化学反应。单个分子内部的化学反应中发生变化的是(　　)

A. 原子个数　　B. 原子种类　　C. 分子种类　　D. 元素种类

**7.** 给一无色溶液滴入数滴无色酚酞溶液,溶液使酚酞变红,这说明该溶液一定是(　　)

A. 酸性溶液　　B. 酸的水溶液　　C. 碱性溶液　　D. 碱的水溶液

**8.** 要配制100 g溶质质量分数为10%的氯化钠溶液,下列操作正确的是(　　)

A. 将10 g氯化钠固体直接放在天平的托盘上称量

B. 量取90 mL水时,俯视读数

C. 为加快固体溶解,用温度计搅拌溶液

D. 将配好的溶液倒入细口瓶中,盖紧瓶塞,并贴上标签

**9.** 在室温下,将下列物质各5 g分别放入50 g水中,现象最相似的是(　　)

A. $CuO$、$CaCl_2$　　B. $CuSO_4$、$NaCl$

C. $CaCO_3$、$BaSO_4$　　D. $NaOH$、$NH_4NO_3$

**10.** 用一块棉布手帕浸泡在质量分数为70%的酒精中,待均匀湿透后取出。再用镊子夹住两角展开,用火点燃,当手帕上的火焰熄灭后,手帕完好无损。对

于这一现象，下列解释正确的是(　　)

A. 这是魔术，你看到的是一种假象

B. 火焰的温度低于棉布的着火点

C. 手帕上的水和酒精汽化吸热，使手帕的温度低于棉布的着火点

D. 酒精燃烧后使棉布的着火点升高

**11.** 通过下列实验可以得出的结论，其中不合理的是(　　)

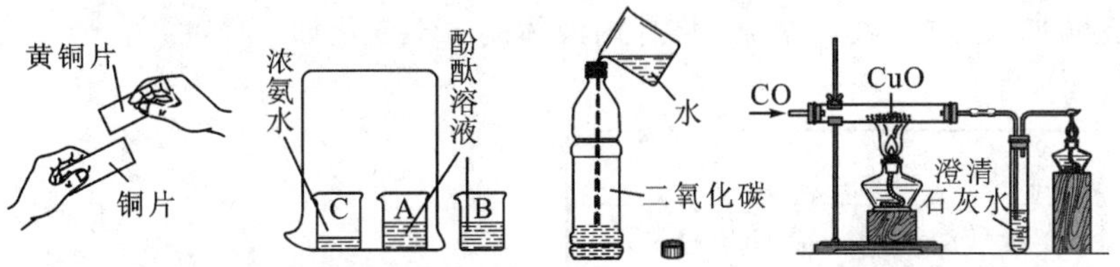


A. 甲实验中黄铜片能在铜片上刻划出痕迹，可以说明黄铜的硬度比铜片大

B. 乙实验既可以说明分子在不停地运动着，又可以说明氨水显碱性

C. 丙实验既可以说明二氧化碳易溶于水，又可以说明二氧化碳具有酸性

D. 丁实验既可以说明一氧化碳具有还原性，又可以说明一氧化碳具有可燃性

**12.** 2017 年 4 月 22 日是第 37 个"世界地球日"，宣传主题是"善待地球——珍惜资源、持续发展"。下列说法不符合这一主题的是(　　)

A. 启动沿海风力发电，创建绿色能源之都

B. 分类回收生活垃圾，合理利用变废为宝

C. 大力发展生态农业，创建生态安全城市

D. 化工企业集中选址，尽量减少污染区域

**13.** 科学家以二氧化碳和金属为原料，在一定条件下制得了金刚石，化学方程式为：

$3CO_2+4Na\xlongequal[80MPa]{470\ ℃}xR+C$(金刚石)，则 $x$、R 为(　　)

A. 1、$Na_2CO_3$　　B. 2、$Na_2CO_3$　　C. 4、$Na_2CO_3$　　D. 2、$Na_2O$

**14.** 右图是某同学鉴别 $NH_4HCO_3$、$NH_4Cl$、KCl 三种化肥的过程，其中试剂甲和乙分别可能是(　　)

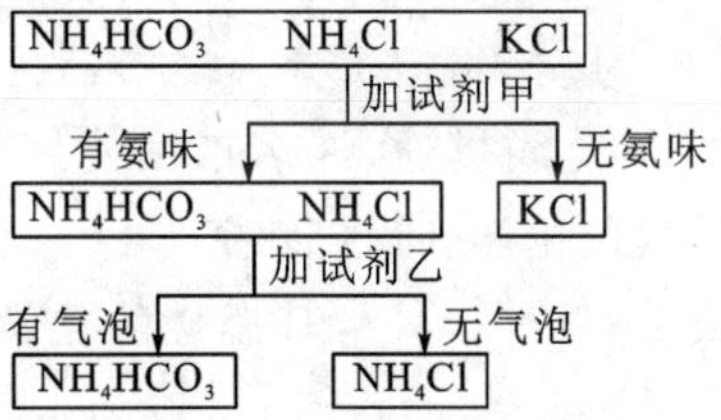


A. 甲：熟石灰；乙：稀盐酸

B. 甲：水；乙：氢氧化钠溶液

C. 甲：氢氧化钠溶液；乙：水

D. 甲：稀盐酸；乙：氯化钠溶液

**15.** 为了探究铁和硫酸铜溶液反应中量的关系，某兴趣小组做了五组实验，实验结果记录如下：

| 编号 | 加入铁的的质量/g | 硫酸铜溶液的体积/mL | 生成铜的质量/g |
|---|---|---|---|
| 1 | 1.12 | 10.0 | 1.28 |
| 2 | $x$ | 10.0 | 2.56 |
| 3 | 3.36 | 10.0 | 3.84 |
| 4 | 4.48 | 10.0 | 4.98 |
| 5 | 5.60 | 20.0 | $y$ |

则表格中记录的 $x$ 和 $y$ 的数值应分别为(　　)

A. 2.24、4.98　　B. 2.24、6.40　　C. 3.36、5.12　　D. 3.36、4.98

**16.** 根据右图判断，下列说法错误的是(　　)

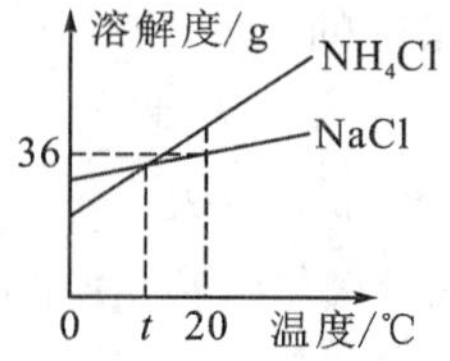


A. 20℃时，20gNaCl加入水中，搅拌后将全部溶解

B. NaCl和$NH_4Cl$的溶解度都随温度升高而增大

C. $t$℃时，$NH_4Cl$饱和溶液和NaCl饱和溶液溶质质量分数相等

D. 将20℃时$NH_4Cl$的饱和溶液降温到0℃，其溶质质量分数减小了

**17.** 烧杯中盛有$x$溶液，逐滴加入(或通入)$y$物质，烧杯内液体的pH变化如图所示。则符合该变化的一组物质是(　　)

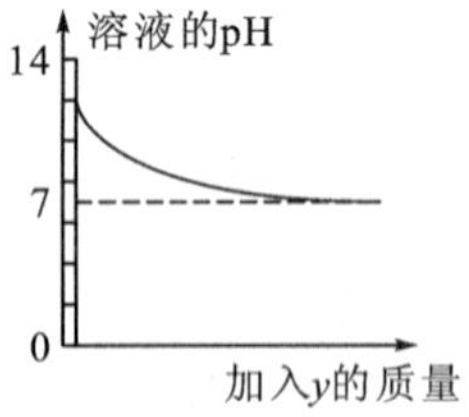


| 选项 | $x$ | $y$ |
|---|---|---|
| A | NaOH溶液 | 稀HCl(过量) |
| B | 稀$H_2SO_4$ | $BaCl_2$溶液(少量) |
| C | $Ca(OH)_2$ | $CO_2$(适量) |
| D | 稀$H_2SO_4$ | $H_2O$ |

**18.** 某无色溶液中只含$K^+$、$Na^+$、$NO_3^-$、$SO_4^{2-}$四种离子，它们的离子数目之比为1∶6∶3∶2，则该溶液所含的溶质可能是(　　)

A. $KNO_3$、$Na_2SO_4$　　　　B. $K_2SO_4$、$KNO_3$、$NaNO_3$

C. $KNO_3$、$NaNO_3$、$NaSO_4$　　　　D. $K_2SO_4$、$Na_2SO_4$、$NaNO_3$

**19.** 科学家最近在−100℃的低温下合成一种化合物X，此分子的模型如下图，其中每个●代表一个碳原子，每个○代表一个氢原子。下列说法中不正确的是(　　)

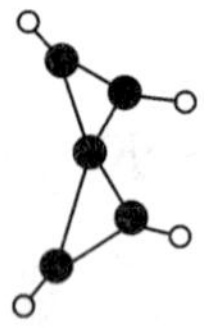

A. 该分子的分子式为$C_5H_4$

B. 该分子中碳元素的质量分数是93.75%

C. 该分子中的氢原子与碳原子的个数比是4∶5

D. 等质量的该物质与甲烷相比，燃烧时消耗的氧气更多

**二、填空题**(本大题共34分，每空1分。)

**20.** 随着“西气东输”的全线贯通，许多市民使用上了天然气。作为家庭成员，我愿将下列有关天然气的化学知识告知父母：

(1)天然气的主要成分是________，其燃烧的化学方程式为：____________________________。

(2)天然气在第一次通过管道输送到用户时，必须先将管道内注满氮气。我知道填充氮气的目的____________________________。

(3)天然气本身是一种无色无味的气体，但在使用时常在天然气中加入少量有特殊气味的乙硫醇。加入乙硫醇的作用是________________________。

**21.** 完成下列反应的化学方程式，并在括号里注明反应的基本类型(指化合反应、分解反应、置换反应、复分解反应)。

(1)镁条在空气中燃烧：____________________，(________)反应。

(2)氢氧化钠和稀硫酸反应：____________________，(________)反应。

(3)加热氯酸钾和二氧化锰的混合物：____________________，(________)反应。

(4)二氧化氮和灼热的铁粉反应生成四氧化三铁和氮气：____________________。

**22.** 据《自然》杂志报道，科学家最近研制的一种以锶原子做钟摆的钟是世界上最精确的钟。锶元素(元素符号为Sr)原子结构示意

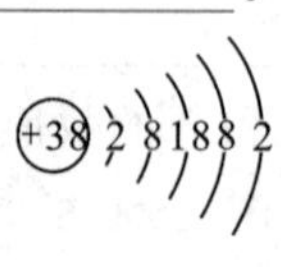

图如图所示。锶元素属于________（填“金属”或“非金属”）元素，锶原子的核内质子数为________，原子核外有________个电子层，锶离子的符号为________。

**23.** 现有 $H^+$、$OH^-$、$NO_3^-$、$Fe^{3+}$ 四种离子，请写出它们可能组成的酸、碱、盐的化学式：酸________，碱________，盐________。

**24.** 有 A、B、C、D 四种物质的溶液，它们是硫酸钠、盐酸、氢氧化钡、碳酸钠中的一种，它们之间能发生如下的反应：①A＋C→E↓＋F；②B＋C→G↓＋F；③B＋D→H＋J＋K↑。根据以上关系推断，填写各物质的化学式。

A 为________，B 为________，C 为________，D 为________。

**25.** 某同学设计了如图装置，欲净化从储气瓶中排出的混有少量 $O_2$ 的 CO。如果连接处和加热管气密性均良好，且氧化铜可以发生与“氧化铁被一氧化碳还原成铁”类似的反应。试回答下列问题。

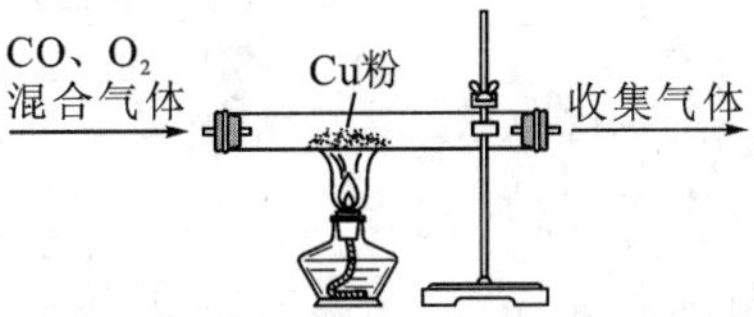


(1)写出该装置内发生反应的化学方程式：________________。

(2)图中收集到的气体有________________。

(3)指出该设计的缺陷是________________。

**26.** 氧化铜是一种黑色固体，可溶于稀硫酸。某同学想知道是稀硫酸中的哪种粒子（$H^+$、$SO_4^{2-}$、$H_2O$）能使氧化铜溶解，请你帮他通过下图中的三个实验完成探究活动。

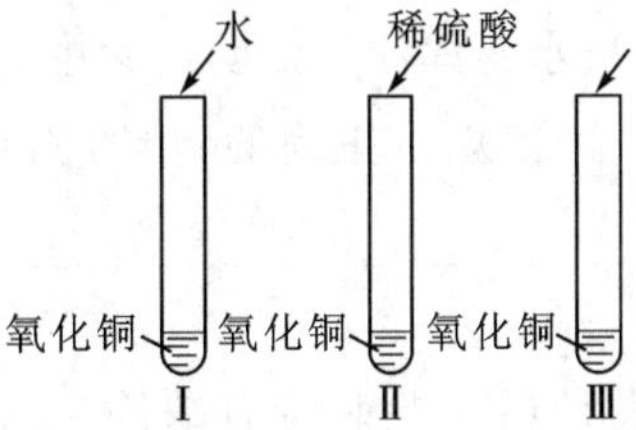


(1)你提出的假设是________________________。

(2)通过实验Ⅰ可证明________________________。

(3)要证明另外两种粒子能否溶解氧化铜，还需要进行实验Ⅱ和实验Ⅲ，在实验Ⅲ中应加入________________________________________________。

(4)探究结果为________________________________________。

(5)请写出氧化铜与稀硫酸反应的化学方程式：________________________。

**27.** 美国“勇气”号火星探测器成功登陆火星，使人类对火星的研究进入了新阶段。现在已测知，火星大气层上方无臭氧层，大气中 95% 为 $CO_2$，$O_2$ 和 $H_2O$ 的含量极少。火星目前还不适宜人类生存的理由是（写 3 点）①________________；②________________；③________________。

**三、实验与探究**（本大题共 20 分，每空 2 分。）

**28.** 常温常压下，1 体积水约溶解 1 体积 $CO_2$ 气体；氢氧化钠溶液与 $CO_2$ 反应时没有明显的现象。某研究小组设计了下图实验装置（所有装置的气密性良好），试通过观察现象来间接证明二氧化碳与氢氧化钠发生了反应。

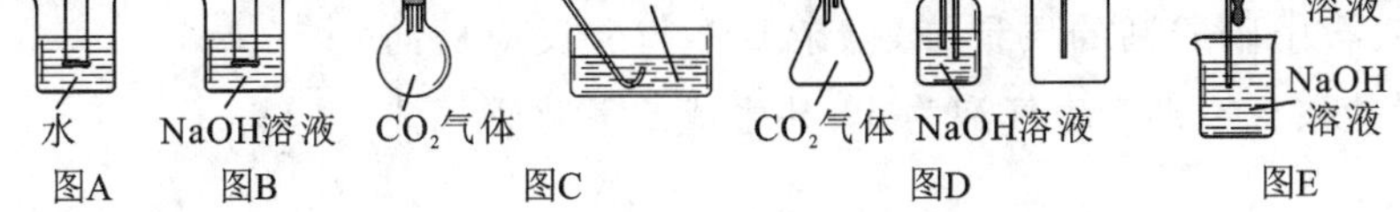


图A　图B　图C　图D　图E

请你根据上图实验装置和下面的操作方法，将可能观察到的实验现象填入下面空格中。

A. 将充满二氧化碳的试管倒扣在水中，试管内的液面略有上升。

B. 将充满二氧化碳的试管倒扣在氢氧化钠溶液中，________________________。

C. 将氢氧化钠溶液滴入烧瓶，________________________________。

D. 将氢氧化钠溶液滴入锥形瓶，________________________________。

E. 将胶头滴管中氢氧化钠溶液挤入烧瓶，__________________________。

**29.** 草酸的化学式为 $H_2C_2O_4$，甲乙两同学对草酸受热分解及其产物的检验做了探究：

(1)猜想与假设：第一种，草酸分解产物是 $CO_2$ 和 $H_2$；第二种，草酸分解产物是 $CO_2$、$CO$ 和 $H_2O$；第三种，草酸分解产物是 $CO_2$ 和 $H_2O$。

(2)实验装置的设计(图中铁架台略去)甲同学设计了如图甲所示的装置。乙同学设计了如图乙所示的装置。

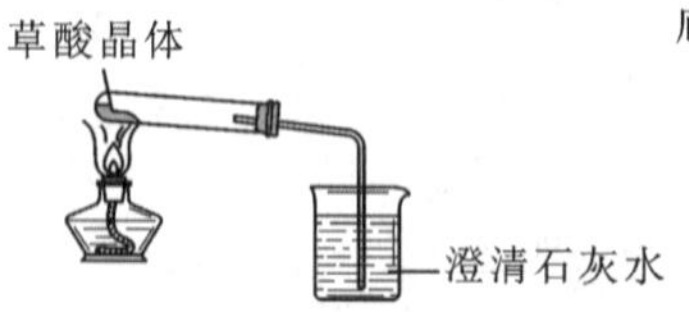


图甲

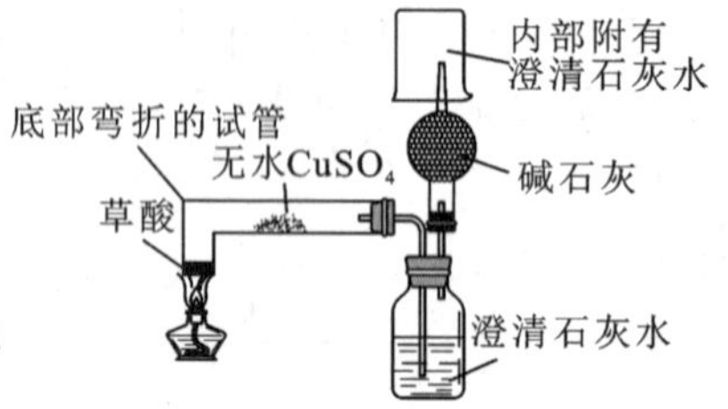


图乙

(3)实验：甲同学按甲图装置实验，观察到澄清石灰水变浑浊。乙同学按乙图装置实验，观察到无水硫酸铜由白色变成蓝色，澄清的石灰水变浑浊，且生成的气体通过碱石灰后，在尖嘴处点燃后能燃烧，在火焰上方罩一个内壁附有澄清石灰水的烧杯，澄清的石灰水变浑浊。证明产物中有________。

(4)结论：第________种猜想是正确的，请写出草酸受热分解的化学反应方程式________________________________________________。

(5)反思与评价：

乙同学认为甲同学设计的实验装置有缺陷。由于试管口向下倾斜，而且草酸晶体熔点较低，加热到 182℃便开始熔化，因此实验中常会出现熔融的草酸流进导管而影响后续实验。甲同学认为乙同学的设计是科学合理的。请你谈谈乙图装置优于甲图装置之处：(答出两点即可，如果能答出第三点或更多，且正确，给予鼓励)

第一点：________________。第二点：________________。

乙同学设计的乙图装置也能证明产物中无 $H_2$，证明方法是______________。

**四、计算题**(本大题共 8 分。)

**30.** 莽草酸是从香料八角中提取的一种有机物，可用于合成抗流感药物“达菲”。已知该有机物由三种元素组成，其中氢元素质量分数约为 5.75%，氧元素质量分数约为 46.0%，且每个分子中含有 5 个氧原子。试回答：

(1)该有机物还含有的一种元素是________。

(2)该有机物的相对分子质量是________。

(3)该有机物的化学式为________________。

**31.** 晴晴同学为测定某石灰石中碳酸钙的质量分数(杂质不与酸反应)，向 6.0 g石灰石样品中逐滴加入稀盐酸至不再产生气泡为止，共生成二氧化碳气体 2.2 g。试计算：

(1)该石灰石样品中碳酸钙的质量分数为多少？(写出计算过程，结果精确至 0.1%)

(2)若要计算上述反应所消耗盐酸溶液的质量，题中还缺少的一个数据是________________________________________________。

# 2017年全国初中学生化学素质和实验能力竞赛(江苏赛区)初赛试题

学习笔记

**一、选择题**(本题包括16个小题,每小题2分,共32分。每小题有1个或2个选项符合题意。若有2个答案的,错选1个不得分,漏选1个扣1分。)

**1.** 从金属利用的历史来看,先是青铜器时代,而后是铁器时代,铝的利用是近百年的事,这个先后顺序跟下列哪些因素有关(　　)

①地壳中金属元素的含量;②金属活动性顺序;③金属的导电性能;④金属冶炼的难易程度;⑤金属的延展性。

A. ①③　　B. ②⑤　　C. ③⑤　　D. ②④

**2.** 根据所学知识,我们可以从"电解水实验"中获得更多的信息和推论。下列说法正确的是(　　)

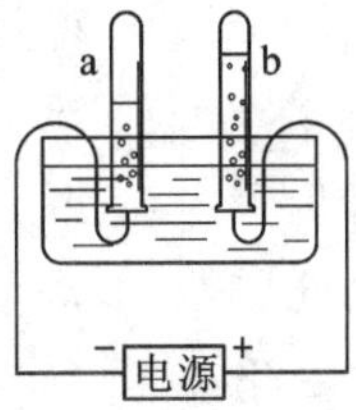


A. 水是由氢分子和氧分子构成的

B. 水是由氢原子和氧原子直接构成的

C. 试管a、b中所得气体的质量比约为2∶1

D. 试管a、b中所得气体的体积比约为2∶1

**3.** 若用右图装置来制取气体,应满足下列条件中的(　　)

①反应物是固体;②反应需要加热;③制得的气体不易溶于水;④制得的气体密度比空气大。

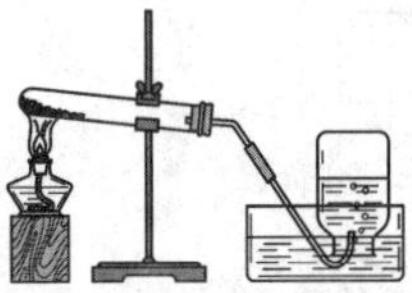

A. ①②　　B. ②④

C. ①②③　　D. ①②③④

**4.** 人体内含有多种元素,其中许多元素都是人体所需的。但有些元素尚未证实其生理功能,在食品中它们的含量稍高会引起毒性反应。我国食品卫生法对这些元素在食品中的含量的最高标准有极严格的规定,这些元素是(　　)

①Na;②Mg;③As;④Cd;⑤Ca;⑥Zn;⑦Hg;⑧Pb;⑨Fe;⑩K。

A. ⑥⑦⑧⑨　　B. ②④⑥⑧　　C. ③④⑦⑧　　D. ②④⑥⑦⑧

**5.** 世界卫生组织(WHO)将某氧化物$RO_2$列为A级高效安全灭菌消毒剂,它在食品保鲜、饮用水消毒等方面有着广泛应用。实验测得该氧化物中R与O的质量比为71∶64,则$RO_2$的化学式为(　　)

A. $CO_2$　　B. $ClO_2$　　C. $SO_2$　　D. $NO_2$

**6.** 葡萄糖($C_6H_{12}O_6$)供给人体活动和维持体温所需能量的反应可表示为:

$$C_6H_{12}O_6 + 6O_2 \longrightarrow 6CO_2 + 6H_2O$$

下列分析错误的是(　　)

A. 医疗上可用一定质量分数的葡萄糖溶液给患者输液以补充能量

B. 葡萄糖缓慢氧化转变成二氧化碳和水,同时产生能量

C. 人呼出的气体和吸入的空气的成分相比,$CO_2$和$H_2O$的含量增加,$O_2$的含量减少

D. 葡萄糖氧化产生的$CO_2$如不能及时排出人体,则血液的pH将增大

**7.** 室温下,在pH=13的溶液中不可能大量共存的是(　　)

A. $Fe^{3+}$、$Cl^-$、$SO_4^{2-}$、$Na^+$　　B. $K^+$、$SO_4^{2-}$、$CO_3^{2-}$、$Cl^-$

C. $K^+$、$Na^+$、$Ba^{2+}$、$NO_3^-$　　D. $H^+$、$CO_3^{2-}$、$C_1$、$Ca^{2+}$

**8.** 以下各种尾气吸收装置中，适合于吸收易溶性气体，而且能防止倒吸的是(　　)

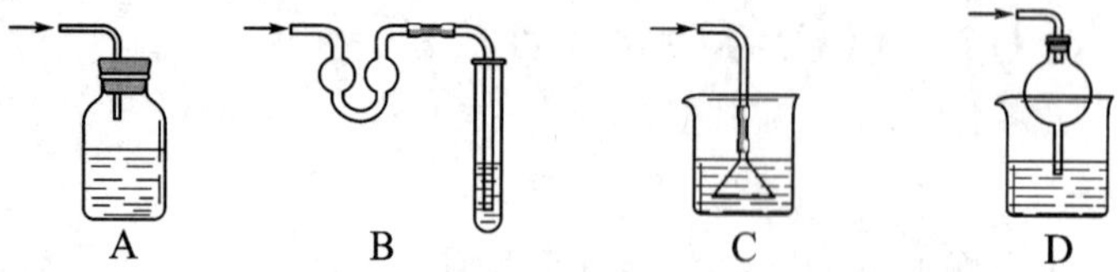


**9.** 下列制备氧气的反应中，用等质量的反应物能获得氧气最多的是(　　)

A. $2KClO_3 \xlongequal[\triangle]{MnO} 2KCl+3O_2$　　　B. $2H_2O \xlongequal{通电} 2H_2\uparrow+O_2\uparrow$

C. $2H_2O_2 \xlongequal{MnO_2} 2H_2O+O_2\uparrow$　　　D. $2KMnO_4 \xlongequal{\triangle} K_2MnO_4+MnO_2+O_2\uparrow$

**10.** 如图所示，夹子开始处于关闭状态，将液体 A 滴入试管②与气体 B 充分反应，打开夹子，可发现试管①内的水立刻沸腾了。则液体 A 和气体 B 的组合不可能的是下列的(　　)

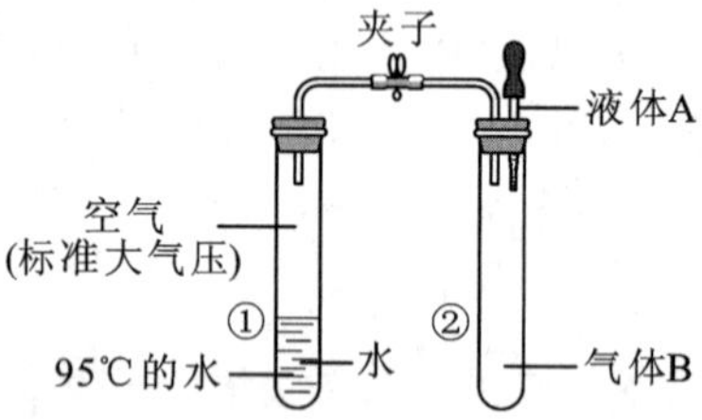


A. 酒精、氧气

B. 水、一氧化碳

C. 硝酸银溶液、氯化氢

D. 氢氧化钠溶液、二氧化碳

**11.** 图甲和图乙所示实验方法均可用来探究可燃物燃烧的条件。

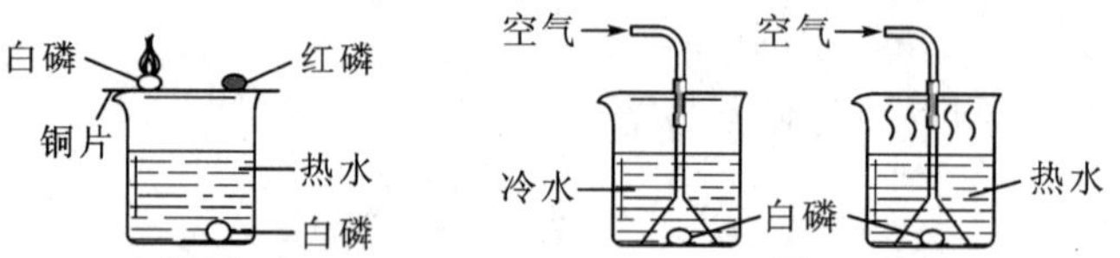


图甲　　图乙

小颖同学用图乙所示装置进行实验，得到以下实验事实：

①不通空气时，冷水中的白磷不燃烧；②通空气时，冷水中的白磷不燃烧；

③不通空气时，热水中的白磷不燃烧；④通空气时，热水中的白磷燃烧。

该实验中，能证明可燃物通常需要接触空气才能燃烧的实验事实是(　　)

A. ①②　　　B. ③④　　　C. ②④　　　D. ①④

**12.** 通过下列实验可以得出的结论，其中不合理的是(　　)

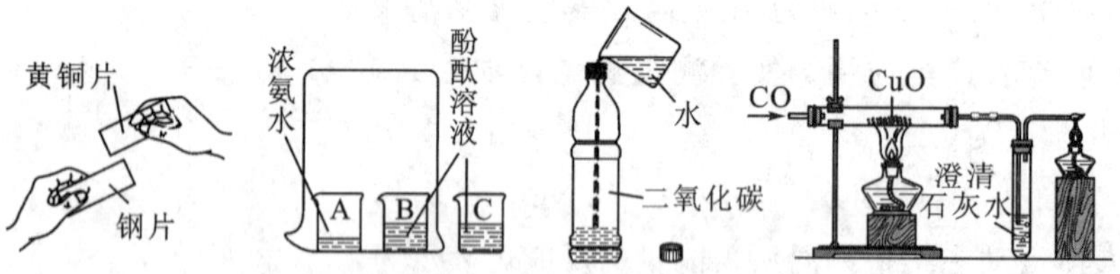


甲　　乙　　丙　　丁

A. 甲实验中黄铜片能在钢片上刻划出痕迹，可以说明黄铜的硬度比钢片大

B. 乙实验既可以说明分子在不停地运动着，又可以说明氨水显碱性

C. 丙实验既可以说明二氧化碳易溶于水，又可以说明二氧化碳具有酸性

D. 丁实验既可以说明一氧化碳具有还原性，又可以说明一氧化碳具有可燃性

**13.** 右图是 M、N 两种物质的溶解度曲线，在 $t_2$℃时往盛有 100 g 水的烧杯中先后加入 $a$ g M 和 $a$ g N(两种物质溶解时互不影响，且溶质仍是 M、N)，充分搅拌。将混合物的温度降低到 $t_1$℃，下列说法正确的是(　　)

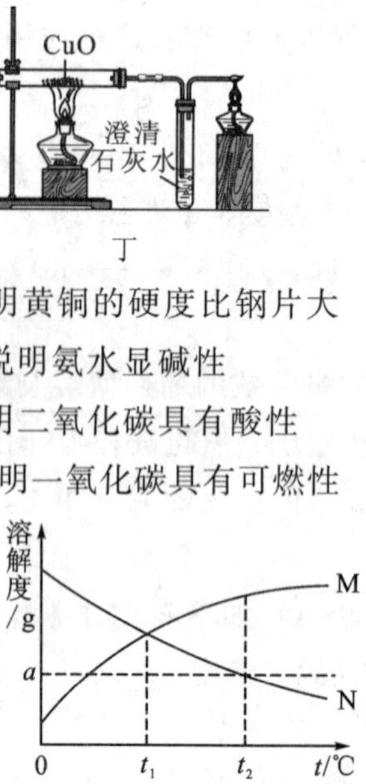


A. $t_2$℃时，得到 M 的饱和溶液

B. $t_2$℃时，得到 N 的不饱和溶液

C. 温度降低到 $t_1$℃时，M、N 的溶质质量分数相等，得到 M、N 的不饱和溶液

D. 温度降低到 $t_1$℃时，M、N 的溶解度相等，得到 M、N 的饱和溶液

**14.** 学习化学时会遇到一些与“相等”有关的规律，下列有关“相等”的说法中错误的是(　　)

A. 微粒中的质子总数和电子总数一定相等

B. 中和反应中参加反应的酸和碱的质量一定相等

C. 溶液稀释前后，溶质的质量一定相等

D. 物质发生化学变化前后，元素的种类数一定相等

**15.** 超临界 $CO_2$ 流体是一种和水相似、能阻燃、溶解能力强的溶剂，被誉为“绿色环保溶剂”。下列说法正确的是(　　)

①超临界 $CO_2$ 流体性质特殊，因此，与干冰的化学组成不同；②$CO_2$ 是自然界中存在的物质，它参与自然界的碳元素循环；③超临界 $CO_2$ 流体是一种特殊的物质，容易燃烧；④超临界 $CO_2$ 流体可代替许多有害、有毒、易燃的溶剂。

A. ①②　　B. ②④　　C. ①③　　D. ①②③④

**16.** 将下列各组中的物质混合，若每组中最后一种物质过量，充分反应后过滤，则滤纸上仅留下一种不溶物(纯净物)的是(　　)

①$NaOH$ 溶液、$MgCl_2$ 溶液、硝酸；②$BaCl_2$ 溶液、$NaNO_3$ 溶液、稀硫酸；③$CuCl_2$溶液、$FeCl_3$ 溶液、锌粒；④$NaCl$ 溶液、$AgNO_3$ 溶液、盐酸；⑤$Fe_2(SO_4)_3$ 溶液、$NaNO_3$ 溶液、$Ba(OH)_2$ 溶液。

A. ①④　　B. ②③　　C. ③⑤　　D. ②④

**二、填空题**(本题包括 9 小题，共 35 分。)

**17.** (4 分)钨(W)是我国丰产元素，广泛用作灯泡的灯丝，有“光明使者”的美誉。

(1)钨用作灯丝，主要是利用它的________(填物理性质)。

(2)钨的原子结构示意图如右图所示，则钨原子核外电子总数为________。

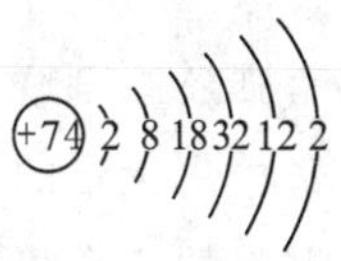


(3)冶炼钨的一个阶段是用炭、氢气等还原剂在高温条件下把氧化钨($WO_3$)还原为金属钨。为了获得纯度较高的钨，应选择________(选填“氢气”或“炭”)作还原剂，写出所选物质还原氧化钨的化学方程式________________。

**18.** (3 分)某同学探究盐溶液发生复分解反应的规律，做了以下实验：

| 实验 | 现象 |
|---|---|
| ①向 5mL $CuSO_4$ 溶液中加入 5mL $NaCl$ 溶液 | 无明显现象 |
| ②向 5mL $CuSO_4$ 溶液中加入 5mL $BaCl_2$ 溶液 | 有白色沉淀产生 |

由上述实验分析，生成的白色沉淀与________离子和________离子有关。用硫酸钠和硝酸钡混合也得到了这种白色沉淀，请写出该反应的化学方程式________________。

**19.** (3 分)取一定质量的某可燃物在足量氧气中充分燃烧得到 44 g 二氧化碳和36 g水。则：

(1)该可燃物的质量至少________ g。

(2)另取该可燃物 16 g 在氧气中完全燃烧，消耗氧气 24 g。该可燃物的组成

元素为________,各元素的质量比为________。

**20.**(4分)某品牌脱脂奶粉包装上标出的配料如下:①白砂糖;②脱脂乳;③乳酸亚铁;④维生素A;⑤维生素D等。请写出(填序号):

(1)配料中能产生能量的物质是________。

(2)该产品配料中属于营养素的有________。

(3)人体中缺少铁元素会引起贫血,该奶粉中可以补充铁的物质是________。

(4)蛋白质是重要的营养物质,处于生长发育期的青少年需要量很大。除奶制品外,很多食物也能提供丰富的蛋白质。下列食物:a. 大米;b. 花生油;c. 鱼;d. 大豆;e. 萝卜。其中能提供丰富蛋白质的食物有________________。

**21.**(4分)下图是1～18号元素原子最外层电子数与原子核电荷数的关系图。试回答:

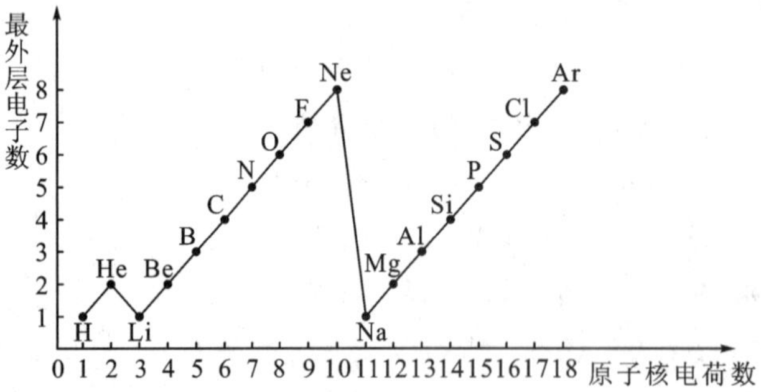


(1)一个水分子共有________个原子________个质子;

(2)一个$Mg^{2+}$核外共有个________电子;Cl的最外层电子数和________原子的最外层电子数相同;

(3)通过上图你能发现哪些规律?请写出其中一个:____________________。

**22.**(4分)2017年10月12日"神舟六号"成功升天并顺利返回,标志着我国航天事业的新跨越。

(1)火箭推进器中盛有强还原剂联氨($N_2H_4$)和双氧水($H_2O_2$),它们混合时产生水蒸气和一种单质,并放出大量的热,其反应的化学方程式为________________;将联氨作推进器中燃料的一个很大优点是____________________。

(2)宇宙飞船中用来除去二氧化碳的物质是氢氧化锂(LiOH),其反应原理是____________________;用氢氧化锂而不用其他物质(如氢氧化钠)的原因是(通过计算说明)________________________________________。

**23.**(3分)某同学为制备纯净干燥的氢气,准备了下图所示的A、B、C三种装置。其中A装置最大的特点是可以随时使反应发生或停止。

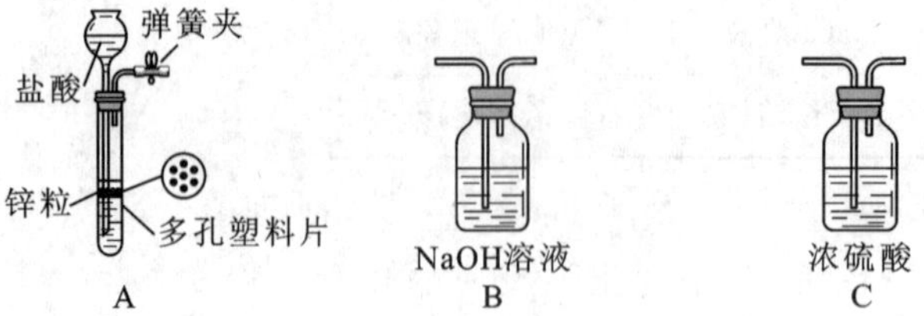


(1)装置A中发生反应的化学方程式为________________________________。

(2)关闭弹簧夹时,A内的反应随即停止是因为________________________。

(3)为制备纯净干燥的氢气,A、B、C三种装置的连接顺序为________(填字母序号)。

**24.**(4分)欲采用化学方法除去下表中第Ⅰ栏内4种物质中的少量杂质(括号

内为杂质)，请分别从第Ⅱ、第Ⅲ栏内选取合理选项的字母，填在对应的答案栏内。

| Ⅰ.物质 | Ⅱ.除杂试剂及操作 | Ⅲ.反应类型 | 答案 |
|---|---|---|---|
| ①CuO 固体(C) | A. 高温 | A. 复分解反应 | (1) |
| ②NaCl 固体($Na_2CO_3$) | B. 铜网、加热 | B. 分解反应 | (2) |
| ③$N_2$($O_2$) | C. 盐酸、蒸发 | C. 化合反应 | (3) |
| ④CaO 固体($CaCO_3$) | D. 氧气、加热 | D. 置换反应 | (4) |

**25.** (6 分)有关物质的转化关系如下图所示，其中 A 为一种生活中常见的有机化合物，在通常情况下，X、Y 为两种气态单质，Z 为固态单质，B、C、D 为三种常温下状态各不相同的氧化物(个别反应的条件未注明)。

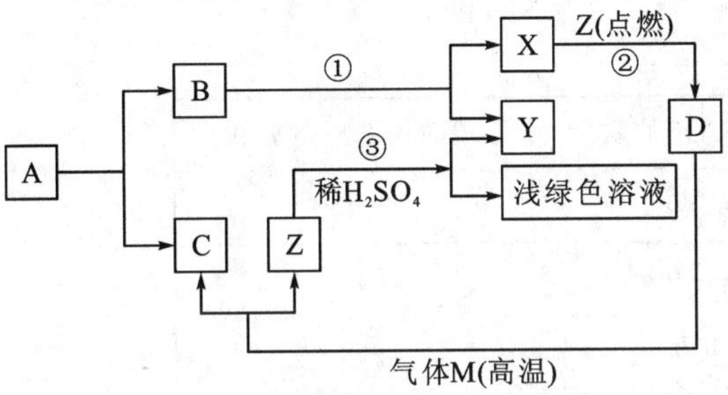


(1)写出有关物质的化学式：A 可能是________(填出两种)；C ________、D ________。

(2)写出 M 的一种用途________________________________。

(3)写出反应①的化学方程式________________________________。

**三、实验题**(本题共 3 小题，共 23 分。)

**26.** (6 分)已知木炭粉和 $Fe_2O_3$ 反应的化学方程式为：$2Fe_2O_3+3C\xlongequal{高温}4Fe+3CO_2\uparrow$。某同学设计一个实验，证明氧化铁中含有氧元素，并测定氧化铁中氧元素的质量分数，实验装置如右图。

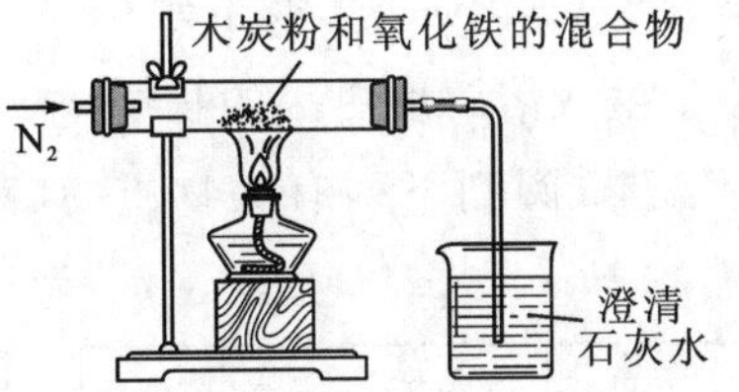


(1)实验中，盛放澄清石灰水的烧杯中出现的现象是________________，原因是________________________________。

(2)实验中通入的气体是纯净干燥的 $N_2$，写出不用空气的主要理由是________________，实验也不能用潮湿的氮气，原因是________________________________。

(3)如用 3.2g 氧化铁与木炭粉的混合物反应，测得澄清石灰水增重 1.32 g，则氧化铁中氧元素的质量分数为________________。

**27.** (8 分)化学兴趣小组测定某石灰石样品中碳酸钙的质量分数，其方法是：将样品与盐酸反应，测定反应后生成的 $CO_2$ 质量，再根据 $CO_2$ 的质量求出样品中碳酸钙的质量。

(1)为测定 $CO_2$ 的质量，他们想出了以下 a、b、c 三种方案，请填空以帮助他们完成设计方案：

a. 可称量反应前后物质总质量的减少量。

b. 可称量吸收 $CO_2$ 前后盛有氢氧化钠溶液容器质量的________（选填“增大”或“减小”）量。

c. 选用下图________装置可测量产生的 $CO_2$ 的________，再利用此时 $CO_2$ 的________，可计算 $CO_2$ 的质量。图中瓶内水面上油层的作用是____________________________________________________________。

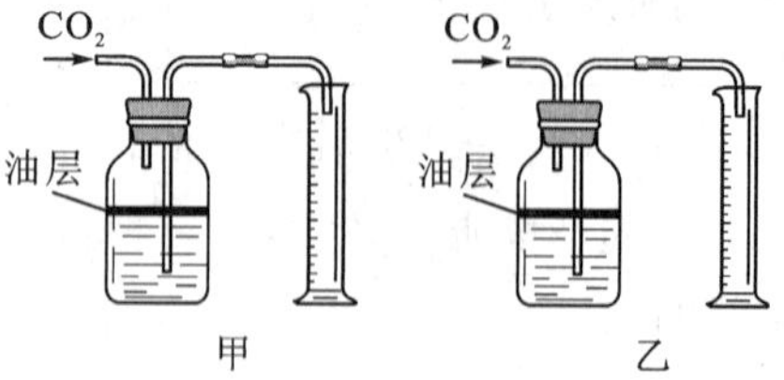

甲　　　　乙

(2)下表是五组学生按方案 a 所测得的数据。

| 小组 | 取用石灰石样品质量 | 测得 $CO_2$ 的质量 | 碳酸钙的质量分数 |
|---|---|---|---|
| ① | 1.0 g | 0.90 g | 204% |
| ② | 2.0 g | 0.80 g | 91% |
| ③ | 2.5 g | 1.0 g | 93% |
| ④ | 3.0 g | 1.2 g | 92% |
| ⑤ | 4.0 g | 1.5 g | 85.7% |

根据上表所得数据，该样品中碳酸钙质量分数的平均值为________；在此实验中，导致碳酸钙质量分数比室际值偏高的可能原因有______________，碳酸钙质量分数比实际值偏低的可能原因有________________。

**28.** (9 分)请你参与某学习小组进行研究性学习的过程，并协助完成相关任务。

【研究课题】探究热水壶底部水垢的主要成分。

【查阅资料】该小组同学通过查阅资料知道，天然水中一般都含有 $Ca^{2+}$、$Mg^{2+}$、$HCO_3^-$ 等离子，在加热条件下，这些离子趋于生成溶解度更小的物质——水垢，水垢的主要成分是碳酸盐和碱。同时，他们还查阅到下列有关物质的溶解性：

| 物质 | $Ca(HCO_3)_2$ | $Mg(HCO_3)_2$ | $Ca(OH)_2$ | $Mg(OH)_2$ | $CaCO_3$ | $MgCO_3$ |
|---|---|---|---|---|---|---|
| 溶解性 | 可溶 | 可溶 | 微溶 | 不溶 | 不溶 | 微溶 |

【提出猜想】水垢的主要成分一定含有 $Mg(OH)_2$ 和________，可能含有 $Ca(OH)_2$ 和________。

【设计方案】(1)甲同学在烧杯中放入少量研碎的水垢，加入适量蒸馏水充分搅拌，取上层清液加入________，没有白色沉淀，说明水垢中无 $Ca(OH)_2$。

(2)乙同学设计了下列实验装置，进一步确定水垢中含有碳酸盐的成分。其主要实验步骤如下：

①按下图组装仪器，将 50 g 水垢试样放入锥形瓶中，加入足量某酸溶液；

②测量一定时间内干燥管内物质增加的质量(见下列曲线)；

③待锥形瓶中不再产生气泡时，打开活塞 B，从导管 A 处缓缓鼓入一定量的空气；

④再次称量干燥管内物质增加的质量；

⑤重复③和④的操作，直至干燥管内物质质量不变。

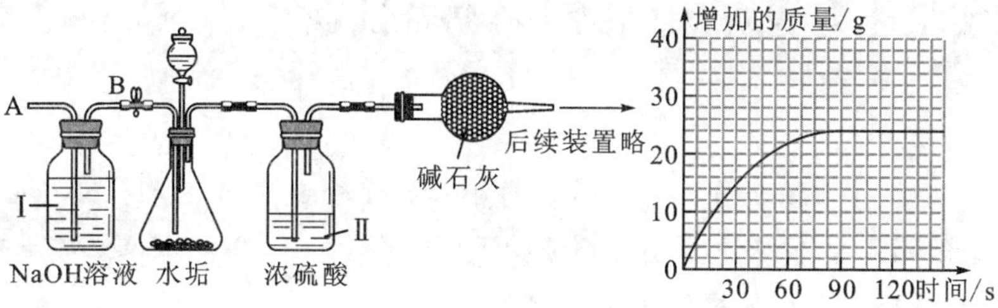


讨论：

a. 步骤①加入样品前还应检查________，所加的酸溶液是________。

b. 装置Ⅱ的作用是______________；从导管A处缓缓鼓入一定的空气时，装置Ⅰ的作用是______________________________。

c. 研究性小组的同学通过简单计算，认为水垢中一定含有 $MgCO_3$ 的理由是______________________________。

【实验结论】通过上述探究可知：水垢的主要成分有______________。

**四、计算题**(本题共2小题，共10分。)

**29.** (5分)某化学兴趣小组在做Fe和 $CuSO_4$ 溶液反应实验时，发现生成Cu的同时有气泡产生。为了进一步研究做了如下实验：

①取8.5 g Fe粉放入一定量的 $CuSO_4$ 中，反应完成后，滤出固体，洗涤、干燥后称量，固体质量为9.2 g；

②将9.2 g固体与一定质量分数的稀盐酸充分反应，消耗盐酸50.0 g，根据实验绘制反应产生氢气的质量与反应时间的关系见右图。求：

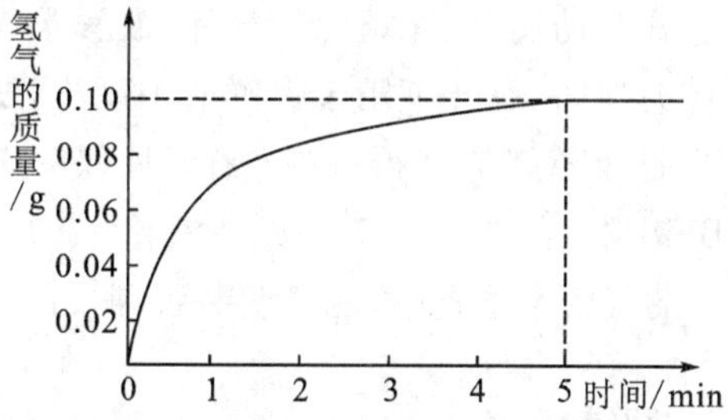


(1)稀盐酸的质量分数、与稀盐酸反应的Fe的质量。

(2)与 $CuSO_4$ 反应的Fe的质量。

(3)与 $CuSO_4$ 反应的Fe的质量及与盐酸反应的Fe的质量之和________8.5 g(选填“>”“<”“=”)。对此结果做出你的解释。

**30.** (5分)航天技术中的火箭推进剂可用醇类为燃料，液态氧为氧化剂，但后者的沸点较低(−183 ℃)，需要额外的隔热装置，因而增加了火箭的重量。为了避免此缺点，可用过氧化氢($H_2O_2$)代替液态氧，它具有相对高的沸点和较低的凝固点，而且没有毒性，和醇反应时也能放出很高的能量。现有一液体推进剂以醇(含碳52%、含氢13%、含氧35%)为燃料，质量分数为90%的过氧化氢做氧化剂，欲使1 kg该醇燃料完全燃烧，计算需消耗质量分数为90%的过氧化氢的质量。(提示：可按 $2H_2O_2 \rightarrow 2H_2O + O_2\uparrow$ 得到的氧气与醇反应来计算)

# 2017年全国初中学生化学素质和实验能力竞赛(山东赛区)初赛试题

学习笔记

**一、选择题**(本题包括20个小题,每小题2分,共40分。每小题有1个或2个选项符合题意。若有2个答案的错1个不得分,漏选1个扣1分。)

**1**. 下列行为,可能对人类生存环境会造成危害的是(　　)

A. 使用塑料大棚大量种植反季节蔬菜

B. 大力推广使用太阳能热水器

C. 向洗涤产品中添加磷酸钠等增强其去污能力

D. 大力推广种植高产杂交水稻

**2**. 氢气是应用前景广阔的新能源,大量制取氢气最理想的途径是(　　)

A. 利用太阳能分解水　　B. 由热电站提供电力电解水

C. 用煤和水蒸气反应生成氢气　　D. 用锌和稀硫酸反应制取氢气

**3**. 下列物质中:①可吸收颗粒物;②氧气;③二氧化碳;④一氧化碳;⑤氮气;⑥二氧化硫;⑦稀有气体;⑧二氧化氮。其含量计入空气污染指数的为(　　)

A. ①④⑥⑧　　B. ②④⑦⑧　　C. ③④⑥　　D. ③④⑥⑧

**4**. 食品保鲜的措施有:添加防腐剂、充填保护气体、放置干燥剂和脱氧保鲜剂等。一次,小明在食用盒装月饼时,撕开了用于保鲜的小纸袋,发现其中盛放着一种灰黑色粉末,几天后,看到灰黑色粉末变得有些发红。原保鲜剂可能是(　　)

A. 木炭粉　　B. 铝粉　　C. 还原性铁粉　　D. 氧化铜粉末

**5**. 下列各图所示装置的气密性检查中,能说明装置漏气的是(　　)

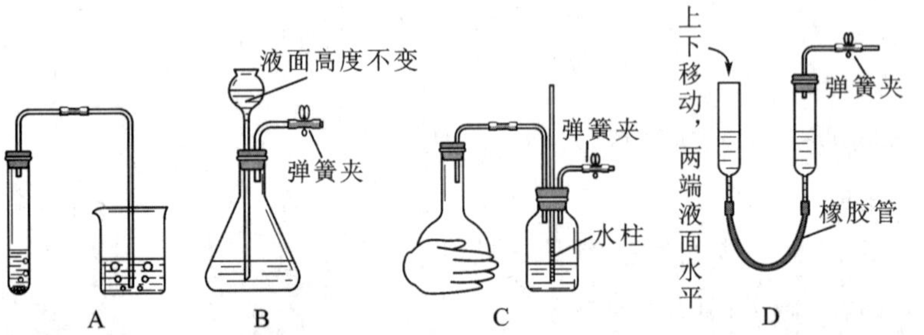


**6**. 传统陈醋生产过程中有一步称为"冬捞夏晒",是指冬天捞出醋中的冰,夏日曝晒蒸发醋中的水分,以提高醋的品质。分析这一生产实践得出的下列结论正确的是(　　)

A. 高品质的食醋醋酸的含量很大

B. 醋酸含量的大小是衡量食醋品质的标准之一

C. 食醋中的醋酸比水容易蒸发

D. 食醋上层所结成的冰层中醋酸的含量低于未结冰的下层溶液

**7**. 铁丝在空气中灼烧发红,但不能燃烧,而在纯氧中却能燃烧,这一事实与下列的哪一因素关系最密切(　　)

A. 铁丝的表面积　　B. 燃烧区的温度

C. 氧气的浓度　　D. 铁的着火点

**8**. 点燃的火柴若火柴头竖直向上,则火柴燃烧的状况是(　　)

A. 火势越来越旺　　B. 火势先是变弱后越来越旺

C. 火势越来越弱　　D. 火势保持不变直到火柴梗燃烧殆尽

9. 下图所示的有关二氧化碳性质的实验中，只能证明二氧化碳的物理性质的是（　　）

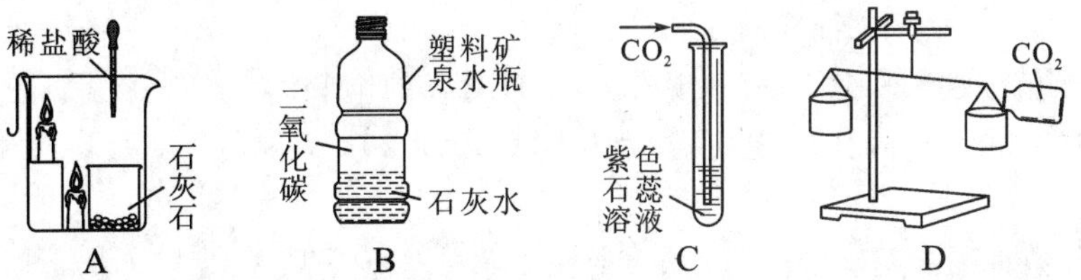


10. 一辆夜行的客车，发现油箱泄漏，车厢里充满了汽油味，这时首先应该采取的措施是（　　）

A. 立即开灯查找漏油部位

B. 将车内的乘客迅速集中到车厢后部

C. 向车厢内洒水降温溶解汽油蒸气

D. 打开所有的车窗，严禁一切烟火，疏散乘客

11. 人类的一切活动都有其自身的原理。对下列活动的原理叙述错误的是（　　）

A. 膜法淡化海水——用过滤法除去混合物中颗粒较大的杂质

B. 海水晒盐——用蒸发结晶的方法从溶液中得到溶质晶体

C. 核能发电——将化学能转化为电能

D. 给农作物灌溉施肥——提供化学变化所需的反应物

12. 炒菜锅里正在加热的油燃烧起来，最佳的处理方法是（　　）

A. 马上向着火的油锅内泼水

B. 赶快将着火的油锅移离火源（煤气灶）

C. 立即向着火的锅里撒沙子并将锅移离火源

D. 迅速盖上锅盖，关闭煤气火焰或将锅移离火源

13. 小李在学习酸碱指示剂与常见酸、碱溶液的作用时，归纳成如右图所示的关系。图中A、B、C、D是两圆相交的部分。分别表示指示剂与碱溶液作用时所显示出的颜色，则其中表示不正确的是（　　）

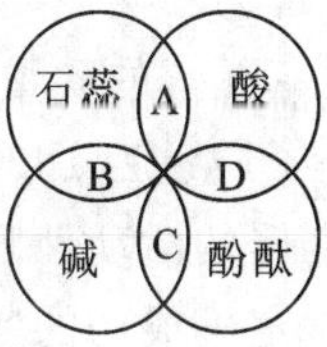


A. 紫色　　B. 蓝色　　C. 红色　　D. 无色

14. 下表中"——"表示相连的物质间发生反应，"——→"表示这种物质可转化为另一种物质。甲、乙、丙、丁四种物质符合对应"转化关系"的是（　　）

| | | A | B | C | D |
|---|---|---|---|---|---|
| 转化关系 | | 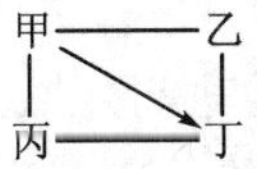 | 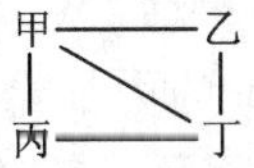 | 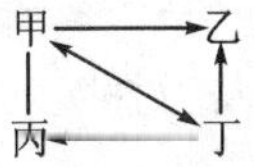 | 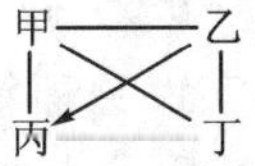 |
| 物质 | 甲 | C | $Na_2CO_3$ | $NaHCO_3$ | Fe |
| | 乙 | $O_2$ | $Ca(OH)_2$ | $CaCO_3$ | HCl |
| | 丙 | CuO | $MgCl_2$ | NaOH | $CuCl_2$ |
| | 丁 | $CO_2$ | 稀 $H_2SO_4$ | $Na_2CO_3$ | NaOH |

15. 物质的性质决定它的用途，还决定了它的保存方法。固体NaOH具有以下性质：①白色半球状固体；②有腐蚀性；③易吸收水分而潮解；④易溶于水，溶解放热；⑤能与空气中的二氧化碳反应。实验室中必须将它密封保存的主要原因是（　　）

A. ①②　　B. ①②③　　C. ②③④　　D. ③⑤

16. 西红柿汁和柠檬汁都能使紫色石蕊溶液变红的本质原因是(　　)

A. 都属于果汁　　B. 都是液体

C. 都含有酸类物质　　D. 都含有 $H^+$

17. 甲、乙两种固体物质的溶解度曲线如图所示。现有 80℃时两者的饱和溶液各半烧杯，且烧杯中各含有少量甲和乙固体。现将温度从 80℃降到 20℃，下列说法正确的是(　　)

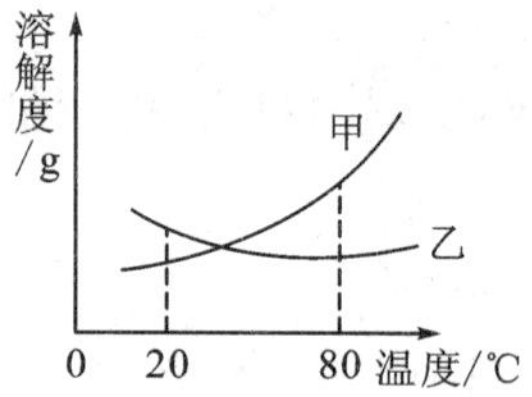


A. 甲、乙溶液中溶质质量分数都减少

B. 甲、乙溶解度随温度降低而减小

C. 烧杯中甲固体质量增加，乙固体质量减少

D. 甲溶液质量变小，乙溶液质量变大，且一定都是饱和溶液

18. 图表资料可以为我们提供很多信息。下面是某学生对图表资料的使用，其中正确的是(　　)

A. 根据金属活动顺序表，判断金属能否置换出稀硫酸中的氢

B. 根据熔点数据表判断降低温度时，混合在一起的溶液中哪种物质先行变为固体析出

C. 根据溶解度曲线图，判断从溶液中获得晶体的方法

D. 根据酸、碱盐的溶解度表，判断某些复分解反应能否进行

19. 吸烟有害健康，医学研究表明，肺癌、心血管病、冠心病等 25 种危及生命和健康的疾病，都与吸烟有关，全世界每年有 400 万人因吸烟而死亡。尼古丁是烟草产生的危害性最大的物质之一，当它的量达到 40～60 mg 时，就能使一个成年人死亡。尼古丁的化学式可表示为 $C_{10}H_{14}N_2$，下列关于尼古丁的说法中，不正确的是(　　)

A. 尼古丁是混合物

B. 尼古丁是有机化合物

C. 尼古丁中碳、氢、氮元素的质量比为 30∶7∶14

D. 尼古丁的相关分子质量为 162

20. 已知三种二价金属的活动性顺序为 X＞Y＞Z，某同学设计进行了如下实验，请你从理论上分析肯定不成功的实验是(　　)

A. 实验一：$X+YSO_4 \rightarrow XSO_4+Y$

B. 实验二：$Z+YSO_4 \rightarrow ZSO_4+Y$

C. 实验三：$X+H_2SO_4$(稀)$\rightarrow XSO_4+H_2\uparrow$

D. 实验四：$Z+H_2SO_4$(稀)→不反应

**二、填空题**(本题包括 5 个小题，共 27 分。)

21. (3 分)1911 年著名物理学家卢瑟福等人为探究原子的内部结构进行了下面的实验。他们用一束带正电的、质量比电子大得多的高速运动的 α 粒子轰击金箔，发现：①大多数 α 粒子能穿过金箔而不改变原来的运动方向；②一小部分 α 粒子改变了原来的运动方向；③有极少数的 α 粒子被弹了回来。由此你能推测出关于原子内部结构的信息是(任写三点)：

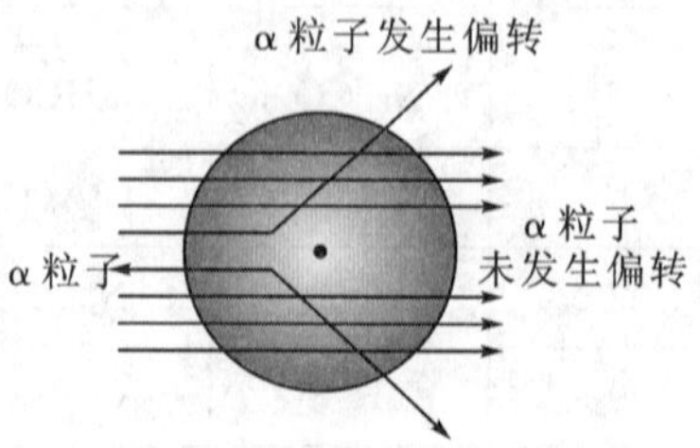

α粒子运动轨迹示意图

(1)____________________。

(2)____________________________________。

(3)____________________________________。

22. (6 分)A、B、C、D、E、F 六种物质都是初中化学内容中涉及的化合物，转化关系如下图所示，其中 D 是最常见的溶剂。

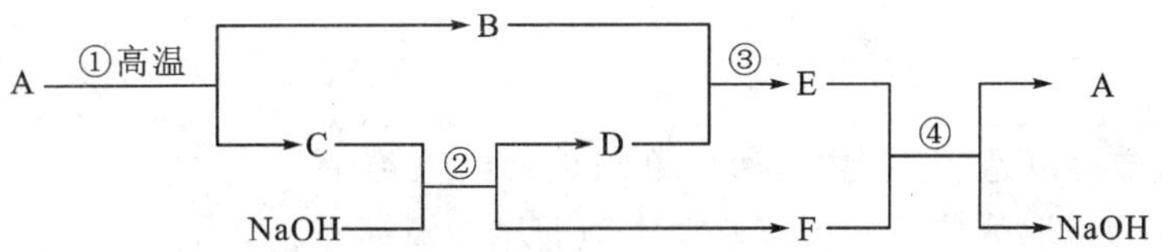


(1)根据上图推断,C 是________,D 是________,E 是________(填写化学式)。

(2)写出反应①的化学方程式________________,反应④属于________反应(填写基本反应类型)。

**23.**(8 分)某化工厂排出的废水透明、澄清、略显蓝色。一同学取少量废水,加入过量的盐酸,有不溶于稀硝酸的白色沉淀生成。过滤,将所得的滤液分成两份:一份滤液中加入稀硫酸,也有不溶于稀硝酸的白色沉淀生成;另一份滤液中加入 NaOH 溶液,产生蓝色沉淀。试回答:

(1)加入过量的盐酸。生成的白色沉淀是________;加入 NaOH 溶液,生成的蓝色沉淀是________。

(2)废水一定含有的物质是________(填编号)。

A. 氯化物　　B. 硫酸盐　　C. 硝酸盐　　D. 碳酸盐

(3)该同学设计了一个从废水中除去重金属离子的实验方案如下[已知白色的 $Fe(OH)_2$ 固体在潮湿的空气中可生成红褐色的 $Fe(OH)_3$]:

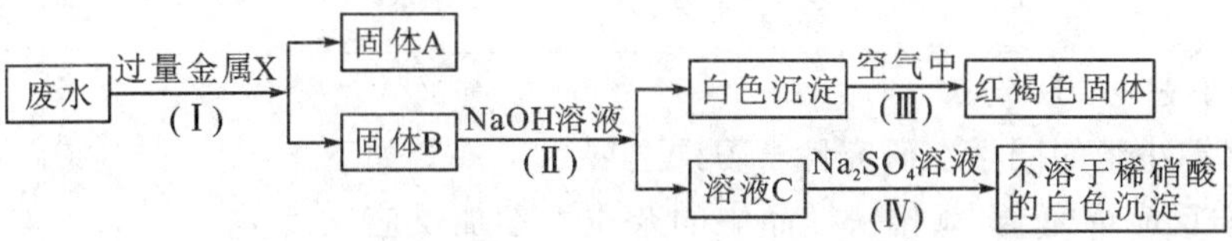


①金属 X 为________,固体 A 中一定含有的物质为________(写化学式);

②B 溶液中的溶质一定含有________和________(填序号);

A. $K_2CO_3$　　B. $Fe(NO_3)_2$　　C. $MgCl_2$　　D. $Ba(NO_3)_2$

③第Ⅳ步反应的化学方程式是________________________。

**24.**(5 分)阅读下列材料:

材料 1　2017 年 5 月,中央电视台《焦点访谈》栏目报道了"齐二药假药事件"调查情况,由于"齐二药"管理混乱,购进了假药,化验员又错误地将"二甘醇"当作"丙二醇"使用,该厂生产的"亮菌甲素注射液"已造成多人死亡。

材料 2　丙二醇与二甘醇的比较:

| | 丙二醇 | 二甘醇 |
|---|---|---|
| 化学式 | $C_3H_8O_2$ | $C_4H_{10}O_3$ |
| 性质 | 无色、无臭味、有吸水性的黏稠状的液体,微甜,易燃,熔点 27℃;适量接触或服用对人体没有伤害 | 无色、有辛辣味、无吸水性的油状固体,易燃,熔点 −10.45℃;化学性质与丙二醇相似,但有毒 |
| 市场价格 | 医药级:100000 元/吨 | 6000 元/吨 |
| 用途 | 化工原料和医药辅料,可作为溶剂、保湿剂使用,在美容品中常可见到 | 化工原料,主要作为工业溶剂、防冻剂 |

综合上述材料,回答下列问题:

(1)从元素组成和物质分类的角度看,丙二醇和二甘醇的相同点是________。

(2)根据材料 2 中的信息,作为一名检验员,你认为应如何初步识别丙二醇和二甘醇?

______________________________________________________________

______________________________________________________________。

(3)上面的事实说明,化学物质可以造福人类,但使用不当也会给人类带来危害。针对齐二药假药事件,你认为采取哪些措施可以避免类似悲剧的重演?

______________________________________________________________。

**25.**(5分)人体胃蛋白酶能催化蛋白质的分解,某同学为了研究pH对胃蛋白酶催化活性的影响,做了如下实验:准备5支盛有等质量胃蛋白酶溶液但pH各不相同的试管,在每支试管内加一块1 $cm^3$左右的正方体凝固蛋白块,试管均置于25℃的室温下,记录各试管内蛋白块消失的时间(如下表所示)。请回答下列问题:

| 酶溶液的pH | 1 | 2 | 3 | 4 | 5 |
| --- | --- | --- | --- | --- | --- |
| 蛋白块消失的时间/min | 13 | 9 | 11 | 45 | >60 |

(1)蛋白块消失的时间与胃蛋白酶的活性有什么关系?______________

______________________________________________________________。

(2)据表中数据推断,当pH约为________时,胃蛋白酶的活性最佳。

(3)请指出该同学的实验设计中存在的明显不足______________________

______________________________________________________________。

(4)请提出能使实验在更短时间内完成的正确方法____________________

______________________________________________________________。

**三、实验题**(本题包括2个小题,共18分。)

**26.**(9分)某校化学课外兴趣小组的同学在研究性学习课上展示了一套如下图所示实验装置(假设每步化学反应都完全,氧化铁样品中的杂质不参加反应)。查阅资料,草酸在浓硫酸存在时加热发生如下反应:

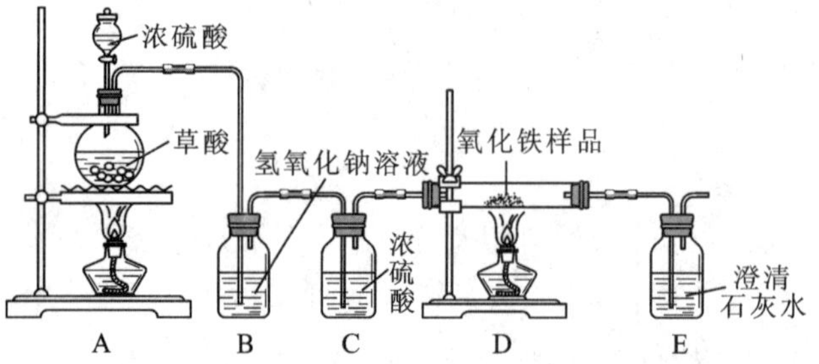


$H_2C_2O_4 \xrightarrow[\triangle]{浓硫酸} CO\uparrow + CO_2\uparrow + H_2O$

通过讨论,同学们对这套装置有了多种认识。

(1)第一小组同学说:从实验安全和实验操作程序看,首先要检查装置的气密性,实验开始先加热________(填A或D)处,实验结束时,应________(填“先”或“后”)停止加热;从环保的角度讲,在E装置后还应对尾气进行处理,其方法是:______________________________________________________________。

(2)第二小组的同学说:用实验装置可以检验一氧化碳与氧化铁反应的产生,其中B装置的作用______________________;E装置的作用______________________;一氧化碳与氧化铁反应的化学方程式是______________________。

(3)第三小组的同学说:利用这套装置还可以测定氧化铁样品中氧化铁的质量分数。他们的测定方法是:称取氧化铁样品10.0 g,完全反应并冷却后再称量剩余固体的总质量为7.6 g。计算实验测得氧化铁样品中氧化铁的质量分数为________。

(4)第四小组同学说:利用这套装置还有其他测定样品中氧化铁的质量分数的方法:先称量氧化铁样品的质量,再分别称量E装置在反应前后的总质量,即可计算求得样品中氧化铁的质量分数。但按此方法实际测定结果却偏大,分析

造成这种误差的原因可能是______________________________

______________________________。

**27.**(9分)某校化学兴趣小组的同学在经查阅资料后知道：淀粉在适当的温度和酸催化条件下可以转化为葡萄糖，葡萄糖溶液与新制的氢氧化铜共煮，可生成红色的氧化亚铜($Cu_2O$)。为探究淀粉在不同温度下转化为葡萄糖的程度，他们每人都进行了如下两步实验。

步骤1：用一支大试管取一定量淀粉与水混合，再加入适量的稀硫酸，摇匀，加热到一定的温度。实验过程中，各人控制温度不同，加热持续时间相同。

步骤2：然后用两支小试管各取少量大试管内的反应混合物，在其中一支小试管(编号为A)内滴加NaOH溶液至呈碱性，再滴入4～5滴$CuSO_4$溶液，并加热至沸；在另一支小试管(编号为B)内滴加2～3滴碘水。观察并记录现象。

(1)由于各人控制的温度不同，出现了下列三种情况。请你根据已学知识，帮助他们完成下列实验情况汇总表。

| | 现象 | 结论 |
|---|---|---|
| 第一种情况 | A试管中______<br>B试管中______ | 淀粉没有转化为葡萄糖 |
| 第二种情况 | A试管中______<br>B试管中______ | ______ |
| 第三种情况 | A试管中______<br>B试管中______ | 淀粉完全转化为葡萄糖 |

(2)在步骤2中A试管内加入NaOH的作用是______________________________

______________________________。

**四、计算题**(本题包括2个小题，共15分。)

**28.**(6分)某海洋化工集团用氨碱法生产的纯碱产品中含有少量氯化钠杂质，其产品包装袋上注明：碳酸钠≥96%。为了测定该产品中含碳酸钠的质量分数，进行了以下实验：取11.0 g纯碱样品放入烧杯中，称得烧杯及所称纯碱样品的总质量为158.0 g，再把100 g稀盐酸平均分成四份依次加入样品中，每次均充分反应。实验数据记录如下：

| 所加盐酸的次数 | 第一次 | 第二次 | 第三次 | 第四次 |
|---|---|---|---|---|
| 烧杯及所盛物质的总质量/g | 181.2 | 204.2 | 228.6 | 253.6 |

请你据此分析计算：

(1)第一次加入稀硫酸充分反应后，生成二氧化碳的质量是________。

(2)该产品中碳酸钠的质量分数是否合格(要求写出计算过程，结果精确到0.1%)？

**29.**(9分)在$m$ g 20%的氢氧化钠溶液中滴加2～3滴酚酞溶液，然后边搅拌边逐滴向其中加入硫酸镁溶液，至溶液的红色完全褪去时，滤去沉淀，称得剩余溶液的总质量为$3m$ g。

(1)计算所加硫酸镁溶液的质量分数。

(2)用$N$表示溶液中离子的数目，不同种离子用离子符号注明[如$N(Na^+)$表示钠离子的数目]，请建立坐标系，绘制上述滴加过程中各种离子的数目随溶液的不断加入而变化的关系图。

# 2017年全国初中学生化学素质和实验能力竞赛(上海赛区)初赛试题

学习笔记

**一、单项选择题**(每题2分,共40分,每小题只有1个正确答案。)

**1.** 2016年度诺贝尔化学奖授予法国的让·皮埃尔·索瓦、美国的詹姆斯·弗雷泽·司徒塔特以及荷兰的伯纳德·费灵格,以表彰他们(　　)

A. 在“分子机器的设计和合成”方面的贡献

B. 发现了细胞自噬的机制

C. 对契约理论的贡献

D. 发明高亮度蓝色二极管

**2.** 生活中常见的物质呈强酸性的是(　　)

A. 厕所清洁剂　　B. 洗发水　　C. 厨房洗涤剂　　D. 牛奶

**3.** 刘禹锡的诗句“美人首饰侯王印,尽是沙中浪里来”描述了某种金属的性质,该金属是(　　)

A. Au　　B. Ag　　C. Pt　　D. Cu

**4.** 下列物质的用途错误的是(　　)

A. 盐酸:制药　　B. 氢氧化钠:改良土壤

C. 食盐:制烧碱　　D. 硫酸铵:作化肥

**5.** 食品包装袋中的“双吸剂”用于防潮和抗氧化,双吸剂中起到抗氧化作用的物质可能是(　　)

A. 铜　　B. 碳　　C. 铁　　D. 硫

**6.** 拉瓦锡用定量的方法研究空气成分时用到的反应物是(　　)

A. 红磷　　B. 白磷　　C. 铜　　D. 汞

**7.** 常用的溶液中通常存放于棕色试剂瓶的是(　　)

A. 稀盐酸　　B. 稀硫酸　　C. 硝酸银溶液　　D. 石灰水

**8.** 将密封良好的饼干从平原带到高原,包装袋会鼓起,这是因为(　　)

A. 饼干的质量变大　　B. 袋内气体分子个数增多

C. 高原地区大气压强较大　　D. 袋内气体分子间的间隙变大

**9.** 中药麻黄有止咳平喘的功效,其有效成分是麻黄碱($C_{10}H_{15}NO$),唐朝孙思邈的《千金方》中记载有麻黄的用法“……取茎、去根节、煮十余沸……”。下列说法错误的是(　　)

A. 麻黄碱的摩尔质量为165 g/mol

B. 麻黄碱是一种有机化合物

C. 麻黄碱能溶解在水中

D. 1mol麻黄碱约含有$6.02\times10^{23}$个NO分子

**10.** 有关化合价的叙述错误的是(　　)

A. 化学变化中元素化合价可能发生变化

B. 同种元素在不同物质中可能有不同的化合价

C. 化合价可以是任何整数

D. 同种元素在同一物质中可能有多种化合价

11. 物质之间的转化,经过一步反应不能实现的是(　　)

A. $CuCl_2 \rightarrow KCl$　　B. $Cu \rightarrow Cu(OH)_2$

C. $Fe(OH)_3 \rightarrow FeCl_3$　　D. $BaCl_2 \rightarrow BaCO_3$

12. 加热试管中的物质时,与防止试管炸裂无关的是(　　)

A. 保持试管外壁干燥　　B. 试管夹夹在试管中上部

C. 先均匀加热　　D. 加热固体时试管口略向下倾斜

13. 下列说法正确的是(　　)

A. 石墨含量越高铅笔芯的导电性越好

B. 只有电解水的实验才能确定水的组成

C. 加热含氧化合物都能得到氧气

D. 用放大镜观察蔗糖,可看到蔗糖分子

14. 为验证质量守恒定律而设计的实验中,不恰当的是(　　)

A. 食盐与水混合　　B. 蜡烛燃烧

C. 胆矾分解　　D. 稀盐酸与石灰水混合

15. 甲、乙两种固体均不含结晶水,在水中不发生反应且溶解性互不影响。它们的溶解度曲线如图所示。下列说法正确的是(　　)

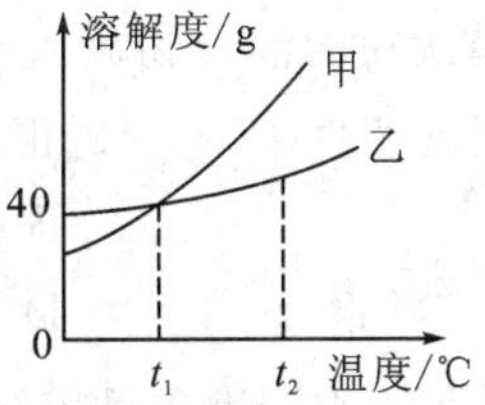


A. $t_1$℃甲、乙的饱和溶液,降低温度,甲先析出晶体

B. $t_1$℃时,70 g 甲的饱和溶液加入 40 g 乙物质,溶液质量仍为 70 g

C. 将 $t_2$℃甲、乙的饱和溶液分别降温至 $t_1$℃,析出晶体的质量:甲>乙

D. 将 $t_2$℃等质量的甲、乙的饱和溶液分别降温至 $t_1$℃,析出晶体的质量:甲>乙

16. 足量的碳与 16 g 氧气于密闭容器中高温下充分反应,所得气体质量最多为(　　)

A. 20 g　　B. 22 g　　C. 28 g　　D. 44 g

17. 不能通过气压的变化控制反应的发生和停止的装置是(　　)

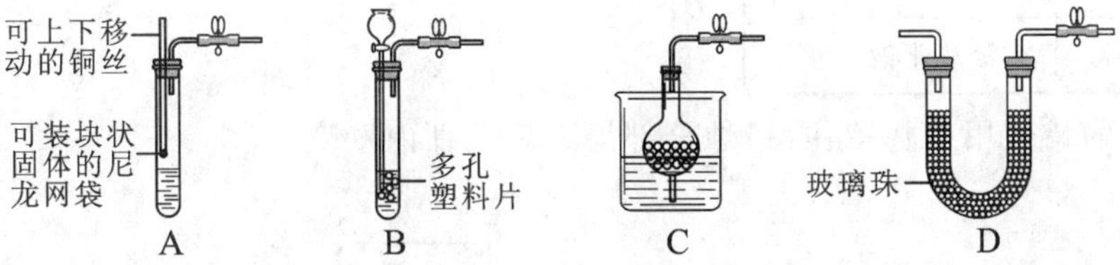


18. 某无色混合气体中可能含有 $CO_2$、CO、$H_2$ 和水蒸气中一种或几种。依次进行如下实验(假设每步反应均完全):①通过固体氢氧化钠,气体体积变小;②通过灼热的氧化铜,固体变红;③通过白色硫酸铜粉末,粉末变蓝;④通过澄清石灰水,石灰水变浑浊。由此可知原混合气体中(　　)

A. 一定有水蒸气　　B. 一定有 $CO_2$

C. 一定没有 $CO_2$　　D. 一定有 $H_2$ 和 CO

19. 能用右图装置进行的实验是(　　)

A. 加热氯酸钾至熔融分解　　B. 加热胆矾至固体变白

C. 氢气还原氧化铜　　D. 高温煅烧石灰石

20. 用 CO 还原 6.0 g 氧化铁,最终得到剩余物 5.8 g。剩余物的成分不可能是(　　)

A. Fe 和 $Fe_2O_3$　　B. $Fe_2O_3$ 和 FeO

C. Fe 和 FeO　　D. $Fe_3O_4$

**二、多项选择题**(每题 3 分,共 60 分,每小题有 1 个或 2 个正确答案;只有 1 个正确选项的,多选不给分;有 2 个正确选项的,选对 1 个给 1 分,选错 1 个该小题不得分。)

**21.** 下列物质混合,遇明火可能会发生爆炸的是(　　)

A. 氧气和二氧化碳　　B. 面粉和空气

C. 天然气和空气　　D. 一氧化碳和氢气

**22.** 关于燃烧的描述正确的是(　　)

A. 一定有化合价的变化　　B. 一定是化合反应

C. 一定有氧气参加　　D. 都会产生热量

**23.** 将已部分锈蚀变成铜绿[$Cu_2(OH)_2CO_3$]的铜块研磨成粉末,在空气中充分灼烧至质量不再发生变化,固体质量的变化情况可能是(　　)

A. 减轻 30%　　B. 增重 10%　　C. 增重 25%　　D. 不变

**24.** $w$ g 金属 R(相对原子质量为 $M$)与 $x$ g $c\%$ 的稀硫酸恰好完全反应产生 $yc$ g 氢气,则反应中金属 R 的化合价是(　　)

A. $+\frac{M\cdot x\cdot c\%}{98w}$　B. $+\frac{M\cdot x\cdot c\%}{49w}$　C. $+\frac{x\cdot c\%}{w}$　　D. $+\frac{M\cdot y}{w}$

**25.** 一定量的锌粉和铁粉的混合物放入硫酸铜溶液中,充分反应后过滤,向滤渣中滴加稀硫酸,有气泡产生,下列分析正确的是(　　)

A. 滤渣中一定有锌　　B. 滤渣中一定有铁

C. 滤液中一定没有硫酸铜　　D. 滤液中一定没有硫酸亚铁

**26.** 向甲物质中逐滴加入乙溶液至过量,反应过程中生成的气体或沉淀的质量与加入乙溶液的质量关系能用如右图的曲线表示的是(　　)

| 选项 | 甲 | 乙 |
|---|---|---|
| A | 铜、锌混合物 | 稀硫酸 |
| B | 硝酸银和稀硝酸的混合物 | 稀盐酸 |
| C | 盐酸和硫酸铜的混合溶液 | 氢氧化钡溶液 |
| D | 硫酸和硫酸铜的混合溶液 | 氢氧化钠溶液 |

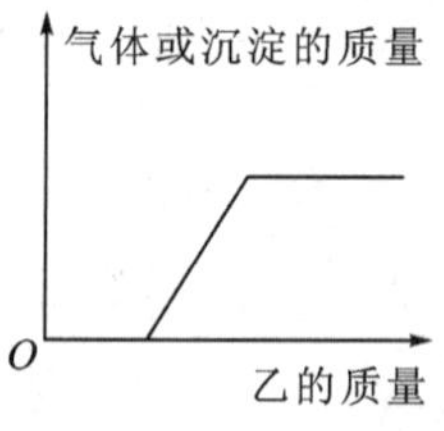


**27.** 如图所示,将两个燃烧的蜡烛用茶杯罩住,蜡烛全部熄灭后茶杯内壁变黑。下列说法正确的是(　　)

A. 两支蜡烛同时熄灭

B. 燃烧产生的 $CO_2$ 使矮小的蜡烛先熄灭

C. 蜡烛熄灭说明茶杯内已经达到了真空状态

D. 变黑是不完全燃烧的产物附着在茶杯内壁造成的

**28.** 如图所示,相邻的两物质反应都能生成硫酸钡,下列说法正确的是(　　)

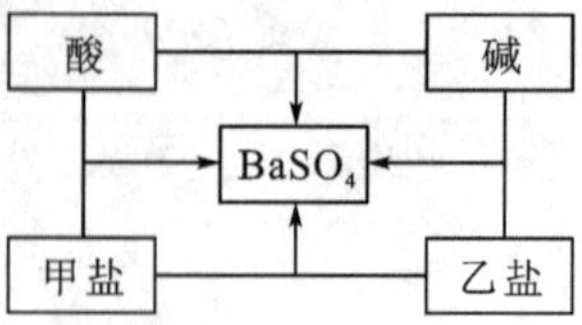


A. 甲盐是硫酸钠

B. 乙盐是氯化钡

C. 溶解性:甲盐>硫酸钡

D. 都是复分解反应

**29.** 氧化铜和氧化铁的混合物 $a$ g,与稀硫酸恰好完全反应时消耗 $H_2SO_4$ 0.1mol;用氢气还原上述 $a$ g 混合物,完全反应后得到 $b$ g 固体和 $c$ g 水。下列分析正确的是(　　)

A. $b=a-1.6$　　B. $b=0.75a$　　C. $c=1.8$　　D. $a=7.0$

30. 下列各组溶液，只需组内物质相互反应就能区别的是(　　)

A. $Ba(OH)_2$、$Na_2SO_4$、$MgCl_2$、$HCl$

B. $BaCl_2$、$Na_2CO_3$、$KOH$、$K_2SO_4$

C. $NaOH$、$FeCl_3$、$NaCl$、$HNO_3$

D. $H_2SO_4$、$KCl$、$ZnCl_2$、$CuCl_2$

31. 根据实验现象得到的结论正确的是(　　)

| 选项 | 实验内容 | 实验现象 | 实验结论 |
|---|---|---|---|
| A | 无色溶液中滴加酚酞 | 不变色 | 溶液为酸性 |
| B | 无色溶液中加入黑色粉末 | 有气泡产生 | 溶液为双氧水 |
| C | 在酒精喷灯上灼烧某物质 | 火焰呈黄色 | 该物质中含有钠元素 |
| D | 将无色气体通入澄清石灰水 | 变浑浊 | 该气体可能是二氧化碳 |

32. 实验方案的设计不能达到实验目的的是(　　)

| A | B | C | D |
|---|---|---|---|
| 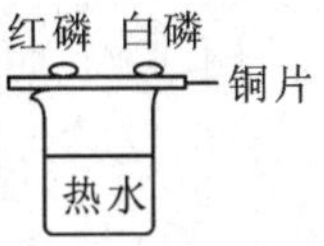 |  | 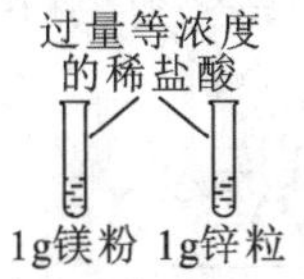 | 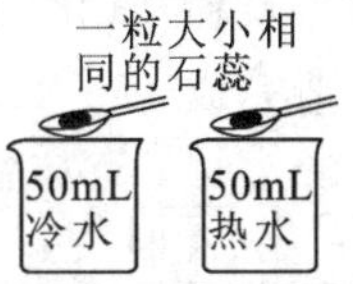 |
| 验证白磷的着火点比红磷低 | 验证二氧化碳能与氢氧化钠溶液反应 | 比较镁、锌的活动性顺序 | 探究温度对分子运动的影响 |

33. 一包白色固体可能含有碳酸钠、硫酸钠、氯化钾、硝酸钡、氢氧化钠中的一种或几种。为确定其成分，进行如下实验：①取样于烧杯中，逐渐加入水并不断搅拌，剩余固体质量与加入水的质量关系见图1；②取少量L点的清液于试管中，滴加酚酞，不变色；③继续向烧杯中滴加稀硝酸并不断搅拌，烧杯中固体质量与加入的稀硝酸的质量关系见图2。下列分析正确的是(　　)

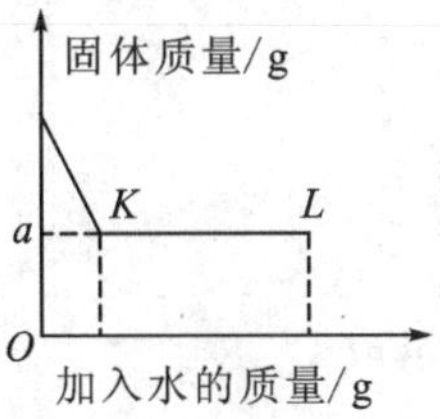

图1

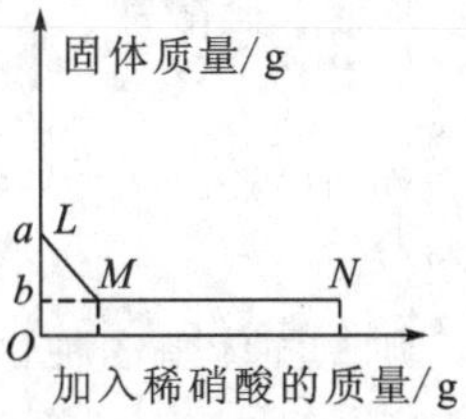

图2

A. 原固体至少含有三种物质

B. 原混合物中碳酸钠的物质的量：$\frac{a-b}{197}$mol

C. 最终得到硝酸钠溶液

D. 原混合物中硝酸钡的物质的量：$(\frac{a-b}{197}+\frac{b}{233})$mol

34. 对如图所示实验分析正确的是(　　)

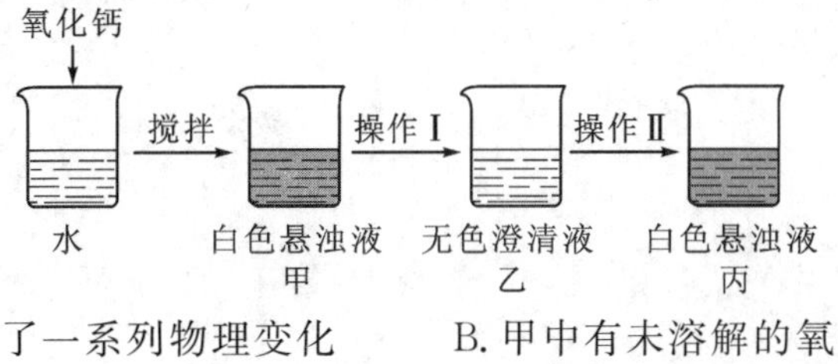


A. 可能发生了一系列物理变化　　B. 甲中有未溶解的氧化钙

C. 操作Ⅱ一定是升高温度　　D. 乙中液体可能呈中性

**35.** 工业上从海水中提取金属镁的流程如下，相关分析正确的是(　　)

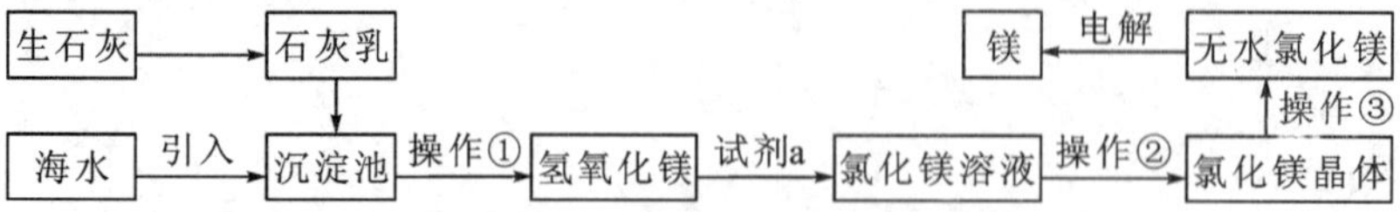


A. 用氢氧化钠代替生石灰可以简化流程，降低成本

B. 试剂 a 可能是盐酸，也可能是氯化钡

C. 操作②中有物理变化发生，操作③中有化学变化发生

D. 上述过程中发生了化合反应、分解反应、复分解反应

**36.** 过量的铁粉放入硝酸银和硝酸铜的混合溶液中，反应过程中某些物质的质量与发生反应的铁的质量($m$)关系如下图所示，其中错误的是(　　)

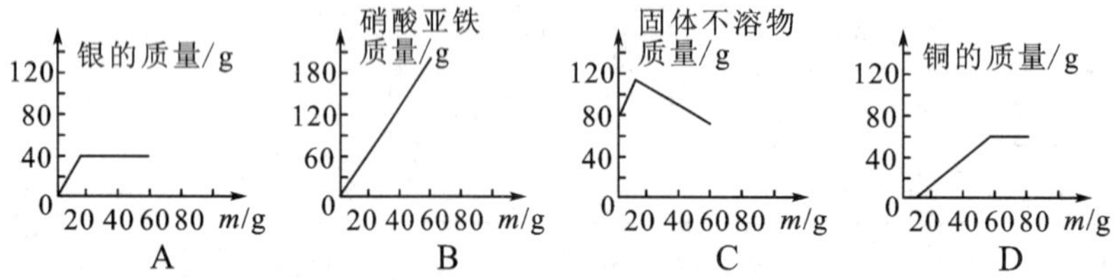


某固体混合物可能含有铁粉、碳粉、氧化铜、氢氧化钠、氯化钾中的一种或几种，进行如下实验确定其成分。请完成 37～40 题。

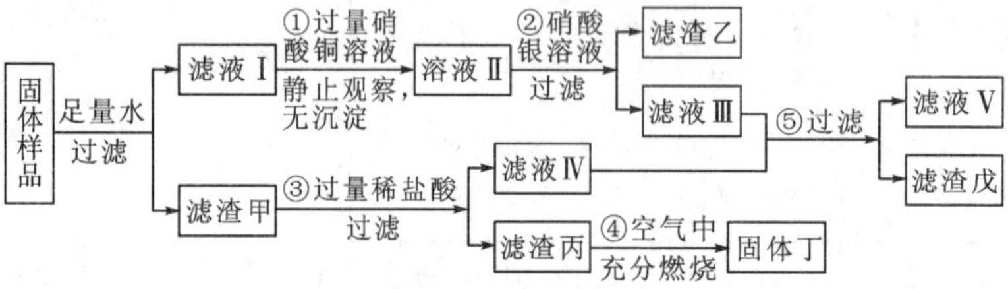


**37.** 实验中涉及的下列物质，没有发生化学变化的是(　　)

A. 氯化钾　　　　B. 稀盐酸　　　　C. 硝酸铜　　　　D. 硝酸银

**38.** 对滤液Ⅴ的分析错误的是(　　)

A. 一定有硝酸铜　　　　　　　　B. 一定没有硝酸银

C. 一定没有盐酸　　　　　　　　D. 一定有硝酸钾

**39.** 对滤液丙的分析正确的是(　　)

A. 若滤渣丙中有黑色固体，则滤渣丙中一定有铁

B. 若滤液Ⅳ呈蓝色，则滤渣丙中一定有铁

C. 若滤渣丙与固体丁的质量比大于 4∶5，则原固体由四种物质组成

D. 若滤渣丙的质量小于固体丁的质量，则原固体由三种物质组成

**40.** 对上述实验的分析，正确的是(　　)

A. 步骤①可省略

B. 滤液Ⅲ中有三种溶质

C. 滤渣乙的物质的量等于原固体混合物中氯化钾的物质的量

D. 滤渣乙和滤渣戊的物质的量之和等于②中加入的硝酸银的物质的量

# 2017年上海市青少年“白猫杯”
# 《生活中化学》知识竞赛初赛试卷

学习笔记

**一、是非题**(正确的在后面打“√”,错误的打“×”,每小题3分,共30分。)

**1.** 居里夫人花费4年多时间,历尽艰辛,从沥青铀矿中提取镭和钋。( )

**2.** 1826年8月14日,法国化学家李比希宣布他发现了新元素——溴。( )

**3.** 食品防腐剂能使微生物的蛋白质凝固或变性,从而干扰其生长和繁殖。( )

**4.** 豆腐中含有维生素$B_3$,能增进食欲,维持神经系统正常活动,并能防止脚气病等。( )

**5.** 第一个发现水是一种化合物的科学家是普利斯特里。( )

**6.** 大量使用含磷洗衣粉会引发水体富营养化。( )

**7.** 用洗衣粉可以鉴别硬水和软水。( )

**8.** 铜元素的主要功能是参与造血过程。氟元素可以预防龋齿。( )

**9.** “点石成金”永远不可能实现,因为它违反了质量守恒定律。( )

**10.** 水体富营养化会使水体中的溶解氧大量减少,破坏水产资源。( )

**二、选择题**(每小题只有1个正确答案,每小题2分,共30分。)

**1.** 尽管每个人都离不开穿衣吃饭,而衣服和粮食又离不开农业。但是,大多数化学家不愿意从事农业研究。有一个化学家对农业感兴趣,转而研究农业化学。结果发明了钾肥、磷肥,使粮食产量成倍增长。这个化学家的名字是( )

A. 拉瓦锡　　B. 李比希　　C. 牛顿　　D. 道尔顿

**2.** “以铜为镜,可以正衣冠。以古为镜,可以知兴替。以人为镜,可以明得失。”镜子在日常生活中到处可见。以下关于现在使用的镜子的制法正确的是( )

A. 大多数是在玻璃的背面镀一层铝

B. 大多数是在玻璃的背面镀一层银

C. 大多数是在玻璃的背面镀一层水银

D. 大多数是在玻璃的背面镀一层镁

**3.** 材料是人类赖以生存和发展的物质基础。20世纪70年代人们把信息、材料和能源誉为当代文明的三大支柱。20世纪80年代以高技术群为代表的新技术革命,又把新材料、信息技术和生物技术并列为新技术革命的重要标志。下列关于材料的说法正确的是( )

A. 玻璃钢是以玻璃和钢为原料通过一定方法制成的既有玻璃性质又有钢性质的新材料

B. 往普通钢里加入一种或几种像钛等一类元素就制成具有优异性能的特殊钢材

C. 钛铜合金是一种具有形状记忆效应的神奇的功能材料

D. 合金一般比各组分金属具有较高的硬度和较低的熔点

**4.** 洗衣粉是合成洗涤剂中最主要的一种。其性能优良,使用方便,原料来源丰富,价格低廉,所以深受大家喜爱。但大量使用洗衣粉会造成水体富营养化。原因是洗衣粉中含有( )

A. 硬脂酸钠　　B. 对十二烷基苯磺酸钠

C. 三聚磷酸钠　　D. 硫酸钠

**5.** 玻尔巧藏诺贝尔奖章是大家熟悉的描述科学家热爱祖国的小故事。下列是关于王水配制的方法。你认为正确的是(　　)

A. 1体积浓硝酸与3体积浓盐酸混合而成

B. 1体积浓盐酸与3体积浓硝酸混合而成

C. 1体积浓盐酸与3体积浓硫酸混合而成

D. 1体积浓硝酸与3体积浓硫酸混合而成

**6.** 怕冻的金属是讲述由于天气突然变冷，士兵衣服上的纽扣全部变成粉末的科学小故事。你认为下列关于士兵衣服上的纽扣全部变成粉末的叙述中正确的是(　　)

A. 士兵衣服上的纽扣是由灰锡制成的

B. 士兵衣服上的纽扣是由脆锡制成的

C. 士兵衣服上的纽扣是由白锡制成的

D. 士兵衣服上的纽扣是由脆锡和灰锡混合制成的

**7.** 为了响应联合国改善世界亿万人卫生状况的倡议，更好地配合学校健康教育，养成良好的卫生习惯，和全世界儿童一起参与世界洗手日活动。你认为洗手最好用(　　)

A. 洗衣粉　　B. 洗手液　　C. 香皂　　D. 洗洁精

**8.** 热水瓶用久后会在其内壁上形成一层水垢。小明同学对科学很感兴趣，他发现科普书上说用一种家庭常用的物品就能去除水垢。你认为小明同学看到的能去除水垢的物质是(　　)

①白醋　②白酒　③酱油　④加碘盐　⑤洁厕灵

A. ①②　　B. ②③　　C. ①⑤　　D. ④⑤

**9.** 油条是上海人喜欢的传统早点，唐朝诗人刘禹锡还撰写过描述油条形状和制作过程的诗。但是，油条不能多吃，因为油条在制作过程中要添加膨松剂明矾，医学研究证明明矾中所含的铝元素与人类的某种疾病有关。这种疾病的名称是(　　)

A. 骨质疏松症　　B. 甲状腺功能亢进

C. 阿尔茨海默病　　D. 馒头

**10.** 小明同学在科普书上看到有一种称为“六六六”粉的农药，具有高效的杀虫效果，但因其毒性太大，现已禁止使用。同学们对这种农药的名称很感兴趣，展开了讨论。你认为正确的说法是(　　)

A. 小纺同学说：“科学家发明这种农药时试验了六百六十六次才成功的。”

B. 小李同学说：“我认为是用六百六十六种原料配成的。”

C. 小章同学说：“这种农药是由六个碳原子、六个氢原子和六个氯原子构成的。”

D. 小黄同学说：“这种农药每个分子是由六个碳原子、六个氢原子和六个氯原子构成的。”

**11.** 肥皂和洗衣粉是常用的洗涤用品。某兴趣小组研究了肥皂和洗衣粉的使用方法。下列是他们的结论，你认为正确的是(　　)

A. 洗衣服的水温越高，洗涤效果越好

B. 洗衣粉的洗涤效果一般比肥皂的洗涤效果好

C. 洗衣粉和肥皂不能混合使用

D. 用肥皂洗衣服，洗涤污水会引起水体富营养化

**12.** 酸雨的正式名称是酸性沉降，是指pH小于5.6的雨水、冻雨、雪、雹、露等大气降水。可分为“湿沉降”与“干沉降”两大类，前者是指所有气状污染物或

粒状污染物，随着雨、雪、雾或雹等降水形态而落到地面；后者是指不下雨时，从空中降下来的落尘所带的酸性物质。能引起酸雨的主要物质是（　　）

A. 二氧化硫、二氧化碳　　B. 氮氧化物、二氧化硫

C. 稀有气体、臭氧层　　D. 一氧化碳、可吸入颗粒物

**13.** 燃烧是一种常见的自然现象。燃烧具备的条件是可燃物、助燃物和燃点。小张同学在化工词典上查到：白磷的燃点为 40 ℃。于是同学们开展了讨论，你认为正确的是（　　）

A. 小明说："白磷放在 20 ℃的环境中不会发生自燃。因为没有达到其燃点。"

B. 小金说："白磷放在 20 ℃的环境中会发生自燃。小张查到的白磷的燃点为 40℃有错。"

C. 小李说："白磷放在 20 ℃的环境中会发生自燃。原因是白磷在空气中会发生缓慢氧化。"

D. 小李说："白磷放在 20 ℃的环境中会发生自燃。原因是白磷在空气中会发生缓慢还原。"

**14.** 在科学课上学了热胀冷缩后。小明同学想是否有不遵循热胀冷缩规律的物质存在。于是，小明同学查找资料后发现确实有一种常见物质的性质在某温度段中真的不遵循热胀冷缩规律。这种常见物质及温度段是（　　）

A. 水，0～4 ℃

B. 水，4～8 ℃

C. 水，0～100 ℃

D. 不可能有的，因为热胀冷缩是客观规律

**15.** If people put the waste gases into the air freely, it can cause serious environmental problem. Which gas freely put into the air can cause acid rain?（　　）

A. carbon dioxide　　B. carbon monoxide

C. sulfur dioxide　　D. oxygen

**三、不定项选择题**（每题有不确定选项，可以是 1 项也可以是 2 项、3 项或 4 项，少选按项给分，但选错或多选，整题不给分，共 40 分。）

**1.** 衣服上的污垢一般是由液体和固体组成的混合物。以物理—化学作用或机械作用吸附在衣服纤维的表面或进入纤维之间，既有损于衣服的外观，也有损于衣服的组织而缩短其使用寿命。下列属于洗涤剂去污原理的组合是（　　）

A. 润湿、吸附、增溶、机械作用　　B. 润湿、吸附、沉淀、机械作用

C. 润湿、溶解、沉淀、摩擦作用　　D. 溶解、润湿、沉淀、机械作用

**2.** 某化学品仓库发生火灾，仓库保管员提供的信息显示仓库里储存着一定数量的金属镁。同学们给出了下列扑灭火灾的建议，你认为合理的是（　　）

A. 不能用水，最好用泡沫式灭火器灭火

B. 可以用水，因为金属不会和水发生化学反应

C. 不能用水，也不能用泡沫式灭火器灭火

D. 用大量泥沙来灭火

**3.** 随着石油化工生产技术的不断发展，石油的用途越来越广。所以，石油被称为工业的血液，下列是以石油为原料制成的各种塑料的中文名称和英文代号，你认为正确的是（　　）

A. 聚乙烯 PE　　B. 聚苯乙烯 PP

C. 工程塑料 ABS　　D. 聚氯乙烯 PVC

**4.** 铅笔是我们常用的学习用品，大家都很熟悉，下列是同学们对铅笔的制

法、用途、使用方法等的讨论和建议。你认为合理的是(　　)

A. 铅笔芯是以铅为原料制成的,铅是重金属,对人体有害,所以使用时一定要小心

B. 铅笔芯中没有铅,是以石墨和黏土为原料制成的

C. 铅笔芯中石墨的成分越多,写出来的字颜色越深

D. 铅笔芯中黏土的成分越多,写出来的字颜色越深

**5.** 大气是人类生存的重要环境,大气污染最直接地影响人们的工作和生活。所以,我们一定要保护大气环境。下列是同学们查阅到的关于保护大气及大气污染的论述,你认为合理的是(　　)

A. 小金说:"大气中的主要污染物有一氧化碳、氮氧化物、二氧化硫、烃类、悬浮颗粒。"

B. 小明说:"光化学烟雾中除了氮氧化物外还有臭氧、甲醛等二次污染物。"

C. 小沈说:"酸雨中可能含有硫酸、硝酸和碳酸。"

D. 李明说:"$PM_{2.5}$是指大气中直径小于 2.5 微米的颗粒物,也称为可入肺颗粒物。"

**6.** 水是生命之源,我们一定要保护水资源。研究小组对水的用途进行了调查,下列是小组成员对水在人体中作用的调查结果,你认为正确的是(　　)

A. 水在人体中起到调节体温的作用

B. 水在人体中流动,起到输送氧气和营养物质作用

C. 水在人体中起到润滑剂作用

D. 正常成年人每天需要补充约 1250 mL 的水

**7.** 蛋白质是生命的物质基础,是肌体重要组成成分,是人体组织更新和修补的主要原料。下列有关蛋白质的说法中你认为正确的是(　　)

A. 维持机体正常的新陈代谢

B. 供给维持生命必需的热能

C. 可延长食物在消化道内停留时间

D. 构成人体必需的催化和调节功能的各种酶

**8.** 钢笔是大家非常熟悉的书写用品。其种类和型号有很多,一般是根据其笔尖的成分分为金笔和铱金笔两种。小王同学上周收到的生日礼物是一支标有14K 的金笔。下列说法正确的是(　　)

A. 该支金笔笔尖中含黄金的质量分数为 58%

B. 该支金笔笔尖中含黄金的质量分数为 14%

C. 该支金笔笔尖中还含有银和铝

D. 该支金笔笔尖中还含有银和铜

**9.** 地球大气层的对流层中有一薄层臭氧层,它能吸收太阳光中大部分的紫外线,从而保护了地球表面的人类和动物免受紫外线的伤害。但是,科学家发现臭氧层已出现了空洞。造成臭氧层空洞的主要原因是(　　)

A. 用干冰作制冷剂　　B. 用氟利昂作制冷剂

C. 用煤和石油等化石燃料作能源　　D. 用汽油作机动车的燃料

**10.** 四大发明是指中国古代对世界具有很大影响的四种发明,是中国古代劳动人民的重要创造。即造纸术、司南、火药、活字印刷术。第一个制得黑火药的人是(　　)

A. 葛洪　　B. 陶弘景　　C. 孙思邈　　D. 李时珍

# 2018年全国初中学生化学素质和实验能力竞赛(河南赛区)初赛试题

学习笔记

**一、选择题**(本题包括20个题,每题1分,共20分。每题只有1个选项符合题意。)

**1.** 下列有关化学科学家成就的叙述不正确的是(　　)

A. 侯德榜发明了联合制碱法　　B. 门捷列夫发现了元素周期律

C. 拉瓦锡创立了原子论和分子学说　D. 居里夫人发现了放射性元素镭和钋

**2.** "绿色化学"(green chemistry)要求物质回收或循环利用,反应物原子全部转化为期望产物,"三废"先处理再排放等。下列做法或反应符合"绿色化学"要求的是(　　)

A. 露天焚烧垃圾以消除污染

B. 深埋含镉、汞的废旧电池

C. $C_3H_4+2H_2+2CO \xlongequal{催化剂} C_5H_8O_2$

D. 农业灌溉引用工业或生活废水

**3.** 下列有关燃烧和灭火的说法中,正确的是(　　)

A. 物质燃烧一定要有氧气(或空气)

B. 防火衣中的"阻燃剂"可能是铁粉

C. 金属钠着火应立即用水来浇灭

D. 厨房煤气泄漏应立即关闭阀门并开窗通风

**4.** 在塑料中添加土豆淀粉制成的"土豆农膜"是一种新型可降解塑料。下列有关说法不正确的是(　　)

A. 塑料属于天然有机高分子材料

B. 淀粉的化学式为$(C_6H_{10}O_5)_n$

C. 该材料有助于解决农村"白色污染"问题

D. 土豆农膜比普通塑料农膜容易降解

**5.** 右图为用10 mL量筒量取液体时的实际情景(只画出片段),则所量取液体的体积应为(　　)

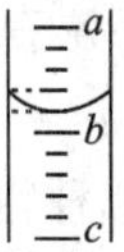


A. $(b+0.1)$mL　　B. $(10a+0.4)$mL

C. $(b+0.4)$mL　　D. $(b+0.2)$mL

**6.** 常温常压下,10 mL某气态物质含有$2.68\times10^{23}$个分子,而在这些分子里又含有$8.04\times10^{23}$个原子,则该物质(　　)

A. 属于单质　　B. 属于化合物

C. 属于混合物　　D. 无法确定类别

**7.** 鉴别日常生活中的下列各组物质,两种方法均正确的是(　　)

A. 硬水和软水:滴加食盐水或加热蒸发

B. 甲烷和一氧化碳:滴加澄清石灰水或观察颜色

C. 真黄金和假黄金(铜锌合金):滴加稀盐酸或灼烧

D. 氧气和二氧化碳:滴加酚酞溶液或将燃着的木条伸入

**8.** 航天探测发现:金星是一个被浓密大气层包围的固体球,大气层的成分之一是$C_2O_3$,实验证明其化学性质与CO相似。下列关于$C_2O_3$的说法不正确的是(　　)

A. $C_2O_3$ 中碳的化合价为+3

B. $C_2O_3$，能使紫色石蕊溶液变红

C. 在一定条件下 $C_2O_3$ 能还原氧化铁

D. $C_2O_3$ 充分燃烧的产物是 $CO_2$

**9.** 除去 $H_2$ 中的 HCl 和水蒸气，下列装置和药品均正确的是（　　）

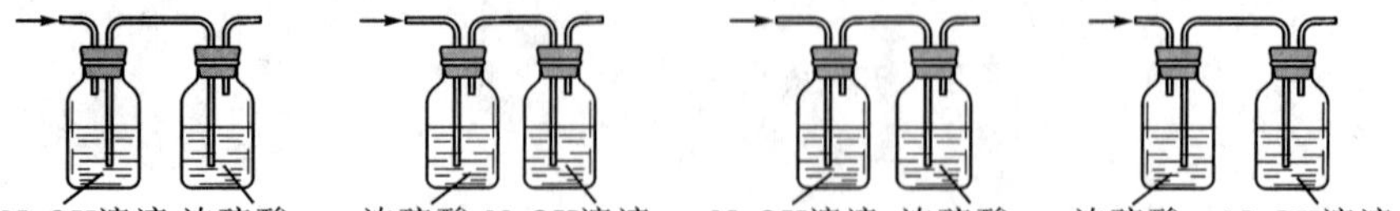


**10.** 下列保存物质的方法及其原因不正确的是（　　）

A. 烧碱应密封保存，是因为它易吸收空气中的水分和二氧化碳

B. 浓盐酸应密封保存，是因为它易挥发

C. 白磷应保存在水中，是因为它易自燃

D. 铵态氮肥应与碱性物质混合使用，是因为能增强肥效

**11.** 下列对一些事实解释不正确的是（　　）

A. 把铅加入锡中制成合金焊锡，主要目的是降低熔点

B. 用清洗剂除去油污，是因为清洗剂能将油污溶解形成溶液

C. 墙内开花墙外香，是因为分子不断运动

D. 盐酸、硫酸都能使石蕊溶液变红，是因为溶液中都含有氢离子

**12.** 密闭容器内有 a、b、c、d 四种物质，在一定条件下充分反应，测得反应前后各物质的质量如下表所示。

| 物质 | a | b | c | d |
|---|---|---|---|---|
| 反应前质量/g | 6.40 | 3.20 | 4.00 | 0.50 |
| 反应后质量/g | $x$ | 2.56 | 7.20 | 0.50 |

下列说法不正确的是（　　）

A. d 可能是催化剂

B. 表中 $x$ 为 4.64

C. c 中元素的种类等于 a、b 两种物质中元素的种类之和

D. 若 a 与 b 的相对分子质量之比为 2∶1，则反应中 a 与 b 的化学计量数之比为 2∶1

**13.** 下表中列出了几种物质的熔点，据此判断下列说法正确的是（　　）

| 物质名称 | 汞 | 金 | 铜 | 铁 | 钨 | 氧 |
|---|---|---|---|---|---|---|
| 熔点/℃ | −38.8 | 1064 | 1083 | 1535 | 3410 | −218 |

A. 铜球掉入铁水中不会熔化

B. 在−216 ℃时，氧是固态

C. 水银温度计可测量−40 ℃的温度

D. 用钨制成的灯丝不易熔化

**14.** 物质 M 燃烧的化学方程式为：已知 6.4 g M 完全燃烧生成 8.8 g $CO_2$。现有下列推断：①M 由 C、H 两种元素组成；②M 中 C 的质量分数为 37.5%；③6.4 g M燃烧还生成了 7.2 g $H_2O$；④M 的相对分子质量为 64。其中正确的是（　　）

A. ①②　　B. ①④　　C. ②③　　D. ③④

**15.** 推理是化学学习中常用的方法。下列推理正确的是（　　）

A. 酸与碱反应生成盐和水，生成盐和水的反应一定是酸与碱的反应

B. 收集比空气轻的气体可用向下排气法，能用向下排气法收集的气体一定比空气轻

C. 有机物是指含碳元素的化合物，含碳元素的化合物一定是有机物

D. 活泼金属与稀硫酸反应放出气体，能与稀硫酸反应放出气体的物质一定是金属

**16.** A、B、C、D 四种物质的转化关系如图所示，它们均为初中化学中常见的物质，其中 A 是一种黑色氧化物，B 物质的溶液呈蓝色。则 X 可能为(　　)

$$A \xrightarrow{X} B \underset{X}{\overset{Y}{\rightleftharpoons}} C \overset{稀盐酸}{\rightleftharpoons} D$$

A. $H_2SO_4$　　B. HCl　　C. NaOH　　D. $Cu(OH)_2$

**17.** 右图为两种物质的溶解度曲线。下列说法不正确的是(　　)

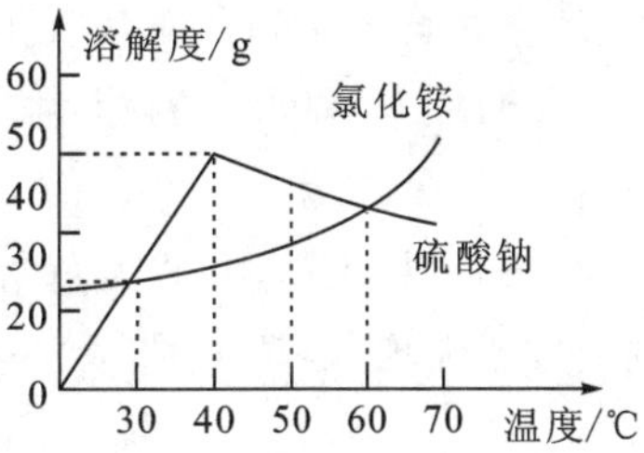


A. 30 ℃时，氯化铵、硫酸钠的溶解度相同

B. 氯化铵的溶解度随温度的升高而增大

C. 将 50 ℃时硫酸钠饱和溶液降温，一定有晶体析出

D. 将 60 ℃时硫酸钠饱和溶液降温至40 ℃，溶质的质量分数保持不变

**18.** 下列各组中的离子，能在溶液中大量共存的是(　　)

A. $H^+$、$K^+$、$OH^-$、$SO_4^{2-}$　　B. $Ag^+$、$Na^+$、$Cl^-$、$NO_3^-$

C. $Ca_2^+$、$Ba^{2+}$、$CO_3^{2-}$、$NO_3^-$　　D. $Ca_2^+$、$Na^+$、$Cl^-$、$SO_4^{2-}$

**19.** 用 1 体积浓硫酸(密度为 1.84 g/cm$^3$，质量分数为 98%)和 7 体积水混合来配制稀硫酸，所得稀硫酸中溶质的质量分数最接近于(　　)

A. 10%　　B. 15%　　C. 20%　　D. 25%

**20.** 现有盐酸和 $CaCl_2$ 的混合溶液，向其中逐滴加入过量某物质 X，溶液的 pH 随滴入 X 的量的变化关系如图所示。则 X 是(　　)

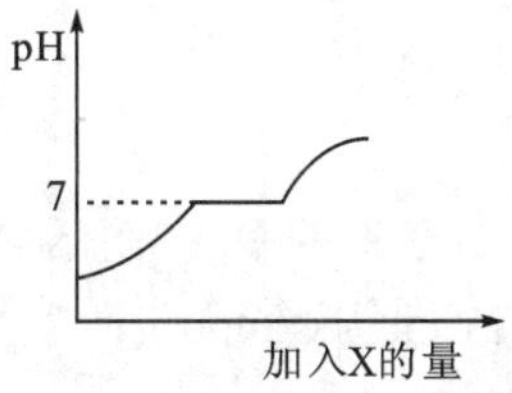


A. 水　　B. 澄清石灰水

C. 纯碱溶液　　D. 稀盐酸

**二、填空题**(本题包括 8 个题，每空 1 分，共 30 分。)

**21.** 请用化学式或化学符号填空：空气中含量最多的气体是________；"固体酒精"的主要成分是________；食盐是常用调味品和防腐剂，其主要成分含有的微粒是________；焙制糕点所用发酵粉主要成分之一的盐是________。

**22.** "牡丹燕菜"的基本配料有海参、鱿鱼、鸡肉、食盐、白萝卜等，其中含有的主要营养素有________、________(任写两种)。有机物的命名与它的组成相关(如下表所示)，则 $C_3H_8$ 的名称为________；丁烷的化学式为________________。

| 名称 | 甲烷 | 乙烷 | | 丁烷 | 戊烷 |
|---|---|---|---|---|---|
| 化学式 | $CH_4$ | $C_2H_6$ | $C_3H_8$ | | $C_5H_{12}$ |

**23.** 右图表示水等物质间的转化关系(反应条件及部分物质略去)。请写出化学式：甲为________________；乙为________________。

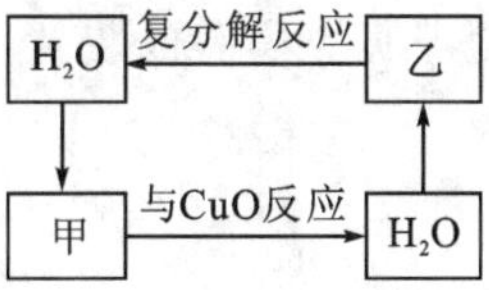


**24.** 下图表示某化学反应的微观示意图，其中"○"和"●"分别代表不同元素的原子。

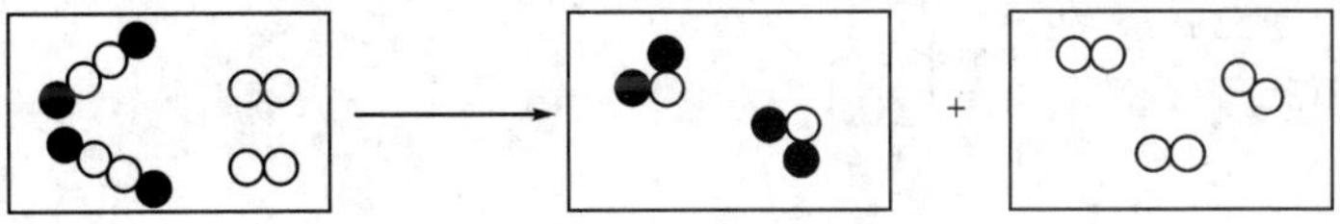

(1)该反应的基本反应类型是________。

(2)由图可获得的信息是____________________。

(3)已知“○”的相对原子质量是“●”的 $m$ 倍，则由该反应所生成的“●●○”和“○○”的质量比________。

**25.** 盛放氢氧化钠溶液的试剂瓶不能用玻璃塞，其原因是会发生如下的化学反应：$SiO_2 + 2NaOH = X + H_2O$。则 X 的化学式为________。烧开水的水壶内壁上产生的水垢（主要成分是碳酸钙和氢氧化镁）可用食醋除去，则有关反应的化学方程式分别为________________和________________。

**26.** 现有 A、B、C 三种元素。其中 A 的原子核外有 3 个电子层，且第 3 电子层上的电子数比第 2 电子层上的电子数少 1；B 的某氧化物的化学式为 $BO_3$，其中 B 与氧元素的质量比为 2∶3，且 B 原子核内质子数与中子数相等；$C^+$ 的电子层结构与氖原子的相同。请推断元素符号：A 为________；B 为________；C 为________。

**27.** 如右图所示，打开分液漏斗，使其中的无色液体与试管中的固体接触反应，可观察到气球胀大现象，请分别写出一个符合图中现象和下列要求的化学方程式：

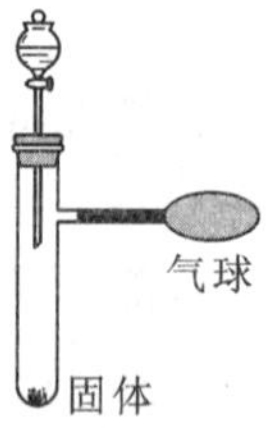


(1)分解反应________________________________。

(2)化合反应________________________________。

(3)复分解反应________________________________。

(4)置换反应________________________________。

**28.** 某化学兴趣小组拟用右图装置对某粗锌样品进行纯度检测。请填写以下实验报告。

(1)实验目的：________________________________。

(2)实验步骤：

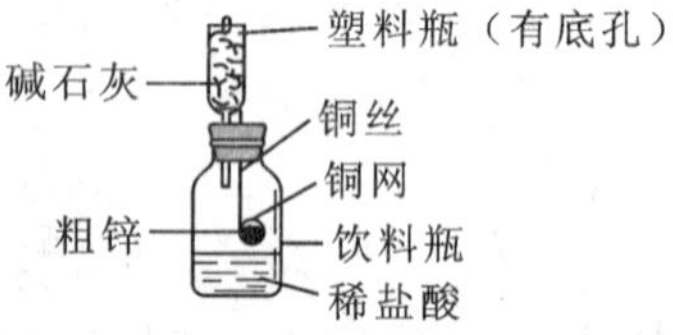


①称取 10.0 g 粗锌置于铜网中，按图示装置组装后，称得仪器和药品总质量为 120.0 g；

②将铜网插入足量的稀盐酸中，有关反应的化学方程式为____________________；

③反应完全后，称得装置总质量为 119.8 g，则粗锌的纯度为________。

(3)问题探究：（已知碱石灰为 NaOH 和 CaO 的混合物）

①该实验中碱石灰的作用是________；若不用碱石灰，则所测得的粗锌纯度将________（填“偏大”“偏小”或“无影响”）。

②若将粗锌换成石灰石，原实验方案________（填“能”或“不能”）用于石灰石样品纯度的测定，理由是________________________________________________________________。

**三、简答题**（本题包括 6 个题，共 30 分。）

**29.**（4 分）(1)如图是某微型实验的装置图。试管中的反应发生后，a、b 两处及烧杯中各有什么现象？

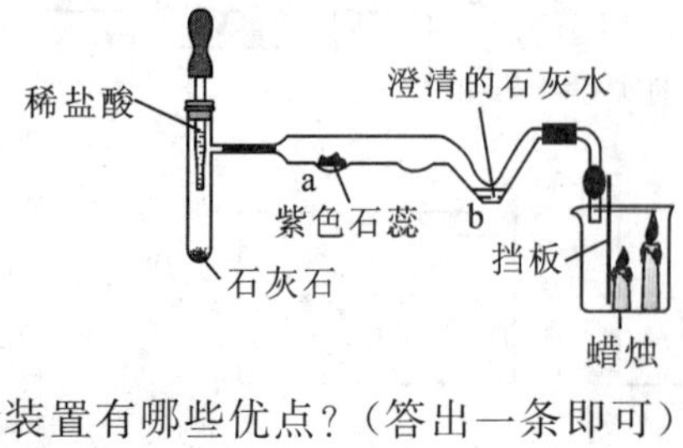


(2)采用微型实验装置有哪些优点？（答出一条即可）

30. (4 分)(1)红磷燃烧除需要氧气外，还需要满足的条件是什么？

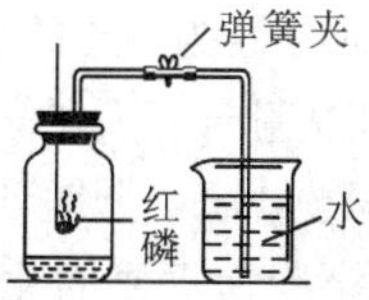


(2)按右图装置做测定空气中氧气含量的实验时，要达到实验目的，反应物或装置方面应满足的条件是什么？(答出一条即可)

(3)该实验还可说明氮气具有哪些性质？(答出一条即可)

(4)写出该实验中有关反应的化学方程式。

31. (4 分)请根据下表回答下列问题。

| | 温度/℃ | | | |
|---|---|---|---|---|
| | 0 | 10 | 20 | 30 |
| NaCl 的溶解度/g | 35.7 | 35.8 | 36.0 | 36.3 |
| $KNO_3$ 的溶解度/g | 13.3 | 20.9 | 31.6 | 45.8 |
| $Ca(OH)_2$ 的溶解度/g | 0.185 | 0.176 | 0.165 | 0.153 |

(1)使氯化钠从其饱和溶液中结晶出来，最好采用的方法是什么？

(2)将 10 ℃时的饱和石灰水升温到 30 ℃，溶液中溶质的质量将如何变化？

(3)10 ℃时，在两只烧杯中各加入 100 g 水，然后分别加入 30 g 氯化钠和 30 g 硝酸钾，充分搅拌后，所得两种溶液中溶质的质量分数是否相等？为什么？

32. (6 分)通过海水提取的粗盐中含有 $MgCl_2$、$CaCl_2$、$MgSO_4$ 以及泥沙等杂质。以下是一种制备精盐的实验方案(用于沉淀的试剂均过量)。

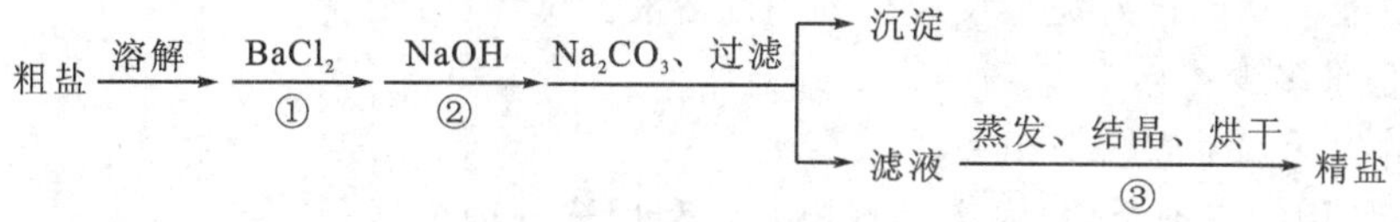


请回答下列问题：

(1)步骤①中的 $BaCl_2$ 不能改成 $Ba(NO_3)_2$，其原因是什么？

(2)进行步骤①后，如何判断 $BaCl_2$ 是否过量？

(3)加入 $Na_2CO_3$ 的目的是什么？

(4)以上粗盐提纯的有关操作中需用到的主要仪器有哪些？

(5)该实验方案还需完善，请写出具体的操作步骤。

33. (6 分)有科学家提出回收利用空气中 $CO_2$ 的构想：把空气吹入饱和碳酸钾溶液中，溶液可吸收 $CO_2$ 生成碳酸氢钾；加热该溶液使之又分解出 $CO_2$，使其在合成塔内与氢气反应生成甲醇($CH_3OH$)和水。简要的生产流程如下图所示：

(说明：吸收池中盛有饱和的 $K_2CO_3$ 溶液，合成塔内的反应条件为 300 ℃、200 kPa 和催化剂)

(1)合成塔中发生反应的化学方程式。

(2)请在图中标出可循环利用的物质名称和循环方向。

(3)若空气不经吸收池和分解池而直接通入合成塔，你认为可行吗？请简述原因。

(4)请计算生产 4.8 t 甲醇，可回收空气中 $CO_2$ 的质量是多少？

34. (6 分)右图是某试剂瓶标签的部分内容。请回答下列问题：

盐酸(分析纯)
化学式HCl
质量分数36%
密度1.18 g/cm³

(1)浓盐酸敞口放置一段时间后会变稀，原因是什么？

(2)配制 9% 的稀盐酸 100 g，需要这种浓盐酸的体积约为多少？(精确到 0.1 mL)

(3)某固体氢氧化钠在空气中敞口放置一段时间后部分变质，

取该固体 10 g,加入质量分数为 9%的盐酸至不再产生气泡为止,生成气体的质量为 2.2 g,试通过计算说明未变质的氢氧化钠的质量是多少?

**四、综合应用题**(本题包括 2 个题,共 20 分。)

**35.**(10 分)酸、碱、盐均为重要的化合物。

(1)工业上电解饱和食盐水可制取烧碱、$H_2$、$Cl_2$,请写出该反应的化学方程式。

(2)请写出一个既能检验烧碱变质,又能除去杂质的有关反应的化学方程式。

(3)酸和碱在组成和性质方面有很多共同的特点,请任写出其中的一条。

(4)配制一定质量分数的氢氧化钠溶液,有关操作如下图所示:

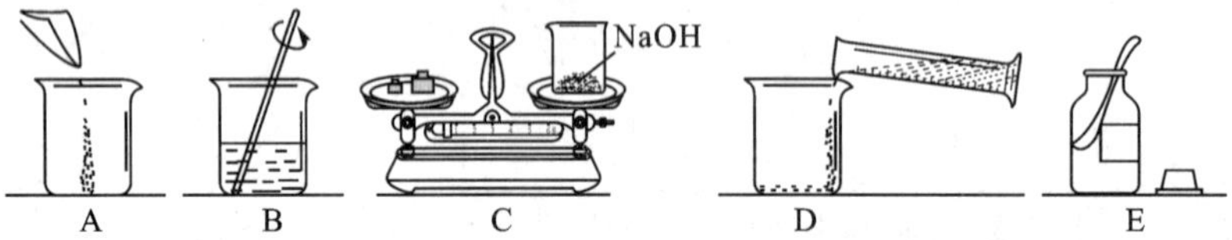


以上实验的正确操作顺序为________________(用字母代号表示);C 操作中出现的错误是________;若 C 中砝码的质量为 15 g,游码的读数为 3.5 g,则氢氧化钠和烧杯的实际总质量为________ g。

(5)用 pH 试纸测定所配制溶液的酸碱度,操作方法为________________。

(6)现有一样品,经分析含氢氧化钾、碳酸钾和水三种物质,向该样品中加入溶质质量分数为 9.8%的稀硫酸 100 g,恰好完全反应得到中性溶液。试计算:蒸干该溶液可得到的固体的质量是多少?

**36.**(10 分)金属与人类的生活和生产密切相关。

(1)铝、铁、铜是人类广泛使用的三种金属,人类大规模开发利用这三种金属的先后顺序是(用元素符号表示)________。

(2)右图是元素周期表的一格,下列说法正确的是________。

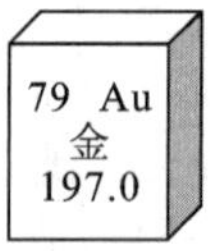


A. 金元素属于金属元素　　　B. 金原子的中子数为 197

C. 金原子的核外电子数为 118　D. 金元素位于第六周期第 1B 族

(3)在研究金属性质时,某小组同学进行了如下实验探究:将一定量铁粉加入硫酸锌和硫酸铜的混合溶液中,充分反应后过滤,然后对滤纸上的物质进行分析和实验。

【提出问题】滤纸上的物质是什么?

【做出猜想】甲认为只有铜;乙认为是铜和铁的混合物;丙认为是铜、铁、锌的混合物。

【交流讨论】大家一致认为丙的猜想不合理,其理由是________________。

【实验与结论】同学们通过实验确定了滤纸上物质的成分。请填写下列空白。

| 实验步骤 | 现象和结论 | 有关反应的化学方程式 |
| --- | --- | --- |
| 取少量滤纸上剩余的物质置于试管中,向其中滴加适量的________ | | |

(4)在实验室称取 20 g 赤铁矿样品置于玻璃管中,称得样品和玻璃管的总质量为 70 g,通入足量 CO 后加热使样品充分反应(杂质不参与反应),冷却后称得玻璃管和剩余固体的总质量为 65.2 g。试计算样品中 $Fe_2O_3$ 的质量分数。

# 2018年全国初中学生化学素质和实验能力竞赛(河南赛区)初赛试题(备选二)

学习笔记

**一、选择题**(本题包括 20 个小题,每题 1 分,共 20 分。每题只有 1 个选项符合题意。)

**1.** 下列物品中,不是利用有机合成高分子材料制成的是(    )

A. 合成纤维　　B. 塑料脸盆　　C. 人面鱼尾纹陶盆　　D. 合成橡胶轮胎

**2.** 下列物质的性质和该性质的应用均正确的是(    )

A. 干冰升华放出大量热,干冰用于人工降雨

B. 熟石灰能与酸反应,熟石灰用于改良酸性土壤

C. 氢气有强还原性,氢气能在常温下冶炼金属

D. 氧化钙能与盐酸反应,氧化钙用于治疗胃酸过多

**3.** 下列图示中的"错误实验操作"与图下面对应的"可能产生的后果"不一致的是(    )

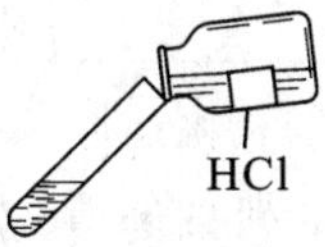

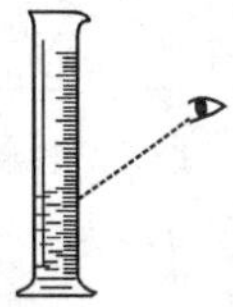

A. 受热仪器破裂　　B. 标签受损　　C. 酒精溅出　　D. 量取液体偏少

**4.** 类推是学习化学时常用的思维方式。以下类推结果正确的是(    )

A. 有机物都含有碳元素,则含有碳元素的物质一定是有机物

B. 碱溶液能使酚酞溶液变红,则能使酚酞溶液变红的物质一定是碱

C. 中和反应生成盐和水,则生成盐和水的反应一定是中和反应

D. 含碳元素的物质充分燃烧会生成 $CO_2$,则燃烧能生成 $CO_2$ 的物质一定含碳元素

**5.** 过氧化氢分解的微观示意图如下,方框内应是(    )

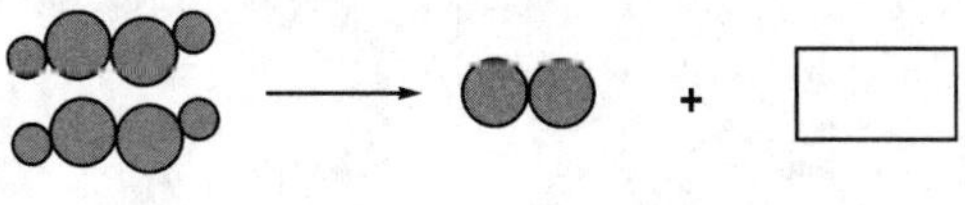

A　　B　　C　　D

**6.** "奥司他韦"的化学式为 $C_{16}H_{28}N_2O_4 \cdot H_3PO_4$。下列相关说法正确的是(    )

A. 相对分子质量为 410

B. 该物质中氢元素的质量分数最小

C. 该物质由 $C_{16}H_{28}N_2O_4$ 和 $H_3PO_4$ 组成

D. 该物质中氮、氧元素的质量比为 1∶4

**7.** 区分下列各组物质的两种方法有错误的是(　　)

| 选项 | 待区分物质 | 方法一 | 方法二 |
|---|---|---|---|
| A | 棉线、尼龙线 | 观察颜色 | 点燃后观察 |
| B | 磷矿粉、硫酸铵 | 加入水、观察溶解情况 | 加熟石灰研磨、闻气味 |
| C | 呼出气体、空气 | 伸入燃着的木条观察 | 通入澄清石灰水观察 |
| D | 软水、硬水 | 蒸干观察 | 加肥皂水观察 |

**8.** 对于下列实验操作的说法,错误的是(　　)

A. 制取气体前先要检查装置的气密性

B. 测溶液的 pH 之前先要把试纸湿润

C. 加热试管时,局部加热前先均匀加热

D. 点燃可燃性气体前先要检验气体的纯度

**9.** 在水的蒸发过程中,下列说法正确的是(　　)

A. 水分子的体积变大　　B. 水分子的化学性质不变

C. 水分子的质量变小　　D. 水分子间的间隔不变

**10.** 下列实验事实不能作为相应观点的证据是(　　)

| 选项 | 观点 | 实验事实(证据) |
|---|---|---|
| A | 分子间隔在液态时比固态时大 | 冰的分子间隔大于液态水的 |
| B | 白磷的着火点比红磷低 | 白磷在空气中能自燃,红磷在空气中不能自燃 |
| C | 微粒是不断运动的 | 少量品红加入水中,不久烧杯内的水都变红了 |
| D | 化学反应前后质量守恒 | 铁与硫酸铜反应前后总质量不变 |

**11.** 在化学反应前后,物质所含元素化合价发生变化的反应属于氧化还原反应。氧化还原反应与四种基本化学反应类型间的关系如图所示,下列举例中错误的是(　　)

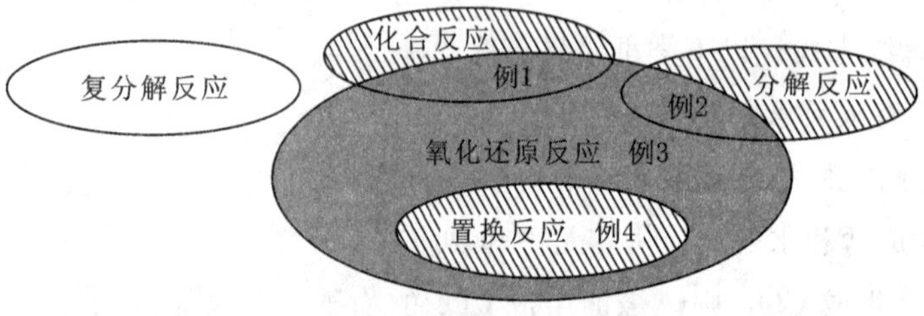


A. 例 1:$SO_3+2NaOH=\!=\!=Na_2SO_4+H_2O$

B. 例 2:$2KClO_3\xlongequal[\triangle]{MnO_2}2KCl+3O_2\uparrow$

C. 例 3:$3Fe+2O_2\xlongequal{点燃}Fe_3O_4$

D. 例 4:$Cl_2+2KI=\!=\!=2KCl+I_2$

**12.** 地壳中含量最多的金属元素、最多的非金属元素以及空气中含量最多的元素所组成的化合物属于(　　)

A. 氧化物　　B. 盐　　C. 碱　　D. 酸

**13.** 常温下,分别把下列物质与 95 mL 水混合,搅拌,配制质量分数为 5%的溶液,能达到的目的是(　　)

A. 5.0 g 氯化钠　B. 5.0 g 氧化钙　C. 5.0 mL 浓氨水　D. 5.0 g 硅酸

**14.** 构成下列物质的粒子与构成 $C_{60}$ 的粒子类型相同的是(　　)

A. 铜、硅　　B. 氨、硫酸铜　　C. 金刚石、石墨　　D. 氧化汞、苯

**15.** 下列叙述中，能作为金属 M 比金属 N 活动性强的判断依据是(　　)

A. M 原子的最外层电子数比 N 原子的最外层电子数少

B. M 原子的电子层数比 N 原子的电子层数多

C. 等质量的 M、N 与足量的酸反应，M 生成的氢气多

D. 常温时，M 能从水中置换出氢，而 N 不能

**16.** 室温下，将稀盐酸滴入装有氢氧化钠溶液的烧杯中，用温度计测出烧杯中溶液的温度，溶液温度随加入稀盐酸的质量而变化，如图所示，下列叙述错误的是(　　)

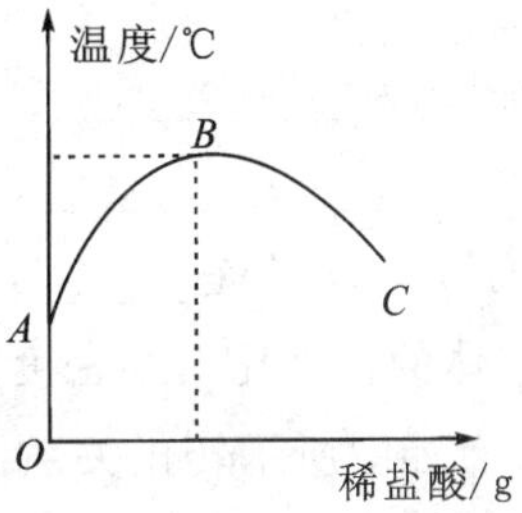


A. *B* 点表示酸、碱恰好完全反应

B. 稀盐酸与氢氧化钠溶液发生的反应是放热反应

C. 从 *A* 到 *B* 过程中，烧杯中溶液的 pH 逐渐增大

D. *C* 点时，溶液中的溶质是氯化钠和氯化氢

**17.** 在某铁的样品中，可能含有 Zn、Mg、Al、Cu 等金属杂质中的 2 种，取 5.6 g样品跟足量稀硫酸反应，得到 0.20 g $H_2$，则此铁的样品中不可能含有的金属杂质是(　　)

A. Cu 和 Mg　　B. Zn 和 Al　　C. Mg 和 Al　　D. Al 和 Cu

**18.** 向一定质量 $AgNO_3$ 和 $Cu(NO_3)_2$ 的混和溶液中逐渐加入足量的锌粒，下列图象不能正确反映对应关系的是(　　)

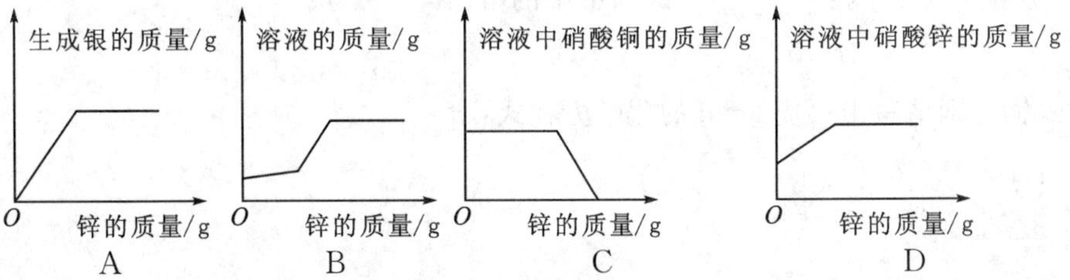


**19.** 一瓶不纯的 $K_2CO_3$ 粉末，所含杂质可能是 $KNO_3$、$Ca(NO_3)_2$、KCl、$CuCl_2$、$Na_2CO_3$ 中的一种或几种，为确定其成分，进行如下实验：

(1)取少量该粉末于烧杯中，加入适量蒸馏水，充分搅拌，得无色澄清溶液。

(2)取上述无色溶液少许于试管中，滴加 $AgNO_3$ 溶液有沉淀生成，再加入足量的稀 $HNO_3$ 溶液，沉淀部分溶解。

(3)另称取 13.8 g 该粉末于烧杯中，加入蒸馏水溶解，再加入足量的 $BaCl_2$ 溶液，充分反应后生成 19.7 g 白色沉淀。

下列说法正确的是(　　)

A. 杂质中可能含有 $KNO_3$、$Na_2CO_3$

B. 杂质中肯定含有 KCl，可能含有 $Na_2CO_3$

C. 杂质中肯定不含有 $Ca(NO_3)_2$、$CuCl_2$、$Na_2CO_3$

D. 杂质中肯定含有 KCl、$Na_2CO_3$，可能含有 $KNO_3$

**20.** 现有部分被氧化的铜粉固体混合物，为研究铜粉的组成情况，取 4 g 混合物，先加热完全氧化后，再加入 60 g 9.8%的稀硫酸恰好完全反应，则固体混合物中铜单质的质量分数为(　　)

A. 16%　　B. 64%　　C. 80%　　D. 96%

**二、填空题**(本题包括 6 个小题，每空 1 分，共 30 分。)

**21.** (1)康康在打开碳酸饮料瓶时，发现有大量气泡逸出。从物理变化的角度解释为________。

(2)喝完碳酸饮料后打嗝。从物理变化的角度解释为________。从化学变化的角度解释为________________(用化学方程式表示)。

**22.** 某化学反应的微观示意图如下所示,据图回答问题:

(1)此反应的化学方程式为____________________。

(2)该反应的还原剂是________________(写化学式)。

(3)丙分子中两种原子的质量比是________。

(4)通常状况下,甲气体的密度比空气密度________(选填"大"或"小")。

**23.** X、Y、Z 三种物质有如图所示转化关系。

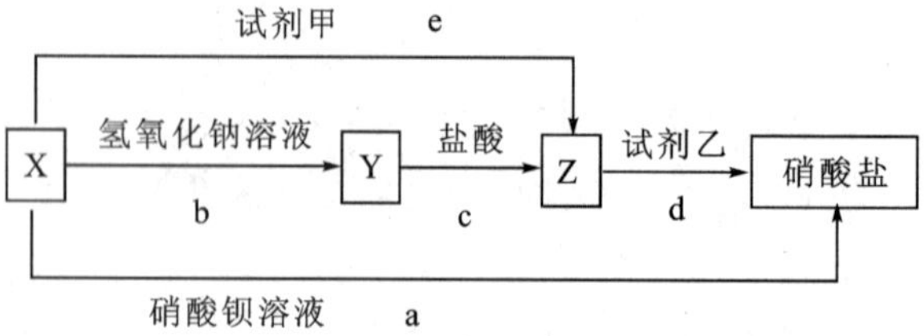


根据上述转化关系回答下列问题。

(1)若硝酸盐中的金属元素的原子结构示意图如右图所示。

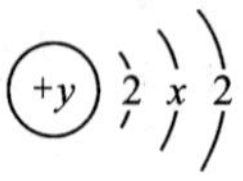


则 $y=$________,下列物质的化学式为:________,试剂甲中的溶质________。

(2)若硝酸盐中的金属是铜。则请写出反应 a~d 的化学方程式:

a. ____________________。

b. ____________________。

c. ____________________。

d. ____________________。

(3)硝酸盐中的金属还可以是________________,反应 e 的化学方程式为____________________。

**24.** 铝既能与酸溶液反应也能与碱溶液反应。

(1)铝和氢氧化钠溶液反应生成 $NaAlO_2$ 和氢气,则反应的化学方程式为________________。

(2)取 2 份相同质量的铝粉,分别加入足量的稀盐酸、氢氧化钠溶液中,充分反应后得到氢气的质量分别为 $m_1$、$m_2$,则 $m_1$ ________(选填">""<""=")$m_2$。

**25.** 工业上炼铁炼钢和轧制钢材的主要流程如下图:

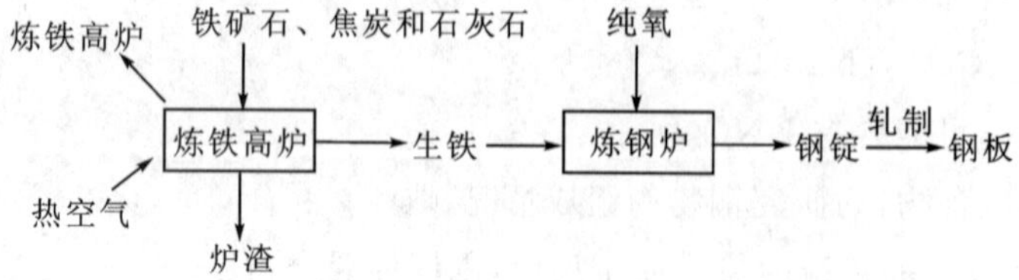


(1)高炉炼铁的原理是________________(填化学方程式)。

(2)炼铁的固体原料需经过粉碎,其目的是________________。

(3)热空气和高炉气体的主要成分有一种相同,这种气体的化学式是________。石灰石分解生成的氧化钙可与杂质二氧化硅反应,生成炉渣硅酸钙($CaSiO_3$),生成炉渣的化学方程式为________________。

(4)炼钢炉中，通入纯氧的目的是________。将钢锭轧成钢板，体现了金属的________性。

(5)钢铁制品可能会生锈，钢铁生锈的原因是________。

(6)写出用盐酸除锈的化学方程式________。

**26.** 根据如图所示溶解度曲线回答下列问题。

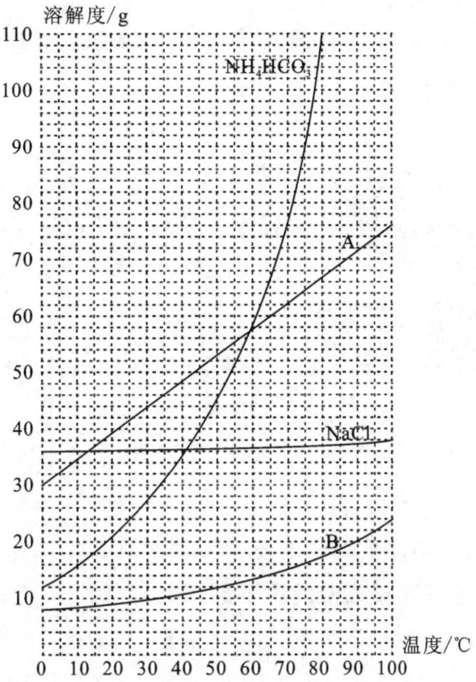


(1)在含有 $NH_4HCO_3$ 和 NaCl 的溶液中提纯 $NH_4HCO_3$，常用的方法是________(填写“蒸发结晶”或“降温结晶”)。

(2)以饱和 NaCl 溶液和饱和 $NH_4HCO_3$ 溶液为原料制备 $NaHCO_3$ 溶液的原理为：$NaCl + NH_4HCO_3 = NaHCO_3\downarrow + NH_4Cl$。

①图中表示碳酸氢钠溶解度曲线的是________(填“A”或“B”)；

②30 ℃时，向 4 只盛有 100 g 水的烧杯中，分别加入这四种固体物质，至不再溶解为止，所得溶液的溶质质量分数最大的是________溶液(填写物质名称)；

③得到的碳酸氢钠固体要进行过滤操作，滤液里含有的溶质有________种。

**三、简答题**(本题包括 6 个小题，共 30 分。)

**27.** 向盛有少量碳酸钠溶液的试管里滴入澄清石灰水。

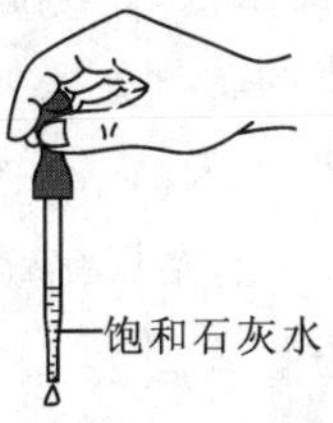


(1)请补充完整实验操作图。

(2)写出该反应的化学方程式。

(3)加入饱和石灰水的过程中，溶液中的溶质可能是：氢氧化钠和氢氧化钙；氢氧化钠；还有一种可能是________。

(4)请设计实验验证你的猜想。(简要写出实验步骤、现象和结论)

**28.** 除去氯化钾中混有的硫酸钾、氯化钙，并制得氯化钾晶体。

(1)请写出所加除杂试剂的顺序及用量。

(2)实验所得晶体的质量________(选填“>”“<”“=”)所取样品的质量，原因是什么？

(3)过滤时用到的玻璃仪器除玻璃棒外还有哪些？

(4)做过滤器的操作中需要将圆形滤纸折叠处理，下列图示中不该出现的情形是________

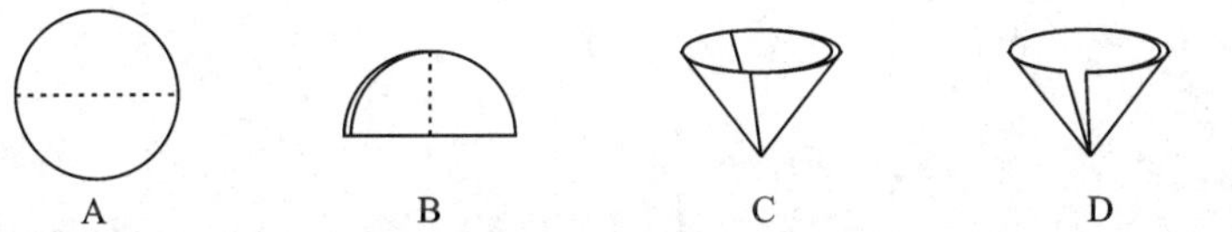


(5)蒸发操作中玻璃棒的作用是什么？

(6)用制得的氯化钾晶体配制 5% 的氯化钾溶液。请写出主要实验步骤。

**29.** 如图是钠与氯气反应的示意图。

(1)请分别从质量守恒、电荷守恒、原子结构与性质关系、基本反应类型等方面对此图进行分析。

(2)画出比氯元素少一个周期、少一个族的元素的原子结构示意图。

(3)在钠和氯元素所在的周期中，随着原子序数的递增，元素原子最外层电子数的变化规律是什么？

**30.** 请根据下列事实指出影响化学反应速率的因素。

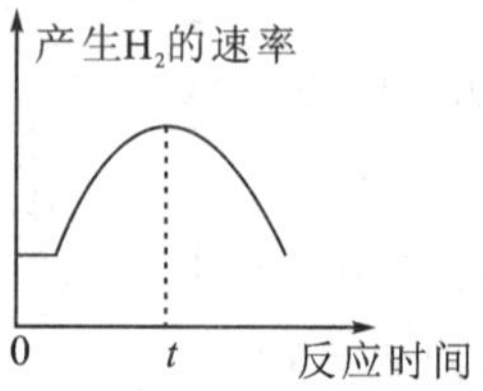


(1)过氧化氢溶液在常温下能缓慢分解，加入少量二氧化锰时分解加速，说明化学反应速率与什么因素有关？

(2)康康同学绘制了锌粒与稀硫酸反应产生氢气的速率随时间变化的曲线，如图所示。

①时间 $0\sim t$ 内，反应速率逐渐加快的主要原因是什么？

②时间 $t$ 以后，反应速率逐渐减慢的主要原因是什么？

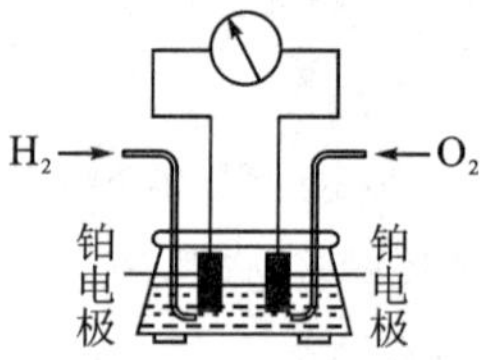


**31.** 右图是氢、氧燃料电池的示意图。电池工作时，$H_2$ 与 $O_2$ 反应生成水，同时电流计指针发生偏转。

(1)请写出电池工作时反应的化学方程式。

(2)溶液 pH 将如何变化？

(3)如何用 pH 试纸测溶液的 pH？

**32.** X、Y、Z 三种物质的转化关系如图所示（"→"表示能一步完成的反应，部分物质和反应条件已略去）。X、Y、Z 中均含有某种元素。

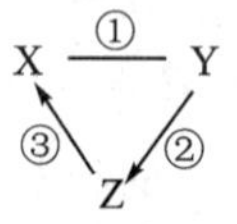


(1)二氧化碳与镁反应生成氧化镁和碳单质。若 X 为二氧化碳，则请写出另外两个化学方程式。

(2)若这三种物质中均含有钙元素，请写出对应的三个化学方程式。

**四、综合应用题**(本题包括 2 个小题，共 20 分。)

**33.** 水煤气的主要成分是 $H_2$、CO 和 $CO_2$。为验证该混合气体中的 $H_2$ 和 CO，康康同学设计了如图 1 所示的实验方案。

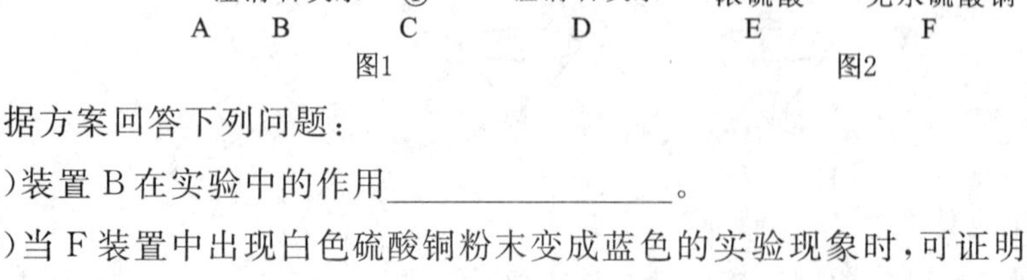


图1　　图2

根据方案回答下列问题：

(1)装置 B 在实验中的作用________________。

(2)当 F 装置中出现白色硫酸铜粉末变成蓝色的实验现象时，可证明有水的存在。图 1 实验装置有不合理的地方，请参考图 2 对图 1 实验装置提出完善意见。尾气应如何处理?

(3)图 1 方案中 A 装置可用来吸收 $CO_2$ 但没有现象。为证明 $CO_2$ 与 NaOH 能发生反应，康康又设计了图 3 所示的方案。则图 3 方案中所加 X 试剂应该是________。

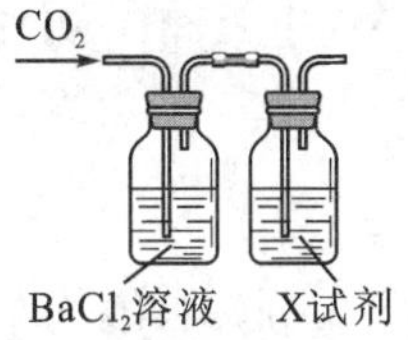

图3

(4)根据完善后的装置进行实验，当出现什么现象时，可以证明水煤气里含有 $H_2$ 和 CO?

(5)请你设计实验，证明 A 装置中的氢氧化钠是否与二氧化碳发生了化学反应。

(6)生成相等质量的铜单质，消耗氢气和一氧化碳的质量关系是什么?(请通过计算回答)

**34.** 康康用图 1 实验装置进行实验时发现，烧杯中饱和石灰水先变浑浊，后逐渐澄清。

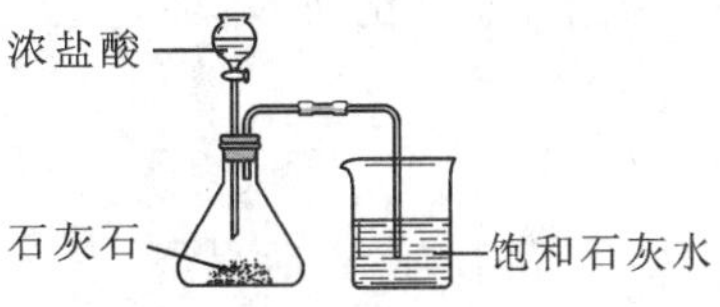

图1

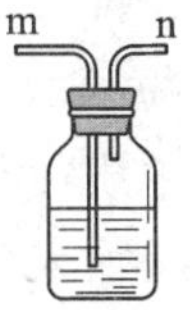

图2

(1)对于后变澄清的原因，康康和明明有不同的见解。

康康认为产生上述现象的原因是碳酸钙与二氧化碳、水反应生成了可溶于水的碳酸氢钙。用化学方程式表示为________。

明明认为是浓盐酸挥发出的 HCl 使浑浊变澄清了。

(2)为除去 $CO_2$ 中的 HCl，明明在图 1 中甲、乙装置之间增加图 2 装置，装置的连接顺序是甲→________→________→乙(填字母序号)；装置图 2 中所盛的试剂是________(填“饱和 $Na_2CO_3$ 溶液”或“饱和 $NaHCO_3$ 溶液”)。

实验现象是饱和石灰水浑浊后，继续通入足量 $CO_2$，沉淀部分溶解但最终并未完全澄清。由此可知最终使其变澄清的原因是________________。

(3)康康用 pH 传感器测得图 1 烧杯中溶液的 pH 随通入时间的变化曲线如图 3 所示。请问：

①D 点所得溶液中的溶质是______________；

②BC 段发生的化学方程式主要有________________。

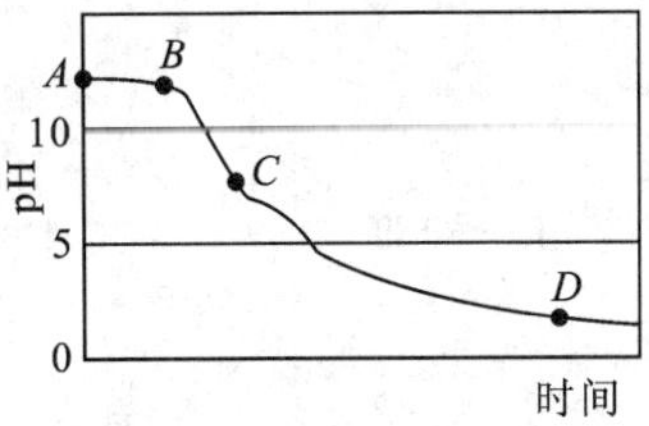

图 3

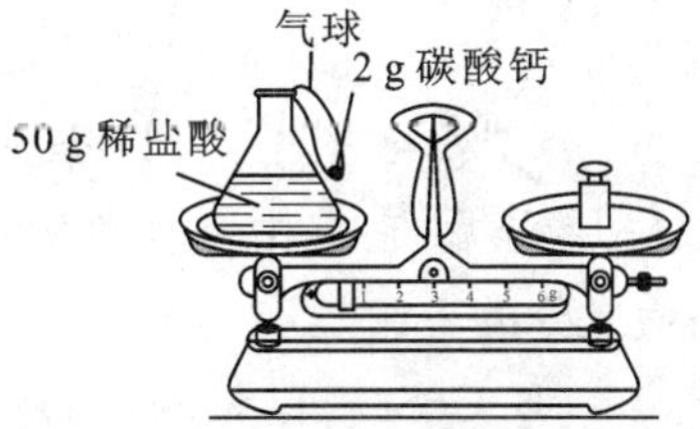

图 4

(4)康康和明明用盐酸与碳酸钙粉末反应验证质量守恒定律，实验装置如图 4。

他们将反应装置放在天平左盘，使天平平衡后，再将碳酸钙粉末倒入锥形瓶中。反应结束后，气球鼓起，天平向右倾斜。他们按规范操作重新实验，得到相同结果。请分析原因。

(5)反应结束后，锥形瓶中无固体剩余，请计算所得溶液中溶质的质量分数(假设稀盐酸完全反应)。

# 2018年上海市初中学生化学竞赛(天原杯)预赛试卷

学习笔记

**一、单项选择题**(每题2分,共40分,每小题只有1个正确答案。)

**1.** 光导纤维的应用使人们可以在家中坐享"互联网+"带来的变革与实惠,下列物质中可以用来生产光导纤维的是(　　)

A. 硫　　B. 二氧化硅　　C. 铁　　D. 氧化铝

**2.** 正常情况下,下列液体pH小于7的是(　　)

A. 人体胃液　　B. 人体血液　　C. 小苏打溶液　　D. 生理盐水

**3.** 对物质进行分类,是认识物质的组成、结构、性质和用途的途径。下列物质分类方法错误的是(　　)

①纯碱;②生石灰;③醋酸;④熟石灰;⑤酒精;⑥铜;⑦石墨;⑧氧化铁。

A. 有机物:③⑤　　B. 碱:①④

C. 氧化物:②⑧　　D. 单质:⑥⑦

**4.** 如图,一木块漂浮于X中,向X中缓缓加入(或通入)少量物质Y后最终木块上浮,则X与Y可能是(溶液的体积变化忽略不计)

| 序号 | X | Y |
|---|---|---|
| ① | 水 | 食盐 |
| ② | 氢氧化钙溶液 | 二氧化碳 |
| ③ | 稀硫酸 | 镁粉 |
| ④ | 硫酸铜溶液 | 铁粉 |

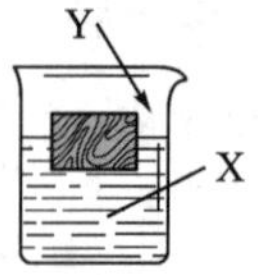


A. ②④　　B. ①③　　C. ①②③　　D. ②③④

**5.** 化学实验中有一种加热方法叫"热水浴"(如图所示)。针对这种加热方式,下列说法错误的是(　　)

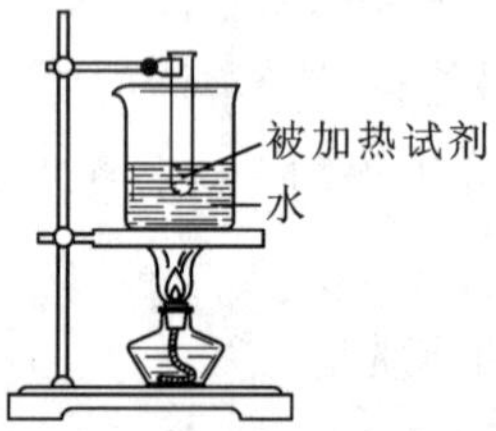


A. 试管内试剂受热温度不超过100 ℃

B. 试管内试剂受热比较均匀(与用酒精灯直接加热相比)

C. 试管底部不能接触到烧杯底部

D. 将烧杯内水换成食盐水,试管内试剂受热温度仍然不会高于100 ℃

**6.** 盐的组成中,一定含有的是(　　)

A. 非金属元素　　B. 金属元素　　C. 氧元素　　D. 氢元素

**7.** 长期使用的锅炉底部会形成一层锅垢,它是由一种难溶性的盐和一种难溶性的碱组成的,下列可能属于锅垢成分的一组是(　　)

A. $Ca(OH)_2$ 和 $MgCO_3$　　B. $CaSO_4$ 和 $Mg(OH)_2$

C. $CaCO_3$ 和 $Mg(OH)_2$　　D. $CaCl_2$ 和 $MgCO_3$

**8.** 分离 $FeCl_3$、$KCl$、$BaSO_4$ 的固体混合物,应选用的一组试剂是(　　)

A. 水、硝酸银、稀硝酸　　B. 水、氢氧化钠、盐酸

C. 水、氢氧化钾、盐酸　　D. 水、氢氧化钾、硫酸

**9.** 在一定温度下,某无水盐R在水中溶解度为23 g,向R的饱和溶液中加入B g该盐,保持温度不变,析出R结晶水合物W g,从原饱和溶液中析出溶质R的质量为(　　)

A. $(W-B)\frac{23}{123}$ g　　　　B. $(W-B)\frac{23}{77}$ g

C. $(W-B)\frac{23}{100}$ g　　　　D. $W-\frac{77B}{23}$ g

**10.** 物质的量的单位——摩尔的基准是(　　)

A. $6.02\times10^{23}$　　　　B. 1 摩尔任何物质所含的微粒数

C. 0.012 kg 的碳　　　　D. 0.012 kg 的 $^{12}C$ 所含有的原子数

**11.** 如果 2 g 甲烷含有 X 个甲烷分子，那么 22 g 二氧化碳中所含分子数是(　　)

A. $0.5x$　　B. $x$　　C. $3x$　　D. $4x$

**12.** 测定铁与氧气反应产物时，测得 5.6 g 铁在足量的氧气中燃烧得到 7.8 g 固体，不考虑其他误差因素，则该固体产物的组成可能是(　　)

A. $Fe_3O_4$ 和 Fe　　　　B. $Fe_3O_4$ 和 FeO

C. $Fe_3O_4$ 和 $Fe_2O_3$　　　　D. $Fe_3O_4$、FeO 和 Fe

**13.** 某溶液中存在 $Mg^{2+}$、$Ag^{+}$、$Ba^{2+}$ 三种金属离子，用 NaOH、$Na_2CO_3$、NaCl 溶液使它们分别沉淀并分离出来，要求每次只加一种溶液，滤出一种沉淀，所加溶液顺序正确的是(　　)

A. $Na_2CO_3$、NaCl、NaOH　　　　B. NaOH、NaCl、$Na_2CO_3$

C. NaCl、NaOH、$Na_2CO_3$　　　　D. NaCl、$Na_2CO_3$、NaOH

**14.** 将足量 $CO_2$ 通入 KOH 和 $Ca(OH)_2$ 的混合稀溶液中，生成沉淀的物质的量($n$)和通入 $CO_2$ 体积($V$)的关系正确的是(　　)

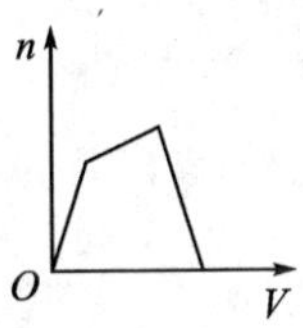
A

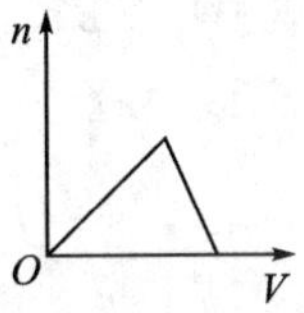
B

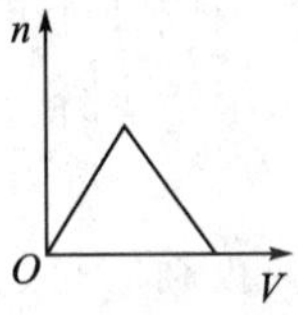
C

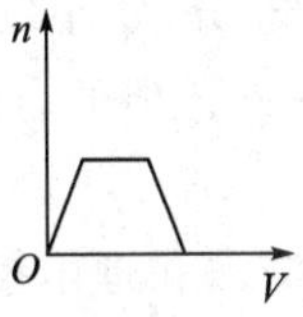
D

**15.** 下图中白球代表 H 原子，黑球代表 He 原子。表示等质量的氢气与氦气的混合气体的是(　　)

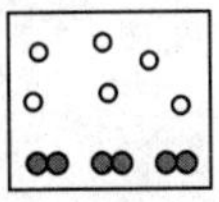
A

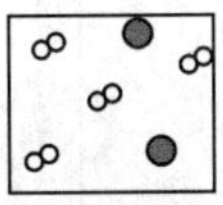
B

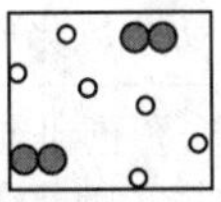
C

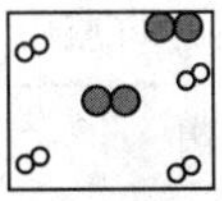
D

下表是某地海水在浓缩过程中析出盐的种类和数量(表中数据为每升海水中析出各盐的克数，单位 g/L)

| 水密度/(g/mL) | $CaSO_4$ | NaCl | $MgCl_2$ | $MgSO_4$ | NaBr |
|---|---|---|---|---|---|
| 1.13 | 0.56 | | | | |
| 1.20 | 0.91 | | | | |
| 1.21 | 0.05 | 3.26 | 0.004 | 0.008 | |
| 1.22 | 0.015 | 9.65 | 0.01 | 0.04 | |
| 1.26 | 0.01 | 2.64 | 0.022 | 0.02 | 0.04 |
| 1.31 | | 1.40 | 0.54 | 0.03 | 0.06 |

**16.** 为了使晒盐过程中得到的食盐尽量多，且粗盐中除氯化钠外含杂质较少，实际生产中卤水的密度(g/mL)应控制的范围最好是(　　)

A. 1.13～1.21　　　　B. 1.21～1.22

C. 1.21～1.26　　　　D. 1.22～1.31

17. 海水浓缩过程中，随着水分的蒸发，首先析出的物质是（　　）

A. NaCl　　B. $CaSO_4$　　C. $MgCl_2$　　D. $MgSO_4$

18. 关于该海水浓缩过程说法正确的是（　　）

A. 浓缩前该海水的密度等于 1.13 g/mL

B. 密度在 1.13～1.20 g/mL 时，密度增大最主要的原因是水分蒸发

C. 密度在 1.22 g/mL 时氯化钠的溶质质量分数最小

D. 密度在 1.21～1.22 g/mL 时，溴化钠的溶质质量分数不变

19. 某气体可能含有 CO、$CO_2$、$NH_3$、HCl、$H_2$ 和水蒸气中的一种或几种，当依次通过澄清石灰水（无浑浊现象）、氢氧化钡溶液（有浑浊现象）、浓硫酸、灼热的氧化铜（变红）和无水硫酸铜（变蓝）时，则可断定该混合气中一定有（　　）

A. CO、$H_2$、$H_2O$　　B. CO、$H_2$、$NH_3$

C. HCl、CO、$H_2O$　　D. HCl、$CO_2$、$H_2$

20. 将物质的量之比为 1∶3 的氧化铁和铜的混合粉末倒入盛有足量稀盐酸的烧杯中，充分反应后静置，从烧杯中取适量溶液（表示为“甲”）于试管中，并加入一定量的锌粉，充分反应后过滤，得到滤液乙和固体丙。（已知 $Cu+2FeCl_3 \rightarrow 2FeCl_2+CuCl_2$）。下列判断正确的是（　　）

①甲中不含 $FeCl_3$；②甲中含 $FeCl_3$；③若向固体丙加稀盐酸无明显现象，则滤液乙中一定含有 $ZnCl_2$、$FeCl_2$，可能含有 $CuCl_2$；④若向固体丙加稀盐酸有气体生成，则滤液乙中可能含有 $ZnCl_2$、$FeCl_2$，一定不含 $CuCl_2$。

A. ①③　　B. ②③　　C. ①④　　D. ②④

**二、多项选择题**（每题 3 分，共 60 分，每小题有 1 个或 2 个正确答案，只有 1 个正确选项的多选不给分；有 2 个正确选项的，选对 1 个给 1 分，选错 1 个该小题不给分。）

21. 实验室保存下列试剂，保存方法和理由描述都正确的是（　　）

| 选项 | 试剂 | 保存方法 | 理由 |
|---|---|---|---|
| A | 固体氢氧化钠 | 带橡皮塞的广口瓶中 | 防止空气接触被氧化 |
| B | 碳酸钠晶体 | 存放在干燥密封的广口瓶中 | 防止风化成粉末而变质 |
| C | 金属钠 | 保存在乙醇中 | 防止和氧气、水反应 |
| D | 硝酸银溶液 | 保存在无色玻璃塞的试剂瓶中 | 防止见光分解 |

22. 如果一个 $^{12}C$ 原子的相对原子质量为 24，下列不会改变的是（　　）

A. 氧的相对原子质量　　B. 一个 $^{12}C$ 原子的实际质量

C. 硫酸的相对分子质量　　D. 都不变

23. 有关实验操作正确的是（　　）

A. 用 10 mL 量筒量取 8.0 mL 的稀硫酸

B. 烧瓶、锥形瓶、烧杯加热时都应垫上石棉网

C. 用玻璃棒蘸取少许稀硫酸沾在湿润的 pH 试纸上，测定溶液的 pH

D. 在 250 mL 烧杯中，加入 216 mL 水和 24 g 氢氧化钠固体，配制 10% 氢氧化钠溶液

24. 根据图示信息判断，下列说法正确的是（　　）

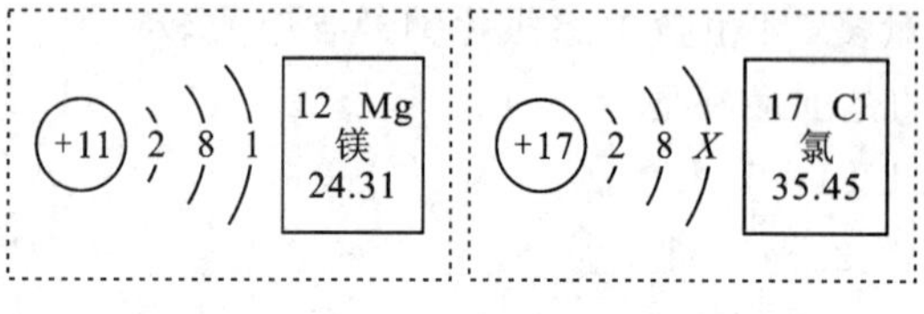

A. 镁元素位于元素周期表第三周期，镁原子核内有 12 个质子

B. 氯的相对原子质量为 35.45g，在化学变化中，氯原子易得电子

C. 当 $X=8$ 时，该微粒属于稀有气体的原子

D. 镁离子与氯离子的电子层数相等

**25.** 用红磷燃烧测定空气中氧气含量的实验中，用传感器记录集气瓶中压强、温度随时间变化的情况。$a$ 是打开止水夹的时刻，有关说法错误的是(　　)

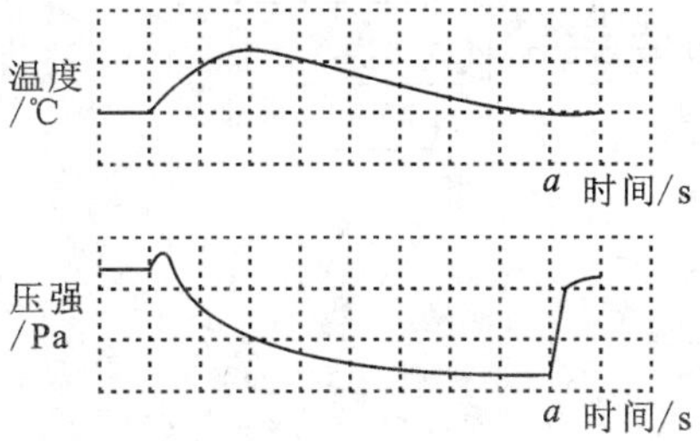


A. 反应开始时压强增大是因为温度升高

B. $a$ 点处的压强等于大气压

C. $a$ 点的温度已经接近室温

D. $a$ 点后气压增大是由于水倒吸入集气瓶

**26.** 取 20 g 混有二氧化锰的氯酸钾，加热至恒重，在一定温度下，将残留的固体加入 10 g 水中有 7.9 g 固体未溶解，再加入 5 g 水，仍有 5.3 g 固体未溶，则原混合物中可能含有的 $KClO_3$ 质量可能为(　　)

A. 14.7 g　　B. 6.9 g　　C. 12.1 g　　D. 17.6 g

**27.** 下图为某化工企业生产流程示意图：

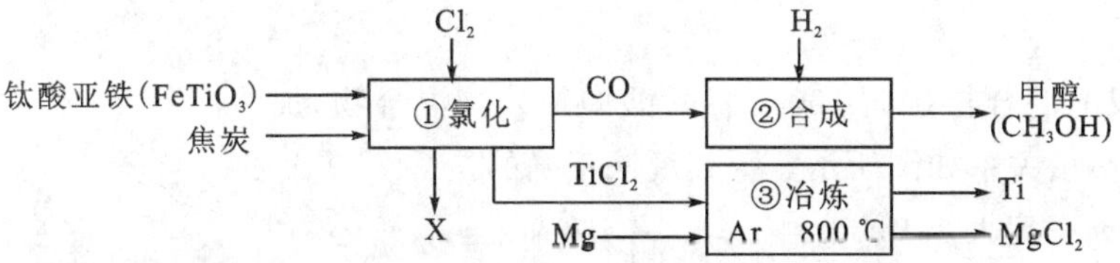


下列说法正确的是(　　)

A. 钛酸亚铁中钛元素是＋3 价

B. ①中反应：$2FeTiO_3+6C+7Cl_2 \longrightarrow 2X+2TiCl_4+6CO$，则 X 为 $FeCl_3$

C. ③中氩气作保护气，该反应为置换反应

D. ②中为使原料全部转化为甲醇，理论上 CO 和 $H_2$ 的投料的质量比为 1∶2

**28.** X、Y、Z、W 四种物质之间的转化关系如图所示(部分产物已略)。下列说法错误的是(　　)

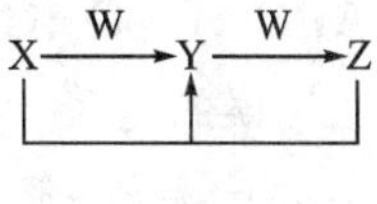


A. X、Y、Z 中至少有一种相同的元素，该元素可以是金属元素也可以是非金属元素

B. 物质 W 可能是化合物，也可能是单质

C. 上述转化关系中不可能出现置换反应

D. 若 X、Y、Z 中均含有一种常见金属元素，则 W 可能是强酸也可能是强碱

**29.** 一定条件下，溶液中反应物的质量分数越大，化学反应速率就越快，现用 50 g 30%的硫酸溶液与过量的镁粉反应，为了减慢反应速率而又不影响生成氢气的总质量，可向硫酸中加入适量的(　　)

A. 氢氧化钠　　B. 水　　C. 碳酸钾　　D. 氯化钾

**30.** 有关概念叙述正确的是(　　)

A. 能与酸反应的氧化物，一定是碱性氧化物

B. 生成物只有一种的化学反应不一定是化合反应

C. 盐与盐之间产生两种新盐的反应不一定是复分解反应

D. 有单质参加或者有单质生成的化学反应一定是氧化还原反应

**31.** 黄铜渣中约含 Zn 7%，ZnO 31%，Cu 50%，CuO 5%，其余为杂质。处理黄铜渣可得到硫酸锌，其主要流程如下(杂质不溶于水、不参与反应)：

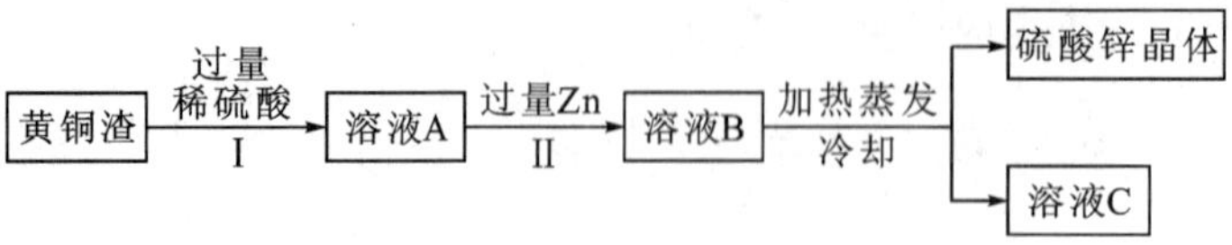


下列说法不正确的是(　　)

A. Ⅰ、Ⅱ中的操作均包含过滤

B. Ⅰ、Ⅱ中的现象均包含有无色气泡生成

C. Ⅰ中发生 2 个化学反应

D. 溶液 B 中只含硫酸锌和水

**32.** 升温、提高浓度、加大压强和使用催化剂均可以提高化学反应的速率，现把镁条投入盛有稀盐酸的试管中，试管外壁用手一摸感到发烫，而且产生氢气的速率变化情况($v$)和反应进行的时间($t$)的关系如图所示，则下列关于速率变化的主要原因说法正确的是(　　)

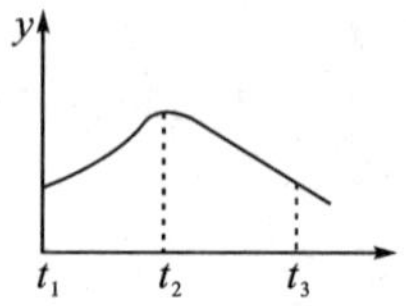


A. $t_1 \sim t_2$ 速率变化的主要原因是反应放热使溶液温度升高

B. $t_1 \sim t_2$ 速率变化的主要原因是反应物的量较多

C. $t_2 \sim t_3$ 速率变化的主要原因是盐酸的浓度逐渐减小

D. $t_2$时恰好完全反应

**33.** 现有两种金属单质组成的混合物。向 100 g 稀盐酸中加入该混合物，加入混合物的质量与生成氢气的质量关系如图所示。下列说法正确的是(　　)

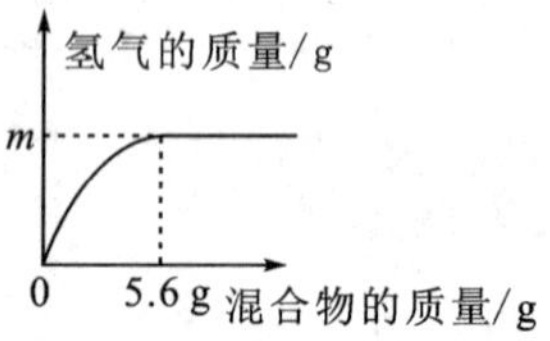


A. 若混合物为 Zn、Cu，则 $m$ 一定大于 0.2 g

B. 若混合物为 Zn、Fe，则 $m$ 可能是 0.2 g

C. 若混合物为 Fe、Cu，则稀盐酸中溶质质量分数为 7.3%

D. 若混合物为 Fe、Cu，$m$ 为 0.1 g，则该混合物中 Fe 的质量比为 1∶1

**34.** 两种微粒的质子数和电子数均分别相等，它们不可能是(　　)

A. 一种阳离子和一种阴离子　　B. 一种单质和一种化合物

C. 一种分子和一种离子　　D. 一种原子和一种分子

**35.** 某混合物 X 由 $Al_2O_3$、$Fe_2O_3$、Cu、$SiO_2$ 中的一种或几种组成。分别对 X 进行如下实验，有关说法错误的是(　　)

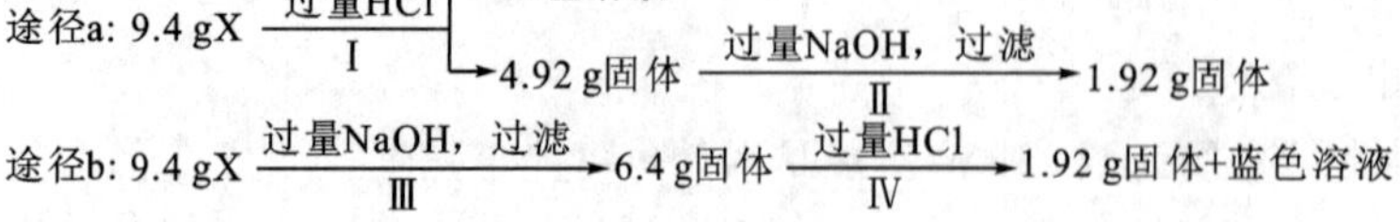


A. 由Ⅰ可知，X 中一定存在 $Fe_2O_3$、Cu

B. 由Ⅱ和Ⅲ可得出结论，混合物中无 $Al_2O_3$

C. 1.92 g 固体为 $SiO_2$ 和 Cu 的混合物

D. 原混合物中 $Fe_2O_3$ 和 Cu 的质量比为 1∶1

**36.** 有关实验及结论正确的是(　　)

A. 将溶液加热，通过检验是否有氨气产生判断溶液中含有铵根离子

B. 向溶液中加入硝酸银溶液有白色沉淀生成，证明溶液中含有氯离子

C. 向溶液中加入稀盐酸有气体产生，溶液中含有碳酸根离子或碳酸氢根离子

D. 向溶液中加入稀盐酸无现象，再加 $BaCl_2$ 溶液产生白色沉淀，证明溶液中含有硫酸根离子

**37.** 用一黑色粉末(含氧化铜、碳粉、铁粉中的一种或几种)和未知溶质质量分数的稀硫酸，做如下探究：将 a g 黑色粉末加入盛有 50 g 该稀 $H_2SO_4$ 的烧杯中，充分反应后，称得烧杯内物质质量为(49.8+a)g。如下对实验的推理正确的是(　　)

A. 反应中不可能得到红色固体

B. 黑色粉末中含有铁粉质量一定为 5.6 g

C. 若反应后黑色粉末无剩余，则黑色粉末中一定不含有碳粉

D. 该稀硫酸中溶质的质量分数不低于 19.6%

**38.** 右图装置可以用来发生、洗涤、干燥、收集(不考虑尾气处理)气体，该装置可用于(　　)

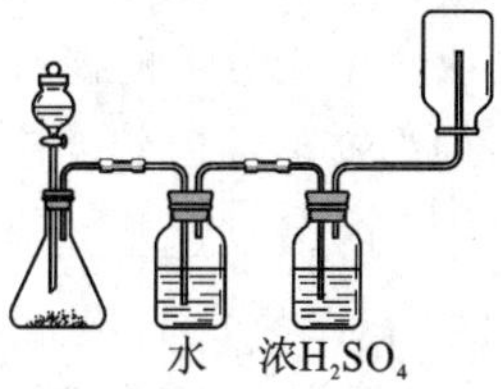


A. 锌和盐酸制取氢气

B. 二氧化锰和浓盐酸制取氯气

C. 碳酸钙和盐酸反应制取二氧化碳

D. 氯化钠和浓硫酸制取氯化氢

**39.** 氢氧化钠和碳酸氢钠的固体混合物共有 $m_1$ g，在 300 ℃条件下充分加热，排出分解产生的气体，得到固体质量为 $m_2$ g。设 $m_2/m_1=a$，有关说法正确的是(　　)

A. $a$ 的取值范围是：$53/84<a<53/62$

B. 当 $a=53/65$ 时，得到的固体成分为氢氧化钠和碳酸钠

C. 当 $a=53/75$ 时，得到的固体成分为碳酸钠

D. 排出二氧化碳的物质的量总是小于水的物质的量

**40.** 将 0.8 g 草酸亚铁($FeC_2O_4$)放在一个可称量的敞口容器中加热灼烧，固体质量随温度升高而变化的数据如下(下表中所注明的各温度下，容器中的固体均为纯净物)：下列叙述错误的是(　　)

| 温度/℃ | 25 | 350 | 400 | 500 | 600 | 900 |
|---|---|---|---|---|---|---|
| 固体质量/g | 0.80 | 0.80 | 0.40 | 0.44 | 0.44 | 0.43 |

①400 ℃时，容器中的固体为碳酸盐；

②400～500 ℃，发生了化合反应；

③600～900 ℃，发生的反应可表示为：$6Fe_2O_3 \xrightarrow{高温} 4Fe_3O_4+O_2\uparrow$

A. 仅①　　B. 仅①②　　C. 仅①③　　D. 仅②③

# 2018年江苏省"金钥匙"科技竞赛决赛试题

学习笔记

**一、选择题**(本题包括20个小题,每小题2分,共40分。每小题有1个或2个选项符合题意。若有2个答案的,错选1个不得分,漏选1个扣1分。)

**1.** 2017年诺贝尔化学奖颁给了三位生物物理科学家——瑞士洛桑大学名誉生物物理学教授 Jacques Dubochet、美国哥伦比亚大学生物科学教授 Joachim Frank、英国 MRC 分子生物学实验室项目主任 Richard Henderson,因为他们在开发冷冻电镜的过程中贡献卓越。该项获奖成果能给予我们的启示是(　　)

A. 技术在科学发现中正发挥越来越重要的作用

B. 冷冻电镜技术只适合生物分子的研究

C. 化学奖颁给了物理学家是件讽刺的事情

D. 跨学科研究是未来科技发展趋势

**2.** 今年初江苏普降大雪,给生活和出行带来诸多不便。为了尽快清除道路积雪,常用的办法是撒"融雪盐","融雪盐"融雪的原理是(　　)

A. "融雪盐"与少量水发生化学反应,产生的热量使周围的冰雪融化

B. "融雪盐"产生"保暖层",使冰雪吸收足够的"地热"而融化

C. 使雪形成"含融雪盐的雪","含融雪盐的雪"凝固点明显降低,使雪融化

D. "融雪盐"有利于冰雪对阳光的吸收,从而加快冰雪的融化

**3.** 科学家用石墨烯膜制成"筛子",可以筛掉盐类物质。当海水流过该膜时,钠离子和氯离子被水分子包裹而不能通过,独立的水分子却能通过(如图)。下列关于石墨烯膜"筛掉"氯化钠的说法正确的是(　　)

A. 该过程可应用于海水淡化

B. 该过程原理类似于蒸馏过程

C. "筛掉"氯化钠过程类似于过滤操作

D. "筛掉"氯化钠后的海水溶质质量分数增大

**4.** 2017年5月,中科院、国家语委和全国科技名词委正式定名118号元素为鿫,其在元素周期表中的部分信息如图所示。则下列有关鿫的说法正确的是(　　)

| 118　Og |
|---|
| 鿫 |
| 297 |

A. 元素符号为 Og

B. 相对原子质量为118

C. 原子的核电荷数为179

D. 原子的核外电子数为297

**5.** 利用厨房用品能完成的实验是(　　)

A. 检验鸡蛋壳是否能与酸反应产生 $CO_2$

B. 检验自来水中是否含有氯离子

C. 测定蔬菜中农药的残留量

D. 比较食用油与水的密度大小

**6.** 中华文明历史悠久。屠呦呦提取青蒿素时,受古医书中"青蒿一握,以水二升渍,绞取汁"的启发,用有机溶剂乙醚提取获得成功。下列有关说法正确的是(　　)

A. 提取过程中发生了化学变化　　B. 乙醚可以和青蒿素反应

C. 青蒿素溶解于乙醚　　D. 青蒿素不溶于水

7. 下列实验能达到实验目的的是(　　)

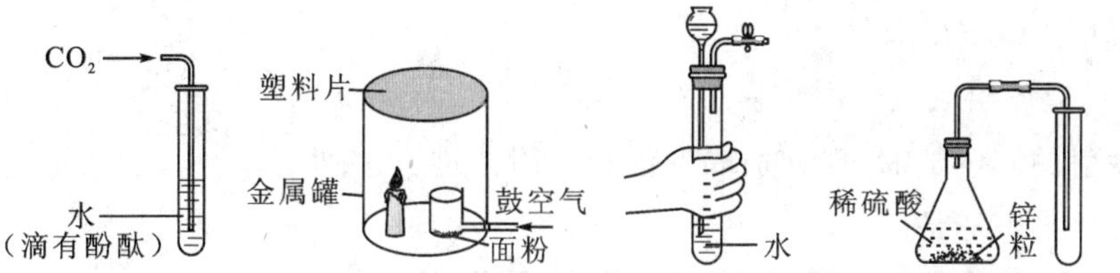

图1　　图2　　图3　　图4

A.图 1:证明 $CO_2$ 水溶液呈酸性

B. 图 2:验证面粉粉尘能发生爆炸

C. 图 3:夹紧橡皮管检验该装置的气密性

D. 图 4:实验室制取并收集少量氢气

8. 在科学学习中,当我们需要研究看不见的现象或不易测量的科学量时,就必须设法寻找由该对象产生的各种可见的现象或效应,由此来判定该对象的存在、大小等情况,这种研究方法称为转换法。下列研究方法不属于转换法的是(　　)

A. 通过 $CO_2$ 分子模型认识 $CO_2$ 分子结构

B. 通过酚酞变红色确认无色溶液的碱性

C. 通过向盛有 $CO_2$ 的塑料瓶中加入氢氧化钠溶液后瓶子变瘪,判断二者发生了反应

D. 用 pH 计的数值变化来确定酸碱中和是否恰好完成

9. 2017 年南京理工大学胡炳成教授团队在国际顶级期刊《科学》上报道已成功合成五氮阴离子盐 $(N_5)_6(H_3O)_3(NH_4)_4Cl$,该物质具有高密度、超高能量及爆轰产物清洁无污染等优点,有可能用于制造新型超级炸药。下列说法正确的是(　　)

A. $(N_5)_6(H_3O)_3(NH_4)_4Cl$ 中,原子团 $N_5$ 带 1 个正电荷

B. 黑火药由硝酸钾、木炭粉和硫黄粉组成

C. 火药和炸药的成分中常常有含氮化合物

D. 硝酸铵在高温或受猛烈撞击时易爆炸,不适合作为化学肥料

10. 人类需要寻找各种方式来减少和处理废水。以下对不同工业废水的处理措施及对应的方法类别,都正确的是(　　)

| 选项 | 废水中的主要污染物 | 处理措施 | 方法类别 |
|---|---|---|---|
| A | 不溶性颗粒物 | 加明矾 | 结晶法 |
| B | 异味物质 | 加活性炭 | 吸附法 |
| C | 氯化铜 | 加硫酸钠 | 过滤法 |
| D | 纯碱 | 加石灰水 | 蒸馏法 |

11. 某化学兴趣小组设计的实验装置图如下。当针筒中的稀盐酸注入锥形瓶后,U 型管口 a 处有能使带余烬木条复燃的气体放出,则下列说法不正确的是(　　)

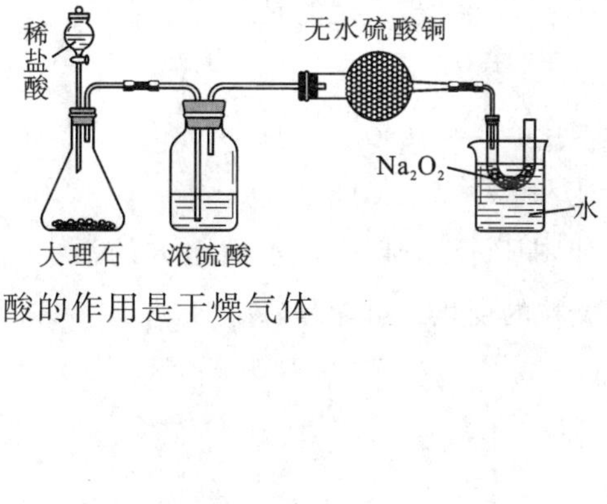


A. 实验中浓硫酸的作用是干燥气体

B. 实验中无水硫酸铜的作用也是干燥气体

C. $Na_2O_2$ 可与干燥的 $CO_2$ 反应放出氧气

D. $Na_2O_2$ 也有可能与水反应放出氧气

**12.** 实验室有一瓶标签脱落的固体试剂，现分别取少量的该固体进行下列实验。根据实验现象判断，该固体最可能是(　　)

| 实验操作 | 实验现象 |
| --- | --- |
| 取该固体于试管中，加水、振荡 | 固体不溶解 |
| 取该固体于试管中，加盐酸、振荡 | 固体溶解，无气泡产生 |
| 让 CO 通过一定量炽热的该固体，检测尾气，冷却后称固体质量 | 尾气中只检测到 CO 与 $CO_2$、固体质量减轻 |

A. 碱　　B. 盐　　C. 金属单质　　D. 金属氧化物

**13.** 现有一不纯的氧化铜样品 16 g，可能混有氧化铁、氧化镁、木炭粉、氯化钠中的一种或几种，加入 200 g 稀硫酸恰好完全反应，没有固体剩余，生成 3.6 g 水，则下列判断不正确的是(　　)

A. 原固体样品中肯定不含有木炭粉

B. 原固体样品中混有的杂质可能有氯化钠

C. 所用的稀硫酸中溶质质量分数为 9.8%

D. 恰好完全反应后溶液中水的质量为 180.4g

**14.** 盐酸溶液中氯化氢分子完全电离成氢离子和氯离子，但是在冰表面盐酸是否电离，即盐酸是分子状态还是离子状态？2017 年的 *The Journal of Physical Chemistry Letters* 报道了科学家通过常压 XPS 观测到的盐酸在 253K 的单晶冰上的意外特性。下图根据氯化氢的存在形态不同，冰分为三层，则下列说法错误的是(　　)

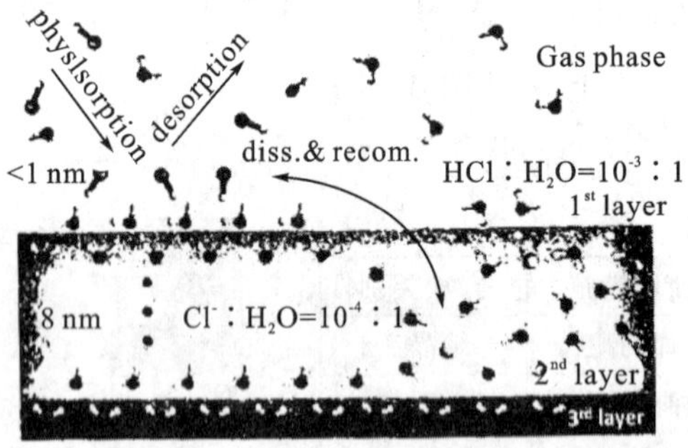


A. 冰上方空气中的氯化氢气体分子没有遇水也会电离

B. 冰面表层 1 nm 处，氯化氢分子没有电离

C. 在盐酸试图向下层扩散的时候会被完全电离

D. 在深于 9 nm 的部分，也就是第三层，并没有检测到氯离子的存在

**15.** 下列各组变化中，每一转化在一定条件下均能一步实现的是(　　)

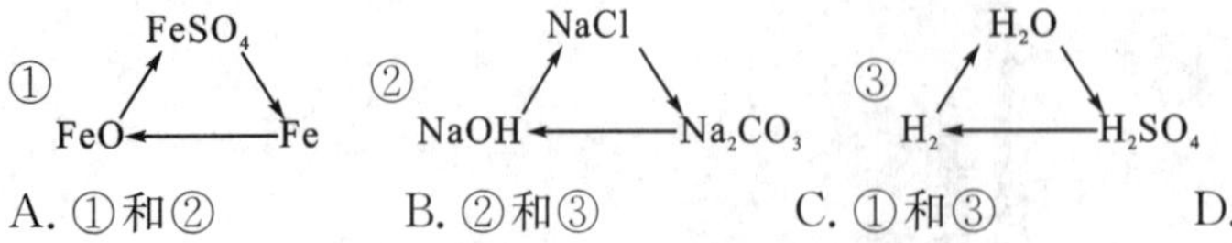


A. ①和②　　B. ②和③　　C. ①和③　　D. ①②③

**16.** 宏微结合是研究化学的重要思想。如图所示，提起压在水面上方的活塞，容器中的水发生气化，则相同微小空间内微粒的变化最可能是(　　)

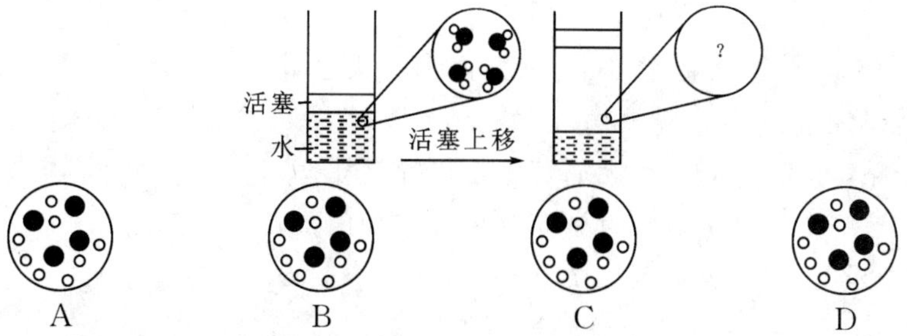


**17.** 某科学兴趣小组在验证铝与铜的金属活动性时，把铝箔放入 $CuCl_2$ 溶液中。铝箔表面覆盖了红色物质，一会儿又有大量气泡冒出。下列推测不正确的是(　　)

A. 红色物质是金属铜　　B. 产生的气体可能是氢气

C. 产生的气体可能是氯气　　D. $CuCl_2$ 溶液可能显酸性

**18.** 下图是生活中常见洗涤用品的 pH，混用会降低去污效果的组合是(　　)

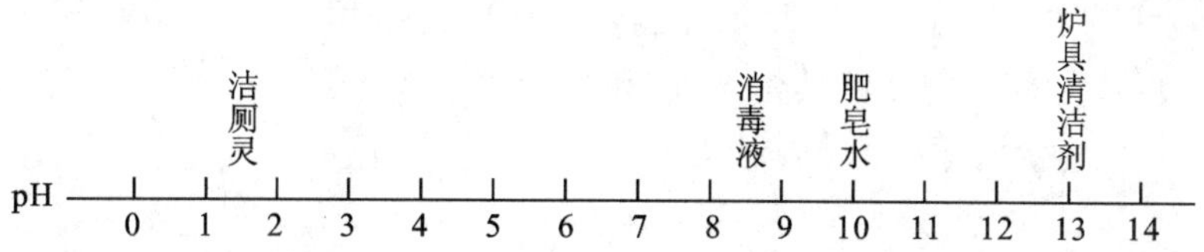


A. 洁厕灵和消毒液　　B. 肥皂水和炉具清洁剂

C. 消毒液和肥皂水　　D. 消毒液和炉具清洁剂

**19.** 右图表示加热高锰酸钾过程中，某变量 $y$ 随时间的变化趋势。纵坐标表示的是(　　)

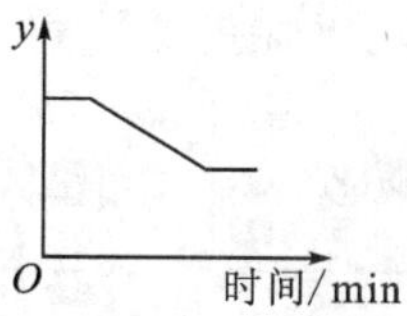


A. 生成 $O_2$ 的质量

B. 固体中氧元素的质量

C. 固体中 $MnO_2$ 的质量

D. 固体中钾元素的质量分数

**20.** 取一定质量的 $CaCO_3$ 高温加热一段时间后，冷却，测得剩余固体的质量为 8.0 g，剩余固体中钙元素质量分数为 50.0%。下列判断正确的是(　　)

A. 生成 2.0 g $CO_2$ 气体　　B. 原来 $CaCO_3$ 的质量为 4.3 g

C. 生成 5.6 g CaO　　D. 剩余 $CaCO_3$ 的质量为 3.0 g

**二、判断题**(共 1 题，10 分。)

**21.** 请判断以下叙述的对错，对的在题前括号内打“√”，错的打“×”。

a.(　　)大量摄入微量元素碘也有害健康。

b.(　　)如果一个化学反应是吸热反应，那么将该反应逆转，则是放热反应。

c.(　　)碱式碳酸铜属于碱类。

d.(　　)合金的性能往往优于组成金属，青铜、钢铁都是合金。

e.(　　)黄蜂毒液呈碱性，被蜇后可以涂抹食醋擦拭再就医。

f.(　　)溶液都是无色透明的。

g.(　　)想让酒精灯火焰达到更高温度，可以向火焰通入高浓度氧气。

h.(　　)硫酸型酸雨不会腐蚀大理石建筑，因为产物硫酸钙微溶。

i.(　　)去除油烟机上的油污的清洁剂往往是碱性的。

j.(　　)塑料、橡胶、合成纤维都是高分子合成材料。

**三、综合应用题**(共 3 题,共 26 分。)

**22.**(6 分)糖类是动植物的重要营养物质,血糖浓度过低(低血糖),人会昏迷,血糖浓度过高(高血糖),也是种常见的疾病——糖尿病。

最近,科学家发明了胰岛素智能贴,可实现不打针、无痛苦轻松治疗糖尿病。该贴片很薄,上面布满了微小针头。这些微小针头装载着微储存单元,内有胰岛素和感应酶。感应酶能实时检测血糖浓度,当患者血糖浓度升高时,针头根据检测结果按需释放适量的胰岛素。

(1)血糖主要指血液中的________;人类主要靠摄取________(填“淀粉”或“纤维素”)来维持血糖浓度;若不吃早饭,容易导致________(填“高”或“低”)血糖。

(2)血糖在体内转化去向包括以下三种:①________;②转化为糖原储存于肝脏、肾脏和肌肉中;③转变为脂肪和蛋白质等其他营养成分加以储存。

(3)胰岛素贴片可以用来治疗________________。

(4)当人体发热时,贴片效果较差,其主要原因是________________。

**23.**(12 分)新华社 2017 年 5 月 18 日报道,我国在南海海域成功连续 8 天稳定开采可燃冰。与煤、石油相比,可燃冰污染小、热量大,而且全球储量足够人类使用 1000 年。可燃冰里,水分子形成一种空间笼状结构,甲烷和少量 $N_2$、$CO_2$ 等分子填入笼内空隙中,无固定的化学计量关系,组成表示为 $CH_4 \cdot nH_2O$。请回答下列问题:

(1)可燃冰属于________(选填“纯净物“或“混合物”)。

(2)某种可燃冰中 $CH_4$ 与 $H_2O$ 的质量比是 1∶9,则该可燃冰中 $n=$________。

(3)可燃冰中甲烷完全燃烧的化学方程式是________________。

(4)可燃冰在海底不燃烧的原因是________________。

(5)工业上,可以利用甲烷获得氢气,其反应的微观示意图如下:

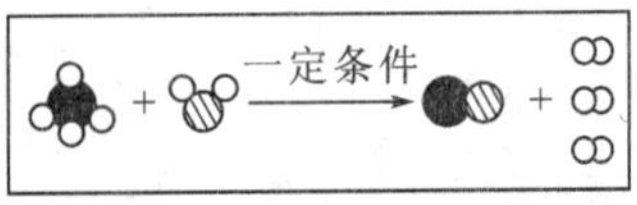

图1

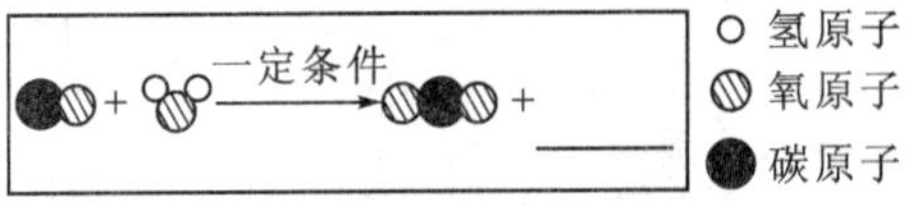

图2

①图 1 所示反应的化学方程式为________________;

②在图 2 横线处补全相应微粒的图示为________________。

**24.**(8 分)美国化学会会标(A)中用到的一种仪器图像是德国化学家李比希设计的“钾碱球”(B)。该仪器曾用于有机物中碳、氢元素含量分析的实验。实验时,李比希在装置右侧的长玻璃管中,装有被测有机物和氧化铜的混合物,经过铁盘中燃烧煤炭的加热,氧化铜与被测有机物反应生成二氧化碳和水蒸气。水蒸气被 U 型管中的氯化钙粉末收集,二氧化碳被“钾碱球”中的氢氧化钾溶液吸收收集。

(1)你认为美国化学会会标上采用德国化学家发明的仪器的图案,说明什么?

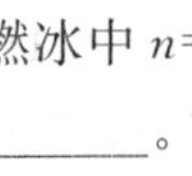

A

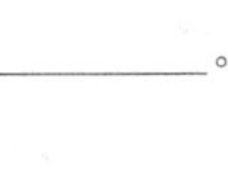

B

________________________________

(2)如果被测有机物是乙醇($C_2H_5OH$),请写出其高温下与氧化铜反应的化学方程式:________________。

(3)如果某有机物 16 g 在上述条件下充分反应后,钾碱球增重 44 g,U 型管增重 36 g,则该有机物的分子式为________________。

(4)如果 $w$ g 只含 C、H、O 三种元素的某有机物,在上述条件下充分反应后,钾碱球增重 $a$ g,U 型管增重 $b$ g,则其中 O 元素的质量为________(用含 $w$、$a$ 和 $b$ 的表达式表示)。

**四、研究性学习题**(共 2 题,共 18 分。)

**25.**(8 分)某化学兴趣小组通过探究活动学习和理解化学知识。请你一起研究学习,并回答有关问题。

研究主题:水溶液中复分解反应的实质。

相关信息:一定体积的溶液中,离子的数目越多,其离子的浓度越大。电导率传感器用于测量溶液的导电性强弱,能反映离子浓度大小。相同温度下同种溶液电导率越大,离子浓度越大。

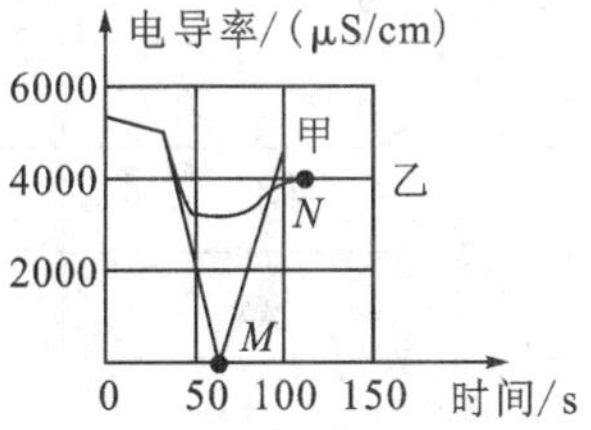


(1)实验一:恒温条件下,向一定体积一定浓度的稀 $Ba(OH)_2$ 溶液中滴加2~3滴无色酚酞试液,插入电导率传感器,然后滴加稀硫酸,测得溶液的电导率变化如右图中甲曲线所示。

①写出 $Ba(OH)_2$ 与 $H_2SO_4$ 反应的化学方程式:________________;

②甲曲线 $M$ 点时混合液体呈________色;

③通过对甲曲线的分析,下列说法错误的是________(填序号)。

A. $M$ 点前曲线下滑的过程中,$H^+$ 和 $OH^-$ 结合成 $H_2O$,$Ba^{2+}$ 和 $SO_4^{2-}$ 结合成 $BaSO_4$

B. $M$ 点时离子浓度几乎为零

C. $M$ 点后溶液电导率逐渐增大,仅由于溶液中 $H^+$ 在逐渐增大

(2)实验二:恒温条件下,向等量同浓度的稀 $Ba(OH)_2$ 溶液中滴加 2~3 滴无色酚酞试液,插入电导率传感器,然后滴加稀 $Na_2SO_4$ 溶液,测得溶液的电导率变化如上图乙曲线所示。

①通过对乙曲线的分析,下列说法错误的是________(填序号);

A. 开始至完全反应过程中,电导率减小,溶液由红色逐渐变为无色

B. 电导率下降到最低点时仍然较大,表明溶液中还存在较多离子

C. 整个实验过程中,溶液中 $Na^+$ 数目一直增大

②$N$ 点时,溶液中含有的离子是________(填离子符号);

③通过比较分析,结合已学知识可知,溶液中复分解反应的实质是参与反应的离子,结合生成了沉淀、气体或水,导致其浓度________(填“增大”或“减小”)。

**26.**(10 分)在饱和的碳酸钠溶液中通入 $CO_2$ 可用来制备碳酸氢钠($NaHCO_3$),发生反应的化学方程式为 $Na_2CO_3+CO_2+H_2O \xlongequal{} 2NaHCO_3$。由于溶解度不同,饱和碳酸钠溶液中通入 $CO_2$ 会析出碳酸氢钠晶体而使溶液变浑浊。某化学课外小组同学发现不同条件下出现浑浊的时间不同。

【提出问题】影响碳酸氢钠晶体产生速率的因素有哪些?

【猜想与假设】影响碳酸氢钠晶体产生速率的因素有温度、$CO_2$ 流速、饱和碳酸钠溶液的体积。

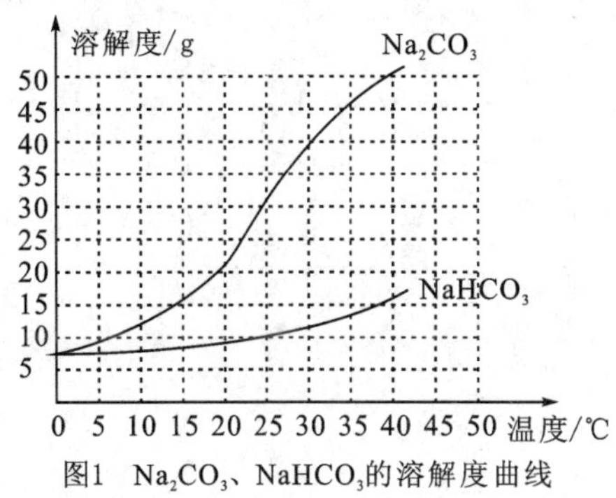

图1 $Na_2CO_3$、$NaHCO_3$的溶解度曲线

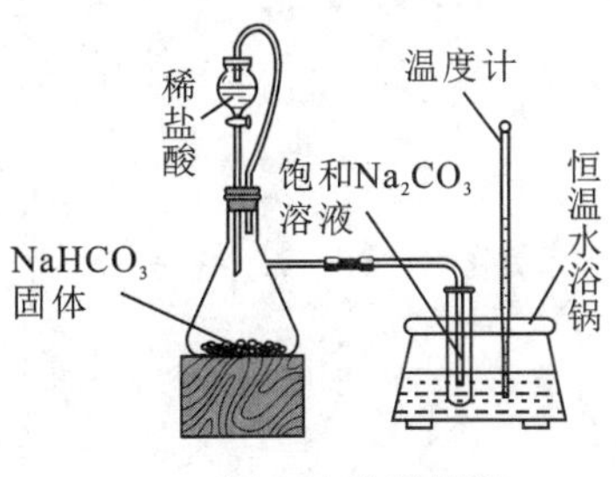

图2 实验装置图

【进行实验】实验装置如图 2 所示。每次实验时均在试管里加入 1mL 饱和碳酸钠溶液并在试管后放置一张写有黑色字迹的白纸，从垂直于试管的方向观察白纸上字迹的清晰程度，记录时间，用于判断碳酸氢钠晶体的产生速率。部分实验记录如下表所示。

【解释与结论】

| 序号 | 温度/℃ | $CO_2$ 流速（个气泡/秒） | 产生不同现象的时间 | |
|---|---|---|---|---|
| | | | 字迹变淡 | 字迹消失 |
| ① | 25 | 5～8 | 5′17″ | 8′17″ |
| ② | 32 | 5～8 | 3′50″ | 4′28″ |
| ③ | 40 | 5～8 | 3′48″ | 4′18″ |
| ④ | 25 | 10～13 | 5′02″ | 7′58″ |
| ⑤ | 25 | 2～5 | 5′40″ | 12′36″ |

(1)由上述溶解度曲线图可知溶解度受温度影响相对更大的物质是________。

(2)在锥形瓶中利用碳酸氢钠与稀硫酸反应来制备二氧化碳。除生成二氧化碳外，还有水和硫酸钠生成，该反应的化学方程式为________________。

(3)该实验采用硫酸而不是盐酸来制备二氧化碳，主要为了避免________。

(4)通过对数据的观察和分析，小明认为“二氧化碳流速越快，碳酸氢钠晶体产生速率越快”，得到该结论的证据是________(填实验序号)。

(5)由实验①②③，可得出的结论是____________________。

**五、科技英语题**(共 1 题，6 分。)

**27.**(6 分)How to know whether an unknown is an acid or a base? One common way is to wet litmus paper with it. Acids turn litmus paper red, while bases turn litmus paper blue. A neutral chemical won't change the paper's color. While you have no litmus paper, taste and touch may be used to tell them apart. Acids tend to taste sour and feel drying or astringent(涩的), while bases taste bitter and feel slippery or soapy. However, since both acids and bases can be corrosive, you shouldn't test chemicals by tasting or touching them! Examples of household acids and bases you can test are vinegar(weak acid)and baking soda solution(a base).

(1)The "litmus paper" in the first paragraph means ________ in Chinse.

A. 酚酞试纸　　B. 石蕊试纸　　C. 生化试纸

(2)The taste of acids is like the taste of ________.

A. sugar　　B. soap　　C. lemon

(3)We can touch and taste ________.

A. all the acids and bases

B. orange juice

C. sulfuric acid($H_2SO_4$)

# 2018年上海市青少年“白猫杯”《生活中化学》知识竞赛初中组决赛试卷

学习笔记

**一、判断题**(下列各题的内容,正确的请在后面打“√”,错误的则打“×”。)

**1.** 在使用加酶的洗衣粉洗衣服时,应该先用开水将洗衣粉溶解,然后再将润湿的衣服投入其中,以免造成衣服局部变色。

**2.** 酶是生物体内具有催化剂活性的蛋白质。它们无论在常温还是高温下,都可以大大加快物质反应的速度。

**3.** 面粉可根据其面筋含量的高低而分为高筋面粉和低筋面粉。前者适宜于做馒头、面包等软韧性食品,后者适宜于做饼干、香脆饼等松脆性食品。

**4.** 由于地球上淡水资源不足,世界上大约有1/2的国家、1/3的人口面临水荒的威胁。解决这一问题的两大途径是:①实现海水的淡化处理;②寻找和种植适应海水盐度的植物。

**5.** 纤维素与淀粉一样,也是长链分子的碳水化合物。营养学家指出,食物中适当增加纤维素含量有利于人体的健康。这是由于在人体的消化系统中含有能够分解纤维素的“纤维素酶”,可以把纤维素消化成葡萄糖,从而为人体活动提供能量。

**6.** 节日里燃放烟花时,其中的部分火药先被点燃,所产生的热能推动烟花中剩余的物质顺着封闭的细管笔直向上冲去,然后在空中炸开!在空中爆炸的炸药中混入硝酸锶、硝酸钡、硝酸钠、硝酸铜等金属化合物,因此产生了绚丽多彩的烟花。

**7.** 为了维持人体中水的平衡,必须严格地控制水的摄入量,使其恰好等于水的排出量。为此日的,一般一个健康的成年人一昼夜需要饮用2000～2500 mL的水。

**8.** 水是一种中性的物质,因此常温下蒸馏水(很纯净的水)的pH一定是7。

**9.** 人体摄入的六大类营养素中,属于供能的物质是碳水化合物、脂肪和蛋白质。在相同质量的前提下,供能最多的物质是脂肪。

**10.** 气象的数据表明,地球气候有日益变暖的趋势。目前普遍认为:温室效应是造成气候变暖的主要原因。为了遏制温室效应,防止全球性的灾害发生,应首先贯彻、落实自2018年2月16日起生效的《京都议定书》。

**11.** 牙膏是人们生活必需品之一。不同品牌、不同功效的牙膏,配方也各不相同。但保湿剂、胶粘剂、摩擦剂、发泡剂、香味剂、稳定剂、防龋剂等是所有牙膏中共同的、必须具备的组成成分。

**12.** 平常缺少锻炼的人一旦做了剧烈运动,第二天起就会感到肌肉酸痛。出现这种现象的原因是剧烈运动中单位时间内消耗的能量多,发生氧化反应的葡萄糖也多,生成的大量二氧化碳来不及从体内排出,造成二氧化碳(碳酸)在肌肉内大量积聚而使人感到酸痛。这种现象只有等到肌肉中二氧化碳慢慢地排出后才能消除。

**二、填空题**

**1.** 地球表面约有________%的面积被各种水体(如洋、海、江、河、湖等)所覆盖,其中海洋占了绝大部分(约覆盖地球表面7/10的面积)。海洋中的水是咸水,人和绝大多数陆地动物都不能食用,也不适合绝大多数植物的生长。而适合人和绝大多数动植物利用的淡水资源只占地球上水体总量的________%。正是上述原因，造成世界上大约有 1/2 的国家、1/3 的人口面临水荒的威胁。

**2.** 绿色化学又称________或________，它要达到的目标是在化学品的生产中，尽可能不使用________、________的物质，同时将原料中的每一个原子都转化成我们所需要的产品。因此绿色化学的宗旨是既充分利用资源，又不产生任何废物和副产品，实现废物的________。

**3.** 塑料是人们生活中最常用的化学产品之一，它是________的衍生产品。为了消除废旧塑料对环境造成的白色污染，现今已研制成了新一代的可降解塑料(即可分解塑料)。可降解塑料根据其特性可分为________和________两类。

**4.** 面粉中的蛋白质俗称________，它的主要成分是____________________和____________________。

**5.** 绿色植物通过________作用，把________和________转化成碳水化合物。这种作用被人类作为储存太阳能的一种重要的手段。

**6.** 通常一种酶只能催化________或________化学反应。例如，蔗糖酶只能催化________的分解，蛋白酶只能催化________的分解，淀粉酶只能催化淀粉的分解，等等。含蛋白酶的洗衣粉不宜用来洗涤丝绸、全羊毛的织物，因为丝绸、羊毛的化学成分都是____________________，都易被____________________。

**7.** 一种名为“蓝草”的植物也叫________________，它的叶子可用来制取一种蓝色的染料——靛蓝。

**8.** 油脂根据其常温时的状态不同而分为________和________。两者的化学成分都是________________，差别在于构成分子的脂肪酸结构不同，前者是________________，而后者则是________________。

**9.** 水有一种与一般物质不同的、反常的物理性质，这种性质是________________________，日常生活中看到的__________________________和____________________________等现象就是这种性质的反映。水的这一反常性质对水生动物起着________________________作用。

**10.** 在一般书写所用的自来水笔中，灌注的通常是纯蓝墨水或蓝黑墨水。两种墨水中产生颜色的物质分别是________________________和________________________。以蓝黑墨水书写的字迹，其特点是________________________________________。用蓝黑墨水书写的字迹若发现错误时，褪去字迹的方法是________________________________________。写作中处理错字的另一种方法是涂抹修正液。修正液中的白色颜料是____________________，该物质被誉为____________________。

**三、计算题**

**1.** 在正常情况下，通过人的肾脏排泄到体外的尿液中的盐浓度不能超过2%。换句话说，如果人喝下了含盐量大于2%的水，必须补充适量的淡水把盐的浓度冲淡到2%，才能使其中的盐分全部由尿液排出。现有某人在洗海水浴时不慎喝入了含盐3.5%的海水约200 mL，试计算：

(1)为将喝入海水中的盐分全部从尿液排出，最少要补充不含盐的淡水多少毫升？

(2)为将喝入海水中的盐分全部排出，最少要排尿多少毫升？

(注：海水的密度当作1)

# 2018年全国初中学生化学竞赛初赛试题

学习笔记

**说明:1.** 本卷分两部分,共32小题。总分值为130分,考试时间为90分钟。

**2.** 可能用到的相对原子质量:H—1　C—12　N—14　O—16　Mg—24　S—32　K—39　Ca—40　Ba—137

## 第一部分

**一、选择题**(本大题包括14小题,每题2分,共28分。每题只有1个选项符合题意,请将正确选项的字母填在该题后的括号内)

**1.** 我们生活在绚丽多彩的物质世界里,以下色彩是由化学变化形成的是(　　)

A. 雨后的彩虹　　B. 夜晚的霓虹灯

C. 节日的礼花　　D. 彩色的图画

**2.** 以下物质中,属于纯净物的是(　　)

A. 空气　　B. 石油　　C. 沼气　　D. 干冰

**3.** 人们常讲"墙内开花墙外香",这句话的科学本意是(　　)

A. 分子间有间隙

B. 分子的质量和体积都很小

C. 分子总是在不断运动着

D. 分子是保持物质化学性质的最小粒子

**4.** 2018年世界气候大会在丹麦首都哥本哈根举行,旨在控制二氧化碳、甲烷和其他造成"温室效应"的气体的排放,将温室气体的浓度稳定在使气候系统免遭破坏的水平上。控制二氧化碳排放,更需要从人人做起,"低碳生活"有望成为新的生活方式流行全球。"低碳生活"是指减少生活中所耗用的能量,从而减低碳特别是二氧化碳的排放。以下不属于"低碳生活"方式的是(　　)

A. 多用电邮、QQ等即时通信工具,少用传真打印机

B. 乘地铁上下班

C. 将呼吸产生的二氧化碳用石灰水吸取

D. 吃天然食品、穿棉质服装

**5.** 中国科学家以二氧化碳和金属钠为原料,在一定条件下制得了金刚石,化学方程式为:

$3CO_2+4Na\xrightarrow[80\ Mpa]{470\ ℃}xR+C$(金刚石),那么 $x$、R为(　　)

A. 1、$Na_2CO_3$　　B. 2、$Na_2CO_3$　　C. 4、$Na_2CO_3$　　D. 2、$Na_2O_2$

**6.** 以下对相关实验现象的描述正确的选项是(　　)

A. 把银片浸入硫酸铜溶液一段时间后取出,银片表面覆盖一层红色物质

B. 在稀硫酸中滴加紫色石蕊试液后溶液变红

C. 硫在空气中燃烧产生蓝紫色火焰

D. 棉纱线灼烧会产生烧焦的羽毛味

**7.** 把装有甲、乙、丙气体的试管倒插入盛有水的烧杯中,一段时间后,观看到如下图的现象,对甲、乙、丙气体的分析正确的选项是(　　)

A. 甲、乙、丙气体都易溶于水

B. 乙气体比甲气体更易溶于水

C. 能够采纳排水集气方法收集丙气体

D. 不能够用排空气方法收集甲气体

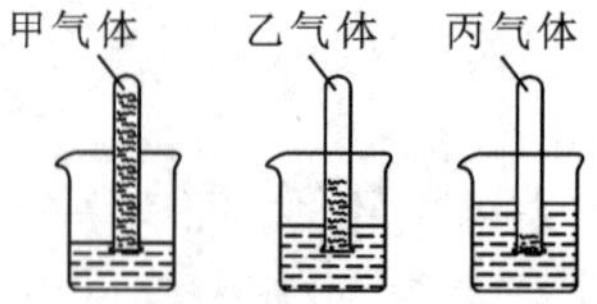


**8.** 20 ℃时，NaCl 溶解于水的实验数据如下表。那么以下选项表达正确的是（　　）

| 实验序号 | 水的质量(g) | 加入 NaCl 的质量(g) | 溶液的质量(g) |
|---|---|---|---|
| ① | 10 | 2 | 12 |
| ② | 10 | 3 | 13 |
| ③ | 10 | 4 | 136 |
| ④ | 10 | 5 | 136 |

A. ②中所得溶液是饱和溶液

B. 20 ℃时 10 g 水最多能溶解 4 g NaCl

C. ③④溶液的溶质质量分数相等

D. ①所得溶液的溶质质量分数为 20%

**9.** 某些玻璃仪器，为保证其密闭性，常常把玻璃的接触面处磨毛（也称磨砂），以下仪器中经过了磨毛处理的是（　　）

A. 量筒　　B. 集气瓶　　C. 烧杯　　D. 锥形瓶

**10.** X、Y、Z、W 是四种不同的金属，为比较其金属活动性的强弱，某同学利用这四种金属单质、盐酸、Z 的硝酸盐、W 的硝酸盐进行有关实验，结果如右表（能发生置换反应的记为"√"，不能反应的记为"一"，无标记的表示未做该实验）。这四种金属的活动性顺序为（　　）

| | X | Y | Z | W |
|---|---|---|---|---|
| 盐酸 | √ | — | — | √ |
| Z 的硝酸盐 | | √ | | |
| W 的硝酸盐 | √ | | — | |

A. X＞W＞Y＞Z　　B. X＞Y＞W＞Z

C. W＞X＞Y＞Z　　D. Y＞W＞Z＞X

**11.** 王羲之是我国宋朝书法家，他的墨宝储存至今，极其宝贵。你认为他的书法能储存完好的缘故是（　　）

A. 因为王羲之的书法苍劲有力，不易褪色

B. 因为书法所用的纸质地优良，经久耐用

C. 因为墨的主要成分是碳，在常温下化学性质稳固

D. 因为现代科学技术发达，能够把古代书法还原本色

**12.** 硫隔绝空气加热后的蒸气中有一种物质的化学式为 $S_8$，关于 $S_8$ 的表达不正确的有（　　）

A. 它是一种新型的化合物　　B. 它是一种单质

C. 它的一个分子中有 8 个硫原子　　D. 相对分子质量为 256

**13.** 下面右图中，四个圆甲、乙、丙、丁分别表示一种溶液，两圆的相交部分为两种溶液混合后显现的主要实验现象，下表中符合图示关系的是（　　）

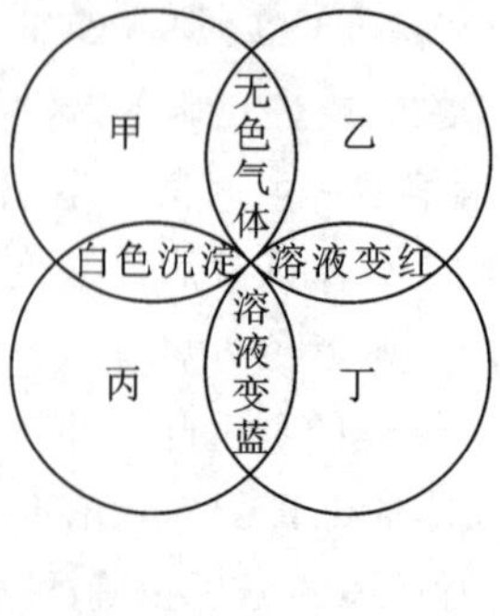


| 选项 | 甲 | 乙 | 丙 | 丁 |
|---|---|---|---|---|
| A | $Na_2CO_3$ | $H_2SO_4$ | $Ba(OH)_2$ | 石蕊 |
| B | $Na_2CO_3$ | HCl | $Ca(OH)_2$ | $CuSO_4$ |
| C | $Na_2SO_4$ | HCl | $Ba(OH)_2$ | 石蕊 |
| D | HCl | $Na_2CO_3$ | $Ca(OH)_2$ | 酚酞 |

14. 用 pH 试纸测试一瓶某溶液的酸碱度时，正确的操作方法是(　　)

A .将该溶液倒些在 pH 试纸上

B .往瓶中的溶液里投入 pH 试纸

C .将 pH 试纸一端浸入该溶液中

D .用洁净的玻璃棒蘸取少量该溶液，然后滴在一小张 pH 试纸上

**二、填空题**(本大题包括 5 小题，共 21 分)

**15.** (5 分)请按要求选择以下物质填空(填写化学式)：

氮气　氧气　硫酸　二氧化碳　氢氧化钠　氢氧化钙

(1)空气中含量最多的气体________。

(2)可用于人工降雨和灭火的物质________。

(3)可用于制肥皂、造纸等工业的碱________。

(4)能用于金属除锈的重要化工原料________。

(5)用来降低土壤酸性的物质________。

**16.** (4 分)随着生活水平的提高，人们越来越关注自身的健康。以下是探讨化学物质与人体健康的几个题目。

(1)植物为人类提供了大量营养物质，某些儿童由于偏食(不爱吃蔬菜、水果)，结果生长发育显现障碍，患营养缺乏症，这些病症曾成为医学难题。这是由于摄入________不足而引起的。

(2)据新闻媒体报道，在广东发生了多起因食用含有“瘦肉精”的猪肉和猪内脏而引起的中毒事件。“瘦肉精”的化学式为 $C_6H_{19}OCl_3N_2$，它是一种________(填“有机物”或“无机物”)

(3)微量元素与人体健康紧密相关，假设膳食不合理，摄入某种微量元素不足，就会引起疾病。如甲状腺肿大(又称大脖子病)是由于摄入________元素不足，缺乏________元素会引起贫血。

**17.** (5 分)在元素周期表中，横行叫作“周期”，其周期数与该原子的电子层数相同；纵行叫作“族”，其数值与该原子的最外层电子数相同，且元素的原子序数等于该元素原子的质子数。请将第三周期第二“族”元素的有关内容填入下表：

| 原子序数 | 原子结构示意图 | 离子符号 | 化合价 | 其氧化物的化学式 |
|---|---|---|---|---|
| | | | | |

**18.** (3 分)2005—2015 年是“生命之水”国际行动十年，其目的是期望通过各国的共同努力，争取到 2015 年将缺乏安全饮用水和卫生设施的人口减少一半。请回答：

(1)电解水实验，正极产生________气体。

(2)某矿泉水标签上印有：Ca～20 mg/L、Zn～0.06 mg/L，其中 Ca、Zn 指________。(填“单质”“元素”“原子”)

(3)请你写出一个生活中节约用水的措施：________________________。

**19.** (4 分)图甲和图乙所示实验方法均可用来探究可燃物燃烧的条件。

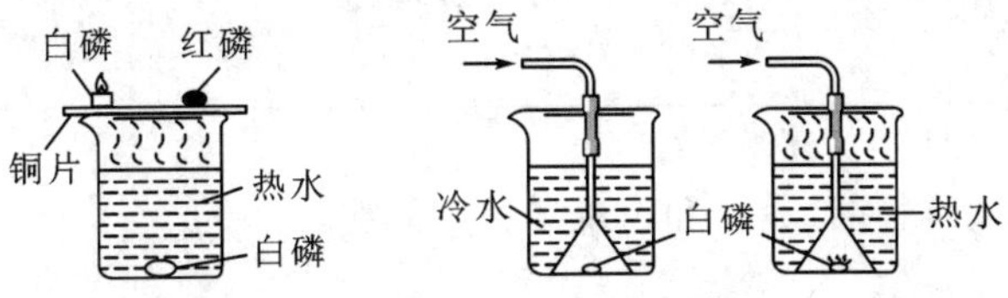


图甲　　　　图乙

(1)婵婵同学用图甲所示装置进行实验，观察到的现象是______________。

(2)娟娟同学用图乙所示装置进行实验，得到以下实验事实：

① 不通空气时，冷水中的白磷不燃烧；

② 通空气时，冷水中的白磷不燃烧；

③ 不通空气时，热水中的白磷不燃烧；

④ 通空气时，热水中的白磷燃烧。

该实验中，能证明可燃物通常需要接触空气才能燃烧的实验事实是(填序号，下同)________；能证明可燃物必须达到一定温度(着火点)才能燃烧的实验事实是________。

(3)“化学实验绿色化”要求实验室的“三废”排放降低到最低程度并能得到妥善处理，实验室的安全性和环境质量得到提升，师生的绿色化学和环保意识得到强化。图甲与图乙所示的实验相比，________(填“甲”或“乙”)更表达了化学实验的绿色化追求。

**三、分析题**(本大题包括 2 小题，共 16 分)

**20.**(7 分)有一种碳酸盐的矿石，其主要成分为 $BaCO_3$ 和 $CaCO_3$，这两种盐具有相似的性质：都难溶于水；高温煅烧都能够分解成为氧化物。钡和钙元素的氧化物或氢氧化物也有相似的化学性质，但氢氧化物溶解度有一定的差异，下表所示的是两种氢氧化物在不同温度下的溶解度。

| 温度/℃ | 0 | 40 | 80 |
| --- | --- | --- | --- |
| $Ca(OH)_2$溶解度/g | 0.187 | 0.141 | 0.094 |
| $Ba(OH)_2$溶解度/g | 1.67 | 8.22 | 101.40 |

小明依照上述信息，设计出除去矿石中 $CaCO_3$ 得到较纯洁的 $BaCO_3$ 的实验流程图。

(1)请你在空白的方框中填上相应的物质的化学式。

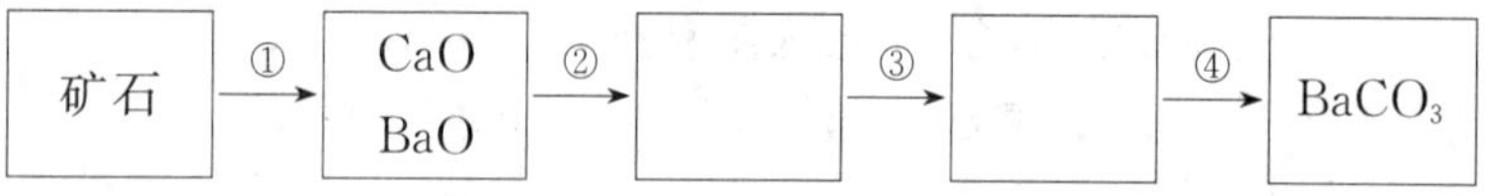


(2)写出②④中含钡元素物质发生反应的化学方程式。

②________________________________________________；

④________________________________________________。

(3)请你估量③的操作方法________________________________。

**21.**(9 分)以下图中的各物质均为初中化学常见物质。请依照图示关系回答：

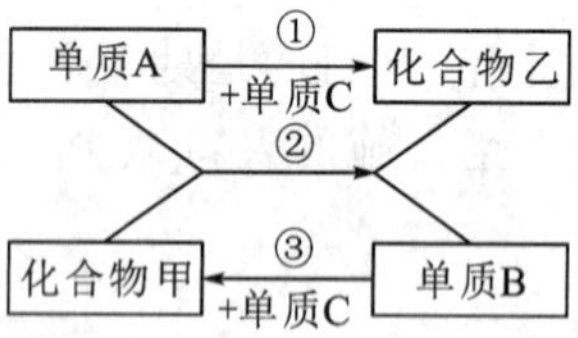


(1)甲物质的元素共有________种。

(2)反应②的差不多反应类型为________________。

(3)假设常温下乙为无色液体，那么 A 为________，C 为________。

反应②的化学方程式可能为________________________________。

(4)假设常温下乙为无色气体，那么 A 为________。

反应②的化学方程式可能为________________________________。

**四、实验题Ⅰ**(本大题包括 2 小题，共 21 分)

**22.**(11 分)几位同学依照以下各实验装置图，设计和讨论了以下问题：

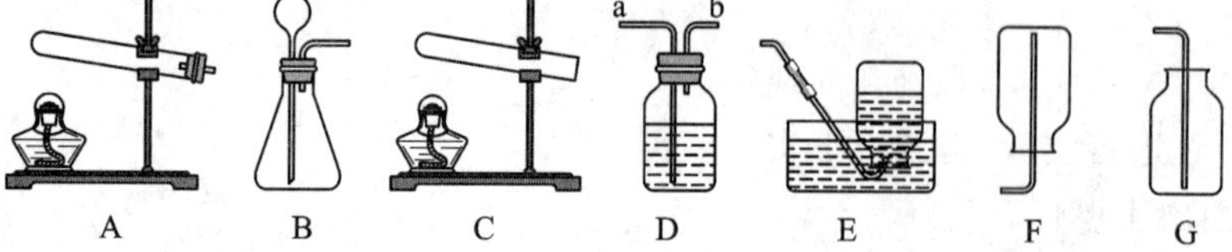

(1)万超同学:“选择 A 与________组合成装置并在试管口加一团棉花可制取氧气,其反应的化学方程式为________________________________________。”

(2)周琦同学:“B 可用于实验室制取________的发生装置,但应先检查装置的气密性,方法是____________________________________________________________________________________________________。”

(3)文渊同学:“D 装置装满水后能够收集并储存氧气,需要氧气时可用水将装置中的氧气排出,水应从(填 a 或 b)________端通入。”

(4)东升同学:“我看到课外资料上介绍,实验室可用块状硫化亚铁(FeS)与稀硫酸反应制取硫化氢气体($H_2S$)。硫化氢气体的密度比空气大,能溶于水形成氢硫酸。依照以上知识,我现在明白了:实验室制取硫化氢气体应选用的发生装置是________,收集装置是________。”

(5)在实验中实验操作要正确。如使用 A 装置时应注意的事项有(只写一项)________________________________________________。

**23.** (10 分)请你参与以下探究:

某化学实验小组同学将铁粉投入硫酸铜溶液中,发现生成红色固体物质的同时有较多的气泡产生。这一现象激发起同学们的探究欲望,生成的是什么气体?

【提出猜想】从物质组成元素的角度,放出的气体可能是 $SO_2$、$O_2$、$H_2$。

【查阅资料】$SO_2$ 易溶于水,它能与 NaOH 反应,生成 $Na_2SO_3$。

【方案设计】依据上述猜想,实验小组同学分别设计了如下方案:

(1)甲同学认为是 $O_2$,那么检验方法是________________________。

(2)乙同学认为是 $SO_2$,那么只需将放出的气体通入盛有 NaOH 溶液的洗气瓶中,称量通气前后洗气瓶的质量。写出 $SO_2$ 与 NaOH 反应的化学方程式________________________。

(3)实验小组同学合作设计了如下组合实验方案,排除和验证猜想的气体。

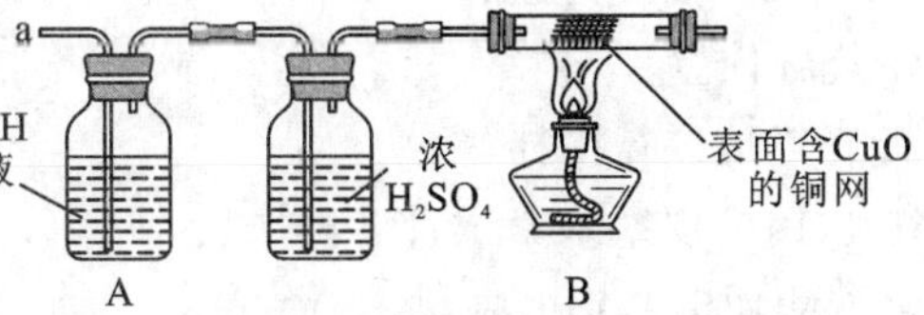


假如放出的是 $O_2$ 和 $H_2$,你认为方案中的安全隐患是________________。

丙同学认为:为确保安全,实验前应先收集一试管气体,用拇指____________,假设不发出____________________,方可采纳上面的装置进行实验。

【实验探究】经丙同学确认安全后,小组同学首先对装置 A 进行称量,再将收集到的气体从 a 通入,过一会儿点燃 B 处酒精灯;一段时间后,发现表面含 CuO 的铜网由黑色变为光亮的红色;停止通气,再次称量装置 A,发现质量无增减。

结论:铁粉与硫酸铜溶液反应时,产生的气体是________________。

【思维拓展】

(1)由上述实验能够推出,硫酸铜溶液中可能含有________物质。

(2)不通过称量,如何判定 $SO_2$ 与 NaOH 溶液发生了反应呢?有一同学设计了右图所示的装置进行实验,发现试管内液面上升,就得出 $SO_2$ 与 NaOH 溶液发生反应的结论。其他同学认为这一方案不严谨,理由是________________________________________。

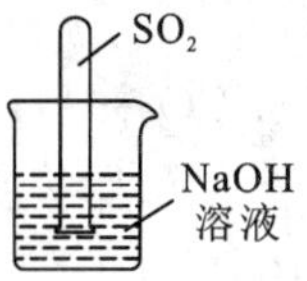


要得到科学严谨的结论,仍利用该装置,补做的实验是________________________。

**五、计算题**(本大题包括 2 小题,共 14 分)

**24.** (6 分)下图是实验室所用硫酸试剂瓶上标签的部分内容,请认真阅读后运算:

| 硫酸(化学纯) | |
| --- | --- |
| 化学式：$H_2SO_4$ | 相对分子质量： |
| 密度：1.84 g/cm$^3$ | 质量分数：98% |

(1)硫酸的相对分子质量是________，硫酸中H、S、O元素的质量比是________。

(2)欲配制200 g溶质质量分数为20%的稀硫酸，须用这种浓硫酸的体积是________；须加水的质量是________(保留一位小数)。

**25.**(8分)在煤中加入适量的生石灰制成供居民采暖用的“环保煤”，以减少二氧化硫的排放，减弱二氧化硫对空气的污染。燃烧时生石灰吸取二氧化硫的化学方程式：

$$2CaO+mSO_2+O_2\xlongequal{高温}nCaSO_4$$

请回答以下问题：

(1)$m$值是________。

(2)假设煤厂一次共加入含氧化钙80%的生石灰1400 t，那么理论上最多可吸取二氧化硫多少吨？

## 第二部分

**六、选择题**(本大题包括5小题，每题2分，共10分。每题有1个或2个选项符合题意，请将正确选项的字母填在该题后的括号内。假设有2个答案的错1个不得分，漏选1个扣1分。)

**26.** 以下液体在敞口的容器中放置一段时间后，浓度会降低的是(　　)

A. 浓硫酸　　B. 浓盐酸

C. 氯化钠溶液　　D. 硝酸钾溶液

**27.** 以下实验操作错误的选项是(　　)

A. 稀释浓硫酸时，将浓硫酸沿容器壁慢慢倒入水中并搅拌

B. 向烧杯中滴加液体时，滴管不能接触烧杯内壁

C. 为加快固体在水中的溶解，用温度计轻轻地进行搅拌

D. 为防止液体加热沸腾后冲出试管伤人，用橡皮塞塞紧试管后再加热

**28.** 以下各选项中的三种固体通过加水就能加以鉴别的是(　　)

A. 氯化钠、硝酸铵、氢氧化钠　　B. 氯化钠、硫酸钠、硫酸钡

C. 氢氧化钠、氢氧化钾、氢氧化钡　　D. 氯化钠、硫酸钡、无水硫酸铜

**29.** 如图，实验桌上放置的两容器中盛有等体积的乙酸和水两种液体。几天后，两者的体积都明显减少，且乙酸比水减少得多。由此现象得出的正确结论是(　　)

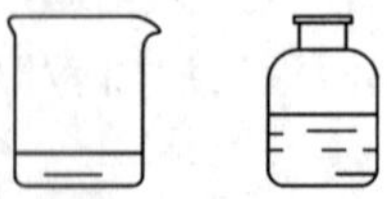


A. 乙酸与水都能挥发

B. 乙酸比水易挥发

C. 乙酸的熔点比水低

D. 乙酸的沸点比水高

**30.** 有一包不纯的$Na_2CO_3$样品，其中只含一种杂质，现取该样品5.3 g与足量稀盐酸反应生成2.4 g $CO_2$，那么所混杂质可能是(　　)

A. $BaCO_3$　　B. $K_2CO_3$　　C. $CaCO_3$　　D. $MgCO_3$

**七、实验题Ⅱ**(本大题包括2小题，共20分)

**31.**(6分)为了将混有硫酸钠、碳酸氢铵(不稳定，受热易分解生成氨气、二氧化碳和水)的氯化钠提纯，并制得纯净的氯化钠溶液，某同学设计的实验流程如下：

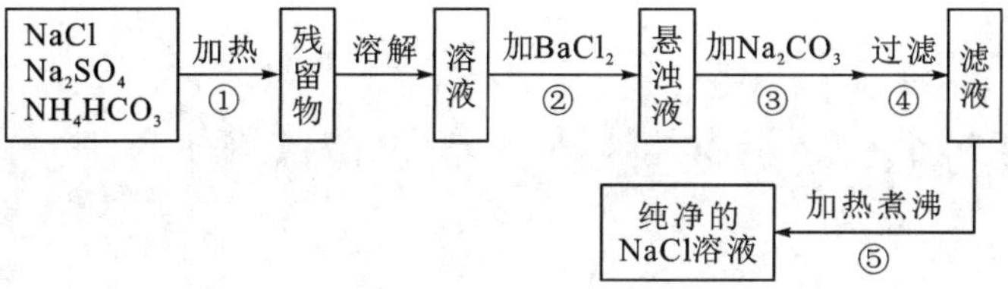


试回答以下问题：

(1)操作②能否用硝酸钡溶液？说明理由：________________。

(2)进行操作②后，如何判定 $SO_4^{2-}$ 已除尽，方法是________________
________________。

(3)操作③的目的是________________；什么缘故不先过滤而后加碳酸钠溶液，其理由是________________
________________。

(4)此设计方案是否严密？说明理由：________________。

**32.**(14分)某课外活动小组加热炭粉(过量)和氧化铜的混合物，再用下图所示装置，对获得的铜粉(含炭)样品进行实验。图中铁架台等装置已略去。请你帮助他们完成以下实验报告。

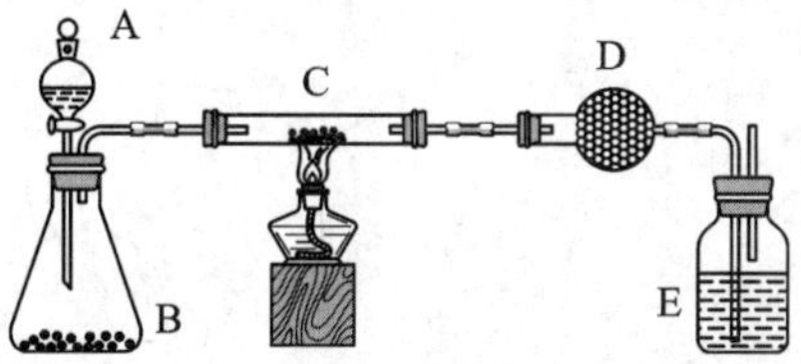


(1)实验目的：________________。

(2)实验用品：

仪器：天平、分液漏斗、锥形瓶、硬质玻璃管、干燥管、酒精灯、洗气瓶等。

药品：铜粉(含炭)样品、过氧化氢溶液、二氧化锰、碱石灰(固体氢氧化钠和氧化钙的混合物)、浓硫酸等。

(3)实验内容：

| 实验步骤 | 实验现象 | 有关化学方程式 |
|---|---|---|
| 在C中加入样品粉末 W g，D中装入药品后并称量为 $m_1$ g，连接好仪器 | | |
| 打开A的上塞、活塞，慢慢滴加溶液 | | |
| 对C进行加热。当C中药品充分反应后，关闭A的活塞，停止加热 | | |
| 冷却后，称量D的质量为 $m_2$ g | | |

(4)运算：样品中铜的质量分数＝________________(用含 $W$、$m_1$、$m_2$ 的代数式表示)。

(5)问题和讨论：

实验完成后，老师评议：按上述实验设计，即使C中反应完全，D中吸取完全，也不可能得出正确的结果。经讨论，有同学提出在B与C之间加入一个装置。再次实验后，得到了较正确的结果。那么，原先实验所测得的铜的质量分数偏小的缘故可能是________________。在B与C之间加入的装置是________________，其中盛放的药品是________________。

# 2019年江苏省“金钥匙”科技竞赛初赛试题

学习笔记

**一、选择题**(本小题包括20小题,1～15每小题2分,共30分,每小题只有1个选项符合题意,16～20每小题3分,共15分,每小题有1个或2个选项符合题意,若有2个答案的,错选1个不得分,漏选1个扣2分。)

**1.** 2019年,化学元素周期表迎来它的150周岁生日。为了给它“庆生”,联合国宣布2019年为“国际化学元素周期表年”。对研制元素周期表贡献最大的科学家是(　　)

A. 拉瓦锡　　B. 道尔顿　　C. 门捷列夫　　D. 阿伏伽德罗

**2.** 据报道,塑料吸管及其他一次性塑料制品已经对西班牙海洋生态造成严重影响。40%～60%的海龟会吞食塑料废物,一些鸟类的塑料废物吞食率高达93%。塑料制品之所以成为海洋生物的杀手,主要是因为(　　)

A. 塑料制品中含有有毒物质

B. 大部分塑料制品的降解需要几十甚至几百年

C. 塑料制品会漂浮在海洋表面

D. 海洋生物会误食塑料制品,且无法消化

**3.** 将密封良好的饼干从平原带到高原,包装袋会鼓起,这是因为(　　)

A. 饼干的质量变大　　B. 袋内气体分子个数增多

C. 高原地区大气压强较大　　D. 袋内气体分子间的间隙变大

**4.** 化学知识有助于我们正确认识、理智选择、科学生活。下列说法不正确的是(　　)

A. 合理使用农药和化肥,既可以降低对环境的污染,又有利于人体健康

B. 垃圾分类放置,可以充分利用资源、保护环境

C. 生活中常用的塑料、纤维、合金、玻璃都是有机合成材料

D. 农作物一般适宜在pH=7或接近7的土壤中生存,常用熟石灰改良酸性土壤

**5.** 不能通过气压的变化控制反应的发生和停止的装置是(　　)

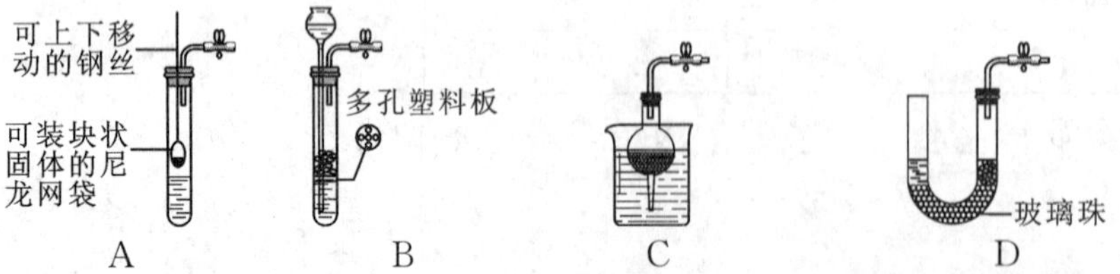


A　　B　　C　　D

**6.** 运用图示法可以帮助我们巧学化学。下列化学知识用相应图示表示正确的是(　　)

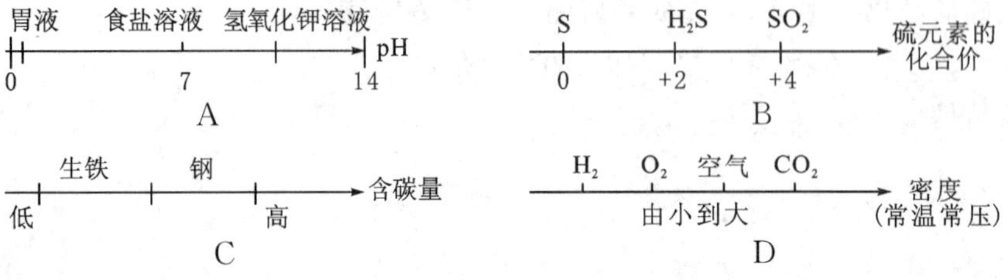

**7.** 北京大学生命科学学院蒋争凡教授研究组发现，锰离子是细胞内天然免疫激活剂和警报素。在元素周期表中锰元素的某些信息如图所示，下列有关锰的说法不正确的是(　　)

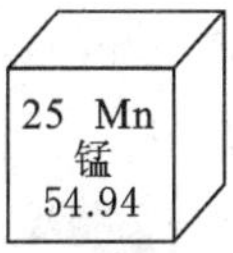


A. 原子序数为 25　　　　B. 属于金属元素

C. 原子核内质子数为 25　　　　D. 相对原子质量为 54.94 g

**8.** 化学反应前后物质所含元素化合价发生变化的反应叫作氧化还原反应。如图所示各区所列错误的一项是(　　)

A. ③: $Ba(OH)_2 + H_2SO_4 = BaSO_4\downarrow + 2H_2O$

B. ②: $2H_2O \xrightarrow{通电} 2H_2\uparrow + O_2\uparrow$

C. ①: $S + O_2 \xrightarrow{点燃} SO_2$

D. ④: $Fe + H_2SO_4 = FeSO_4 + H_2\uparrow$

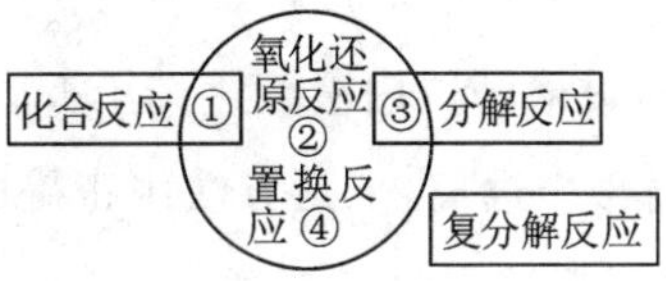


**9.** 除去下列各物质中少量杂质，选用的方案合理的是(　　)

| 选项 | 物质 | 所含杂质 | 方案 |
|---|---|---|---|
| A | $CO_2$ | $H_2O$(气) | 混合气体通过 CaO |
| B | KCl | $MnO_2$ | 加水溶解、过滤、蒸发 |
| C | Cu | Zn | 加硫酸锌溶液后过滤 |
| D | NaOH 溶液 | $Ca(OH)_2$ | 加入过量 $K_2CO_3$ 溶液，过滤 |

**10.** 过氧乙酸($C_2H_4O_3$)是常见的消毒剂。下列有关过氧乙酸的说法正确的是(　　)

A. 分子中含 $O_2$ 分子　　　　B. 氢、氧原子的个数比为 4∶3

C. 分子中有 9 种元素　　　　D. 碳的质量分数为 24%

**11.** 下列各组离子可在同一溶液中大量共存的是(　　)

A. $H^+$　$SO_4^{2-}$　$K^+$　$CO_3^{2-}$　　　　B. $Mg^{2+}$　$Cl^-$　$OH^-$　$Na^+$

C. $Fe^{2+}$　$SO_4^{2-}$　$H^+$　$Cl^-$　　　　D. $Na^+$　$Ba^{2+}$　$NO_3^-$　$SO_4^{2-}$

**12.** 氧烛是一种用于缺氧环境中自救的化学氧源，广泛用于航空、航海等领域，其主要成分为 $NaClO_3$，还含有适量的催化剂、成型剂等。氧烛通过撞击火帽引发反应后，能持续放出高纯氧气，主要反应原理为 $2NaClO_3 = 2NaCl + 3O_2\uparrow$。一根氧烛大约可以供 100 个人呼吸 1 小时。下列说法不正确的是(　　)

A. 氧烛是一种纯净物　　　　B. $NaClO_3$ 中 Cl 为 +5 价

C. 氧烛制取氧气的反应为分解反应　　D. 在运输氧烛时，应避免其受到撞击

**13.** 下列各组溶液，不加其他试剂无法鉴别的是(　　)

A. $CuSO_4$、NaCl、$FeCl_3$　　　　B. NaOH、石蕊、稀盐酸

C. 白醋、白酒、食盐水　　　　D. $AgNO_3$、NaCl、$CaCl_2$

**14.** 在一只盛有稀硫酸的烧杯中，飘浮着一个木块，往烧杯中加入少量的某种物质后，木块浸没在水中的体积变大(假设此过程中溶液的体积变化忽略不计)，则加入的固体物质可能是(　　)

A. Fe　　B. Cu　　C. $Ba(OH)_2$　　D. $Mg(NO_2)_2$

**15.** 化学革命是发生在 18 世纪末英国和法国的一场深刻的化学学科的变革。英国物理学家、化学家波义耳和法国化学家拉瓦锡曾做过貌似相同的两个

实验,见图。关于这两个实验的说法正确的是(　　)

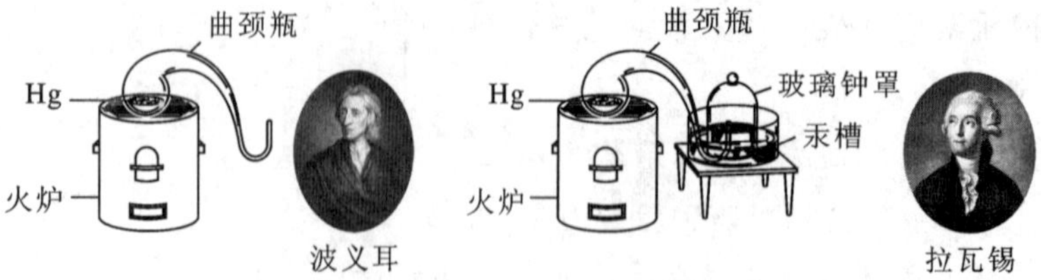


A. 两个实验都可用于测定空气中氧气的含量

B. 两个实验中,曲颈瓶内汞的表面都变为黑色

C. 波义耳的实验中,金属加热后质量增加,该现象不能用质量守恒定律解释

D. 拉瓦锡的实验中,玻璃钟罩内液面逐渐上升,达到一定高度后不再变化

**16.** 从上层着火的高楼中逃离,下列方法中正确的是(　　)

A. 用湿毛巾捂住鼻子迅速乘电梯下楼

B. 以站立姿势跑出

C. 沿墙角伏低身子迅速从楼梯跑向楼外

D. 打开窗户跳出

**17.** 化学实验中有一种加热方法叫"热水浴"(如图所示)。针对这种加热方式,下列说法错误的是(　　)

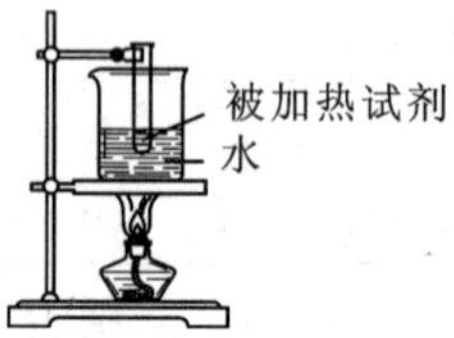


A. 试管内试剂受热温度不超过 100℃

B. 试管内试剂受热比较均匀(与用酒精灯直接加热相比)

C. 试管底部不能接触到烧杯底部

D. 将烧杯内水换成食盐水,试管内试剂受热温度仍然不会高于 100℃

**18.** 下列图象能正确反映其对应关系的是(　　)

A. 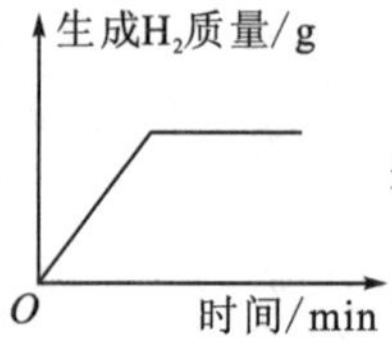

表示向一定量的稀硫酸中加入足量的锌粒

B. 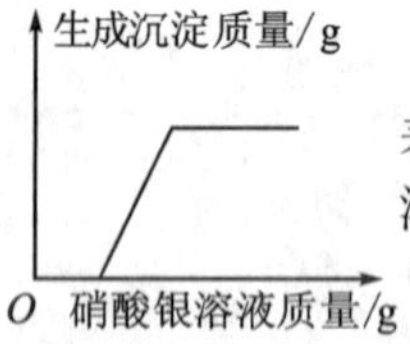

表示向一定量稀盐酸和氯化钡的混合液中滴加硝酸银溶液

C. 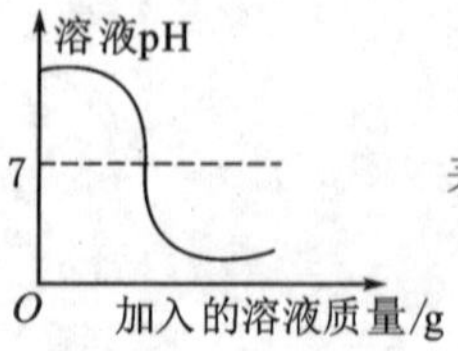

表示向一定量的氢氧化钠溶液中滴加稀硫酸

D. 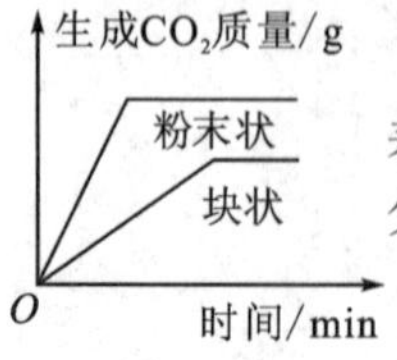

表示将等质量的大理石分别与足量的等体积等溶质质量分数的稀盐酸反应

**19.** 如图为氯化铵和硫酸钠的溶解度曲线。下列说法中错误的是(　　)

A. 30 ℃时,氯化铵和硫酸钠的溶解度相等

B. 将 60 ℃的硫酸钠饱和溶液降温至 40 ℃，有晶体析出

C. 氯化铵的溶解度随温度的升高先增大后减小

D. 在 30～60 ℃范围内，硫酸钠饱和溶液在 40 ℃时溶质质量分数最大

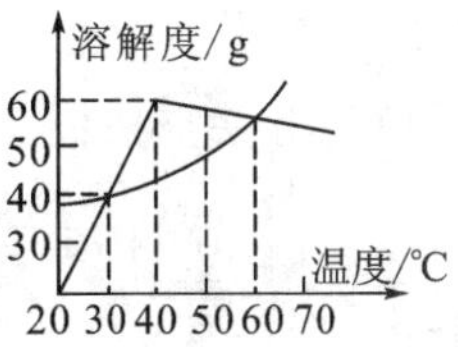


**20.** 在密闭容器中有甲、乙、丙、丁四种物质，在一定条件下反应，测得反应前及反应过程中的两个时刻各物质的质量分数如下图所示。图中 $a$、$b$、$c$、$d$ 分别表示相应物质的质量分数。下列数据正确的是(　　)

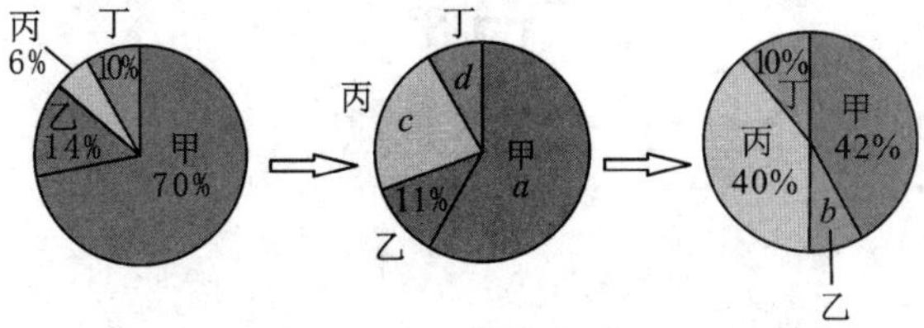


A. $a=56\%$　　B. $b=6\%$　　C. $c=17\%$　　D. $d=8\%$

**二、填空题**(本题共 3 小题，共 23 分。)

**21.** 用适当的化学用语填空。

(1)地壳中含量最多的元素________，它与地壳中含量最多的金属元素形成的化合物________；写出空气中体积含量最多的物质，并标出元素化合价________。

(2)从①N；②K；③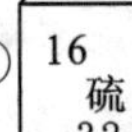；④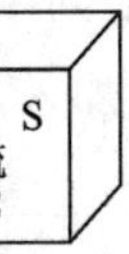

中，选择适当的元素写出符合要求的化学用语，一种复合肥________；④形成的阴离子________。

**22.** 随着科学的发展，新能源的开发不断取得突破。清华大学研究人员成功研制出一种纳米纤维催化剂，可将二氧化碳转化成液体燃料甲醇，其微观示意图如下(图中的微粒恰好完全反应所示)。请根据微观示意图回答问题。

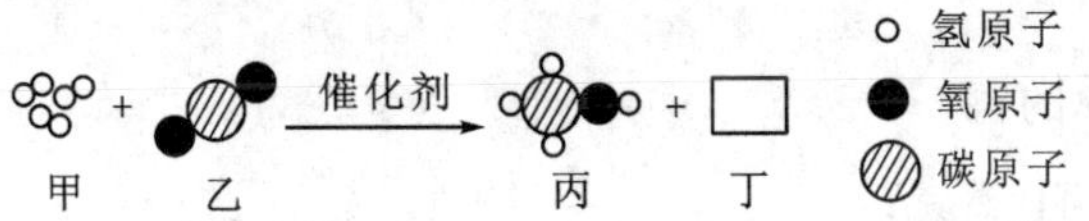


(1)丁的化学式为________，该反应的化学方程式为________________。

(2)下列说法正确的是________(填写字母序号)。

A. 反应前后原子数目发生改变

B. 该反应属于复分解反应

C. 甲是单质，乙、丙、丁均为氧化物

D. 该反应体现了无机物在一定条件下可以转化为有机物

**23.** A～H 是初中化学常见的物质，其中 E 为黑色固体，H 为蓝色沉淀，这些物质的相互转化关系如图所示，其中部分生成物和反应条件已省略。

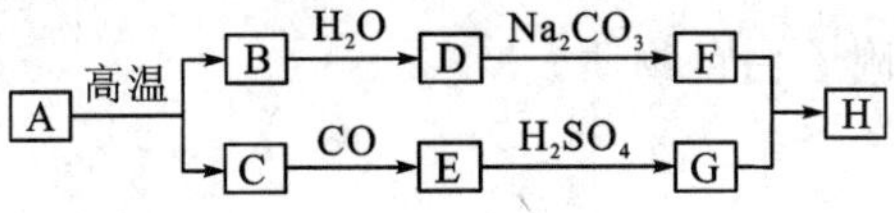


(1)写出下列物质的化学式：A ________，G ________，H ________。

(2)化学反应常伴有能量变化，物质 B 与水反应时会________(“吸收”或“放出”)热量。

(3)写出 D→F 的化学方程式：________________________。

(4)写出 E→C 的化学方程式：________________________。

三、综合题(本题共 2 小题,共 32 分。)

**24.** 根据下列装置图填写有关空格:

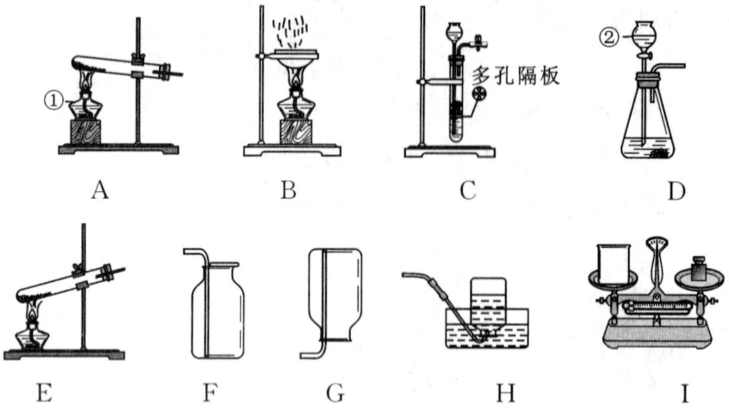


(1)装置 A 中仪器①的名称为________;装置 D 中仪器②的名称为________。

(2)用稀硫酸和锌粒制氢气的发生装置可选用上述________或________(填序号)装置;收集氢气可用________或________(填序号)装置。

(3)除去粗盐中不溶性杂质的实验步骤是________、过滤和蒸发结晶,用到的蒸发装置是________。(填序号)

(4)用氯化钠固体和水配制 5% 的氯化钠溶液,需要用到上图装置中的________(填序号)。若配制中立即在蒸馏水洗涤后的烧杯中加入 5 g 氯化钠和 95 mL水,其他操作均规范,则所得溶液中氯化钠的质量分数________(填">""<""=")5%。

**25.** 同学们对课本上"活动性较强的金属一般可以将金属活动性顺序表中位于其后面的金属从它们的盐溶液中置换出来"以及"支持燃烧的气体一般是氧气"这两句话产生了质疑。在老师的帮助下,同学们用金属钠来探究下列问题。

【提出问题】

(1)金属钠能否置换出硫酸铜溶液中的铜?

(2)金属钠能否在其他气体(如 $CO_2$)中燃烧?

【查阅资料】金属钠性质活泼,常温下,它极易与氧气反应生成白色固体氧化钠,氧化钠溶于水生成氢氧化钠。金属钠还可以与水剧烈反应放出氢气。

【实验探究】

实验一:①找到标签为"Na"的试剂瓶,金属钠是保存在煤油中的;②用镊子从煤油中取出一小块金属钠,用滤纸吸干表面煤油后投入硫酸铜溶液中,观察到溶液中出现蓝色沉淀,但没有红色的物质析出;③按照步骤②将金属钠投入水中,待反应结束后滴加酚酞溶液,发现溶液变红。

实验二:将燃烧的钠迅速伸入盛有 $CO_2$ 的集气瓶中,观察到钠在 $CO_2$ 中继续燃烧,反应后冷却瓶内附着黑色颗粒,并黏附着白色物质。

【问题讨论】

(1)金属钠保存在煤油中的原因是________________________________。

(2)根据上述资料写出钠块投入水中发生反应的化学方程式:____________。

(3)实验二中生成的黑色颗粒是________,而白色物质可能是什么呢?

①同学们围绕白色物质可能是什么产生如下猜想:甲认为白色物质是氧化钠;乙认为是碳酸钠;丙认为是氧化钠和碳酸钠的混合物;丁认为是氢氧化钠。

但丁的猜想是错误的，理由是______________________________；

②对白色物质是什么再进行实验探究，方案设计如下：

方案1：取该样品少量于试管中，加入适量的水，振荡，过滤，向滤液中加入无色酚酞试液，观察到溶液变成红色。结论：白色物质中一定有氧化钠。

方案2：取该样品少量于试管中，滴加足量盐酸，溶液中有气泡冒出。结论：白色物质中一定有________。

方案3：取该样品少量于试管中，加入适量的水，振荡，过滤，向滤液中加入过量的________溶液（填序号，供选试剂：A. 石灰水；B. 氯化钙溶液；C. 硫酸铜溶液），出现白色沉淀，然后过滤，再向溶液里滴加无色酚酞试液，无明显现象出现。则________（填“甲”“乙”“丙”）的猜想成立。

③评价与反思：小娟同学认为实验方案1得出的结论不正确，其理由是____________________；实验室中的金属钠着火时，你的灭火方法是________。

【拓展应用】测定实验中使用的标有质量分数为16%的盐酸（图1）的实际质量分数。

(1)为了测定，需配制20%的氢氧化钠溶液100 g，配制时，需称取氢氧化钠________ g；量取水________ mL（水的密度为1 g/mL）。配制氢氧化钠溶液时，需要的玻璃仪器有量筒、烧杯、滴管及________。

(2)小明同学在烧杯中加入配得的氢氧化钠溶液20 g，再逐滴加入该盐酸，用pH计测定滴加过程中溶液的pH。图2为滴加盐酸的质量与溶液pH的关系图。

①点 $a$ 对应的溶液呈________（填“酸性”“碱性”“中性”），点 $b$ 对应的溶液中的溶质为________（写化学式）；

②请以此次测定的数据，列式计算该盐酸的实际质量分数。

图1

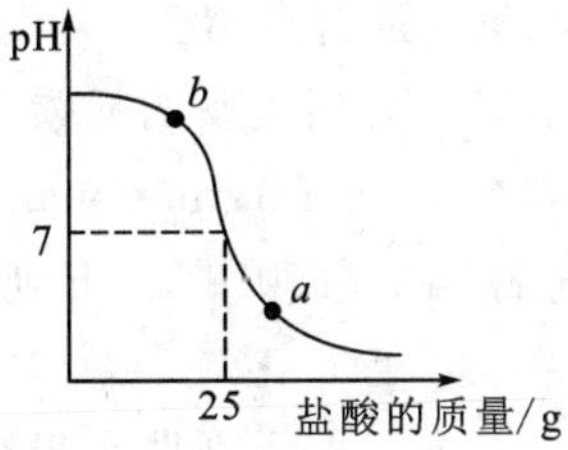

图2

(3)该盐酸的实际质量分数与标签上标出的质量分数不一致的可能原因：________（不考虑测量误差）。

# 2019年江苏省“金钥匙”科技竞赛决赛试题

学习笔记

**一、选择题**(本小题包括20小题,每小题2分,共40分,每小题有1个或2个选项符合题意,若有2个答案的,错选1个不得分,漏选1个扣2分。)

**1.** 全球最长跨海大桥——港珠澳大桥于2018年10月24日正式通车运营。港珠澳大桥跨越伶仃洋,东接香港特别行政区,西接广东省珠海市和澳门特别行政区,全长55千米,使用寿命120年,可抗16级台风、8级地震,是在“一国两制”框架下、粤港澳三地首次合作建设的超大型跨海交通工程,下列说法正确的是(　　)

A. 桥梁的开通大大地缩短了香港、珠海、澳门之间的通行时间

B. 铺设隧道的不锈钢具有韧性好、硬度小的性能

C. 桥栏杆等使用了大量建筑材料大理石,其主要成分是二氧化硅

D. 建桥所用主梁钢板的含碳量在0.03%～2%之间

**2.** 电影《流浪地球》描述了一个全人类团结起来与太阳系毁灭抗争的科幻故事。根据现有科学知识,下列叙述不正确的是(　　)

A. 太阳带给地球光和热

B. 太阳中发生着4个氢原子聚合为1个氦原子的反应

C. 潮汐现象主要由太阳造成

D. 一定比例的氢气和氧气混合点燃会发生爆炸

**3.** 2019年是俄国化学家门捷列夫发明元素周期表150周年,也被联合国定为“国际化学元素周期表年(the International Year of the Periodic Table of Chemical Elements)”,简称“IYPT2019”。下列关于元素周期表说法正确的是(　　)

A. 目前已发现的所有元素占据了周期表里全部位置,不可能再有新的元素被发现

B. 元素周期表的第一周期有八种元素

C. 元素的性质随着原子序数的增加而呈周期性变化

D. 元素周期表中的非金属元素种类多于金属元素

**4.** 我国清代《本草纲目拾遗》中记叙无机药物335种,其中“强水”条目下写道:“性最烈,能蚀五金……其水甚强,五金八石皆能穿第,惟玻璃可盛。”这里的“强水”是指(　　)

A. 氨水　　B. 卤水　　C. 醋　　D. 硝酸

**5.** “雾”一直是备受关注的环境问题,目前省环保部门按新修订的《环境空气质量标准》,增加了细颗粒物($PM_{2.5}$)和臭氧($O_3$)这两个监测指标。下列说法正确的是(　　)

A. 燃放鞭炮不会造成大气污染

B. 可吸入细颗粒物对人体健康有危害

C. 化学在环境监测和保护中起重要作用

D. 臭氧($O_3$)是一种特殊氧化物

**6.** 我国古人很早就认识了硫元素,《神农本草经》将“硫”评价为“能化金银铜铁奇物”,硫黄是黑火药的成分之一,现代化学中含硫生命分子、含硫药物、含硫

材料等也都十分普遍。以下对于硫元素叙述有错误的是(　　)

A. 硫单质能和很多金属单质发生化学反应

B. 硫元素可以用来合成药物

C. 可以用硫粉处理散落的汞滴

D. 含硫元素的气体往往无色无味

**7.** 现今有些药房出售“冲泡式”感冒药。这类药剂经温水调和,杯中会有气泡,饮用方便。冲泡式感冒药剂之所以会有气泡,是因其含有柠檬酸以及下列物质中的(　　)

A. 碳酸氢钠　　B. 氢氧化镁　　C. 阿司匹林　　D. 咖啡因

**8.** 许多物质的名称中含有“水”。“水”通常有三种含义:①表示水这种物质;②表示物质处于液态;③表示水溶液。下列物质名称中的“水”不属于以上三种含义的是(　　)

A. 重水　　B. 氨水　　C. 水银　　D. 水晶

**9.** 南京理工大学胡炳成团队用新方法制得了 $NaN_3 \cdot 3H_2O$。该化合物中含有 $N_5^-$ 等微粒,已知 N 为 7 号元素,则下列有关说法正确的是(　　)

A. $N_5^-$ 是一种单质　　B. 1 个 $N_5^-$ 共含有 35 个质子

C. 1 个 $N_5^-$ 带一个单位的负电荷　　D. 1 个 $N_5^-$ 共含有 35 个电子

**10.** 下列操作均在室温下进行,且不考虑水的蒸发。则溶液中溶质的溶解度和溶质质量分数都发生变化的是(　　)

A. 将一定量硝酸钾不饱和溶液升温 10 ℃

B. 取一定量氯化钠饱和溶液再加入少量水

C. 将一定量饱和石灰水升温 10 ℃

D. 取一定量蔗糖不饱和溶液再加入少量蔗糖

**11.** 用所给实验器材(规格和数量不限),就能顺利完成相应实验的是(　　)

| 选项 | 相应实验 | 实验器材(省略夹持装置) |
|---|---|---|
| A | 硫酸铜晶体的制备和生长 | 烧杯、玻璃棒、蒸发皿、量筒 |
| B | 分离氯化钾和二氧化锰的混合物 | 烧杯、玻璃棒、胶头滴管、滤纸 |
| C | 用固体氯化钠配制 5%的溶液 | 烧杯、玻璃棒、胶头滴管、量筒 |
| D | 用 pH 试纸测定溶液的酸碱性 | 烧杯、玻璃棒、pH 试纸、标准比色卡 |

**12.** 科学家不断呼吁减少碳排放,并对可能造成的危害做出更多警示。为解决日益加剧的温室效应等问题,科学家正在研究建立如下图所示的二氧化碳新循环体系,结合关系图,下列说法正确的是(　　)

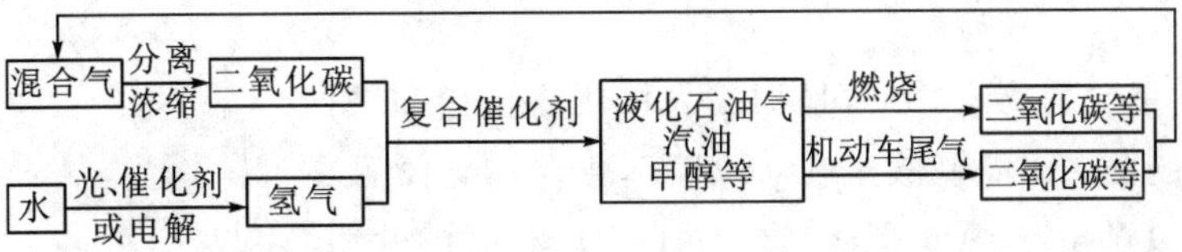


①化学变化中元素种类是守恒的;②燃烧时化学能可以转化为热能和光能;③二氧化碳也是种重要的资源;④光能或电能可以转化为化学能;⑤无机物和有机物可以相互转化。

A. ①②③　　B. ①②④⑤　　C. ①④⑤　　D. ①②③④⑤

**13.** 已知 HClO 与 $H_2SO_3$ 都是弱酸,两者可以发生反应:$HClO + H_2SO_3 = HCl + H_2SO_4$。下列判断合理的是(　　)

A. 该反应属于复分解反应　　　　B. 该反应中 $H_2SO_3$ 作还原剂

C. 反应结束后溶液导电性增强　　D. 反应后溶液 pH>7

**14.** 已知 X 和 Y 作用可以生成 Z 化合物，反应式：$2X+Y \xlongequal{} 2Z$。使不同质量的 X、Y 作用，生成 Z，各物质质量记录如下表。若每次实验均至少有一种反应物用尽，则下列说法正确的是(　　)

| 实验编号 | X/g | Y/g | Z 化合物/g |
|---|---|---|---|
| 甲 | 1 | 10 | 5 |
| 乙 | 2 | 10 | 10 |
| 丙 | 3 | 10 | 12.5 |
| 丁 | 4 | 16 | $m$ |
| 戊 | 5 | 16 | $n$ |

A. 实验乙中，若再添加 X，产生 Z 的质量也不会增加

B. 实验丙中，X 元素和 Y 元素均恰好用尽

C. 实验丁中，若再添加 Y，产生 Z 的质量也不会增加

D. 实验戊中，$n$ 的数值为 20

**15.** 下列推理正确的是(　　)

A. 单质由一种元素组成，所以由一种元素组成的纯净物一定是单质

B. 酸中都含有酸根离子，所以含有酸根离子和氢离子的化合物一定是酸

C. 碱性溶液能使无色酚酞溶液变红，所以能使无色酚酞溶液变红的物质一定具有碱性

D. 酸与碱反应有盐和水生成，属于中和反应，所以有盐和水生成的反应一定是中和反应

**16.** 可用下图装置测定水中氢、氧元素的质量比，分别测定通氢气前后玻璃管(包括氧化铜)的质量差和 U 型管(包括碱石灰)的质量差，计算结果氢元素和氧元素的质量比大于 1∶8。下列对导致该结果原因的分析中合理的是(　　)

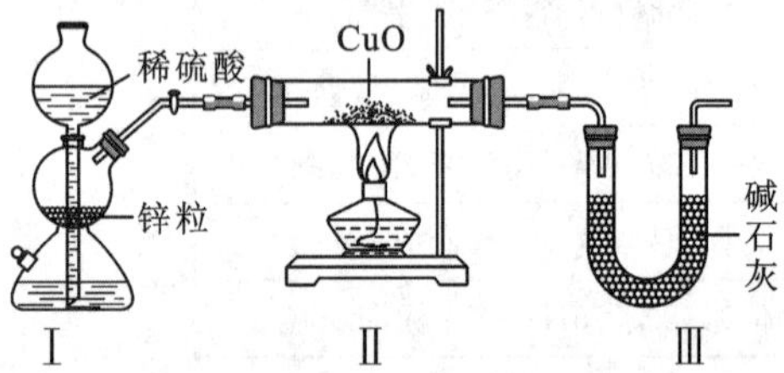


A. Ⅰ、Ⅱ装置之间缺少干燥装置

B. Ⅲ装置干燥剂量不足，水没有被完全吸收

C. CuO 没有全部被还原

D. CuO 的量不足

**17.** 氨基酸是维持人的生命最重要的物质之一，是构成人体所需蛋白和平衡蛋白及营养的主要成分。第一个被发现的氨基酸是在 1806 年，由法国化学家在芦笋里面分离出的天冬氨酸。氨基酸分子中含有氨基($-NH_2$，具有碱的性质)和羧基(—COOH，具有酸的性质)。氨基酸分子具有的性质是(　　)

A. 能与硫酸反应，又能与氢氧化钠反应

B. 能与氢氧化钠反应，不能与硫酸反应

C. 能与硫酸反应，不能与氢氧化钠反应

D. 一般易溶于水

**18.** 醋酸，又称乙酸，其分子式为 $CH_3COOH$。某技术员在分析醋酸溶液中

溶质的含量时，测得溶液中氧元素的质量分数为 80%，则该醋酸溶液中，醋酸的质量分数为(　　)

A. 5%　　　　B. 14%　　　　C. 20%　　　　D. 25%

**19.** 下列所示的图像能反映相对应实验的是(　　)

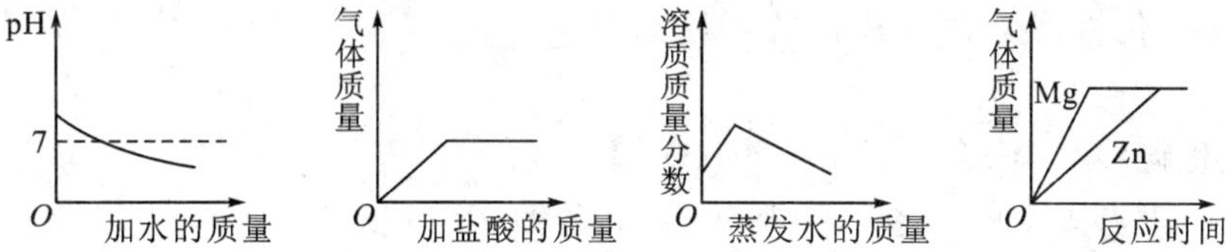


A　　　　B　　　　C　　　　D

A. 向 pH=12 的 $Ca(OH)_2$ 溶液中不断加水稀释

B. 向碳酸钙固体中逐滴加入稀盐酸至过量

C. 在 40 ℃，将饱和的硝酸钾溶液恒温蒸发水分至有白色晶体析出

D. 将足量的金属镁片和锌片分别和等质量的相同质量分数的稀硫酸混合

**20.** 已知碳酸钠的热稳定性大于碳酸氢钠，碳酸氢钠加热易分解生成碳酸钠：$2NaHCO_3 \xlongequal{} Na_2CO_3 + H_2O + CO_2\uparrow$。某兴趣小组设计了一个能说明碳酸钠与碳酸氢钠热稳定性的套管实验。观察下图实验装置，分析实验原理。下列说法正确的是(　　)

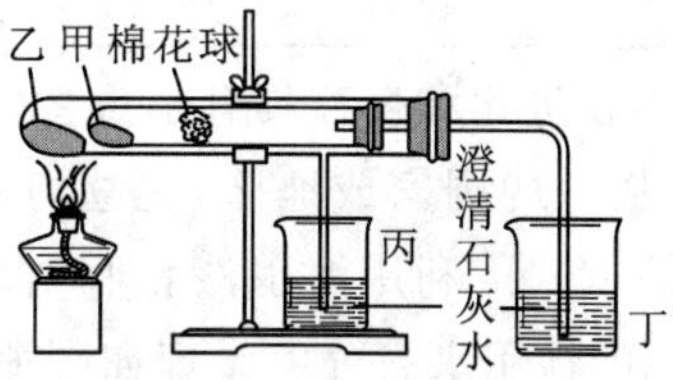


A. 甲为 $Na_2CO_3$，乙为 $NaHCO_3$

B. 要证明碳酸氢钠受热能产生水，可在小试管内塞上沾有无水硫酸铜粉末的棉花球

C. 整个实验过程中可以看到丙烧杯的澄清石灰水没变浑浊

D. 若同质量的甲和乙分别与盐酸完全反应，消耗同浓度的盐酸体积：甲>乙

**二、判断题**(共 1 题，10 分。)

**21.** (10 分)请判断以下叙述的对错，对的在题前括号内打“√”，错的打“×”。

a.(　　)用煤炭直接做燃料，不能充分利用煤炭中的资源，还污染环境。

b.(　　)粉碎机粉碎纸张时可能将原子一分为二。

c.(　　)过分化妆或频繁染发，都有可能危害健康。

d.(　　)食盐添加有毒物质亚铁氰化钾，有害健康。

e.(　　)狂犬病是狗类的疾病，人类不会感染。

f.(　　)海水稻的种植成功，有望进一步利用盐碱滩涂，提高我国粮食产量。

g.(　　)人类使用某种金属的早晚与该金属冶炼的难易程度有关。

h.(　　)蛋白质是重要的营养物质，只有牛奶、肉类等动物制品中含有蛋白质。

i.(　　)冰雪上撒盐，温度下降所以冰雪融化。

j.(　　)2018 年国际计量大会通过了关于“修订国际单位制(SI)”的 1 号决议：千克、安培、开尔文和摩尔四个 SI 基本单位的定义将修改，该改变不会影响人们日常的生产生活。

**三、综合应用题**(共 3 题，共 26 分。)

**22.** (12 分)2019 年 1 月 11 日，嫦娥四号登月成功，玉兔二号漫游车在月球上的一小步却是中华民族的一大步。

(1)月球上有丰富的氦-3，氦-3 可以和氢的一种同位素发生核聚变，可释放大量能量，如果能将氦-3 运至地球，该反应有可能为地球提供________________。氦-3 原子的质子数是________。

(2)嫦娥四号和玉兔二号身上的国旗材质是由一种叫聚酰亚胺的有机高分子薄膜材料制作的。化学纤维织物、丝绸、棉布、纸张等地面常见国旗材料无法经受月表环境考验的原因可能是________________________________。

(3)月球的矿产资源极为丰富,仅月面表层 5 cm 厚的沙土就含有上亿吨铁,月球上的铁主要是氧化铁。从氧化铁冶炼铁可选择的还原剂是________(填序号)。

A. 焦炭　　　B. 一氧化碳　　　C. 氢气　　　D. 氧气

(4)人类很早就有探索宇宙、遨游太空的梦想。自 1969 年人类第一次登上月球后,又开启了登陆其他行星的计划。科学研究表明,地球生命得以存在的三个条件是________________________________________________________________________________________________。

结合下表分析,人类接下来可能考虑登陆的行星是________。

| 行星 | 表面温度 | 大气 | 行星状况 | 离地球距离 |
|---|---|---|---|---|
| 水星 | −173 ℃～427 ℃ | 无 | 固态、无水 | 0.917 亿千米 |
| 金星 | 420 ℃～485 ℃ | 有 | 固态、无水 | 0.414 亿千米 |
| 火星 | −87 ℃～−5 ℃ | 有 | 固态、有水 | 0.783 亿千米 |
| 木星 | −148 ℃ | 有 | 气态 | 6.290 亿千米 |

**23.** (6 分)海洋对于生物进化和生存具有不可替代的作用。

(1)在淡水缺乏但又临海的国家或地区,建立海水淡化厂是一种解决淡水不足的方式。利用海水淡化膜对海水进行二级脱盐后可获得达标的饮用水。分离原理如图所示,该原理与化学实验中常见的__________操作相似,该过程属于__________(填“物理变化”或“化学变化”)。

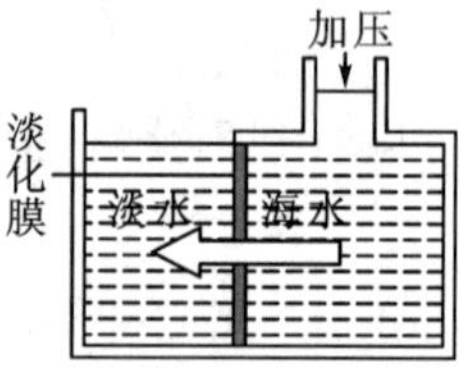


(2)科学研究表明,地球上最初的生命是诞生在海洋中的古细菌,古细菌进化为可以进行光合作用的蓝细菌(蓝藻),光合作用是利用光将二氧化碳和水转化成葡萄糖和氧气的过程,请写出光合作用的化学方程式:________________。

由于光合作用,地球大气中的________气体含量减少,________气体含量增加;大气中气体在雷电的作用下生成臭氧,正是臭氧层的形成有效阻挡了太阳紫外线辐射等宇宙射线的致命辐射,生命才有可能爬出海洋,走向陆地,形成了如今生机勃勃的地球。

**24.** (8 分)图中 A～H 是初中化学常见的物质。A 俗称苏打;C 可用作补钙剂;G 是一种常见的氮肥,含氮量为 35%;H、F 物质类别相同。图中“—”表示两端的物质间能发生化学反应;“→”表示物质间存在转化关系;反应条件、部分反应物和生成物已略去。

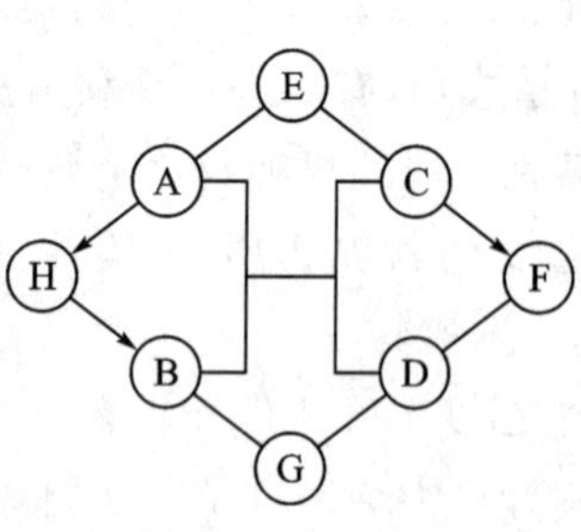


(1)写出化学式 A ____________________,G ____________________。

(2)写出化学方程式:

H 转化为 B 的反应____________________________。

C 转化为 F 的反应____________________________。

(3)若 E 与 G 的组成元素相同,则 E 的名称为________________。

**四、研究性学习题**(共 2 题,共 18 分。)

**25.** (10 分)某化学兴趣小组为探究分子的运动情况,做了一系列有趣的实验。

(1)如图将盛有氨气的试管垂直插入水槽中，发现试管中的液面会慢慢地上升，液面上升的原因是______________________；有的同学猜想，只要时间足够长，水就能全部充满试管，但大约过了 50 min，水仍然没有能充满试管，可能的原因是____________。

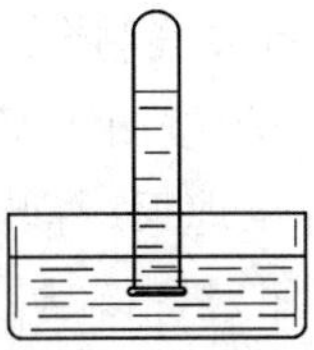

(2)在玻璃管两端同时放入分别蘸有浓氨水和浓盐酸的棉花，做了如图 1 所示实验，发现在玻璃管内形成了白色烟环(成分为氯化铵)且偏向蘸有浓盐酸的棉花一端。

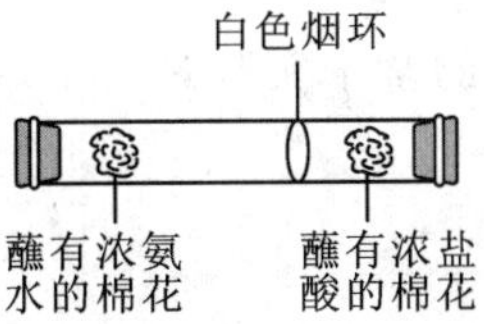


图 1

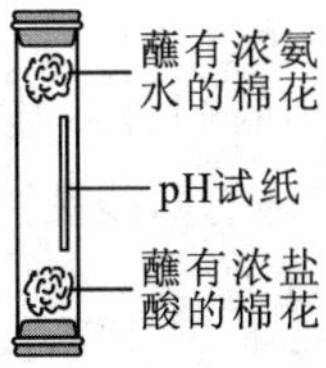


图 2

①白色烟环偏向蘸有浓盐酸的棉花一端的原因是______________________；

②写出该反应的化学方程式：______________________。

(3)为了获得更好的视觉效果，该小组同学设计了图 2 所示实验。

【实验步骤】从玻璃管顶部将蘸有浓盐酸的棉花投入底部(过程中棉花不接触管壁)，pH 试纸迅速变为红色；再将蘸有浓氨水的棉花固定在玻璃管顶部，用手机摄像记录实验现象。

【查阅资料】图 3 所示是本实验所用的 pH 试纸的显色范围。

红色 1 2 3 4　黄色 5 6　绿色 7 8　蓝色 9 10 11 12 13 14

图 3

【现象分析】图 4 所示是手机摄像记录下来的 pH 试纸每 15s 的显色情况。

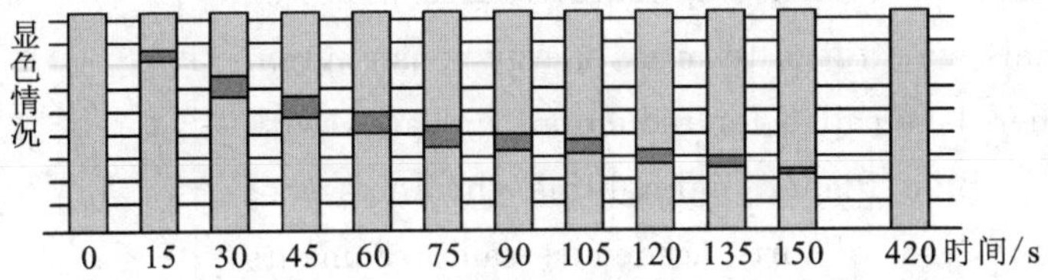


图 4

420 s 时，pH 试纸全部变为绿色，白烟大部分沉降至玻璃管底部。图 4 中，75 s 时 pH 试纸从上至下的颜色依次为绿色、________和________。

【拓展探究】上述实验中，若上下棉花颠倒，即玻璃管底部是蘸有浓氨水的棉花，顶部是蘸有浓盐酸的棉花，则 pH 试纸几乎直接变为绿色，玻璃管内迅速充满白烟，解释产生这种现象的原因是______________________________。

**26.**(8 分)某化学兴趣小组在老师指导下进行课外实验，利用图 1 装置来探究单质在空气中燃烧后氧气浓度的变化情况。

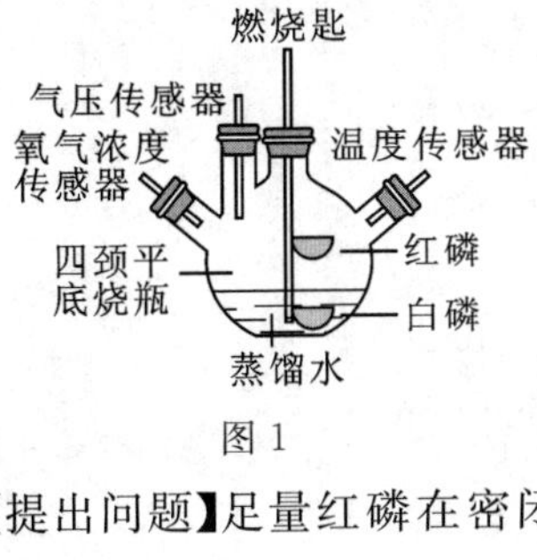


图 1

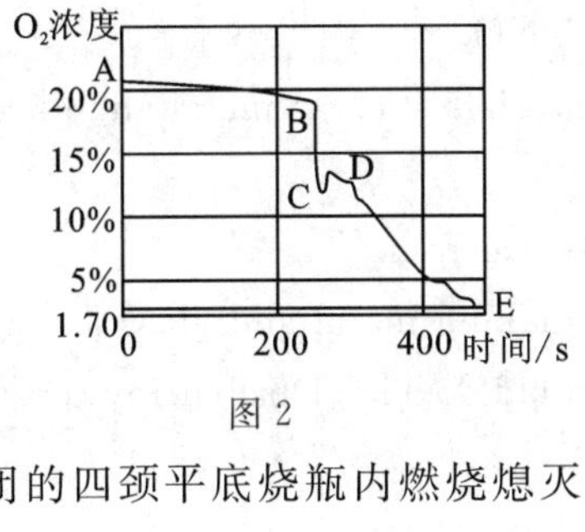


图 2

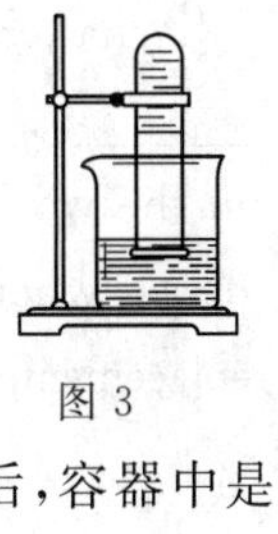

图 3

【提出问题】足量红磷在密闭的四颈平底烧瓶内燃烧熄灭后，容器中是否有氧气剩余？

【猜想假设】猜想①:有氧气剩余。猜想②:无氧气剩余。

【实验验证】该小组同学按图 1 组装好实验装置,利用高能激光笔照射燃烧匙上的红磷,红磷燃烧直至熄灭;待装置完全冷却后,将装有白磷的燃烧匙提出水面,再次用高能激光笔照射,白磷居然也被点燃。

(1)红磷燃烧产物与瓶底热水反应生成磷酸($H_3PO_4$)的化学方程式为________________________________________。

(2)根据上述实验现象,得出结论为猜想________(填序号①或②)是正确的。

【拓展延伸】图 2 是该小组同学从开始实验到最后装置冷却后的整个实验过程中,用氧气传感器测量容器内氧气浓度变化的曲线图。

(3)在图中 BC 段发生反应的化学方程式是__________________________。

(4)DE 段氧气浓度变化的主要原因:__________________________________________________________________________________。

(5)小组同学通过查阅资料发现,还可以用铁丝绒验证空气中氧气的体积分数,将足量细铁丝绒置于试管底部,并倒扣在装有水的烧杯中(如图 3),有可能将空气中氧气浓度消耗至 0.2%。一段时间后可以看到的现象是______________;该实验的原理与一种常见的生活现象________________________________类似。

**五、科技英语题**(共 1 题,共 6 分。)

**27.** (6 分)An outright ban on plastics could cause even more harm to the environment and lead to triple the amount of greenhouse gas emissions.

That's the finding of experts from Herriot-Watt University in Edinburgh who say that replacing plastic with alternate materials such as metal and glass won't help the environment. The team say this is because the manufacturing of these replacements could double global energy consumption. Resources required to process these replacement materials would lead to more energy consumption and more greenhouse gas. Campaigner have called for reductions or bans, with recent programs such as the BBC's Blue Planet highlighting the impact of plastics on the worlds oceans. But the team of forty academics said arguments surrounding a reduction or ban are often shortsighted and not based on facts.

Professor David Bucknell, who led the research, said that transportation of consumer goods in plastic packaging means fewer vehicles because plastic is lightweight. Therefore burning less fuel and greatly reducing greenhouse gas emissions.

(1)The "plastics" in the first paragraph means ________ in Chinese.

A. 材料　　B. 玻璃　　C. 塑料

(2)Greenhouse gas is ________.

A. CO　　B. $CO_2$　　C. $NO_2$

(3)Replacing plastic with alternate materials such as metal and glass won't help the environment because ________.

A. the impact of plastics on the worlds oceans

B. the waste products produced when making metal and glass are not bad

C. manufacturing of these replacements could double global energy consumption

# 2019年全国初中学生化学素质和实验能力竞赛(广东省)初赛试题

学习笔记

相对原子质量:H—1　C—12　O—16　N—14　Na—23　P—31　Cl—35.5　S—32　Ba—137

**第一部分(共100分)**

**一、选择题**(共计14小题,每小题2分,共28分,每小题只有一个选项符合题意。)

**1.** 汽车安全气囊内所装化学物质,能在碰撞后10毫秒内,生成一种空气中含量最多的气体,该气体是(　　)

A. 氧气　　B. 二氧化碳

C. 稀有气体　　D. 氮气

**2.** 下列说法错误的是(　　)

A. 化学可以为人类研制新材料

B. 化学正在环境保护中发挥重要作用

C. 化学可以为人类提供新能源

D. 化学的发展必然导致生态环境的恶化

**3.** 某种新型"防盗玻璃"为多层结构,每层中间嵌有极细的金属线,当玻璃被击碎时,与金属线相连的警报系统就会立刻报警。"防盗玻璃"能报警,这利用了金属的(　　)

A. 延展性　　B. 导电性　　C. 弹性　　D. 导热性

**4.** 近年用红外激光技术研究液氢,发现液氢中含有 $H_3^+$。$H_3^+$ 应该属于(　　)

A. 单质　　B. 分子　　C. 原子　　D. 离子

**5.** 从防止空气污染考虑,下列实验应在通风橱中进行的是(　　)

A. 碘的受热和冷却

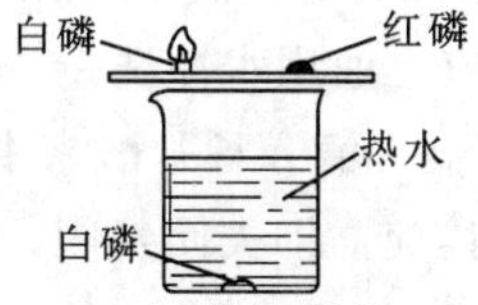


B. 白磷的燃烧

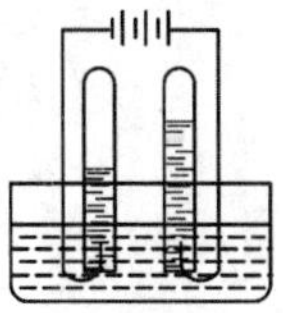

C. 电解水

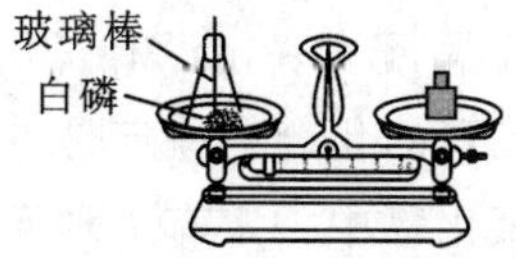


D. 白磷燃烧前后质量测定

**6.** 今有四种粒子的结构示意图,下列说法正确的是(　　)

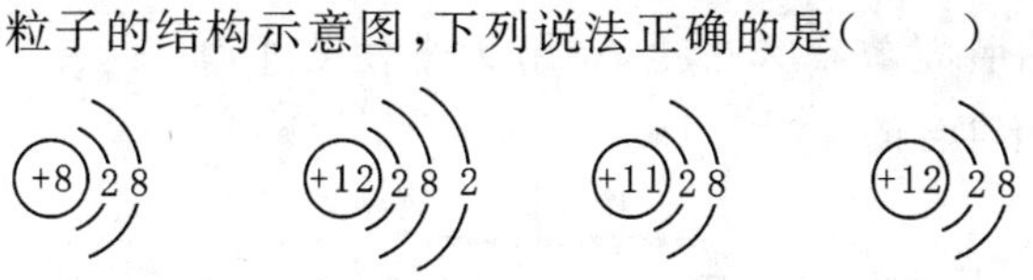


A. ②表示的元素在化合物中通常显+2价

B. 它们表示四种元素

C. ④表示的元素是非金属元素

D. ①④表示的是阳离子

7. 某固体在试管中加热后，试管底部没有固体残余物，有关该变化的说法正确的是(　　)

A. 一定是化学变化

B. 一定是物理变化

C. 可能是物理变化，也可能是化学变化

D. 既是物理变化，又是化学变化

8. 下表是某城市空气质量每周公报的部分内容，下列情况对表中三个空气质量指标不会产生影响的是(　　)

| 项目 | 空气污染指数 | 空气质量级别 | 空气质量描述 |
| --- | --- | --- | --- |
| 总悬浮颗粒 | 52 | 11 | 良 |
| 二氧化硫 | 7 | | |
| 二氧化氮 | 24 | | |

A. 用天然气作燃料　　B. 焚烧垃圾

C. 汽车排放的尾气　　D. 用煤和石油作燃料

9. 在实验室用一定量的二氧化锰和氯酸钾混合加热制取氧气，在制氧气过程中，二氧化锰在固体混合物中的质量分数(　　)

A. 不变　　B. 由小到大　　C. 由大到小　　D. 无法确定

10. 用括号中的试剂除去物质中所含杂质，所用药品错误的是(　　)

A. KCL 中有杂质 $K_2CO_3$(稀硫酸)　　B. NaCl 中有杂质 $Na_2SO_4$(氯化钡)

C. 熟石灰中有少量生石灰(水)　　D. $N_2$ 中有少量 $O_2$(灼热的铜网)

11. 下列对日常生活中的某些做法或认识没有科学依据的是(　　)

A. 食用合格“碘盐”，可预防某种甲状腺疾病

B. 误食重金属盐后，可喝鲜牛奶解毒

C. 长期饮用优质纯净水，有利于身体健康

D. 维生素可以调节人体的新陈代谢

12. 下列突发事故的处理措施正确的是(　　)

A. 有小孩不慎跌入富含一氧化碳或硫化氢的深洞中，应立即下洞救人

B. 实验中如浓硫酸不慎沾到皮肤上，应迅速用水冲洗

C. 眼睛里不小心溅进 NaOH 溶液，可立即滴入稀盐酸来中和

D. 厨房中因煤气泄漏出现较大气味时，应立即关闭气阀，不能打开抽油烟机排气

13. 逻辑推理是化学学习常用的思维方法，以下推理正确的是(　　)

A. 金属元素有正化合价，因此非金属元素一定没有正化合价

B. 碱都含有氢元素，所以含有氢元素的化合物一定是碱

C. 氧化物只含有两种元素，所以氧化物中一定有一种元素不是氧元素

D. 中和反应有盐和水生成，因此有盐和水生成的反应一定是中和反应

14. 如图所示，将密闭的相互连通的装置放在天平上，调节天平使之平衡。经过一段时间后，下列有关叙述与事实相符合的是(　　)

A. 指针偏左，食盐溶液一定变稀

B. 指针偏右，食盐溶液一定饱和

C. 指针偏左，食盐溶液一定变浓

D. 指针偏右，食盐溶液一定变浓

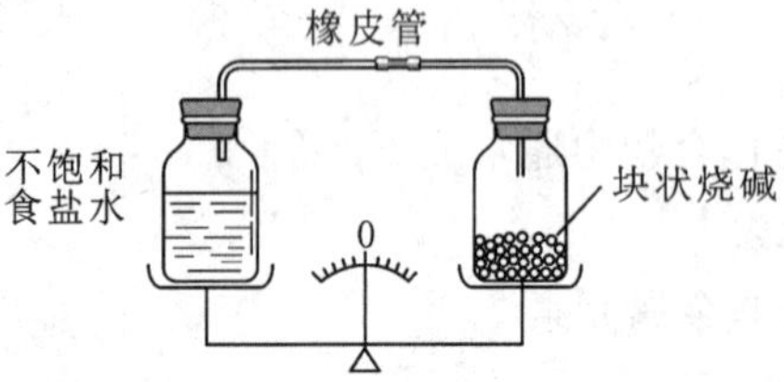

**二、填空题**(本题有 5 小题,共 20 分)

**15.** (4 分)请在①氢气、②石墨、③干冰、④酒精几种物质中选择适当物质填空(填化学式):写字用的铅笔中含________;司机驾驶机动车前饮用的饮料不能含有________;属于未来新型能源的是________;可以用作制冷剂的是________。

**16.** (3 分)溶解度曲线为我们定量描述物质溶解性的强弱提供了便利。

请你根据右图的溶解度曲线回答下列问题:

(1)20 ℃时,甲物质的溶解度________(填"大于"、"等于"或"小于")乙物质的溶解度。

(2)________℃时,两种物质的溶解度相等。

(3)60 ℃时,将 80 g 甲物质放入 100 g 水中,所得溶液的溶质质量分数为________。

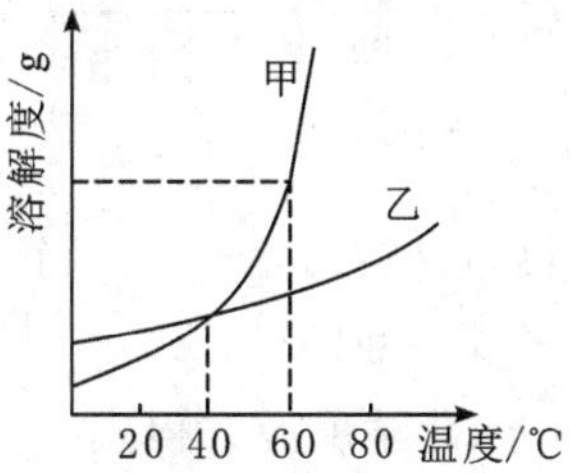


**17.** (4 分)2019 年,惠州市某项目已生产出了合格的乙烯(化学式为 $C_2H_4$)和丙烯(化学式为 $C_3H_6$),该项目的投产,对缓解广东及东南沿海地区化工原料的紧缺将起到重要作用。

(1)乙烯和丙烯都属于________(填有机物或无机物)。

(2)根据丙烯的化学式,请你写出所获得的信息:(三条即可)

①________________________________________;

②________________________________________;

(3)________________________________________。

**18.** (4 分)化学与我们生活有着密切的联系。

(1)某同学用 pH 试纸测试家里的洗发剂和护发剂的 pH,测得洗发剂的 pH 略大于 7,护发剂的 pH 略小于 7。弱酸性有益于头发的健康,洗发时应先用________剂,后用________剂。

(2)可用________除去冰箱里的异味,因为该物质的性质之一是________。

**19.** (5 分)某同学做"证明鸡蛋壳的主要成分是碳酸盐"的实验时,设计了如下方案(如图所示)。经检验装置气密性合格并加入试剂。

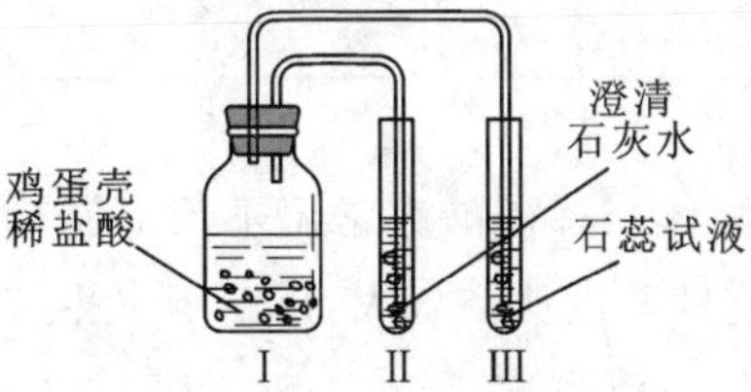


(1)描述Ⅰ中发生的现象:________________________________

(2)分析Ⅱ、Ⅲ中出现的现象:________________________________

(3)你认为上述哪几种现象结合在一起足以说明鸡蛋壳的主要成分是碳酸盐?

上述方案中,哪一步实验是多余的?

三、(本题有 2 小题,共 15 分。)

**20.** (8 分)甲、乙、丙是三种单质,A、B、C 是三种化合物,它们之间有下列转化关系:

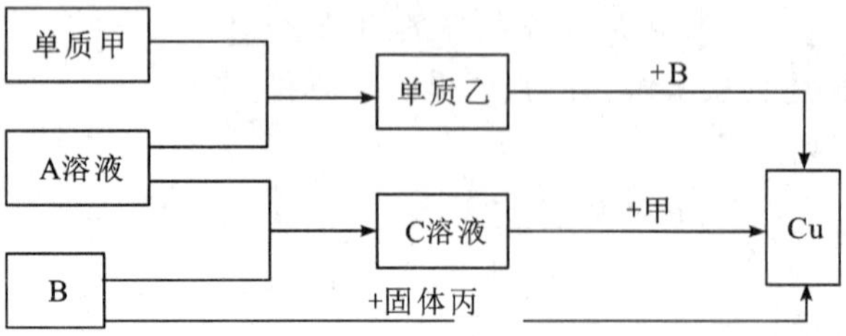


(1)用化学式表示下列物质:乙________,丙________,B ________,

(2)A 可能是________(一种即可)。

(3)C 溶液+甲→Cu 的化学反应方程式:____________________。

(4)单质甲应满足的条件是________________________________________。

**21.** (7 分)氟利昂是一种常见的致冷剂。氟利昂在紫外线的照射下能分解出氯原子破坏臭氧层,其破坏臭氧的循环示意图如下:

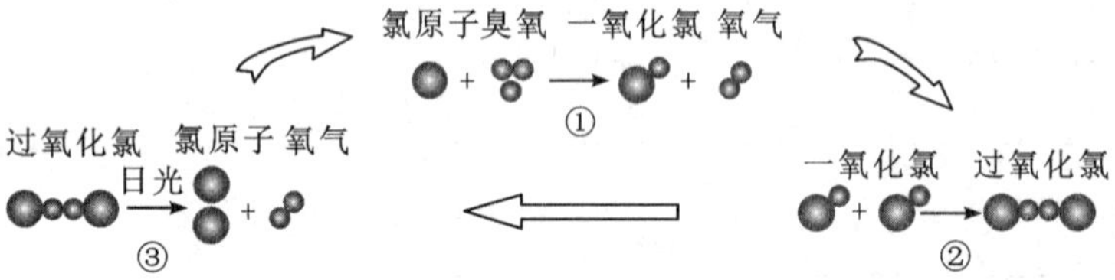


(1)请写出臭氧的化学式________;臭氧与氧气化学性质不同的原因是________________________________________________________。

(2)上述反应属于化合反应的是(填序号)________。

(3)经过①②③的反应后,反应物氯原子的个数________(“减少”“增加”“不变”),反应①中的氯原子与反应③中的氯原子化学性质________(填“相同”或“不同”)。

(4)有科学家指出:“少量的氟里昂就能对臭氧层产生巨大的影响”,请你根据循环示意图说明理由:________________________________________。

四、(本题有 2 小题,共 24 分。)

**22.** (11 分)实验室常用亚硫酸钠($Na_2SO_3$)固体与稀硫酸在常温下反应制取 $SO_2$,常温下 $SO_2$ 是无色有刺激性气味的气体,它的密度比空气大,可溶于水生成亚硫酸($H_2SO_3$),$H_2SO_3$ 能使湿润的 pH 试纸变红,请回答:

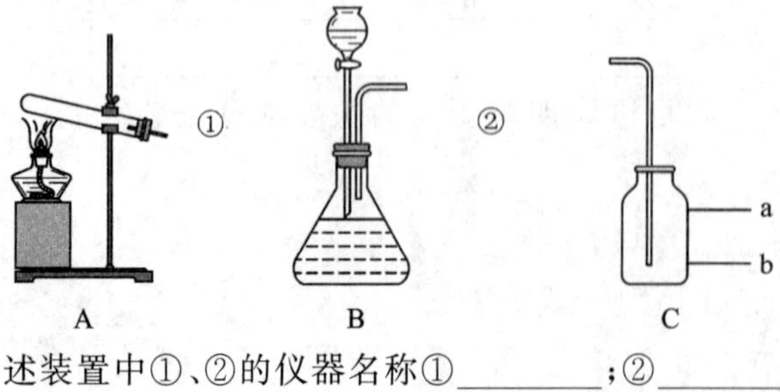


(1)写出上述装置中①、②的仪器名称①________;②________。

(2)现用亚硫酸钠与稀硫酸制取二氧化硫,你选择的反应发生装置是________(填序号);化学方程式为:________________;不选择另一种反应发生装置的理由是①________________________________________;
②________________________________________________。

(3)当用装置 C 收集 $SO_2$ 时,导气管的下端应放在________(填 a 或 b)处,其目的是________________________________________________。

(4)写出检验装置 C 中 $SO_2$ 是否已收集满的操作方法是：________________________________________________。

**23.** (13 分)某同学在学习了燃烧与燃料的有关知识后，注意到一张纸容易燃烧，而卷成纸团却不易燃烧，联想到细铁丝受热后，在空气中一般只产生红热现象，而在氧气中能剧烈燃烧，于是引发思考，并进行了实验探究。请你协助回答下面有关问题：

【发现问题】可燃物燃烧的剧烈程度与哪些因素有关呢？

【提出猜想】猜想①：燃烧的剧烈程度可能与________有关；猜想②：燃烧的剧烈程度可能与________有关。

【验证猜想】：实验报告如下：

| 验证猜想 | 实验操作 | 实验现象 | 实验结论 |
| --- | --- | --- | --- |
| 猜想① | 将两块红热的木炭分别放入盛有氧气和空气的集气瓶中 | ________ | ________，燃烧更剧烈 |
| 猜想② | 取质量相等的两块镁条，其中一块磨成粉，分别在空气中点燃 | ________ | ________，燃烧更剧烈 |

写出细铁丝在氧气中燃烧的化学方程式：________________。

【结论应用】请你结合工业生产或生活中的实例，就如何使燃料得到充分燃烧，而达到节约能源的目的，提出一条具体建议：________________________________________________。

**五、计算题**(本题有 2 小题，共 14 分)

**24.** (6 分)某蔬菜种植基地原计划每亩菜田施用碳酸氢铵($NH_4HCO_3$)7.9 kg，因缺货改为施用尿素($CO(NH_2)_2$)，请计算：

(1)尿素中氮元素的质量分数是多少？

(2)若要达到同样的施肥效果(氮元素质量相同)，每亩菜田需要尿素的质量是多少？

**25.** (8 分)某学习小组对实验室久置的 NaOH 的变质程度进行探究。先称取 13.3 g 的 NaOH 样品(杂质为 $Na_2CO_3$)，配成溶液，然后向溶液中逐滴加入质量分数为 14.6%的稀盐酸，实验测得加入稀盐酸的质量与产生 $CO_2$ 气体的质量关系如图所示。

(1)该样品中 $Na_2CO_3$ 的质量是________。

(2)实验过程中盐酸与 NaOH 反应所用的质量是多少(计算结果精确至小数点后一位)。

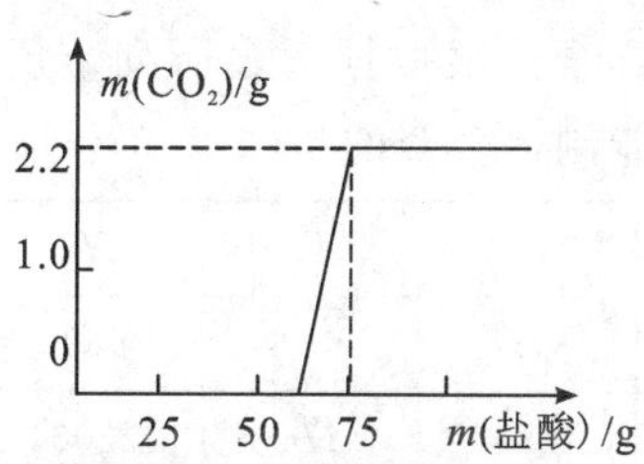


(3)根据“盐酸与 NaOH 反应所用的质量”，对照图像，你发现了什么问题？

## 第二部分(共 30 分)

**一、选择题**(本题有 6 小题,每小题 3 分,共 18 分,每小题有 1 个或 2 个选项符合题意。若有两个答案的选 1 个而且正确的得 1 分,凡是有错误的不得分。)

**26.** 2020 年北京奥运会将突出“绿色奥运、科技奥运、人文奥运”的理念。绿色奥运是指(　　)

A. 加大反恐力度,并讲求各国运动员的营养搭配,使他们全身心投入比赛

B. 严禁使用兴奋剂,使运动员公平竞争

C. 把环境保护作为奥运设施规划和建设的首要条件

D. 奥运场馆建设均使用天然材料,不使用合成材料

**27.** 有四种无色溶液 a、b、c、d,分别是 $H_2SO_4$、$Na_2CO_3$、$Na_2SO_4$、$Ba(NO_3)$中的一种,如下实验:①a+d→溶液+气体;②b+c→溶液+沉淀;③b+d→沉淀e+溶液;④a+b→溶液 f+沉淀;⑤e+f→溶液+气体。则 a、b、c、d 依次是(　　)

A. $Na_2CO_3$、$Ba(NO_3)_2$、$Na_2SO_4$、$H_2SO_4$

B. $Na_2SO_4$、$Ba(NO_3)_2$、$Na_2CO_3$、$H_2SO_4$

C. $H_2SO_4$、$Ba(NO_3)_2$、$Na_2SO_4$、$Na_2CO_3$

D. $Ba(NO_3)_2$、$Na_2SO_4$、$H_2SO_4$、$Na_2CO_3$

**28.** 密闭容器内有 A、B、C、D 四种物质,在一定条件下充分反应,测得反应前后各物质的质量如下表,下列说法正确的是(　　)

| 物质 | A | B | C | D |
| --- | --- | --- | --- | --- |
| 反应前质量/g | 19.7 | 8.7 | 31.6 | 0.4 |
| 反应后质量/g | 待测 | 17.4 | 0 | 3.6 |

A. 物质 C 一定是化合物,物质 D 可能是单质

B. 反应后密闭容器中 A 的质量为 19.7 g

C. 反应过程中,物质 B 与物质 D 变化的质量比为 87∶36

D. 若 A 与 C 的相对分子质量之比为 197∶158,则反应中 A 与 C 的化学计量数之比为 1∶2

**29.** 如图所示,烧瓶内盛有 x 气体,若挤压滴管的胶头 a,使液体 y 进入烧瓶中,振荡烧瓶,并倒放在铁架台上,将导管伸入滴有 z 的水中,打开弹簧夹 b,可见烧杯中液体如喷泉一样喷入烧瓶中,并出现颜色的改变,则 x、y、z 可能是(　　)

| | x 气体 | y 溶液 | z 试剂 |
| --- | --- | --- | --- |
| A | $O_2$ | $H_2SO_4$ | 紫色石蕊试液 |
| B | $CO_2$ | NaOH | 无色酚酞试液 |
| C | CO | $Ca(OH)_2$ | 无色酚酞试液 |
| D | HCl | $AgNO_3$ | 紫色石蕊试液 |

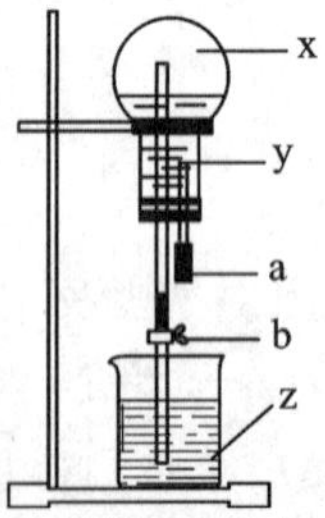


**30.** 工业生产中常将两种金属在同一容器中加热使其熔合,冷凝后得到具有金属特性的熔合物——合金。试根据下表所列金属的熔点和沸点的数据(其他条件均已满足),判断不能制得合金的是(　　)

| 金属 | Na | K | Al | Cu | Fe |
| --- | --- | --- | --- | --- | --- |
| 熔点(℃) | 97.8 | 63.6 | 660 | 1083 | 1535 |
| 沸点(℃) | 883 | 774 | 2200 | 2595 | 2750 |

A. K-Na 合金　　　　B. K-Fe 合金

C. Na-Al 合金　　　　D. Fe-Cu 合金

31. $^{18}O$ 是科学实验中常用的一种示踪原子，用仪器可以观测到它在化学变化中的行踪。在某一饱和硫酸铜溶液（不含 $^{18}O$）中，加入 $a$ g 带标记 $^{18}O$ 的无水硫酸铜粉末（$CuSO_4$ 中的氧元素全部为 $^{18}O$），如果保持温度不变，其结果是（　　）

A. 无水硫酸铜不再溶解，$a$ g 带标记 $^{18}O$ 的无水硫酸铜粉末没有发生改变

B. 溶液中可找到带标记 $^{18}O$ 的 $SO_2$，且白色粉末变为蓝色晶体，其质量小于 $a$ g

C. 溶液中可找到带标记 $^{18}O$ 的 $SO_2$，且白色粉末变为蓝色晶体，其质量大于 $a$ g

D. 有部分带标记 $^{18}O$ 的 $SO_2$ 进入溶液中，但固体质量保持不变

**二、实验题**（本题有 2 小题，共 12 分。）

32. （2 分）某研究性学习小组，准备测定某仓库空气中氧气的含量。请你帮助该小组设计从仓库中取出空气样本的方法：________________

33. （10 分）为了除去用粗盐配制成的 NaCl 溶液中所含有的少量 $MgCl_2$、$CaCl_2$ 和 MgSOq 杂质，某同学从碳酸钠溶液、稀盐酸、硝酸钡溶液、碳酸钾溶液和氢氧化钡溶液中选择了 A、B、C 三种试剂，按以下步骤进行实验，请回答下列问题：

实验Ⅰ：向溶液中加入过量 A 后过滤得滤液 1。

实验Ⅱ：向滤液 1 中加过量 B 后过滤得滤液 2。

实验Ⅲ：向滤液 2 中滴加适量 C，得到较纯净的 NaCl 溶液。

①A、B、C 三种试剂中溶质的化学式为 A ________、B ________、C ________；

②实验Ⅰ中，所加 A 要过量的原因是________________，有关化学方程式为________________；

③实验Ⅱ中，加 B 过量的原因是________________，有关化学方程式为________________；

④实验Ⅲ中，试剂加到________时为适量，此时得到较为纯净的 NaCl 溶液。

# 2020年海南省初中化学竞赛初赛试题

解题可能用到的相对原子质量：H—1　C—12　O—16　Na—23　Cl—35.5

**一、选择题**（每小题只有1个正确选项，每小题2分，共30分。）

**1.** 下列有关化学发展简史的叙述不正确的是（　　）

A. 门捷列夫发现了元素周期律　　B. 拉瓦锡建立了燃烧的氧化理论

C. 阿伏加德罗创立了科学原子论　　D. 侯德榜发明了联合制碱法

**2.** 下图所示的化学实验基本操作中，正确的是（　　）

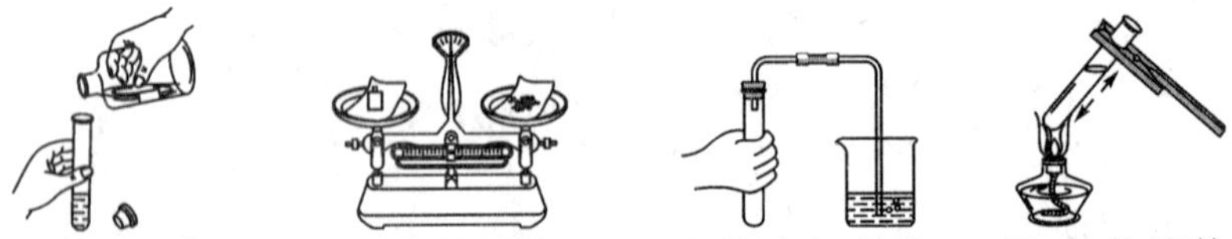

A. 倾倒液体　　B. 称量固体　　C. 检查气密性　　D. 加热液体

**3.** 下列化学用语与含义相符的是（　　）

A. 2O—2个氧元素　　B. $SO_2$—二氧化硫

C. $N_2$—2个氮原子　　D. Mg—镁离子

**4.** 防止全球变暖，请低碳生活吧！下列建议不利于该主题的是（　　）

A. 及时关闭电脑　　B. 常骑自行车，少开私家车

C. 自备购物袋　　D. 多用柴草作燃料

**5.** 根据下表中的信息，推断出的元素名称一定合理的是（　　）

| 选项 | 元素在生活中的应用信息 | 元素名称 |
|---|---|---|
| A | 它是一种作用在牙齿上的元素，早晚各一次，能有效防治蛀牙 | 硅 |
| B | 这种元素的单质是一种能让气球飞起来的气体 | 氦 |
| C | 这种元素的单质常用来造大门、锅炉，并且当它与其他金属和碳混合后便成了钢 | 氟 |
| D | 这种元素几乎占据了地壳组成的四分之一，它也用于制造玻璃和太阳能电池 | 铁 |

**6.** 下图是元素周期表中的一格，依据图中的信息及所学知识，判断下列说法中错误的是（　　）

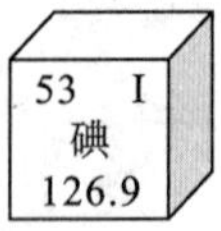


A. 碘元素的元素符号为I

B. 碘元素属于非金属元素

C. 碘元素原子核内质子数为53

D. 碘元素的相对原子质量为126.9 g

**7.** 下列物质的用途与其化学性质相关的是（　　）

A. 镁粉用于制作烟花　　B. 铜作导线

C. 铁用于制作炊具　　D. 铝可制成用于包装的铝箔

**8.** 复方冬青油软膏具有强力迅速镇痛作用。其有效成分的分子模型如下图。下列说法中不正确的是（　　）

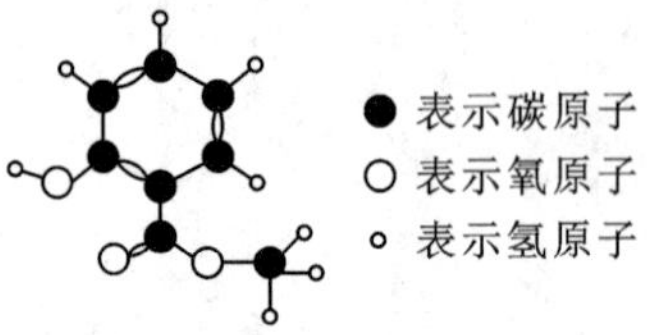


A. 该有机物的化学式为 $C_8H_8O_3$

B. 该有机物分子中氢、氧原子的个数比为8∶3

C. 该有机物完全燃烧生成二氧化碳和水

D. 该有机物中含氧元素的质量分数最小

9. 生活垃圾中的塑料矿泉水瓶、塑料袋等都属于(　　)

A. 金属材料　　　　B. 无机非金属材料

C. 有机合成材料　　D. 复合材料

10. 下列物质鉴别的实验方法错误的是(　　)

| 选项 | 鉴别的物质 | 实验方法及现象 |
|---|---|---|
| A | 铁和锌 | 滴加稀盐酸,观察是否产生气泡 |
| B | 食盐和纯碱 | 滴加食醋,观察是否产生气泡 |
| C | 过氧化氢和蒸馏水 | 加入二氧化锰,观察是否产生气泡 |
| D | 碳酸氢铵和硫酸铵 | 滴加稀盐酸,观察是否产生气泡 |

11. 推理是化学学习中常用的思维方法。下列推理正确的是(　　)

A. 酸能使紫色石蕊溶液变红。通入 $CO_2$ 后的紫色石蕊溶液变红,所以 $CO_2$ 是酸

B. 酸性溶液的 pH 小于 7。食醋是酸性溶液,所以食醋的 pH 小于 7

C. 在同一化合物中,金属元素显正价,所以非金属元素一定显负价

D. 溶液中有晶体析出时,溶质质量减小,所以溶质的质量分数一定减小

12. 工业生产中,可用盐酸清洗铁材表面的致密氧化层。为了提高酸洗液的浓度或温度以加快反应,可在酸洗液中加入(　　)

A. 浓硫酸　　B. 生石灰　　C. 食盐　　D. 固体氢氧化钠

13. 把盛有甲、乙、丙三种气体的试管分别同时倒插入盛有水的烧杯中,一段时间后,观察到如图所示的现象,对甲、乙、丙气体的分析正确的是(　　)

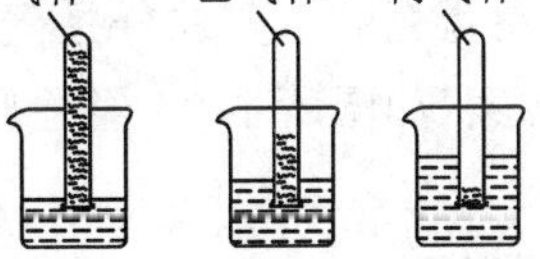


A. 甲、乙、丙气体都易溶于水

B. 乙气体比甲气体更易溶于水

C. 不可以用排空气法收集甲气体

D. 可以采用排水集气法收集丙气体

14. 下列有关溶液性质的说法中错误的是(　　)

A. 溶液一定是均一的、稳定的

B. 溶液一定是无色透明的

C. 食盐水能导电是因为食盐水中含有较多自由移动的离子

D. 消除路面上的积雪可以撒些盐,使冰雪较快融化

15. 在密闭容器中,将少量乙醇(化学式 $C_2H_5OH$)置于一定量氧气中燃烧,生成二氧化碳、水蒸气和一种未知物质 W。现测得反应前后各物质的质量如下。

| | 乙醇 | 氧气 | 二氧化碳 | 水蒸气 | W |
|---|---|---|---|---|---|
| 反应前质量/g | 48 | 80 | 0 | 0 | 0 |
| 反应后质量/g | 2 | 0 | 44 | 54 | $X$ |

下列有关说法错误的是(　　)

A. W 物质一定含有氢元素　　B. 该反应属于氧化反应

C. W 物质一定含有氧元素　　D. $X$ 的值为 28

**二、填空题**(每空 2 分,共 30 分。)

16. 现有 C、H、O、S、Na 五种元素,请选用其中一种或几种元素写出符合下列要求的化学式或化学方程式:

(1)治疗胃酸过多症的主要成分____________________。

(2)造成空气污染的主要气体之一____________________。

(3)有水生成的复分解反应________________________________。

**17.** 在加快建设海南国际旅游岛的今天，仍有一些市民环保意识不强，随意将垃圾倾倒在城市的主要供水渠道边。请回答：

(1)沿岸居民时常能闻到垃圾散发出的臭味，是因为分子________________。

(2)某化学兴趣小组定期对河水进行取样测试。为除去水样中难溶性的固体，需将水样(填序号)________。

①加热　　②过滤　　③蒸发　　④冷却

(3)为了保护河水的水质。下列做法合理的是(填序号)________。

①抑制水中所有动、植物的生长　　②不任意排放工业废水

③禁止使用农药和化肥　　④生活污水经过净化处理后再排放

**18.** 阅读资料并回答问题。

资料一：通常食醋中含有3%～5%的醋酸。醋酸的化学式为$CH_3COOH$，在常温下是一种无色液体，易溶于水，醋酸具有酸的性质。

资料二：钙是人体的一种常量元素。动物骨头中含有磷酸钙，但磷酸钙难溶于水，却能跟酸反应生成可溶性的钙盐。

(1)写出醋酸的两点物理性质________________________________。

(2)不能用铝制品来盛放食醋的原因是________________________。

(3)熬骨头汤时，常常会加入少量食醋，这样做的理由是________________。

**19.** 某化学课外小组用含铜90%的废铜屑制取胆矾(五水合硫酸铜)。将铜屑放入稀硫酸中，加热并不断鼓入空气，在氧气作用下便生成硫酸铜。

(1)写出生成硫酸铜的化学方程式________________________________。

(2)说出胆矾的一种用途________________________________。

**20.** 某同学做"证明鸡蛋壳的主要成分是碳酸盐"的实验时，设计了实验方案(如图所示)。经检验装置气密性合格并加入试剂。

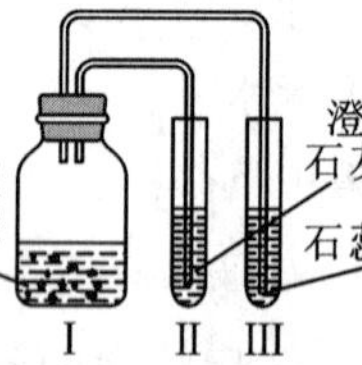


(1)描述Ⅰ中发生的现象________________。

(2)写出Ⅲ中反应的化学方程式____________。

(3)上述哪几种现象结合在一起足以说明鸡蛋壳的主要成分是碳酸盐________。上述方案中，实验________(填序号)是多余的。

**三、简答题**(共2题，10分。)

**21.** (6分)如图所示，为了让水中的白磷燃烧，小明通过导气管用嘴向水中吹气，结果白磷没有燃烧。请回答：

(1)白磷未能燃烧的原因。

(2)设计使白磷燃烧的一种方法。

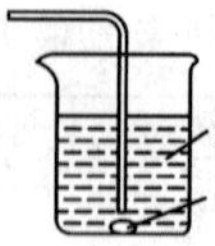


**22.** (4分)阅读下表数据，回答相关问题。

| 时间 | 我国人口 |
|---|---|
| 公元1600年 | 1.97亿 |
| 公元2000年 | 12.67亿 |

400年间，我国人口增加6倍多，而耕地面积并未增加。要解决衣食问题，化学学科发挥了怎样的作用？

**四、实验题**(每小题 8 分,共 16 分。)

**23.** 维生素 C 又名抗坏血酸,易溶于水,有酸性,易被氧化,能与碘反应。人体缺乏维生素 C 可能引发多种疾病。某研究学习小组对维生素 C 的研究如下:

【实验目的】验证维生素 C 具有酸性。

【实验方案】提供试剂:维生素 C 片、蒸馏水、紫色石蕊溶液、无色酚酞溶液、氢氧化钠溶液、pH 试纸。(实验仪器自选)

根据以上试剂,请你帮助他们设计两种方案,并写出可能观察到的实验现象:

| 实验方案 | 实验现象 |
|---|---|
| 方案(1) | |
| 方案(2) | |

**24.** 某同学对催化剂产生了兴趣,通过查资料了解到氧化铜、氧化铁等都能加速氯酸钾的分解。为了证明氧化铜能加快氯酸钾的分解,他们设计了实验,并进行气体的制备和测量实验。实验以生成 40 mL 气体为标准,相关记录见下表。

| 实验序号 | $KClO_3$ 质量/g | 加入其他的物质 | 待测数据 |
|---|---|---|---|
| 1 | 1.2 | 无其他物质 | |
| 2 | 1.2 | 加入少量的 CuO | |

试回答下列问题:

(1)上述实验中的“待测数据”指____________________。

(2)从下列仪器中选择合适的并加以组装____________(填写字母)。

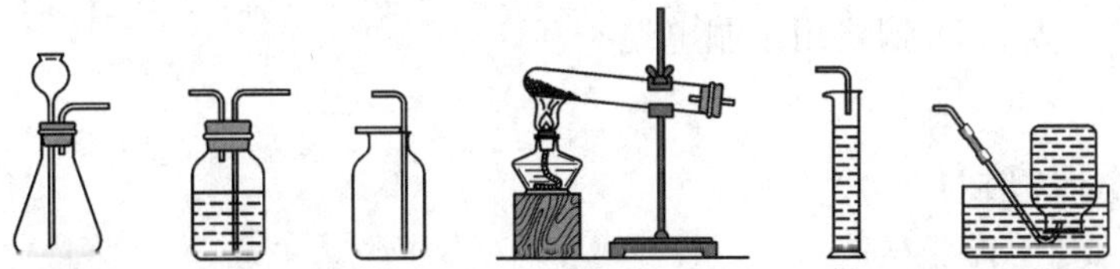


(3)为探究 CuO 在实验 2 中是否起催化作用,还需探究的内容是____________________________________________。

**五、计算题**(共 2 题,14 分。)

**25.** (8 分)右图是浓盐酸试剂瓶上标签的部分内容。请回答:

| |
|---|
| 盐酸(分析纯) |
| 化学式 HCl |
| 质量分数 36.5% |
| 密度 |

(1)欲配制 200 g 溶质质量分数为 3.65% 的稀盐酸,需要这种浓盐酸多少克?体积为多少?

(2)用(1)中所得稀盐酸与足量锌粒反应,至多可得氢气多少克?

**26.** (6 分)已知碳酸钠稳定而碳酸氢钠($NaHCO_3$)不稳定,碳酸氢钠受热易分解,反应的化学方程式为 $2NaHCO_3 \xlongequal{加热} Na_2CO_3 + CO_2\uparrow + H_2O$。现取碳酸氢钠和碳酸钠的混合物 20 g,加热到质量不再改变为止,剩余固体质量为 16.9 g。求原混合物中 $Na_2CO_3$ 的质量分数。

# 2020年吉林省长春市双阳区初中化学竞赛初赛试题

可能用到的相对原子质量：H—1　C—12　N—14　O—16　Cl—35.5　K—39　Na—23　Mg—24　S—32　P—31　Cu—64　Ca—40　Zn—65　Fe—56

**一、选择题**（本题共20题，每题2分，共40分。每题有1个选项符合题意。）

**1.** 下列选项中物质的名称、俗名、化学式不完全一致的是（　　）

A. 碳酸钠　纯碱　$Na_2CO_3$　　B. 氢氧化钙　石灰石　$Ca(OH)_2$

C. 氧化钙　生石灰　CaO　　D. 氢氧化钠　烧碱　NaOH

**2.** 烯经复分解反应的过程被化学家描述为“交换舞伴的交谊舞”。下列图示可以被理解为烯烃复分解反应过程的是（　　）

A. 

B. 

C. 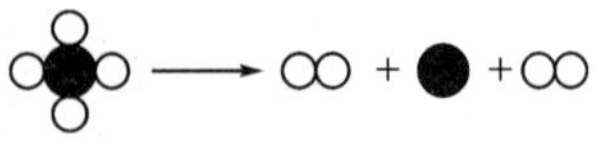

D. 

**3.** 下列物质的用途是利用其化学性质的是（　　）

A. 稀有气体用于霓虹灯　　B. 金属铝制易拉罐

C. 碳酸氢钠用于焙制糕点　　D. 铜线用于制电缆

**4.** 下列叙述正确的是（　　）

A. 将pH试纸浸入溶液中测溶液的pH

B. 用100 mL量筒量取5.55 mL的稀硫酸

C. 将氢氧化钠固体直接放在托盘天平的托盘上称量

D. 配制10%的氯化钠溶液的主要步骤：计算、称量、溶解

**5.** 某同学为了确定Fe、Cu、Hg三种金属的活动性顺序，用铁片、铜片、硝酸汞溶液和盐酸四种试剂设计了下列实验方案。其中可行的是（　　）

A. Fe+HCl　Cu+HCl　$Fe+Hg(NO_3)_2$

B. Fe+HCl　$Fe+Hg(NO_3)_2$　$Cu+Hg(NO_3)_2$

C. Fe+HCl　Cu+HCl　$Cu+Hg(NO_3)_2$

D. Cu+HCl　$Fe+Hg(NO_3)_2$　$Cu+Hg(NO_3)_2$

**6.** 根据实践经验，你认为下列家庭小实验不能成功的是（　　）

A. 将缝衣针淬火处理后做钓鱼钩

B. 用6B铅笔芯做导电性实验

C. 将食品干燥剂（CaO）加入水中制取石灰水

D. 将冷碟子放在蜡烛火焰上方制取炭黑

**7.** 为探究物质的可分性，小琴同学用高锰酸钾颗粒依次进行了下列三步实验操作。①研磨：从试剂瓶中取少量高锰酸钾颗粒放在研钵中研碎成粉末；②溶解：取少量粉末放到试管中，加水使其完全溶解；③稀释：把试管中的溶液全部倒进盛有200 mL水的烧杯中。其中哪些操作步骤中高锰酸钾不再分解（　　）

A. 全部　　B. 只有①　　C. 只有②　　D. 只有③

**8.** 据《扬子晚报》报道，2020 年 4 月，陕西汉中市区，一辆运输浓盐酸的车辆发生事故，导致酸液泄漏闹市。经喷水和撒石灰处理后，排除了险情。对喷水和撒石灰做法的叙述错误的是（　　）

A. 喷水可以减少浓盐酸挥发　　B. 喷水可以降低盐酸酸性

C. 撒石灰为了消除盐酸污染　　D. 喷水是为了尽快把盐酸冲进下水道

**9.** 某同学对下列四个实验都设计了两种方案，其中第一方案比第二方案更方便合理的是（　　）

| | A | B | C | D |
|---|---|---|---|---|
| 实验要求 | 除去二氧化碳中少量的氧气 | 清洗金属表面油污 | 检验生石灰中是否含有石灰石 | 区分硬水和蒸馏水 |
| 第一方案 | 通过灼热炭粉 | 用洗洁精洗涤 | 加热 | 蒸发结晶 |
| 第二方案 | 通过灼热铜丝网 | 用水洗涤 | 滴加醋酸 | 加肥皂水 |

**10.** 实验室里不同化学试剂的保存方法不尽相同，①NaOH 溶液，②大理石，③NaCl 溶液，④稀硝酸，4 种试剂通常各自存放在下列图示的某种试剂题中。按照试剂瓶的顺序存放试剂序号正确的是（　　）

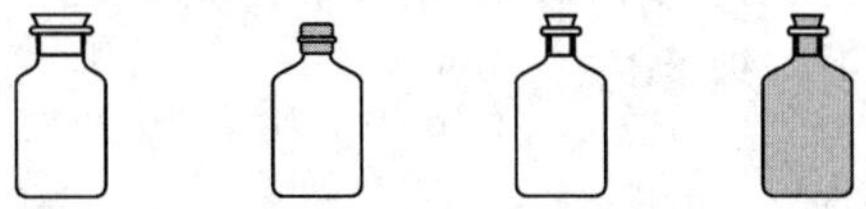

A. ①②③④　　B. ②①④③　　C. ②③④①　　D. ②①③④

**11.** 将一定量的生铁投入盛有足量稀盐酸的烧杯中，完全反应后，发现烧杯底部留有黑色残渣，其主要成分是（　　）

A. 纯铁　　B. 碳的单质　　C. 氯化亚铁　　D. 氧化铁

**12.** 某工厂用质量分数为 98% 的浓硫酸（密度为 1.84 $g/cm^3$）配制质量分数约为 30% 的稀硫酸供生产使用。配制时所用的浓硫酸与水的体积比最接近于（　　）

A. 1∶3　　B. 1∶4　　C. 1∶5　　D. 1∶6

**13.** 下列除杂质所选用试剂正确的是（　　）

A. 用稀盐酸除去铜粉中的铁粉

B. 用适量稀硫酸除去 NaCl 溶液中的 $NaCO_2$

C. 用浓硫酸吸收 $O_2$ 中的 $CO_2$ 气体

D. 用稀盐酸除去 $FeO_2$ 中的 $CaCO_2$

**14.** 一定量的木炭在盛有氮气与氧气混合气体的密闭容器中充分燃烧后生成 CO 和 $CO_2$，且测得反应后混合气体中碳元素的质量分数为 24%，则其中氮气的质量分数可能为（　　）

A. 10%　　B. 30%　　C. 50%　　D. 70%

**15.** 下表中，去除物质所含杂质的方法正确的是（　　）

| 选项 | 物质 | 所含杂质 | 去除杂质的方法 |
|---|---|---|---|
| A | NaCl 溶液 | $Na_2CO_3$ | 加入稀硫酸至不再产生气泡 |
| B | CuO 粉末 | C | 加入过量稀盐酸，充分反应 |
| C | $N_2$ 气体 | $O_2$ | 将气体缓缓通过灼热的铜网 |
| D | KCI 溶液 | $CuCl_2$ | 加入氢氧化钠溶液至不再产生沉淀 |

16. 下列事实不能说明 Zn 比 Ag 活泼的是(　　)

A. Zn 能与 $AgNO_3$ 溶液反应，置换出 Ag

B. Zn 能与稀硫酸反应，Ag 则不能

C. 自然界没有以单质形式存在的 Zn，而有以单质形式存在的 Ag

D. Zn 的熔点为 420 ℃，Ag 的熔点为 962 ℃

17. 右图是某同学鉴别 $NH_4HCO_3$、$NH_4Cl$、KCl 三种化肥的过程，其中试剂甲和乙分别可能是(　　)

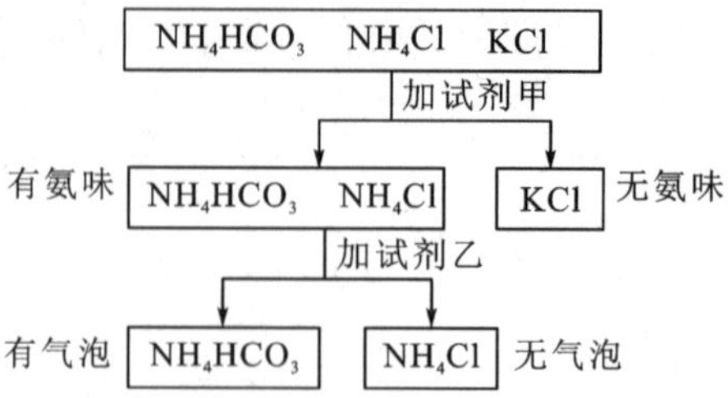


A. 甲：熟石灰；乙：稀盐酸

B. 甲：水；乙：氢氧化钠溶液

C. 甲：氯化钠溶液；乙：稀硫酸

D. 甲：稀盐酸；乙：氯化钠溶液

18. 你认为下列实验方案中，可行的是(　　)

A. 按溶解、过滤、蒸发、干燥的操作顺序可以分离 $CaCl_2$、$CaCO_3$ 的混合物

B. 向某种未知溶液中加入 $AgNO_3$ 溶液，产生白色沉淀，证明溶液是盐酸

C. 用硫在密闭容器中燃烧，除去密闭容器内空气中的氧气

D. 将 pH 试纸润湿后，用玻璃棒蘸取食用白醋滴在试纸上，测定其 pH

19. 在实验室里进行物质制备，下列从原料及有关试剂分别制取相应的最终产物的设计中，理论上正确、操作上可行、经济上合理的是(　　)

A. $C \xrightarrow[\text{在空气中}]{\text{点燃}} CO \xrightarrow{CuO} CO_2 \xrightarrow{NaOH\text{ 溶液}} Na_2CO_3$ 溶液

B. $Cu \xrightarrow{AgNO_3\text{ 溶液}} Cu(NO_2)_2$ 溶液 $\xrightarrow{NaOH\text{ 溶液}} Cu(OH)_2$

C. $Fe \xrightarrow{\text{点燃}} Fe_2O_3 \xrightarrow{H_2SO_4\text{ 溶液}} Fe_2(SO_4)_3$ 溶液

D. $CaO \xrightarrow{H_2O} Ca(OH)_2$ 溶液 $\xrightarrow{Na_2CO_3} NaOH$ 溶液

20. 通过下列实验可以得出的结论，其中不合理的是(　　)

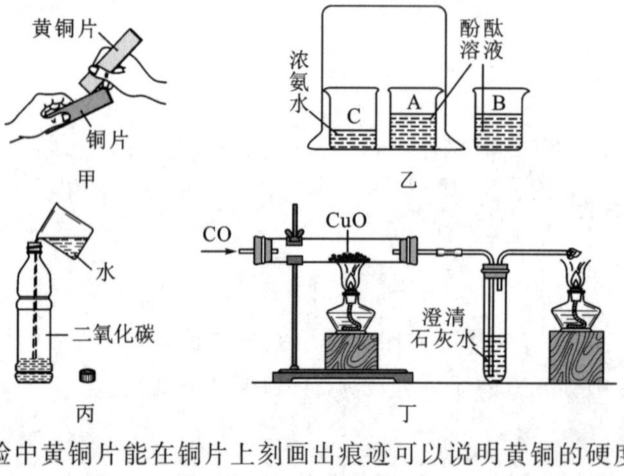


A. 甲实验中黄铜片能在铜片上刻画出痕迹可以说明黄铜的硬度比铜片大

B. 乙实验既可以说明分子在不停地运动着，又可以说明氨水显碱性

C. 丙实验既可以说明二氧化碳易溶于水，又可以说明二氧化碳具有酸性

D. 丁实验既可以说明一氧化碳具有还原性，又可以说明一氧化碳具有可燃性

**二、填空题**(共 10 题，37 分。)

21. (4 分)(1)写出下列物质的化学式。

①亚铁离子________________；②硫酸铝________________。

(2)化学反应在从古至今的生产中都起着非常重要的作用。请按要求写出化学方程式：

①古代的湿法炼铜________________；

②工业上用赤铁矿炼铁________________。

**22.**(2分)2020年美国著名的医学机构 Mayo Clinic 出版了《医学基因组学入门》一书的第一部和第二部，这些入门书将有助于医师和科学家了解人类基因组织以及它在医学上的应用。

$C_9N_{13}O_7N_2P$ 是组成基因物质的一部分，其中含________种元素，相对分子质量是________。

**23.**(4分)物质的分类标准有多种，自拟两个分类标准，将氢气、氧气、水、二氧化碳四种物质中的三种包括在标准内，而另一种不在标准内。

标准一________，包括的物质有________；标准二________，包括的物质有________

**24.**(4分)2020年一辆载有近30吨苯酚的槽罐车途经某市时发生侧翻，约有10吨的苯酚泄漏，空气中弥漫着浓烈的酸臭气味，对该市居民生活造成很大威胁。苯酚是一种有毒的物质，对皮肤、黏膜有强烈的腐蚀作用。

(1)苯酚化学式为($C_6H_6O$)，属于________。(填"有机物"或"无机物")

(2)现场救护人员应佩戴呼吸器、穿好防化服的原因是________________。

(3)你认为下列对事故的处理方法合理的是________(填序号)。

①用水进行冲洗或用泥填埋；

②挖隔离沟、铺薄膜防止扩散并回收泄漏的苯酚；

③随时监测附近水源、土壤中的苯酚。

(4)用木屑吸附残余的苯酚，然后燃烧处理。写出苯酚完全燃烧的化学方程式：________________________________________________。

**25.**(4分)现有碳酸氢铵、硫酸钾两种固体化肥，请设计两种实验方法将它们加以区别。

| 方法 | 现象 | 结论 |
|---|---|---|
| (1) | | 原化肥是碳酸氢铵 |
| (2) | | 原化肥是硫酸钾 |

**26.**(3分)镁条在空气中燃烧，不仅会生成氧化镁，还有少量镁与氮气化合生成氮化镁($Mg_3N_2$)。

(1)氮化镁中氮元素的化合价为________。

(2)镁条燃烧只生成氧化镁的化学方程式________________。

(3)若有24 g镁在空气中完全燃烧，则所得产物的总质量 $m$ ________ 40 g (填">""=""<")。

**27.**(2分)有一溶液是由盐酸、硫酸、硫酸铁、氯化铁几种中的两种混合而成，向该溶液中加 $Ba(OH)_2$ 溶液的体积与生成沉淀的质量关系如右图所示，则该溶液是________________________________________________。

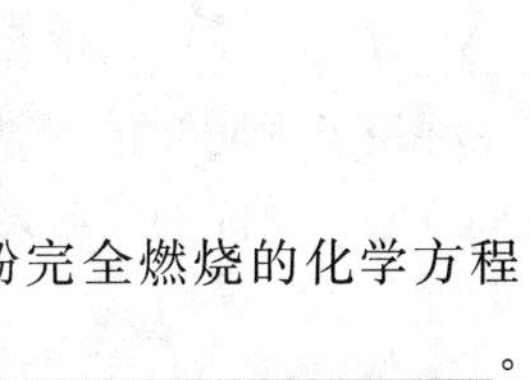


**28.**(6分)小明在学习金属活动性顺序时对课本上"活动性较强的金属一般可以将位于其后面的金属从它们的盐溶液中置换出来"这句话产生了好奇。为什么用"一般"这个词呢？难道还有例外吗？

【查阅资料】Na性质活泼，常温下，与氧气反应，也可以与水反应放出氢气。

【实验与分析】①在实验室中，金属钠保存在煤油中；②用镊子从煤油中取出金属钠，放在滤纸上，用小刀切下一小块，投入蒸馏水中，发现钠块立刻熔化成银白色小球，在水面上到处游动，滴入酚酞试液后溶液变成红色；③往硫酸铜溶液中，投入一小块钠，又出现蓝色沉淀，但没有红色的物质析出。

(1)金属钠保存在煤油中的原因是________________________。

(2)从实验②中，你能得出哪些信息？(任写三条)

______________；______________；______________。

(3)写出钠在硫酸铜溶液中反应的化学方程式____________________

________________________________________。

【结论】活动性较强的金属不一定可将位于其后面的金属从它们的盐溶液中置换出来。

**29.**(4分)实验室内有A、B、C、D四瓶失去标签的无色溶液，小洁同学对它们进行相关实验，结果记录如下表。

| | 与石蕊试液作用 | 与稀 $H_2SO_4$ 作用 | 与 $Ba(OH)_2$ 溶液作用 | 与Fe作用 |
|---|---|---|---|---|
| A溶液 | 不变色 | 产生白色沉淀 | 不反应 | 不反应 |
| B溶液 | 变红 | 不反应 | 放热、无浑浊 | 产生气体 |
| C溶液 | 变蓝 | 放热、无浑浊 | 不反应 | 不反应 |
| D溶液 | 变蓝 | 产生气体 | 产生白色沉淀 | 不反应 |

请你帮助小洁同学分析，猜测它们可能是什么溶液？(各任写一种即可)

A________，B________，C________，D________。

**30.**(4分)市场上有一种用于预防和治疗缺氧症状的便携式制氧器。利用过碳酸钠固体(化学式为 $2Na_2CO_3 \cdot 3H_2O_2$)和灰黑色固体B(不溶于水)与水混合反应制得氧气。

某同学对A、B两种物质进行探究。实验步骤及现象如下图所示。

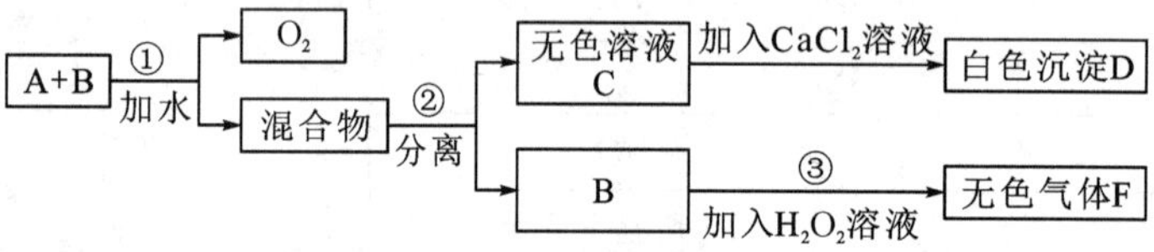


另做实验发现，B在①、③反应前后质量均不变，且可重复使用。

请回答下列问题：

(1)第②步分离混合物的方法是________。

(2)B在①、③反应中可能起________作用。

(3)写出D、F两种物质的化学式：D________，F________。

**三、实验题**(共2题，12分。)

**31.**(7分)某电镀厂在对金属镀件表面除锈、除污过程中，使用了盐酸、硫酸、氢氧化钠、碳酸钠等试剂。该厂经处理后排放的废水，仍含有 $OH^-$、$Na^+$、$Fe^{3+}$、$Cu^{2+}$、$CO_3^{2-}$、$Cl^-$、$SO_4^{2-}$ 中的几种离子。某中学生环保志愿者小组对该废水中部分成分进行检测。实验步骤及现象如下表所示。请你填写下表中每步实验现象所对应的实验结论。

| 实验步骤及现象 | 实验结论(填离子符号) |
|---|---|
| 取废水样品观察，呈无色 | 废水中不含________ |
| 测所取废水样品的pH，pH=13 | 废水中含较多的________ |
| 向废水样品中加入过量的稀盐酸，没有气泡产生 | 废水中不含________ |

根据以上信息综合分析。你推测该废水中除 $H_2O$ 处，还含有的物质是______________________（写化学式，下同）。不能确定的物质是____________________。

**32.**（5 分）神舟六号载人飞船成功返航，标志着我国已跨入航天领域国际领先行列。某研究性学习小组查阅资料得知，宇宙飞船中可用超氧化钾（$KO_2$）作为氧气再生剂。超氧化钾是一种固体，它与人呼出的二氧化碳反应生成氧气：$4KO_2+2CO_2 \xlongequal{} 2K_2CO_3+3O_2$。

为了验证这个反应能够产生氧气，该小组同学以大理石和盐酸反应生成 $CO_2$ 来与 $KO_2$ 反应制取 $O_2$，设计了如下实验装置：

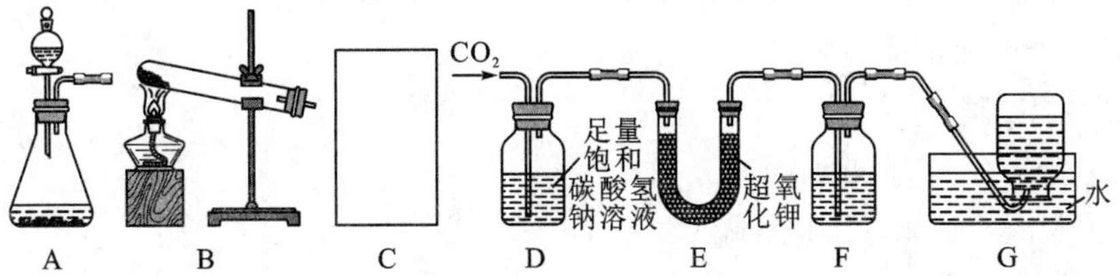


（1）C 处应从 A、B 两种装置中选择________作 $CO_2$ 发生装置。检验 G 中集气瓶内收集的气体是否为氧气，可以在取出集气瓶后，用________检验。

（2）已知 $CO_2$ 不溶于饱和碳酸氢钠溶液。D 装置的作用是______________。

（3）为了除去 $O_2$ 中可能混有的 $CO_2$，F 中可盛放________溶液。

（4）有同学提出，上述实验能生成氧气可能与 $CO_2$ 中混有的水蒸气有关。若要检验干燥的 $CO_2$ 能否与超氧化钾反应生成氧气，你对上述实验装置的改进方法是____________________________________________。

**四、计算题**（共 2 题，11 分。）

**33.**（5 分）某校化学兴趣小组承担了某项研究课题的一部分：通过实验探究气体 X（已知由两种元素组成）的元素组成。实验装置如下。将 0.17 g X 气体由注射器 A 缓缓送入 B 装置（B 装置中的空气已预先除去），使之完全反应，生成的气体全部用 D 装置抽取收集。实验的现象和数据记录如下：

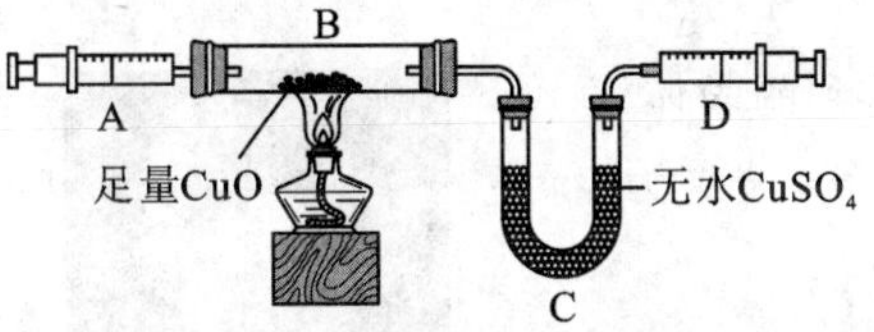


| 装置 | 现象 | 反应前质量/g | 反应后质量/g |
|---|---|---|---|
| B装置中 | 逐渐变成亮红色 | 21.32 | 21.08 |
| C装置中 | 变蓝色 | 32.16 | 32.43 |

（1）参加反应的氧元素的质量是________g，X 中一定有________元素。

（2）经测定，D 中的气体由一种元素组成，常温常压下密度是 1.25 g/L，试推测该气体的化学式是________，其质量是________g。

（3）（2 分）写出 B 装置中发生反应的化学方程式______________________。

**34.**（6 分）某钢铁厂为了测定赤铁矿中 $Fe_2O_3$ 的含量，将 10 g 赤铁矿（杂质既不与酸反应也不溶于水）加到 109.5 g10%的稀盐酸中，恰好完全反应。求：

（1）赤铁矿中 $Fe_2O_3$ 的含量。

（2）反应后溶液中溶质的质量分数（计算结果精确到 0.1%）。

# 2020年湖南省益阳市南县初中化学全能知识竞赛

学习笔记

可能需要的相对原子质量：Ca—40　Ag—108　C—12　O—16　N—14　Cl—35.5　H—1

**一、选择题**（本题包括16个小题，1～10小题每小题2分，11～16小题每小题3分，共38分。每小题只有1个选项正确。）

**1.** 产生下列现象时，物质发生化学变化的是(　　)

A. $O_2$溶于水　　B. 玻璃碎成渣

C. 木材烧成炭　　D. 干冰变成气

**2.** 氩(Ar)的原子结构示意图为，下列说法正确的是(　　)



A. 氩气的化学式为$Ar_2$

B. 含氩的化合物中，氩的化合价只能是+2

C. 氩原子核外电子层数为4

D. 氩是一种化学性质不活泼的非金属元素

**3.** 植物的光合作用可表示为：$6nCO_2+5nH_2O\xlongequal{光照}$淀粉$+6nO_2$。下列关于淀粉组成的说法中正确的是(　　)

A. 只含有C、H两种元素　　B. 含有C、H、O三种元素

C. 含有C、H元素，可能含有O元素　　D. 无法确定

**4.** 2017年5月18日，我国首次在南海神狐海域试采“可燃冰”(天然气水合物)成功。下列关于“可燃冰”说法正确的是(　　)

A. “可燃冰”外形像冰，是天然气冷却后得到的固体

B. “可燃冰”燃烧后几乎不产生残渣和废气，被誉为“绿色能源”

C. 通常状况下，天然气和水就能结合成“可燃冰”

D. “可燃冰”储量巨大，属于可再生能源

**5.** 向某盐酸和氯化镁的混合溶液中加入某浓度的氢氧化钠溶液，产生沉淀的质量与加入氢氧化钠溶液的质量关系如图所示。下列说法不正确的是(　　)

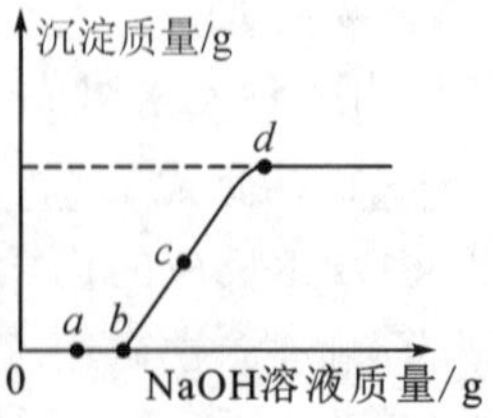



A. $a$点溶液中滴入紫色石蕊试液变红

B. $bc$段(不含$b$点)反应的化学方程式为$MgCl_2+2NaOH\xlongequal{}Mg(OH)_2\downarrow+2NaCl$

C. 整个变化过程中氯离子数目没有改变

D. $d$点溶液中含有两种溶质

**6.** 正确的实验操作对实验结果、人身安全非常重要。下列图示实验操作中，错误的是(　　)

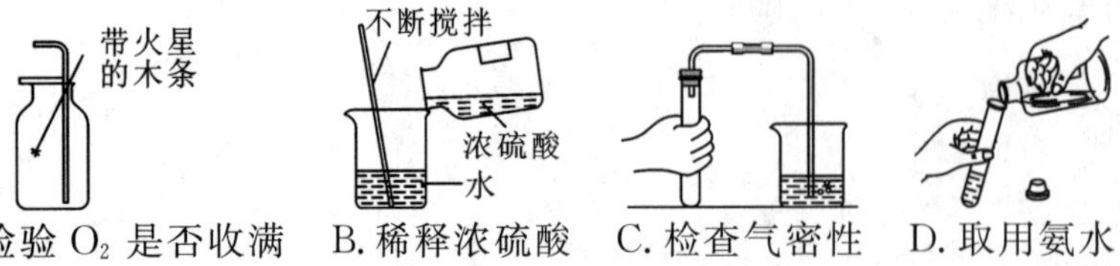



A. 检验$O_2$是否收满　B. 稀释浓硫酸　C. 检查气密性　D. 取用氨水

7. 常见金属活动性顺序如下图所示。下列各组物质间能发生反应的是(　　)

K　Ca　Na　Mg　Al　Zn　Fe　Pb(H)　Cu　Hg　Ag　Pt

金属活动性逐渐减弱

A. Fe 和 $CuSO_4$ 溶液　　B. Cu 和稀 $H_2SO_4$

C. Zn 和 KCl 溶液　　D. Hg 和稀 HCl

8. 碳及其常见化合物之间可以发生如图所示的化学反应(“→”表示转化关系)。下列说法正确的是(　　)

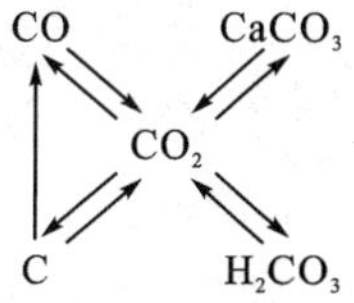


A. C 只有在 $O_2$ 中燃烧才能变成 $CO_2$

B. CO 转化成 $CO_2$ 的反应,既可以是化合反应,也可以是置换反应

C. 可以利用 $CO_2$ 转化成 $CaCO_3$ 的反应来检验 $CO_2$

D. 可用酚酞试液检验 $CO_2$ 转化成 $H_2CO_3$ 的反应

9. 下列关于水的说法正确的是(　　)

A. 一般来说,矿泉水是纯水

B. 实验室可以通过过滤的方法,使自来水变成纯水

C. 生活中可以通过煮沸的办法,使水的硬度降低

D. 为减少垃圾对水体的污染,一劳永逸的办法是将垃圾进行填埋

10. 在一密闭容器中加入甲、乙、丙、丁四种物质,在反应前及 $t_1$、$t_2$ 时各物质质量如右图所示。下列说法中错误的是(　　)

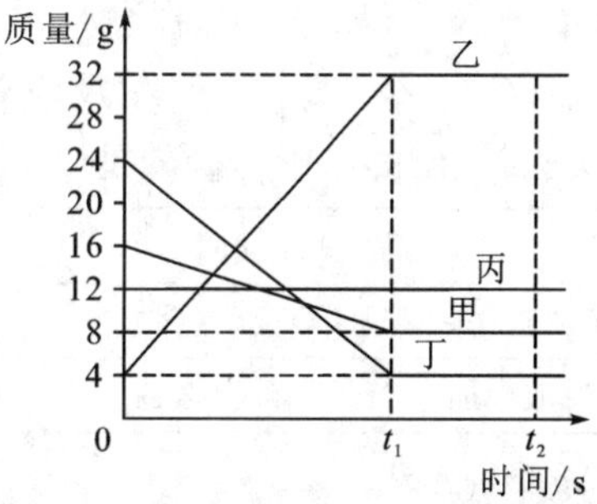


A. 该反应为化合反应

B. 丙可能为该反应的催化剂

C. 该反应中,乙、丁的质量变化之比为 7∶5

D. 该反应中,甲、乙的质量变化之比为 1∶4

11. 黄金(Au)性质不活泼,不溶于 HCl、$HNO_3$、$H_2SO_4$ 等强酸中,可溶于王水(一种浓 HCl 与浓 $HNO_3$ 的混合物),生成名为四氯合金酸($H_2AuCl_4$)的化合物。下列说法正确的是(　　)

①$H_2AuCl_4$ 中 Au 的化合价为+2　　②Au 的金属活泼性比氢强

③Au 溶于王水发生化学变化　　④可以用 pH 试纸检验王水的酸碱性

A. ①③　　B. ②③　　C. ③④　　D. ①④

12. 如图所示是实验室制得 $O_2$ 的一种装置。下列说法正确的是(　　)

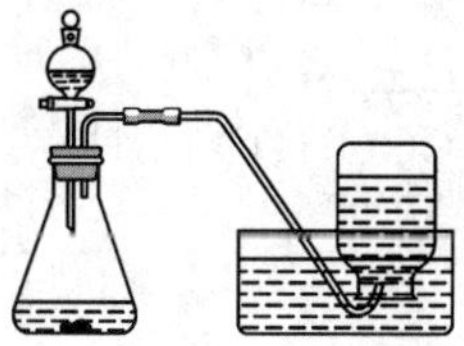

A. 由于装置相对简单,本实验无须检验气密性

B. 锥形瓶中的固体为 $MnO_2$,分液漏斗中的液体为溶质质量分数 5%的双氧水

C. 当水槽中有气泡冒出时立即进行收集

D. 反应发生过程中应打开分液漏斗的活塞和盖子,以利于装置中的气压平衡

13. 除去下列物质中混有的少量杂质所选用的操作方法,正确的是(　　)

| 选项 | 物质 | 操作方法 |
|---|---|---|
| A | $CO_2$ 气体中混有 HCl 气体 | 将气体通过足量 NaOH 溶液 |
| B | CuO 粉末中混有活性炭粉末 | 加入适量稀 HCl,过滤,洗涤,干燥 |
| C | NaCl 溶液中混有 $CaCl_2$ | 加入过量 $Na_2CO_3$ 溶液,过滤 |
| D | $CuSO_4$ 溶液混有 $H_2SO_4$ | 加入过量石灰石粉末,搅拌,过滤 |

14. A、B、C、D、E、F 六种常见物质中，A、B 由两种相同元素组成，B 是最常用溶剂，D、E 在通常状况下是气体，F 是大理石的主要成分。六种物质的转化关系如图所示(部分反应物、生成物及反应条件未标出)。下列说法正确的是(　　)

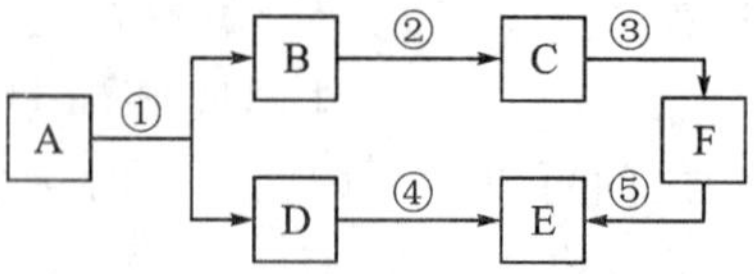


A. 反应⑤可以是 $CaCO_3 \xlongequal{\triangle} CaO + CO_2\uparrow$

B. 反应①可以是 $2H_2O \xlongequal{电解} 2H_2\uparrow + O_2\uparrow$

C. 物质 D 可能是氢气

D. 物质 D 只能是单质，物质 E 可能是单质也可能是化合物

15. 某无色气体可能含有 $CH_4$、CO、$H_2$ 中的一种或几种，依次进行下列实验(假设每一步反应或吸收均完全)：①将无色气体充分燃烧；②燃烧后生成的气体通过装有 $H_2SO_4$ 的装置，装置的质量增加 7.2 g；③再将剩余气体通过盛有 NaOH 溶液的装置，装置的质量增加 8.8 g。

下列推断错误的是(　　)

A. 原无色气体中可能只含有 CO 和 $H_2$

B. 原无色气体中可能只含有 $CH_4$

C. 原无色气体中可能只含有 $CH_4$ 和 $H_2$

D. 原无色气体中一定含有碳元素、氢元素

16. 任何化合物都可溶于水中，如 AgCl(白色)、AgBr(淡黄色)、AgI(黄色)等三种难溶物在水中都有一定的溶解度。复分解反应总是向着生成更难溶物质的方向进行。依据表中实验，得出的结论正确的是(　　)

| 实验过程 | 现象 |
|---|---|
| 向 AgBr 浊液中加入 KI 溶液，振荡 | 黄色加深 |
| 向 AgBr 浊液中加入 NaCl 溶液，振荡 | 无明显现象 |

A. 溶解度：AgCl＞AgBr＞AgI

B. 溶解度：AgCI＜AgBr＜AgI

C. AgI 不能与 KBr 发生复分解反应

D. 凡是难溶于水的物质均不能发生复分解反应

**二、填空与简答题**(本题包括 4 个小题，共 28 分。)

17. (每空 1 分，共 6 分)

用化学用语(元素符号、化学式、化学方程式……)填空。

(1)氦气的化学式是________，胃酸的主要成分是________，甲烷燃烧的化学方程式是________________。

(2)$H_2O$、$CH_4$、$CH_3COOH$、$Ca(OH)_2$、$NaHCO_3$、NaCl、$H_2O_2$ 等物质中，属于氧化物的是________________，属于盐的是________________；能使紫色石蕊试液变红的是________。

18. (每空 1 分，共 4 分)

化学与我们的生活密切相关，某地区学生营养午餐摄入标准值(每人每天)如表所示。

| 蛋白质 | 脂肪 | 钙 | 锌 | 铁 | 维生素 | 能量 |
|---|---|---|---|---|---|---|
| 48 g | 30 g | 480 mg | 6 mg | 4 mg | 24 mg | 3890 kJ |

(1)糖类和上表中的蛋白质、________能够为人体提供能量。

(2)下列食物中富含淀粉的是________(填序号)。

A. 土豆　　　B. 牛奶　　　C. 豆油

(3)缺________(填元素符号)可能导致骨骼疏松，畸形，易得佝偻病。

(4)人体不可缺少的营养物质有蛋白质、糖类、脂肪、矿物质、水和________。

**19.**(每空 2 分,共 8 分)

某工厂以某种矿渣(主要成分为 ZnO,杂质为 FeO、CuO)为原料制备皓矾($ZnSO_4·7H_2O$)的工艺流程如下:

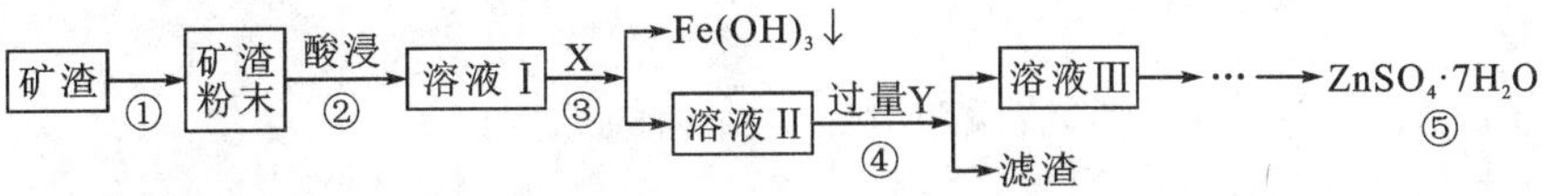


(1)步骤①发生________变化。

(2)如果步骤②中酸浸使用的是稀硫酸,请写出其中一个化学方程式________________。

(3)溶液Ⅲ中的溶质的化学式为________________。

(4)步骤⑤所进行的实验操作是________________。

**20.**(每空 2 分,共 8 分)

A、B、D、E、F、G、M、Q 八种物质间可以发生以下反应。其中 A 是天然气的主要成分,Q 是一种紫红色固体。请回答下问题:

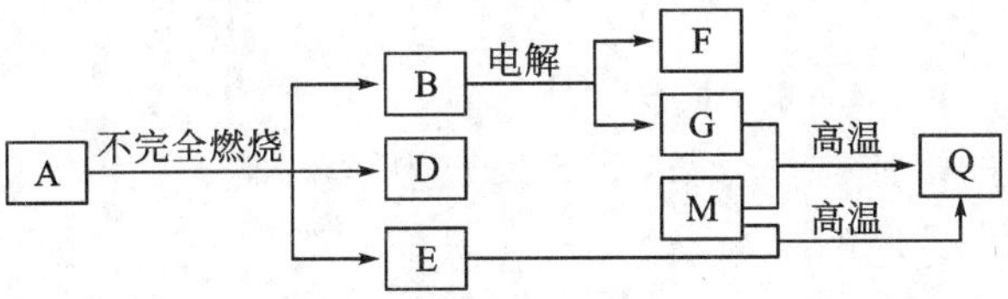


(1)过量 D 排入大气中,造成的影响是________________________________。

(2)G 与 M 在高温下发生反应生成 Q 的反应类型是________________。

(3)E 与 M 在高温下反应生成 Q 的化学方程式是________________。

(4)如果 A 不完成燃烧生成 D 与 E 的质量比 D∶E=11∶7,请写出 A 不完全燃烧的化学反应方程________________________________。

**三、实验与探究题**(本题只有 1 个小题,共 10 分。)

**21.**(共 10 分)

某化学兴趣小组的同学在老师的指导下,对一瓶久置出现变质硬化的氢氧化钙固体进行如下探究活动。

【探究活动一】检验硬化的氢氧化钙样品是否完全变质。

(1)用化学方程式表示氢氧化钙变质的原因:________________。

(2)检验氢氧化钙样品是否完全变质,进行如下实验。

| 实验步骤 | 实验现象 | 实验结论 |
| --- | --- | --- |
| 取氢氧化钙样品少量,研细后加适量蒸馏水充分混合后静置。取上层清液,滴加适量酚酞溶液 | | 该样品还含有氢氧化钙 |

【探究活动二】测定样品中含有的变质固体(以下用 R 表示)的质量分数。

取 3 g 部分变质的氢氧化钙样品与足量的稀盐酸反应,测量生成气体的体积(气体不溶于植物油),从而计算出样品中 R 的质量,便可求出样品中 R 的质量分数。实验装置(气密性良好)如图 1 所示。

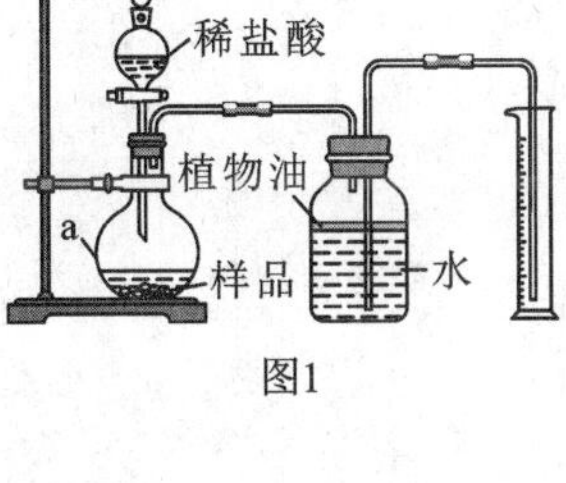

图1

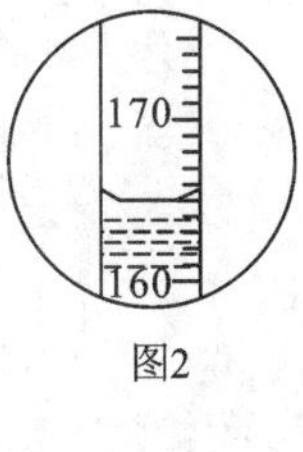

图2

(3)仪器 a 的名称是________。

(4)实验结束后，量筒内进入水的体积如图 2 所示，则实验产生的气体的体积为________ mL。

(5)已知该实验条件下，生成气体的密度为 2 g/L，样品中 R 的质量分数为________。

(6)事实上，该实验只能粗略测定样品的纯度，请说明测定不准确的原因(只要求写出合理理由中的一条)：________________________________________。

**四、计算题**(本题只有 1 个小题，共 4 分。)

**22.** (共 4 分)

为测定某 $AgNO_3$ 溶液的溶质质量分数，用溶质质量分数为 7.3% 的稀盐酸进行滴定。现取待测液 50.0 g，滴定过程如图所示。

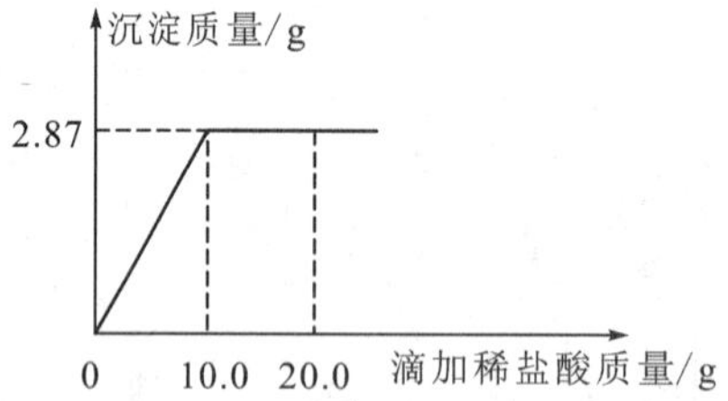


试计算恰好完全反应时，所得溶液的溶质质量分数(滴定反应为 $AgNO_3 + HCl \longrightarrow AgCl\downarrow + HNO_3$，计算结果均保留 1 位小数)。

# 2020年广东省初中化学竞赛(天原杯)初赛试题

学习笔记

相对原子质量： H—1 C—12 O—16 S—32 Ca—40 Fe—56 Cu—64 Zn—65 Al—27 Mg—24 K—39 I—127

## 第一部分

**一、选择题**(共计 14 小题，每小题 2 分，共 28 分，每小题只有 1 个选项符合题意。)

**1.** 下列自然界中的变化，没有新物质生成的是(　　)

A. 食物腐烂　　C. 光合作用　　B. 钢铁生锈　　D. 露水蒸发

**2.** 元素在自然界里分布并不均匀，如智利富藏铜矿、澳大利亚多铁矿、我国山东富含黄金，但从在整个地壳含量来看，最丰富的金属元素是(　　)

A. Fe　　B. Si　　C. O　　D. Al

**3.** 下列试剂瓶标签上的化学式书写错误的是(　　)

A　　B　　C　　D

**4.** 下列各组物质按照单质、氧化物、混合物的顺序排列的是(　　)

A. 水银　水　糖水　　B. 石墨　熟石灰　生石灰

C. 氮气　氧气　空气　　D. 冰　干冰　冰醋酸

**5.** 下列实验操作错误的是(　　)

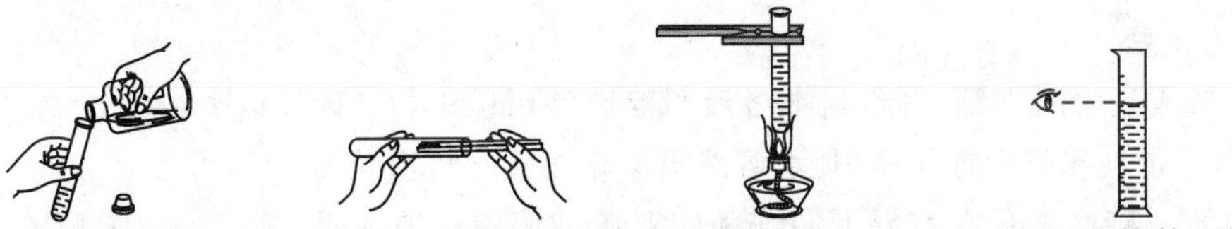

A. 倾倒液体　B. 装入固体粉末　C. 加热液体　D. 读取液体体积

**6.** 下列操作或现象与分子对应的特性不一致的选项是(　　)

| 选项 | 操作或现象 | 分子的特性 |
|---|---|---|
| A | 25 $m^3$ 的石油气在加压装入容积为 0.024 $m^3$ 的钢瓶中 | 分子间有间隔 |
| B | 经过加油站常闻到汽油的气味 | 分子是运动的 |
| C | 100 mL 氧气和 100 mL 氮气混合在一起，体积小于 200 mL | 分子的质量非常小 |
| D | 加热氧化汞可得到金属汞和氧气 | 分子是可以再分的 |

**7.** 在物质混合、反应等过程中，会存在"1+1≠2"的现象。通常情况下，下列各种混合或反应过程中，"1+1"不等于"2"的是(　　)

A. 1 g 酒精和 1 g 水混合后的总质量

B. 1 g 金属锌和 1 g 稀盐酸反应后溶液的质量

C. 温度一定时 1 g 饱和硝酸钾溶液中加入 1 g 硝酸钾后，所得溶液的质量

D. 1 g 氢氧化钠溶液和 1 g 醋酸溶液混合后溶液的质量

**8.** 当水的温度和压强升高到某临界点以上时，水就处于一种既不同于液态，又不同于固态和气体的新流体态——超临界态。在超临界态水中，某些有机高分子会很快被氧化为无毒小分子。下列说法不正确的是(　　)

A. 超临界态水氧化技术不形成二次污染

B. 超临界态水是一种新物质

C. 超临界态水是一种新型催化剂

D. 超临界态水可用于解决白色污染问题

**9.** 目前，科学家提出了一种最经济最理想的获得氢能源的循环体系(如图)。下列说法错误的是(　　)

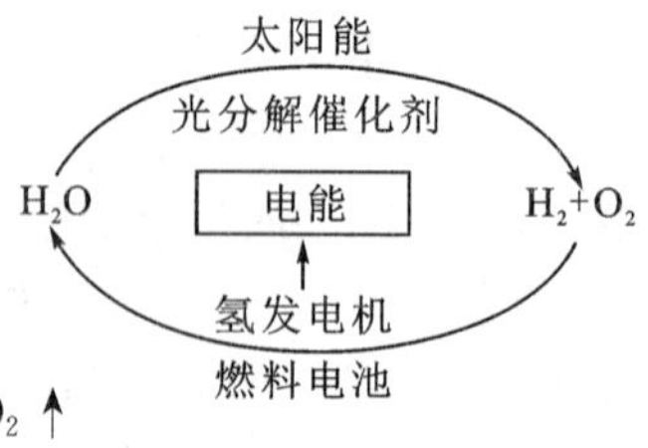


A. 燃料电池能够使化学反应产生的能量转化为电能

B. 该氢能源的循环体系能够实现太阳能转化为电能

C. 在此循环中发生了反应：$2H_2O \xlongequal{电解} 2H_2\uparrow + O_2\uparrow$

D. 目前化学家急需解决的问题是寻找合适的光照条件下分解水的催化剂

**10.** 以下是部分盐的溶解性表(20°C)。

| | $NO_3^-$ | $Cl^-$ | $SO_4^{2-}$ | $CO_3^{2-}$ |
|---|---|---|---|---|
| $Ba^{2+}$ | 溶 | 溶 | 不溶 | 不溶 |
| $Ca^{2+}$ | 溶 | 溶 | 微溶 | 不溶 |
| $Ag^+$ | 溶 | 不溶 | 微溶 | 不溶 |

根据以上信息无法获得的启示是(　　)

A. 实验室不用大理石与硫酸来制二氧化碳，因为硫酸钙是微溶的

B. 硝酸盐都能溶解在水中

C. $Ba^{2+}$ 和 $SO_4^{2-}$ 不能共同存在一杯溶液中

D. 碳酸钡是一种有毒的盐

**11.** 二氧化硫气体是造成酸雨的主要气体，其水溶液叫亚硫酸($H_2SO_3$)。硫化氢($H_2S$)是一种具有臭鸡蛋气味的剧毒气体，其水溶液叫氢硫酸。已知相同的条件下，氢硫酸的酸性弱于亚硫酸。现在室温下向饱和的亚硫酸溶液中通入过量的硫化氢气体，反应的化学方程式：$2H_2S + H_2SO_3 \xlongequal{} 3S\downarrow + 3H_2O$。则下图中溶液的 pH 随通入硫化氢体积的变化曲线示意图正确的是(　　)

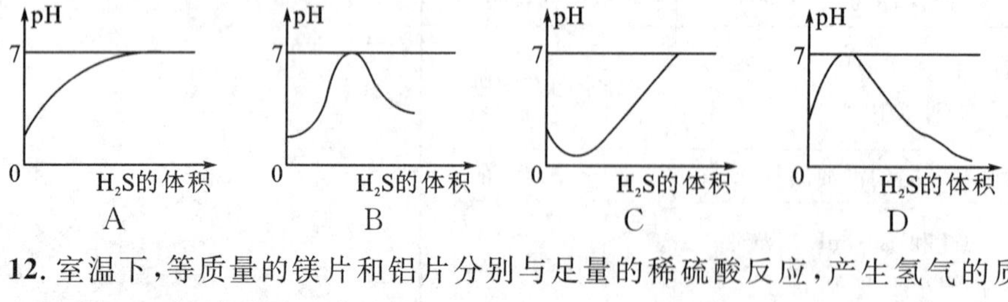


**12.** 室温下，等质量的镁片和铝片分别与足量的稀硫酸反应，产生氢气的质量($m$)与时间($t$)的关系图正确的是(　　)

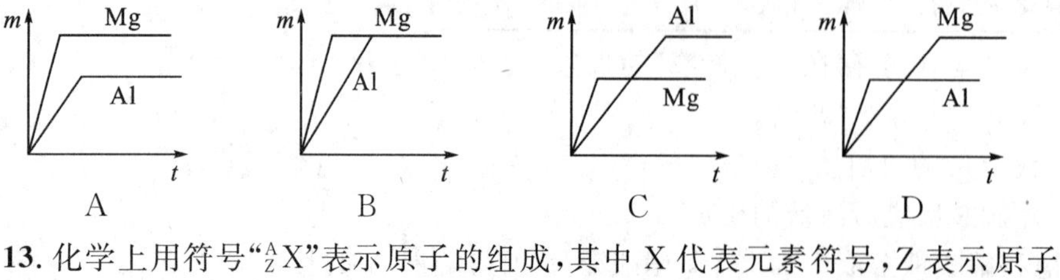


**13.** 化学上用符号“$^A_ZX$”表示原子的组成，其中 X 代表元素符号，Z 表示原子核内的质子数，A 表示原子核内质子数与中子数之和。已知$^b_aX^{n+}$和$^d_cY^{m-}$的电子

层排布完全相同，则下列关系正确的是(　　)

A. $b-a=d-c$　　B. $a-n=c+m$　　C. $a+n=c-m$　　D. $b-n=d+m$

**14.** 科学家最近在－100 ℃的低温下合成一种化合物X，此分子的模型如下图，其中每个●代表一个碳原子，每个○代表一个氢原子。下列说法中不正确的是(　　)

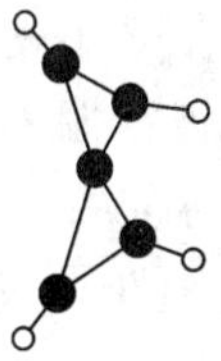

A. 该分子的分子式为 $C_5H_4$

B. 该分子中碳元素的质量分数是93.75%

C. 该分子中的氢原子与碳原子的个数比是4∶5

D. 等质量的该物质与甲烷相比，燃烧时消耗的氧气更多

**二、填空题**(本题包括5小题，共20分。)

**15.** (2分)某元素的原子结构示意图：

该元素的原子有________层电子，该元素属于(填金属或非金属)________。

**16.** (4分)物质的用途与物质的性质密切相关。某同学根据此规律进行归纳、整理，请你帮助他补充填空：

| 物质 | 性质→用途 | 物质 | 性质→用途 |
|---|---|---|---|
| 石墨 | 导电性→①________ | 氢气 | ③________→填充升空气球 |
| 盐酸 | 酸性→②________ | 一氧化碳 | ④________→冶炼金属 |

**17.** (4分)沼气(主要成分甲烷)是当今已开发和使用的最洁净的气体燃料之一，使用沼气是解决农村能源不足问题的重要途径。

(1)写出甲烷燃烧的化学方程式________________________________。

(2)沼气中除含有甲烷外，还含有二氧化碳及少量的氢气、氮气、硫化氢、一氧化碳、水蒸气等。沼气略带臭味，你认为臭味可能来自________气体。

(3)从安全方面考虑，使用沼气时一定要防止沼气中混入____________。

**18.** (5分)置换反应是化学反应的基本类型之一。

(1)金属与盐溶液之间的置换反应，一般是活动性较强的金属可把活动性较弱的金属从其盐溶液中置换出来。如铜和硝酸银溶液的化学方程式为____________________________。

(2)非金属单质也具有类似金属与盐溶液之间的置换反应的规律，即活动性较强的非金属可把活动性较弱的非金属从其盐溶液中置换出来，如在溶液中可发生下列反应：

$Cl_2+2NaBr=\!=\!=2NaCl+Br_2$，$I_2+Na_2S=\!=\!=2NaI+S\downarrow$，$Br_2+2KI=\!=\!=2KBr+I_2$

由此可判断：

①S、$Cl_2$、$I_2$、$Br_2$非金属活动性由强到弱顺序是____________________；

②下列化学方程式书写错误的是________。

A. $Cl_2+2NaI=\!=\!=2NaCl+I_2$　　B. $I_2+2KBr=\!=\!=2KI+Br_2$

C. $Br_2+Na_2S=\!=\!=2NaBr+S\downarrow$　　D. $Cl_2+K_2S=\!=\!=2KCl+S\downarrow$

**19.** (5分)某同学欲配制40 g质量分数为9%的氯化钠溶液，全部操作过程如下图所示，看图回答下列问题：

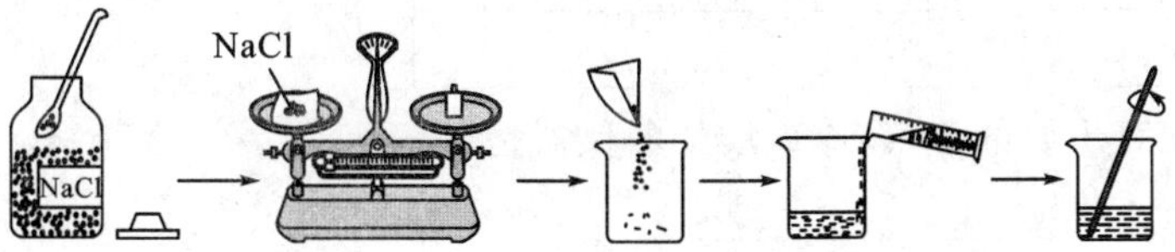


(1)称量时，应称取________ g食盐；把水的密度近似地看作1 g/mL，则须量取

________ mL 水。如果有 10 mL、50 mL 和 100 mL 的量筒，最好选取________ mL 的量筒。

(2)实验中使用玻璃棒的目的是________________________________。

(3)如果所配得的溶液溶质的质量分数比小于 9%，你认为可能的原因有(写一条)：________________________________。

**三、简答题**(本题包括 2 小题，共 15 分。)

**20.** (8 分)温室效应被视为 21 世纪人类面临的最大威胁之一，二氧化碳是大气中的主要温室气体。为了减缓二氧化碳使全球气候变暖的趋势，有科学家设想：将排放到空气中的二氧化碳压缩使其液化，然后将其压入冰冷的深海中。但也有科学家担心海水中富含二氧化碳后酸度会增加，可能会杀死一些海洋生物，甚至会溶解掉部分海床，从而造成灾难性的后果。

(1)为减少二氧化碳这种温室气体的排放，我们可以采取的措施：________________、________________。(两种即可)

(2)二氧化碳气体转变为液体时将会________能量(填“释放”或“消耗”)。

(3)二氧化碳使海水酸度增加的原理用化学方程式表示：________________________________。

(4)二氧化碳在深海中的溶解度比在通常状况下的水中的溶解度________，理由是________________________________。

**21.** (7 分)已知 A、B 是常见的碱，甲、乙是常见的盐，C 是一种常见的无色无味的气体。这几种物质间的转化关系如图所示。请回答：

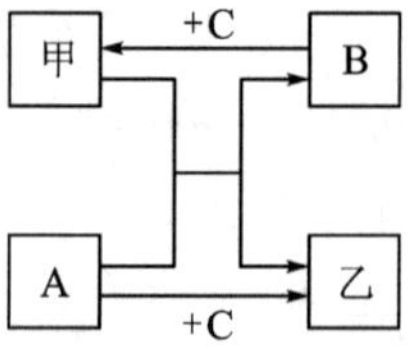


(1)下列物质的化学式：A ________、B ________、甲________。

(2)写出甲与 A 反应的化学方程式________________________________。

该反应的基本类型属于________________________________。

(3)若要测定 B 溶液酸碱度的大小，应选择(填序号)________。

①pH 试纸　　②石蕊试液　　③酚酞试液

**四、实验题**(本题包括 2 小题，共 23 分。)

**22.** (11 分)实验室用下列仪器制取氧气(胶塞、铁夹、玻璃弯管等已省略)。

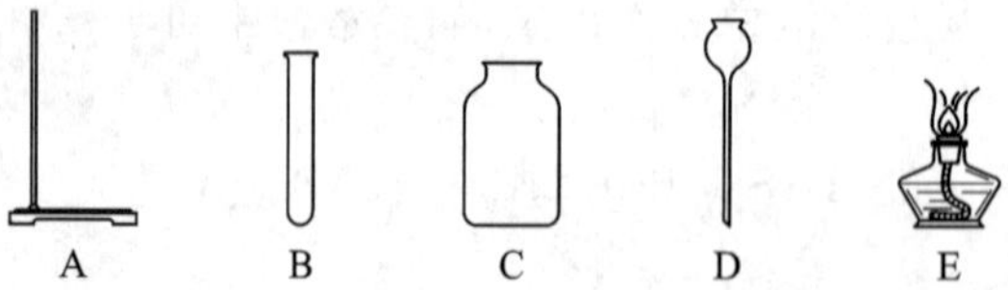


(1)写出仪器的名称：A ________　E ________。

(2)在使用仪器 E 时有很多要注意的事项，请你写出任意一点________________________________。

(3)现要制取氧气。请选择不同的药品和仪器，并完成下表。

| 方案 | 所需药品 | 实验装置 | 化学方程式 |
|---|---|---|---|
| 一 | $H_2O_2$、$MnO_2$ | ________ | ________ |
| 二 | ________ | A、B、C、E | ________ |

(4)如果要收集一瓶比较纯净而且干燥的氧气，应该增加的仪器是________，应该增加的药品是________________________________。

**23.** (12 分)据报载，目前珠江三角洲许多水域和土壤中的重金属含量严重超标，这些重金属对人们的身体健康构成了很大的威胁。某学校学习小组拟从含有大量硫酸亚铁、少量硫酸铜以及不溶性杂质的工业废水中回收金属铜并获得硫酸亚铁晶体。请你协助填写有关空格。

(1)操作步骤和目的如下：

| 操作步骤 | 目的 |
| --- | --- |
| ①将废水过滤 | ①________________________ |
| ②向滤液中加入过量铁粉 | ②________________________ |
| ③________________________ | ③将 Cu 和过量的铁粉与 $FeSO_4$ 溶液分离 |
| ④在过滤后的固体混合物中加入过量稀硫酸 | ④________________________ |
| ⑤将反应后的混合物过滤 | ⑤________________________ |
| ⑥________________________ | ⑥得到硫酸亚铁晶体 |

(2)写出步骤②和步骤④的化学方程式：____________________________、____________________________。

(3)步骤②中，加入的铁粉刚好反应完后，继续加入的铁粉对最后得到的铜和硫酸亚铁晶体质量的影响分别是(填增大、减小或不变)：铜的质量________；硫酸亚铁晶体质量________。

**五、计算题**(本题包括 2 小题，共 14 分。)

**24.** (7 分)下图是某厂生产的加钙碘盐包装袋商标的部分内容。请仔细阅读后回答以下问题：

| |
| --- |
| 配料表：氯化钠、食用碳酸钙、碘酸钾 |
| 净含量：500 g |
| 成分表：氯化钠≥88％ |
| 钙含量：0.5％～1.3％ |
| 碘含量：40～50 mg/kg |

(1)人体缺乏钙元素易引发的疾病是________(填选项)。

A. 夜盲症　　B. 甲状腺肿大　　C. 佝偻病　　D. 维生素 C 缺乏病

(2)碘酸钾(化学式为 $KIO_3$)中碘元素的质量分数是多少？

(3)一袋该食盐中 $KIO_3$ 的质量最多是多少？

**25.** (7 分)原煤中含有硫元素，在燃烧过程中产生的二氧化硫会污染大气。某煤场向原煤中加入适量的生石灰制成供居民采暖用的"环保煤"，以减少二氧化硫的排放，降低二氧化硫对空气的污染。燃烧时生石灰吸收二氧化硫的化学方程式：$2CaO + mSO_2 + O_2 \xlongequal{高温} nCaSO_4$。请回答下列问题：

(1)$m$ 值是________________。

(2)若煤厂一次共加入含氧化钙 80％的生石灰 1400 t，则理论上最多可吸收二氧化硫多少吨？

## 第二部分

**六、选择题**(本题有5小题,每小题3分,共15分。每小题有1或2个选项符合题意。若有2个答案的选1个而且正确的得1分,凡是有错误的不得分。)

**26.** 印制电路板时常用氯化铁溶液作为"腐蚀液",发生的反应:$2FeCl_3+Cu═══2FeCl_2+CuCl_2$,向盛有氯化铁溶液的烧杯中同时加入铁粉和铜粉,反应结束后,下列结果不可能出现的是(　　)

A. 烧杯中有铜无铁　　B. 烧杯中有铁无铜

C. 烧杯中铁、铜都有　　D. 烧杯中铁、铜都无

**27.** 铜与浓硫酸在共热的条件下可以发生化学反应 $Cu+2H_2SO_4═══CuSO_4+SO_2\uparrow+2H_2O$,但是在工业上制取硫酸铜不是直接利用浓硫酸与铜反应,而是将铜屑在空气中加热氧化,然后浸入稀硫酸中反应过滤,并反复加热和浸入操作,你认为这样的优点是(　　)

A. 节约能源　　B. 不产生污染大气的二氧化硫

C. 提高硫酸的利用率　　D. 提高铜的利用率

**28.** 下表中列出了一定压强和温度下每立方厘米活性炭所能吸附的常见气体的体积,分析表中数据与气体的组成、性质的关系,你认为下列结论正确的是(　　)

| 气体性质 | $H_2$ | $CO_2$ | $O_2$ | $N_2$ | $Cl_2$ |
|---|---|---|---|---|---|
| 气体的沸点/℃ | −252 | −78 | −183 | −196 | −34 |
| 被吸附体积/mL | 4.5 | 97 | 35 | 11 | 494 |

A. 气体分子所含原子个数越多,气体越易被吸附

B. 沸点越高的气体,越易被吸附

C. 气体是化合物时,易被吸附

D. 气体的相对分子质量越大,越易被吸附

**29.** 某物质在空气中完全燃烧时,生成质量比为11∶9的$CO_2$和$H_2O$,则该物质的化学式可能是(　　)

A. $C_2H_6$　　B. $C_2H_5OH$　　C. $C_2H_2$　　D. $CH_4$

**30.** CO和$O_2$的混合气体48g,在一定条件下充分反应后,生成44g $CO_2$,则原混合气体中CO和$O_2$的质量比可能是(　　)

A. 2∶1　　B. 7∶4　　C. 7∶5　　D. 7∶8

**七、填空题**(本题有2小题,共9分。)

**31.** (2分)如图由小分子组合而成的具有一定高级结构的巨分子,有时也称为"超分子"。图中的十二面体是1999年合成的迄今最大的非生物高分子,化学式$C_{2000}H_{2300}N_{60}P_{120}S_{60}O_{200}F_{180}Pt_{60}$,相对分子质量达61 955,直径达7.5 nm,相当于小蛋白质分子的尺寸。该种分子由________种元素组成,每个分子中共有________个原子。

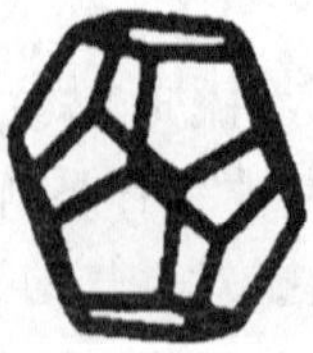

**32.** (7分)草酸的化学式为$H_2C_2O_4$,甲、乙两同学对草酸受热分解及其产物的检验做了探究。

(1)猜想与假设:

第一种:草酸分解产物是$CO_2$和$H_2$;

第二种:草酸分解产物是$CO_2$、CO和$H_2O$;

第三种:草酸分解产物是$CO_2$和$H_2O$。

(2)实验装置的设计(图中铁架台略去)：

甲同学设计了如图甲所示的装置。乙同学设计了如图乙所示的装置。

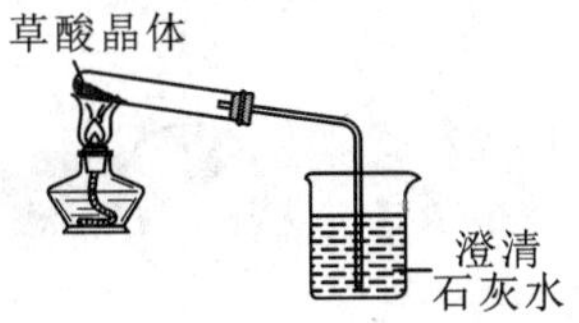


图甲

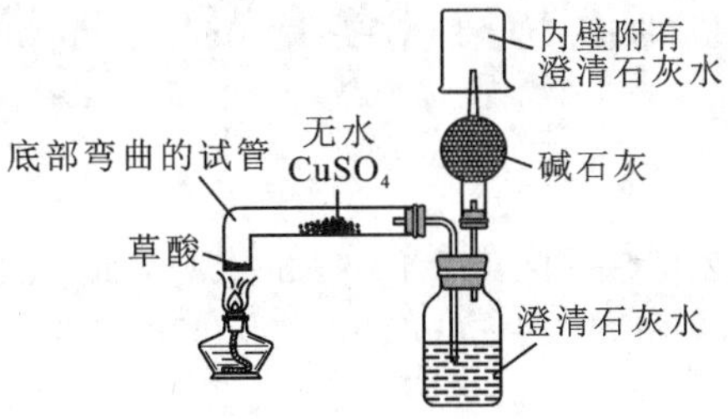


图乙

(3)实验：甲同学按图甲装置实验，观察到澄清石灰水变浑浊。乙同学按图乙装置实验，观察到无水硫酸铜由白色变成蓝色，澄清石灰水变浑浊，且生成的气体通过碱石灰后，在尖嘴处点燃后能燃烧，在火焰上方罩一个内壁附有澄清石灰水的烧杯，澄清的石灰水变浑浊。证明产物中有________________________。

(4)结论：第________种猜想是正确的，请写出草酸受热分解的化学反应方程式：____________________________________________________。

(5)反思与评价：

乙同学认为甲同学设计的实验装置有缺陷。由于试管口向下倾斜，而且草酸晶体熔点较低，加热到 182 ℃便开始熔化，因此实验中常会出现熔融的草酸流进导管而影响后续实验。甲同学认为乙同学的设计是科学合理的。请你谈谈图乙装置优于图甲装置之处：(答出一点即可，若能答出第二点或更多，且正确，给予鼓励)

____________________________________________________

____________________________________________________。

乙同学设计的图乙装置也能证明产物中无 $H_2$，证明方法是________________

________________________________________________________。

**八、计算题**(6 分。)

**33.**(6 分)现代生活中，人们越来越注意微量元素的摄入。血红蛋白中的铁是人体内氧的输送者，缺铁易患贫血。

(1)一种添加了营养剂的“铁强化”酱油已经面市。根据卫计委铁强化剂添加标准，每 100 mL 酱油中的铁营养剂添加量是 200 mg，该营养元素质量分数为 12.5%。根据实验测得，酱油中的铁只有 10%能被人体吸收，以某人一天使用 16mL 该酱油，计算他一天从酱油中吸收的铁元素是多少毫克？

(2)某贫血患者除正常饮食吸收铁元素外，还需服用含铁元素的某种药物。若治疗一个疗程需补充 1.12 g 铁元素，则服用药物中的铁元素相当于需要硫酸亚铁晶体($FeSO_4 \cdot 7H_2O$)多少克？

# 2020年上海市初三化学竞赛(天原杯)预赛试卷

学习笔记

相对原子质量:H—1 C—12 N—14 O—16 Na—23 Mg—24 Al—27 S—32 Cl—35.5 K—39 Ca—40 Fe—56 Cu—64 Zn—65 Ag—108 Ba—137 Pb—207

**一、单项选择题**(共70分,每小题只有1个正确答案。)

**1.** 吴蕴初(1891—1953)是我国现代化学工业的先驱者。20世纪20年代后,他陆续创办了一系列"天字号"化工企业,为开拓和振兴民族化工做出了重大贡献。以下由他创办的各"天字号"企业与其生产的产品不对应的是( )

A. 天原厂——氯碱等化工原料　　B. 天厨厂——橡胶制品

C. 天盛厂——耐酸陶器　　D. 天利厂——氨和硝酸

**2.** 下列元素符号书写有误的是( )

A. TI　　B. V　　C. Re　　D. In

**3.** 硫酸的酸酐是( )

A. $H_2S$　　B. S　　C. $SO_2$　　D. $SO_3$

**4.** 下列金属中,人类开发利用最晚的是( )

A. Al　　B. Fe　　C. Cu　　D. Au

**5.** 下列食物中富含淀粉的是( )

A. 蔬菜　　B. 鸡蛋　　C. 大米　　D. 猪肉

**6.** 含磷洗衣粉的使用会造成严重的环境污染,含磷洗衣粉的"磷"是指( )

A. 白磷　　B. 红磷　　C. 甲胺磷　　D. 三聚磷酸钠

**7.** 下列物质属于纯净物的是( )

A. 水银　　B. 含氮量为33.5%的硝酸铵样品

C. 盐酸　　D. 混有金刚石颗粒的石墨样品

**8.** 许多物质的名称中含有"水"。"水"通常有三种含义:①表示水这种物质;②表示物质处于液态;③表示水溶液。下列物质名称中的"水"不属于以上三种含义的是( )

A. 重水　　B. 氨水　　C. 水银　　D. 水晶

**9.** 下表列出了NO的部分物理性质和化学性质:

| 物理性质 | | | | 化学性质 |
|---|---|---|---|---|
| 熔点 | 沸点 | 密度(20 ℃) | 溶解度(20 ℃) | |
| −163.64 ℃ | −151.76 ℃ | 1.249 g/L | 4.6 mL/100 mL 水 | $2NO+O_2 \rightarrow 2NO_2$ |

则实验室收集NO气体,可采用的方法是( )

A. 向上排空气法

B. 向下排空气法

C. 排水集气法

D. 既可用向上排空气法,又可用排水集气法

**10.** 下列有关分子和原子的说法中,正确的是( )

A. 原子是由质子和中子构成的

B. 保持水的化学性质的粒子是氢原子和氧原子

C. 分子的质量总比原子的质量大

D. 分子和原子都可以构成物质

**11.** 欲除去热水瓶中的水垢,可采用的方法是( )

A. 用食盐水洗涤　　B. 用洗洁精洗涤

C. 用白酒洗涤　　　　D. 用醋洗涤

**12.** 铝碳酸镁是一种天然矿物，它最广泛的用途是作为新型抗酸药，用于治疗胃溃疡、胃酸过多症等，其化学式为 $Al_2Mg_6(OH)_xCO_3 \cdot 4H_2O$。其中 $x$ 为(　　)

A. 15　　B. 16　　C. 17　　D. 18

**13.** 下列有关食品加工的做法不会影响人体健康的是(　　)

A. 用甲醛的水溶液浸泡海产品

B. 用碳酸氢钠焙制糕点

C. 用淀粉、蔗糖、奶香精配成奶粉

D. 用工业石蜡涂抹在瓜子表面增加光泽

**14.** 如图是一幅贴在汽车加油站上的宣传广告。围绕这幅广告画以下叙述错误的是(　　)

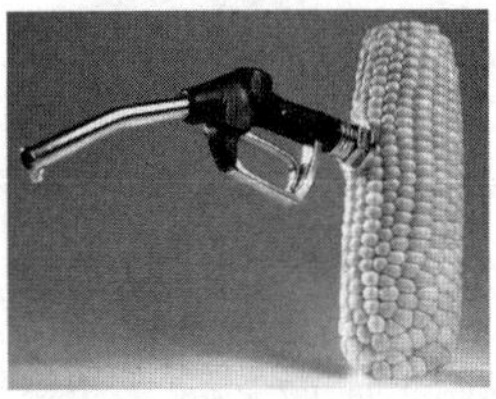

A. 玉米汁可用作汽车燃料

B. 由玉米生产的酒精汽油可作汽车燃料

C. 推广玉米生产的燃料可在一定程度上缓解当前的能源危机

D. 以农作物为原料来生产化学品是可行的

**15.** 下列各组物质组成的混合物可按溶解、过滤、蒸发的操作顺序，将各组分分离的是(　　)

A. 氧化铜和木炭粉　　B. 硝酸钠和硝酸钾

C. 二氧化锰和氯化钾　　D. 氧化钙和氯化钠

**16.** 下列实验能达到目的的是(　　)

A. 用酒精灯加热使水分解制取氢气　　B. 用锌跟稀硫酸反应制取氢气

C. 用铝跟稀硝酸反应制取氢气　　D. 用铁跟浓硫酸反应制取氢气

**17.** 下列有关媒体的报道与化学知识不相违背的(　　)

A. 某洗发水不含任何化学物质

B. 科研人员发明了一种特殊催化剂，可以使水变为汽油

C. 有关部门利用明矾对饮用水进行消毒杀菌，从而解决了灾民饮水难的问题

D. 科研机构发明了一种用植物秸秆生产乙醇的新工艺

**18.** 用括号中的试剂除去物质中所含杂质，所用药品错误的是(　　)

A. $CO_2$ 中有少量 HCl(饱和碳酸氢钠溶液)

B. CO 中有少量 $CO_2$(灼热的氧化铜)

C. $H_2$ 中有少量水蒸气(浓硫酸)

D. $N_2$ 中有少量 $O_2$(灼热的铜网)

**19.** 某电镀厂排出的酸性污水中，含有有毒的 $Cu^{2+}$，欲除去 $Cu^{2+}$ 并降低污水的酸性，可加入(　　)

A. 食盐　　B. 生石灰　　C. 氧化铁　　D. 氢氧化钡

**20.** 科学家发明了一种“碳纳米管温度计”，这种温度计被认定为世界上最小的温度计。研究人员在长约 $10^{-6}$ m，直径为 $10^{-7}$ m 的碳纳米管中充入液态的金属镓。当温度升高时，管中的镓就会膨胀，通过电子显微镜就能读取温度值。这种温度计测量的范围为 18 ℃至 490 ℃，精确度较高，所以它可用于检查电子线路是否异常，测定毛细血管的温度等许多方面。根据以上信息判断下列推测中错误的是(　　)

A. 碳纳米管的体积在 10 ℃至 500 ℃之间随温度变化很小，可忽略不计

B. 金属镓的熔点很低，沸点很高

C. 金属镓的体积在 10 ℃至 500 ℃之间随温度变化比较均匀

D. 金属镓的体积在 10 ℃至 500 ℃之间随温度变化很小，可忽略不计

**21.** 下列说法正确的是(　　)

A. HF 的命名是氟酸

B. 氧化物中一定有一种元素不是氧元素

C. 含有氢氧根的化合物一定是碱

D. 有盐和水生成的反应一定是中和反应

**22.** 室温下，在 pH＝1 的溶液中可能大量共存的是（　　）

A. $K^+$、$Cl^-$、$SO_4^{2-}$、$OH^-$　　B. $Na^+$、$SO_4^{2-}$、$NO_3^-$、$CO_3^{2-}$

C. $NH_4^+$、$Cl^-$、$NO_3^-$、$SO_4^{2-}$　　D. $Ba^{2+}$、$NO_3^-$、$Cl^-$、$SO_4^{2-}$

**23.** 如图所示，在一只盛有氢氧化钡溶液的烧杯中，漂浮着一个小塑料块，若小心地向烧杯中滴加与氢氧化钡溶液密度相同的稀硫酸，小塑料块浸入液体中的体积与所加硫酸的体积的关系曲线为（　　）

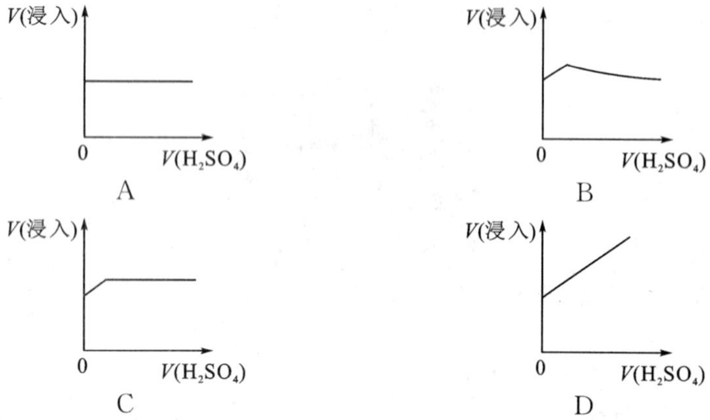


**24.** 向 4 支装有质量和质量分数均相同的稀硫酸的试管中，分别加入适量的 Mg、MgO、$Mg(OH)_2$、$MgCO_3$，反应完全后（反应物均完全反应），对应得到①、②、③、④四个溶液，则其中浓度最大的是（　　）

A. ①　　B. ②　　C. ③　　D. ④

**25.** 某同学用一定量的铁与足量稀硫酸及足量氧化铜制单质铜，他设计了以下两种方案：

①$CuO \xrightarrow{H_2SO_4} CuSO_4 \xrightarrow{Fe} Cu$；②$Fe \xrightarrow{H_2SO_4} H_2 \xrightarrow{CuO} Cu$。

他若按实验原则进行操作，则两者制得单质铜的量为（　　）

A. ①多　　B. ②多　　C. 一样多　　D. 无法判断

**26.** 从中药麻黄中提取的麻黄素可作为平喘药使用，为确定麻黄素的分子式（已知它是由碳、氢、氮和氧四种元素组成的），把 10 g 麻黄素完全燃烧可得 26.67 g $CO_2$ 和 8.18 g $H_2O$，同时测得麻黄素中含氮 8.48%，由此可推得麻黄素的分子式为（　　）

A. $C_{20}H_{30}NO$　　B. $C_{20}H_{30}N_2O$　　C. $C_{10}H_{15}NO$　　D. $C_{10}H_{15}N_2O_5$

**27.** 为研究某一镁铝合金的成分，进行甲、乙、丙三组实验。三组各取 30 mL 同浓度的盐酸溶液，加入该种镁铝合金粉末。每组实验加入的合金质量和产生的气体质量有关数据如下：

| | 甲 | 乙 | 丙 |
|---|---|---|---|
| 合金质量/g | 0.153 | 0.255 | 0.385 |
| 气体质量/g | 0.015 | 0.025 | 0.03 |

根据表中的数据可判断（　　）

A. 甲组盐酸不足量　　B. 乙组盐酸不足量

C. 丙组盐酸不足量　　D. 甲、乙、丙三组均盐酸过量

**28.** 某组成为 $C_aH_bN_c$（a、b、c 为正整数）的 ABS 工程树脂可通过下面的反应制得：

$C_3H_3N$（丙烯腈）＋ $C_4H_6$（1,3-丁二烯）＋ $C_8H_8$（苯乙烯）$\xrightarrow{一定条件}$ $C_aH_bN_c$（ABS）（未配平）

则参加反应的原料中丙烯腈和1,3-丁二烯的分子个数之比为(　　)

A. $\frac{2c}{b-a}$　　B. $\frac{b}{2(c-a)}$　　C. $\frac{c-a}{b-a}$　　D. 无法确定

**29.** 25 ℃时,在 $a$ g $b$%的 $X(OH)_2$ 溶液中加入 $c$ g XO(X 为金属元素其相对原子质量为 M),保持温度不变,充分搅拌后仍有溶液剩余,同时有 $d$ g $X(OH)_2$ 沉淀,此时 $X(OH)_2$ 的溶解度为(　　)

A. $\dfrac{a\cdot b\%+c-d}{a-18\cdot\dfrac{c}{M+16}}\times 100\ g/100\ g\ H_2O$

B. $\dfrac{a\cdot b\%+c\ \dfrac{M+34}{M+16}-d}{a-18\cdot\dfrac{c}{M+16}}\times 100\ g/100\ g\ H_2O$

C. $\dfrac{a\cdot b\%+c\cdot\dfrac{M+34}{M+16}-d}{a(1-b\%)}\times 100\ g/100\ g\ H_2O$

D. $\dfrac{a\cdot b\%+c\cdot\dfrac{M+34}{M+16}-d}{a(1-b\%)-18\ \dfrac{c}{M+16}}\times 100\ g/100\ g\ H_2O$

**30.** 多硫化钠 $Na_2S_x$($x>2$)在酸性溶液中生成一种臭鸡蛋味的气体和浅黄色沉淀:$Na_2S_x+2HCl\rightarrow 2NaCl+H_2S\uparrow+(x-1)S\downarrow$

向 $a$ g $Na_2S_x$ 加入过量盐酸可得 0.672$a$ g 沉淀,则 $x$ 的值是(　　)

A. 6　　B. 5　　C. 4　　D. 3

**31.** 氧化铜与氢气反应后得到的 Cu 中常常混有少量 $Cu_2O$。$Cu_2O$ 与硫酸反应的化学方程式为 $Cu_2O+H_2SO_4\rightarrow CuSO_4+Cu+H_2O$。现将 5 g Cu 与 $Cu_2O$ 的混合物放入足量的稀硫酸中充分反应,过滤得到 4.8 g 固体,则原混合物中含单质铜的质量为(　　)

A. 4.8 g　　B. 4.72 g　　C. 4.64 g　　D. 4.6 g

**32.** 某混合物由 $Na_2SO_4$ 和 $Na_2SO_3$ 组成,已知其中氧元素的质量分数为 40%,则钠元素的质量分数为(　　)

A. 24.62%　　B. 25.09%　　C. 35.38%　　D. 无法确定

**33.** 用同一浓度的稀盐酸分别溶解相同质量的 CuO 和 $Fe_2O_3$,当两种氧化物都恰好完全反应时,消耗的稀盐酸的体积比为(　　)

A. 1∶2　　B. 2∶1　　C. 2∶3　　D. 3∶2

**34.** 在配置 10%的氯化钠溶液的过程中,会导致溶液中氯化钠的质量分数大于 10%的原因是(　　)

A. 称量氯化钠固体时所用天平的砝码上粘有杂质

B. 将称量好的氯化钠固体倒入烧杯中时,有部分氯化钠固体散落在实验桌上

C. 用量筒量取水时仰视读数

D. 盛装溶液的试剂瓶中有一块碎玻璃

**35.** 50 g 镁、锌、铁的混合物与足量的稀硫酸反应,将混合溶液蒸干后可得不含结晶水的固体 146 g,则反应生成氢气的质量为(　　)

A. 1 g　　B. 2 g　　C. 3 g　　D. 4 g

**二、多项选择题**(共 30 分;每小题有 1 个或 2 个正确答案;只有 1 个正确选项的,多选不给分;有 2 个正确选项的,选对 1 个给 1 分,选错 1 个该小题不给分。)

**36.** 下列液体在敞口的容器中放置一段时间后,浓度会降低的是(　　)

A. 浓硫酸　　B. 浓盐酸　　C. 氯化钠溶液　　D. 硝酸钾溶液

**37.** 用 $I_2O_5$ 可以测定空气受 CO 污染的程度,发生反应的化学方程式:$I_2O_5+5CO\rightarrow I_2+5CO_2$。

关于这个反应，下列说法中错误的是(　　)

A. $I_2O_5$是氧化剂　　　　B. CO 具有还原性

C. $I_2$是还原产物，仅具有还原性　　　　D. 该反应属于置换反应

**38.** 下列实验操作错误的是(　　)

A. 稀释浓硫酸时，将浓硫酸沿容器壁慢慢倒入水中并搅拌

B. 向烧杯中滴加液体时，滴管不能接触烧杯内壁

C. 为加快固体在水中的溶解，用温度计轻轻地进行搅拌

D. 为防止液体加热沸腾后冲出试管伤人，用橡皮塞塞紧试管后再加热

**39.** 下列各选项中的三种固体通过分别加水就能加以鉴别的是(　　)

A. 氯化钠、硝酸铵、氢氧化钠　　　　B. 氯化钠、硫酸钠、硫酸钡

C. 氢氧化钠、氢氧化钾、氢氧化钡　　　　D. 氯化钠、硫酸钡、无水硫酸铜

**40.** 如图，实验桌上放置的两容器中盛有等体积的乙酸和水两种液体。几天后，两者的体积都明显减少，且乙酸比水减少得多。由此现象得出的正确结论是(　　)

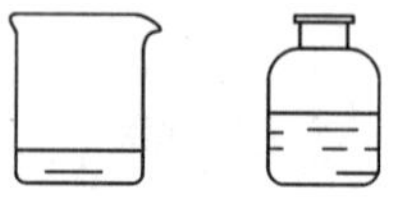


A. 乙酸与水都能挥发

B. 乙酸比水易挥发

C. 乙酸的熔点比水低

D. 乙酸的沸点比水高

**41.** 现有质量分数为 5% 的 $KNO_3$ 溶液 50 g，要使其溶质的质量分数达到 20%，可采用的方法是(　　)

A. 加入 7.5 g $KNO_3$固体　　　　B. 加入 9.375 g $KNO_3$固体

C. 蒸发掉 40 g 水　　　　D. 蒸发掉 37.5 g 水

**42.** 有一包不纯的 $Na_2CO_3$样品，其中只含一种杂质，现取该样品 5.3 g 与足量稀盐酸反应生成 2.4 g $CO_2$，则所混杂质可能是(　　)

A. $BaCO_3$　　B. $K_2CO_3$　　C. $CaCO_3$　　D. $MgCO_3$

**43.** 有一种化工原料的生产过程：(a)以煤为燃料煅烧石灰石；(b)用饱和 NaCl 溶液充分吸收 $NH_3$和 $CO_2$，析出 $NaHCO_3$沉淀，然后煅烧碳酸氢钠；(c)将步骤(a)产生的 CaO 与 $H_2O$ 反应；(d)消石灰与步骤(b)中的滤液反应，产生氨。该生产过程中涉及的物质(除煤和水外)有：①氯化钠；②氨；③二氧化碳；④氯化铵；⑤消石灰；⑥石灰石；⑦生石灰；⑧碳酸钠；⑨碳酸氢钠；⑩氯化钙。下列叙述正确的是(　　)

A. 起始原料是①⑥　　　　B. 起始原料是⑥⑨

C. 最终产品是⑧⑩　　　　D. 最终产品是⑤⑧

**44.** 某一溶液由盐酸、碳酸钠溶液、稀硫酸、氯化铜溶液四种物质中的一种或几种混合形成，现向该混合溶液中滴入氢氧化钡溶液，产生沉淀的质量与加入氢氧化钡溶液体积的关系如图所示。则下列判断正确的是(　　)

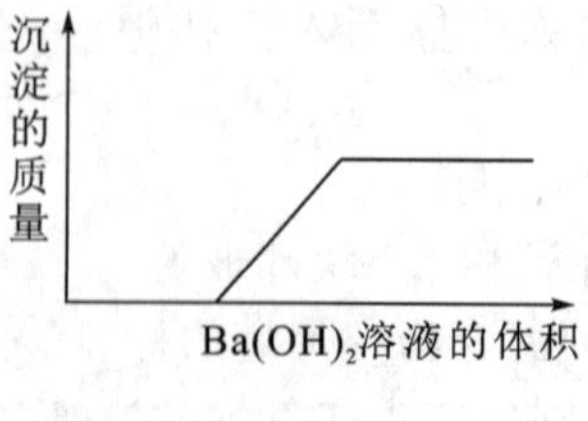


A. 该混合液至少含有硫酸或盐酸中的一种，也可能两种同时含有

B. 该混合液中不可能含有碳酸钠

C. 该混合液中是否含有氯化铜不能确定

D. 从上述信息可知该混合液的组成只可能有一种情况

**45.** 乙醇汽油是由乙醇($C_2H_6O$)与汽油(主要成分可表示为 $C_nH_{2n+2}$，$n=5\sim11$)按 1∶9 的比例混合而成，它的使用可有效地降低汽车尾气排放。下列有关说法正确的是(　　)

A. 相同质量的乙醇和汽油分别完全燃烧，乙醇需要消耗的氧气较多

B. 相同质量的乙醇和汽油分别完全燃烧，汽油需要消耗的氧气较多

C. 乙醇比汽油更易充分燃烧

D. 汽油比乙醇更易充分燃烧

# 2020年全国初中化学奥林匹克竞赛试题

**一、选择题**

**1.** 下列各组物质中,前一种是化合物、后一种是混合物的是(　　)

A. 氧化钙,澄清的泉水

B. 氢氧化钾,含铜质量分数为80%的氧化铜

C. 澄清石灰水,粗盐

D. 红磷,空气

**2.** 下列各组物质(主要成分)的名称和化学式表示的不是同一种物质的是(　　)

A. 苛性钠、火碱、NaOH　　B. 碳铵、碳酸铵、$(NH_4)_2CO_3$

C. 盐酸、氯化氢水溶液、HCl　　D. 食盐、氯化钠、NaCl

**3.** 下列各组物质中,前一种含游离态氢元素,后一种含化合态氢元素的是(　　)

A. 氢气、碳酸钙　　B. 液态氢、硝酸铵

C. 胆矾、水煤气　　D. 稀硫酸、烧碱

**4.** 下列反应的产物不污染空气的是(　　)

A. 硫在空气中燃烧　　B. 氢气在氧气中燃烧

C. 煤燃烧　　D. 香烟燃烧

**5.** 下列物质中,能降低血红蛋白输氧能力的是(　　)

A. CO　　B. $CO_2$　　C. Ar　　D. $N_2$

**6.** 25 ℃时,硝酸钾溶液中溶质的质量分数为30%,则25 ℃时硝酸钾的溶解度是(　　)

A. 30 g　　B. 43 g　　C. 23 g　　D. 无法确定

**7.** 已知R20是一种酸性氧化物,则R代表的元素可以是下列四种元素中的(　　)

A. 钾　　B. 氯　　C. 钠　　D. 硫

**8.** 钠、镁、铝分别与足量稀硫酸反应,生成等质量氢气时,参加反应的钠、镁、铝的原子数目之比是(　　)

A. 1∶2∶3　　B. 3∶2∶1　　C. 6∶3∶2　　D. 4∶2∶1

**9.** 由A、B两种元素组成的某化合物中,A与B的质量比是3∶1,又知A与B的原子量之比是12∶1,则下列式子中能够表示此化合物化学式的是(　　)

A. AB4　　B. AB3　　C. AB　　D. A2B

**10.** 元素X的核电荷数为$a$,它的阳离子$X^{m+}$与元素Y的阴离子$Y^{n-}$的电子层结构相同,则元素Y的核电荷数是(　　)

A. $a+m+n$　　B. $a-m-n$　　C. $m+n-a$　　D. $m-n-a$

**二、填空题**

**11.** 如果碱液流到桌面上,可以立即用适量的________中和;如果酸液流到桌面上,可以立即用适量的________中和;如果酒精灯内的酒精洒出,并在桌面上燃烧,应立即________;氢气还原氧化铜的实验中,氧化铜完全被还原后的操

作是______________________________________________________________

______________________________________________________________。

**12.** 在常温常压下，将充满二氧化碳的试管倒立在水中，管内水面上升，上升的速度逐渐减慢，速度减慢的原因是______________________________。要使上升的速度加快，应采取的措施是______________________________。

**13.** 铜器在潮湿的空气中，表面会慢慢地生成一层铜锈[$Cu_2(OH)_2CO_3$]。该反应的化学方程式：________________。

**14.** 火药是我国古代四大发明之一，它是由木炭、硫黄、火硝（硝酸钾）按一定比例混合而成的，爆炸时生成硫化钾、氮气和二氧化碳。火药爆炸的化学方程式是________________。

**15.** 质量相等的二氧化硫和三氧化硫中，含有的氧原子数目之比是________。

**16.** 一种不纯的铁，已知它含有铜、铝、钙或镁中的一种或几种金属杂质。5.6 g 这样的铁跟足量的稀硫酸完全反应时，生成 0.2 g 氢气，则此铁块中一定含有的金属杂质是________。

**17.** 空气里每 100 个分子中含有 21 个氧分子、78 个氮分子、1 个氩分子，据此可知氧气占空气质量的________（保留 1 位小数）。

**18.** 从商店买来 0.5 kg 洗涤碱（$Na_2CO_3 \cdot 10H_2O$），放置一段时间后称量，发现不足 0.5 kg，质量不足的原因是________。

**19.** 向氢氧化钠溶液中通入适量二氧化碳后，仅使溶液中 50% 的氢氧化钠反应，反应后溶液中可能有的离子由多到少的顺序是________。

**20.** 已知某固体粉末是氯化钠、氯化钡、氯化铜、硫酸钠之一或几种的混合物。做以下实验：①粉末加水，振荡后呈浑浊，过滤，滤液无色，当向滤液中滴入硝酸银溶液时，产生白色沉淀，继续加入足量的稀硝酸，沉淀不消失；②向滤出的沉淀加足量稀盐酸时，沉淀不消失。请判断指出，原粉末中一定有________，一定不会有________。

**21.** 除去一氧化碳中少量二氧化碳的方法：使气体通过饱和的氢氧化钙或饱和的氢氧化钡溶液，二氧化碳即转化为碳酸盐沉淀。已知 20 ℃时氢氧化钙和氢氧化钡的溶解度分别为 0.165 g 和 3.89 g。取两份各 100 g 的水，分别配成氢氧化钙和氢氧化钡的饱和溶液，并用来除去一氧化碳中的二氧化碳。以上两种饱和溶液中何者能除去更多的二氧化碳？通过计算回答。

**22.** 在电解水的实验中，阴极得到________，阳极得到________。两种气体的体积比是________。由这一事实可以推知，在同温、同时下，相同体积的任何气体中含有的________相同。

**三、实验题**

**23.** 已知在相同的温度条件下，气体物质分子的运动速度与分子的质量有关，质量越大，运动速度越小。在图中，容器 A（是一种瓷筒，器壁能允许气体分子通过）里面充满了空气，当烧杯中充满氢气，并不断地继续通入氢气时，导管 B 处发生的现象是________，产生这种现象的原因是________________________。

**24.** 白磷在氧气中燃烧的现象是________，在空气中白磷由于________产生热量而使温度升高，当温度达到 40 ℃时白磷发生自燃，如果用白磷来进行如图所示的三个实验时，发生的不同现象是________，由此可推出的结论是________。

25. 我们已经知道，铁在潮湿的空气里易生锈。试设计一组实验(也可用图示)证明铁的生锈既不单纯是水的作用，也不单纯是空气中氧气的作用，而是水和氧气共同作用的结果。将结果填入下表：

| ①实验过程 | ②实验现象 | ③各步结论 |
|---|---|---|
| | | |

26. 某固体是氯化钙和氯化钠的混合物。取 $b$ g 该物质，通过实验将氯化钙和氯化钠分离，并测定混合物中氯化钠的质量分数。请你按实验要求填写下表的各项空白。

<table>
<tr><td colspan="2">①调托盘天平的零点</td><td>若指针偏向左边，应将右边的螺丝向________(右、左)旋动，直到指针指在标尺中央</td></tr>
<tr><td colspan="2">②用已知质量为 $a$ g 的烧杯，称取 $b$ g 样品</td><td>在________盘放________g 砝码，把烧杯放在________盘上，加入样品。若指针偏向右边，这时的操作应该是________，直到使指针指在标尺中央</td></tr>
<tr><td colspan="2">③加适量的水搅拌，使之完全溶解，再滴加稍过量的 X 溶液</td><td>若有沉淀产生，则加入的 X 是________。检验 X 是否过量的方法是________</td></tr>
<tr><td rowspan="2">④过滤并洗涤沉淀</td><td>在滤液中加入稍过量 Y 溶液，蒸发得固体，称量质量为 $c$ g</td><td>加入的 Y 溶液是________，目的是________________________，得到的固体是________</td></tr>
<tr><td>沉淀烘干后，称得其质量为 $d$ g</td><td>沉淀是________，沉淀加盐酸后得到的是________</td></tr>
<tr><td colspan="2">⑤求混合物中氯化钠的质量分数</td><td>样品中氯化钠的质量分数的计算式：________</td></tr>
</table>

**四、计算题**

27. 某同学为了测定由氧化铜和氧化铁组成的混合物中各成分的质量分数，用氢气作还原剂，并用浓硫酸吸收反应生成水。已知混合物的总质量是 24 g，实验前盛有浓硫酸的试管的总质量是 130.5 g，实验后变为 137.7 g(设反应已进行完全，且生成的水全部被浓硫酸吸收)，据此计算：

(1)有多少克氢气参加了反应。

(2)混合物中氧化铜的质量分数。

28. 某学生在 10 ℃时取 100 g 水配制成氯化钾的饱和溶液，又取 50 g 水加入 35.4 g 硝酸钠配成溶液，然后将两种溶液混合，发现有晶体析出。试通过计算指出析出晶体是什么物质。

可能用到的数据：H—1　C—12　N—14　O—16　Ca—40

## 第一部分

**1.**(4分)写出下列元素对应的元素符号或元素名称：

(1)Ba ________。(2)Au ________。(3)钾________。(4)硅________。

**2.**(3分)写出元素符号 Ar 的含义：

(1)______________________________________________________。

(2)______________________________________________________。

(3)______________________________________________________。

**3.**(2分)右图是元素周期表的一部分，请从该图中获取两条信息：

(1)______________________________________________。

(2)______________________________________________。

| 11　Na |
|---|
| 钠 |
| 22.99 |

**4.**(5分)写出下列化学式的名称：

(1)$N_2O_3$____________。　(2)$HNO_3$____________。

(3)$Fe(OH)_2$____________。　(4)$(NH_4)_2SO_4$____________。

(5)$NaHCO_3$____________。

**5.**(10分)写出符合下列要求的化学式：

(1)金刚石________。　(2)干冰________。　(3)盐酸________。

(4)硫化钠________。　(5)氯化锌________。　(6) 2个铝原子________。

(7) 5个碳酸根离子________。　(8)+6价的硫形成的氧化物________。

(9)保持氮气化学性质的最小粒子________。

(10)含有4个原子的磷单质分子________。

**6.**(6分)构成物质的微粒有分子、原子和离子。请在表格空白处中填上适当的内容。

| 物质名称 | 化学式 | 构成物质的微粒符号 |
|---|---|---|
|  | Ag |  |
| 过氧化氢 |  |  |
| 氯化钠 |  |  |

**7.**(4分)写出下列化学符号中数字“2”的意义：

(1)$H_2O$ ____________________。　(2)$Zn^{2+}$ ____________________。

(3)2I ____________________。　(4)$Ca\overset{-2}{O}$ ____________________。

**8.**(6分)苯甲酸又称安息香酸，其化学式为 $C_6H_5COOH$，结合化学式信息回答问题：

(1)从物质分类，苯甲酸属于________(选填“单质”“化合物”“氧化物”)。

(2)从元素组成，苯甲酸分别由________(写元素名称)组成的。

(3)从原子构成，一个苯甲酸分子由________个原子构成的。

(4)苯甲酸的相对分子质量为________，其中氢元素和氧元素的质量比为________。

(5)6.1 g苯甲酸中所含的碳元素的质量为________。

**9.**(3分)从化学方程式 $4NH_3 + 3O_2 \xlongequal{点燃} 2N_2 + 6H_2O$，中可以获取的三点

有关反应信息：

(1)________________________________________。

(2)________________________________________。

(3)________________________________________。

**10.**(3 分)配平以下反应的化学方程式：

(1)____ C＋____ $CO_2 \xlongequal{高温}$ ____ CO

(2)____ $C_3H_8$＋____ $O_2 \xlongequal{点燃}$ ____ $CO_2$＋____ $H_2O$

(3)____ $KNO_3$＋____ S＋____ $C \xlongequal{点燃}$ ____ $K_2S$＋____ $N_2\uparrow$＋____ $CO_2\uparrow$

**11.**(2 分)煤油中含有噻吩 M(用 $C_XH_YS_Z$ 表示)，噻吩具有令人不愉快的气味，其燃烧时发生反应的化学方程式可以表示为 $M + 6O_2 \xlongequal{点燃} 4CO_2 + SO_2 + 2H_2O$，则噻吩 M 的化学式为____________。

**12.**(16 分)写出以下反应的化学方程式：

(1)电解水：__________________________________。

(2)铁在氧气中燃烧：____________________________。

(3)红磷在氧气中燃烧：___________________________。

(4)实验室检验二氧化碳：__________________________。

(5)二氧化碳的实验室制法：_________________________。

(6)实验室用氯酸钾制取氧气：________________________。

(7)加热高锰酸钾制取氧气：_________________________。

(8)汽车尾气中 NO 与 CO 在催化剂的作用下，反应生成 $CO_2$ 和一种无污染的单质气体。写出该反应的化学方程式：____________。

## 第二部分

**13.**(8 分)在一个密闭容器中放入甲、乙、丙、丁四种物质，在一定条件下发生化学反应，一段时间后测得数据如下图。

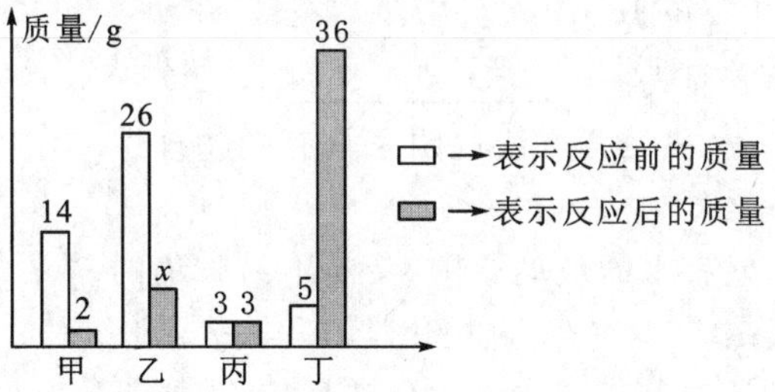


(1)$x$=________。

(2)该反应的基本反应类型是____________________________。

(3)丙物质可能是该反应的______________________________。

(4)参加反应的甲和乙质量比________。

**14.**(5 分)氟及其化合物常运用于原子弹制造、航天工业等领域。氟气($F_2$)化学性质极其活泼，水都能在氟气中燃烧，燃烧产物之一是氧气。

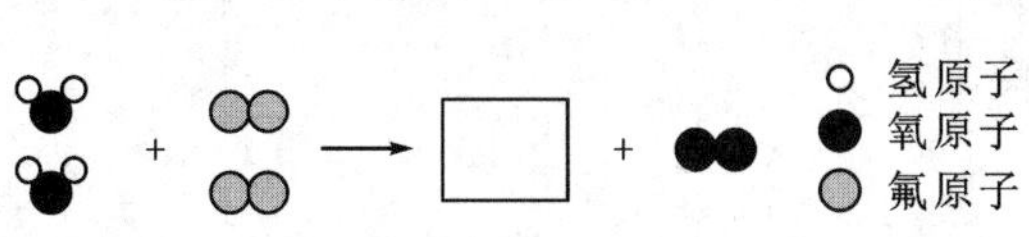


图 1

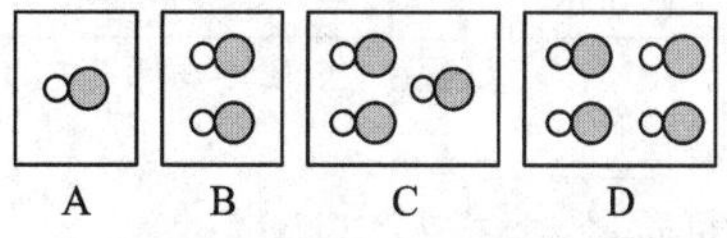


图 2

(1)图 1 是水与氟气反应的微观示意图。图 1 方框内应填图 2 中的________选项(填示意图标号)，写出该反应的化学方程式：____________。

(2)由微观示意图分析可知，化学反应中发生变化的微粒是________(选填

"分子"或"原子"下同),未发生变化的微粒是________。

**15.**(8分)1～18号元素的原子结构示意图如下表,回答下列问题;

| | | | | | | | | |
|---|---|---|---|---|---|---|---|---|
| 第一周期 | 1 H (+1) 1 | | | | | | | 2 He (+2) 2 |
| 第二周期 | 3 Li (+3) 2 1 | 4 Be (+4) 2 2 | 5 B (+5) 2 3 | 6 C (+6) 2 4 | 7 N (+7) 2 5 | 8 O (+8) 2 6 | 9 F (+9) 2 7 | 10 Ne (+10) 2 8 |
| 第三周期 | 11 Na (+11) 2 8 1 | 12 Mg (+12) 2 8 2 | 13 Al (+13) 2 8 3 | 14 Si (+14) 2 8 4 | 15 P (+15) 2 8 5 | 16 S (+16) 2 8 6 | 17 Cl (+17) 2 8 7 | 18 Ar (+18) 2 8 8 |

(1)质子数为12的原子在化学变化中比较容易________(选填"得"或"失")电子,该元素属于________(选填"金属"或"非金属")元素;第12号元素和第17号元素形成的化合物的化学式为______________。

(2)已知铍的相对原子质量为9,推测铍原子中有________个中子。

(3)写出核外电子排布与氖原子相同的阳离子和阴离子的符号各一个:

阳离子符号________;阴离子符号________。

(4)在第三周期中,各原子的核外电子排布的相同之处是______________;

从左到右,原子核外电子排布的变化规律是____________________。

**16.**(6分)日常生活中的不少用品与水银有关,体温计就是其中之一。小宇同学偶患感冒,量体温时不小心将体温表滑落摔碎,地面上散落许多银珠,应该怎样清理?经网络搜寻,小宇获得以下有关水银的资料,依据相关信息回答问题:

水银(汞)的化学式为Hg,常温下是银白色液体,密度大、易蒸发且吸附性特别好,不溶于水。汞大部分以硫化汞(朱砂)的形式分布,在古代人们就已经掌握了朱砂提汞的方法,即在空气中加热,收集蒸发的汞蒸气并冷凝既得金属汞,同时还会产生一种刺激性气味的气体。汞及汞的大多数化合物有毒,汞可与硫反应生成不易溶于水的无毒物质硫化汞。

(1)硫化汞化学式为HgS,其中Hg的化合价为________。

(2)写出古时人们利用朱砂提汞的化学方程式:______________。

(3)小宇关掉屋内所有热源,开窗透风,这一处置方法说明汞具有的物理性质:________。

(4)小宇戴上手套用小勺把水银收集到盛有水的玻璃瓶中,又向不易收集的细小水银珠上撒硫颗粒降低危害,他的依据是__________(用化学方程式表示)。

**17.**(9分)氢化钙($CaH_2$)是有机合成的还原剂。遇水发生化学反应,生成氢氧化钙和氢气。为了测定某样品中氢化钙的含量,进行了如图所示实验,根据所提供数据计算:

[反应原理:$CaH_2+2H_2O═Ca(OH)_2+2H_2\uparrow$]

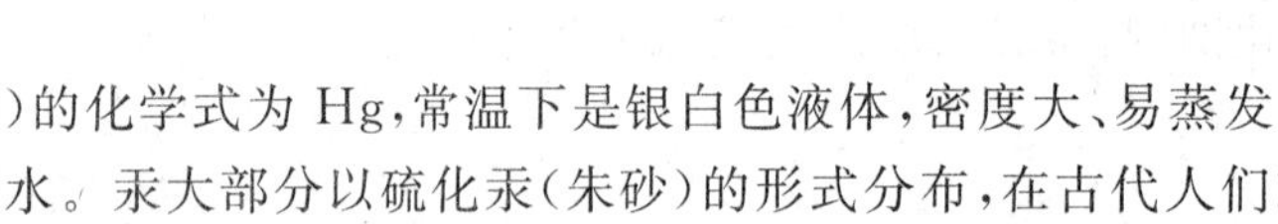


(1)生成氢气的质量是________ g。

(2)该样品中氢化钙的质量(要求写出计算过程)。

# 2021年江苏省"金钥匙"科技竞赛决赛试题

可能用到的相对原子质量:H—1　He—4　C—12　N—14　O—16　Na—23　Mg—24　S—32　Cl—35.5　Fe—56　Cu—64　Zn—65

**一、选择题**(本题包括20个小题,每小题2分,共40分。每小题有1个或2个选项符合题意。若2个答案的错选1个不得分,漏选1个扣1分。请将答案填在下方的表格内。)

**1.** 下列是四位著名科学家的照片,其中提出联合制碱法的中国化工专家的照片是(　　)

A

B

C

D

**2.** 2020年诺贝尔化学奖授予了法国和美国的两位女科学家,以表彰她们发现了基因技术最锋利的工具之一:CRISPR/Cas9基因剪刀。利用这些技术.研究人员可以极其精确地改变动物、植物和微生物的DNA。下列说法不正确的是(　　)

A. DNA是脱氧核糖核酸

B. DNA是遗传物质,利用人体组织如毛囊、牙齿、血液中的DNA可进行亲子鉴定

C. 改变动物、植物的DNA,有可能帮助人们治疗疾病、培养优良植物品种

D. 发现DNA具有双螺旋结构的化学家沃森和克里克也得过诺贝尔奖

**3.** 国产电影《烈火英雄》展现了消防员们的专业、英勇、不惧牺牲的英雄形象,他们英勇顽强地战胜了一次次的火灾。影片中出现了多次火灾产生的大爆炸,如煤气罐爆炸、油罐爆炸等。如果把爆炸简单分为物理爆炸和化学媒炸,则下列属于化学爆炸的是(　　)

A. 炸药爆炸　　B. 粉尘爆炸　　C. 蒸汽锅炉爆炸　D. 压力容器爆炸

**4.** 中国许多诗词中蕴含着科学道理,下列说法不正确的是(　　)

A. 荷花和荷叶"出淤泥而不染"是因为其表面存在疏水的结构和物质,具有自洁效应

B. "金沙水拍云崖暖"中"金沙"指金沙江,宋代起许多人在此江中淘金故名金沙江

C. "人间四月芳菲尽,山寺桃花始盛开。"说明物候与海拔有关,海拔越高气温越低

D. "黄金无足色,白璧有微瑕"是说黄金饰品很难上色,白玉也会有小瑕疵

**5.** 2018年9月,我国第一艘自主研制的极地科学考察船"雪龙2"号成功下水,标志看我国极地考察能力又有新突破。下列有关"雪龙2"号说法正确的是(　　)

A. 船的主体材料不锈钢属于合金

B. 船体外壳含有钛,钛和钛合金的抗腐蚀性能非常好

C. 船舱的密封圈主要成分是合成橡胶,合成橡胶是天然有机高分子材料

D. 船上备用的救生衣主要成分是合成纤维,合成纤维不属于有机合成材料

6. 在明代宋应星所著的《天工开物》中。有关火法炼锌的工艺记载:“每炉甘石十斤,装载入一泥罐内,然后逐层用煤炭饼垫盛,其底铺薪,发火煅红,罐中炉甘石熔化成团。”(注:炉甘石的主要成分是碳酸锌)火法炼锌主要发生的化学反应是 $2C+ZnCO_3 \xlongequal{高温} Zn+3X\uparrow$,下列说法正确的是(　　)

A. X 的化学式是 CO

B.“逐层用煤炭饼垫盛”是为了燃烧提供高温

C. 反应前后固体的质量不变

D.“罐中炉甘石熔化成团”,团的主要成分是锌

7. 2019 年 4 月,权威杂志 *Nature* 报道:科学家在距离地球 3000 光年的一个年轻的行星状星云中,首次发现了宇宙中最早的化学反应产物氦合氢离子($HeH^+$),其模型如图。科学家认为氦合氢离子是宇宙中最早的氢气来源,并于 1925 年就在实验室中合成了 $HeH^+$。下列说法正确的是(　　)

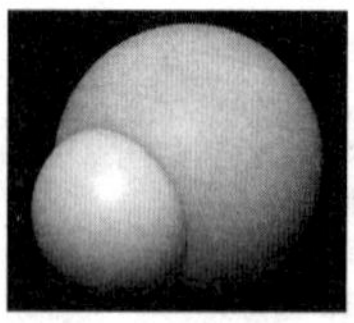

A. 推测 $HeH^+$ 可能具有强酸性

B. 右图模型中大球为 $H^+$,小球为 He

C. 一个 $HeH^+$ 共含有 3 个电子

D. 宇宙中最早形成的元素是相对原子质量小的元素

8. 常温下,对 100 mL 氯化钠饱和溶液进行图示实验。下列分析错误的是(　　)

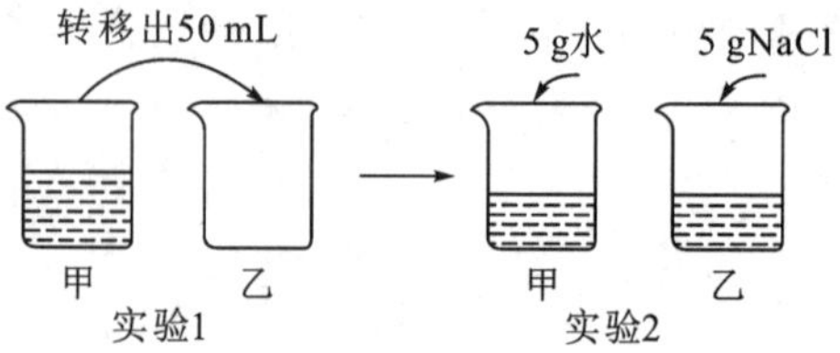


A. 实验 1 后,甲、乙中溶液的溶质质量分数相等

B. 实验 2 后,乙中氯化钠的溶解度比甲中的大

C. 实验 2 后,甲中溶液为氯化钠的不饱和溶液

D. 实验 2 后,甲、乙中溶液所含溶质质量相等

9. 证据推理是化学学科核心素养的重要内容,下列推理正确的是(　　)

A. 化合物由不同种元素组成,因此含有不同种元素的物质一定是化合物

B. 氢氧混合气体点燃会有爆鸣声,因此点燃有爆鸣现象的气体一定是氢氧混合气体

C. 金刚石和石墨都是由碳元素组成,因此金刚石和石墨的性质相同

D. 铜在空气中久置后表面生成铜绿[$Cu_2(OH)_2CO_3$],说明铜的锈蚀可能与空气中的氧气、水蒸气和二氧化碳有关

10. 根据实践经验,你认为下列家庭小实验可能不会成功的是(　　)

A. 用缝衣针淬火处理后制钓鱼钩

B. 用 6B 铅笔芯做导电性实验

C. 用含 CaO 的食品干燥剂制取石灰水

D. 用冷碟子放在蜡烛火焰上方制取炭黑

11. 为纪念元素周期表发表 100 周年,国际纯粹与应用化学联合会在世界范围内评选 118 位青年科学家作为相应元素的代言人。我国华东师范大学“80 后”教授姜雪峰光荣地成为硫元素代言人。姜教授提出了“3S 绿色硫化学”,并在“从无机硫向有机硫”转化方面做出了许多原创性的贡献。下列有关说法不正确的是(　　)

A. 中国人很早就知道将硫黄应用在黑火药中

B. 在所有蛋白质的二级结构中都含有二硫键

C. 乙硫醇是吉尼斯世界纪录中收录的最臭的物质，常被加入煤气等做泄漏指示剂

D. 硫化氢($H_2S$)、乙硫醇($C_2H_5-SH$)中都含有巯基($-SH$)，巯基可能导致臭味

**12.** 在一个密闭容器中，有甲、乙、丙、丁、戊五种物质，在一定条件下发生反应，测得反应前后各物质的质量变化量如图所示(图中正数表示物质质量的增加量，负数表示物质质量的减少量，0 表示物质质量不变)，下列说法正确的是(　　)

A. 该反应一定属于置换反应

B. 戊一定是该反应的催化剂

C. 参加反应的乙、丙的质量比一定为 48∶23

D. 该反应中甲、丁的相对分子质量之比一定为 44∶27

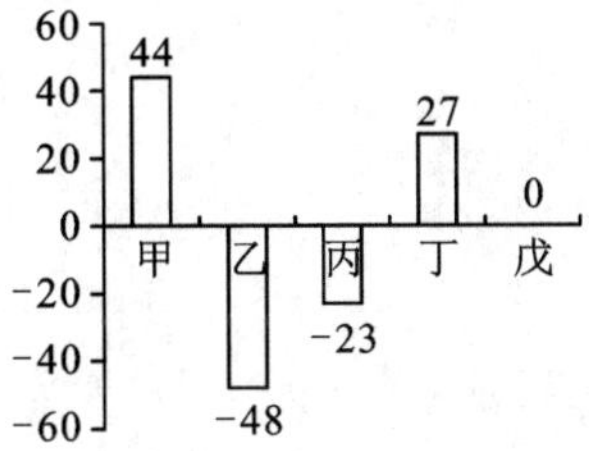

第 12 题图

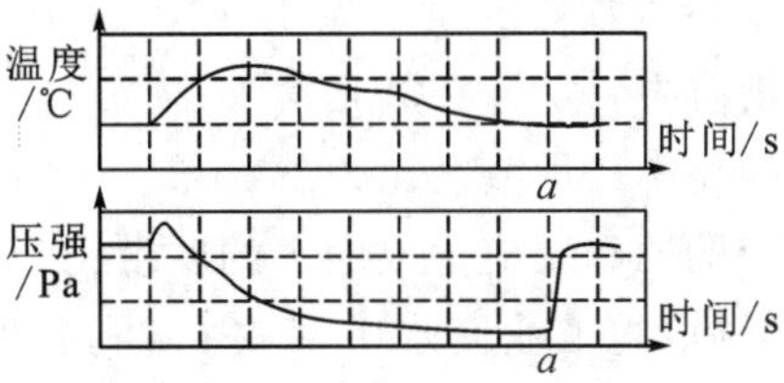

第 13 题图

**13.** 在利用红磷燃烧测定空气中氧气含量的实验中，用传感器记录集气瓶中压强、温度随时间变化的情况，如图所示。其中 $a$ 是打开止水夹时间。下列说法不正确的是(　　)

A. 反应开始时压强增大是因温度升高

B. $a$ 点处的压强等于大气压

C. $a$ 点的温度已经接近室温

D. $a$ 点后压强增大是因水倒吸入集气瓶

**14.** 如图是一种吸收废气中 $SO_2$ 并得到 $H_2SO_4$ 和一种可燃性气体的方法。下列说法不正确的是(　　)

A. 电解过程中化学能转化为电能

B. 该方法中硫元素从+4 价转化为+6 价

C. 阴极区产生的气体 X 是 $O_2$

D. 该方法可减少酸雨的形成

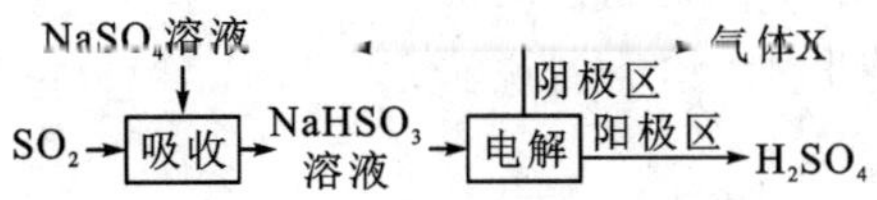

第 14 题图

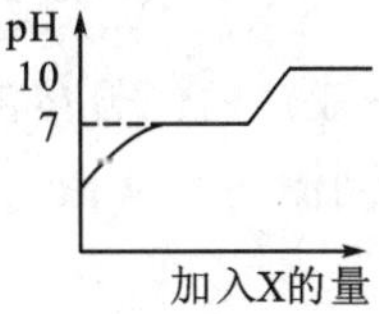

第 15 题图

**15.** 已知：常温下 $GaCl_2$、NaCl 的水溶液均呈中性。向含有 HCl 与 $CaCl_2$ 的混合溶液中逐滴滴入过量的 X，溶液 pH 与滴入 X 的量的关系如图所示，则 X 可能是下列物质中的(　　)

A. 浓氢氧化钠溶液　　B. 碳酸钾溶液

C. 纯碱溶液　　D. 硝酸银溶液

**16.** 现有一不纯的氧化铜样品 16 g，可能混有氧化铁、氧化镁、木炭粉、氯化钠中的一种或几种，加入 200 g 稀硫酸恰好完全反应，没有固体剩余，生成 3.6 g 水，则下列判断不正确的是(　　)

A. 原固体样品中肯定不含有木炭粉

B. 原固体样品中混有的杂质不可能有氯化钠

C. 所用稀硫酸中溶质质量分数为 9.8%

D. 恰好完全反应后溶液中水的质量为 180.4 g

**17.** 某物质在点燃的条件下发生反应，甲、乙、丙、丁表示所有的反应物和生成物。它们的微观示意图和反应前后的质量如下表所示。

| 物质序号 | 甲 | 乙 | 丙 | 丁 | |
|---|---|---|---|---|---|
| 微观示意图 |  |  | ? |  | ⊗ 氢原子<br>○ 氧原子<br>● 硫原子 |
| 反应前质量/g | 68 | 100 | 1 | 0 | |
| 反应后质量/g | 0 | 4 | 待测 | 128 | |

下列说法不正确的是(　　)

A. 根据质量守恒，推测反应后丙物质的质量为 37 g

B. 根据元素守恒，推测丙物质中一定含有氢元素

C. 根据原子守恒，甲和乙的化学计量数之比为 1∶1

D. 根据表中信息，参加反应的乙和反应生成的丁的质量比为 3∶4

**18.** 为了从含有 $FeSO_4$、$CuSO_4$ 的工业废水中回收 Cu 和硫酸亚铁晶体，某学习小组设计并完成了以下实验。

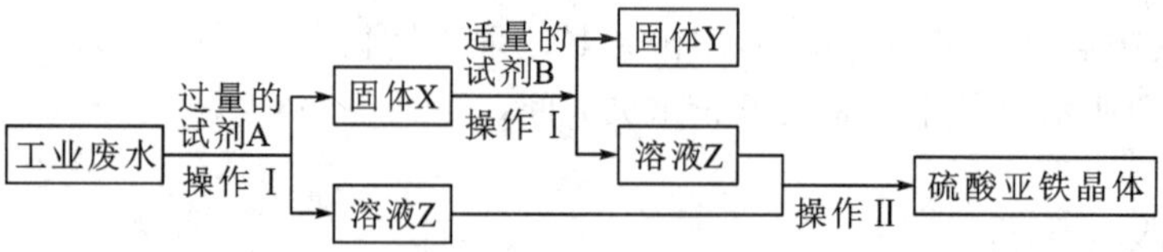


下列说法正确的是(　　)

A. 固体 X 中只含有 Cu

B. 溶液 Z 中的溶质为 $FeSO_4$ 和 $CuSO_4$

C. 试剂 B 是稀硫酸

D. 操作Ⅰ用到的玻璃仪器只有烧杯和玻璃棒

**19.** 在分别盛有 3 mL 自来水和蒸馏水的试管中，各滴加几滴酚酞溶液，同时用酒精灯加热沸腾约半分钟，可以见到盛自来水试管中的溶液变成红色，盛蒸馏水试管中的溶液仍保持无色。下列对该实验现象的解释正确的是(　　)

A. 加热时酚酞溶液会变成红色　　B. 自来水中存在碱性的物质

C. 自来水沸腾后呈碱性　　D. 蒸馏水沸腾后呈中性

**20.** 将一定质量的硫酸和硫酸亚铁的混合溶液加入盛有锌和氧化铜的混合物的烧杯中，充分反应后过滤，得到滤渣和滤液。关于滤渣和滤液，下列说法正确的是(　　)

A. 滤渣中可能有三种物质

B. 若滤液呈无色，滤液中的溶质可能有两种

C. 滤液的质量可能小于原混合溶液的质量

D. 若滤液中含有硫酸铜，滤渣中可能有两种物质

**二、判断题**(共 1 题，10 分。)

**21.** (10 分)请判断以下叙述的对错，对的在题前的括号里打“√”，错的打“×”。

a. (　　)医用生理盐水的质量分数一般是 0.9%。

b. (　　)当误食有毒物时，喝一些糖开水，有解毒作用。

c.(　　)镜子背后的涂层不是水银。

d.(　　)地壳中含最多的金属元素是铝。

e.(　　)玻璃钢是一种金属。

f.(　　)玉兔二号月球车已在月球上正常工作超过15个月昼了。

g.(　　)在生活中,我们可以用食醋除热水瓶的水垢。

h.(　　)小明同学利用pH试纸测定出某酸性溶液的pH=0。

i.(　　)水银温度计、数字温度计和红外测温仪的测温原理相同。

j.(　　)煤炉上放一壶水就能防止CO中毒。

**三、综合应用题**(共3题,共26分。)

**22.**(12分)抗疫防护中涉及许多化学知识。

(1)防护服和口罩的生产需要大量无纺布。2020年2月,多家石化企业临时转产。制造无纺布的主要原料是聚丙烯。聚丙烯与聚乙烯类似,都属于____________________,聚乙烯和聚丙烯的组成元素都是________和________。聚丙烯和聚乙烯的分子式可分别表示为$(AB_2)_n$、$(AB_2)_m$,聚丙烯中相对原子量较大元素的含量与聚乙烯相比是________(“>”“<”“=”)。

(2)肺炎病人因肺功能损害,急需吸氧,正常情况下,供氧为5 L/min,但危重症病人往往需要50 L/min,这会造成医院氧气供给严重短缺。通常情况下,氧气钢瓶中盛放的是________态氧,液氧槽车中盛放的是________态氧;一个常温150大气压40 L的氧气钢瓶充满氧气时,相当于常温1大气压________ L,这些氧气只够一个危重症病人使用________小时。

(3)钢铁厂制氧气的方法是将空气在低温下液化,利用空气各组分沸点的差别,进行精馏分离得氧。已知氮气和氧气的沸点分别为-196 ℃和-183 ℃,则精馏时首先得到________(填$N_2$或$O_2$),钢铁厂的氧气主要用于炼钢,其作用是________。

(4)核酸(DNA或RNA)是病毒的遗传物质,任何物种都有独一无二的核酸序列。用聚合酶链式反应(PCR)进行病毒核酸检测的过程如下图所示,检测步骤主要包含提取基因片段,逆转录为DNA,扩增放大,从目前技术方法的特异性和敏感性来看,第二代实时荧光定量PCR技术相对是最佳的。

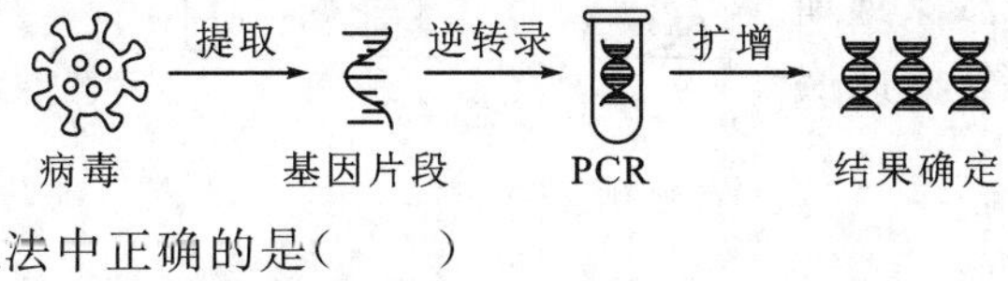


下列相关说法中正确的是(　　)

A. 病毒将在灭活后提取基因片段

B. 新冠病毒的RNA中有特征遗传物质

C. 核酸检测结果百分之百准确

**23.**(8分)2019年12月16日,在我国西昌卫星发射中心,以“一箭双星”方式成功将第52、53颗北斗导航卫星送上了太空。随着这两颗卫星的升空,我国北斗三号全球系统核心星座部署完成。

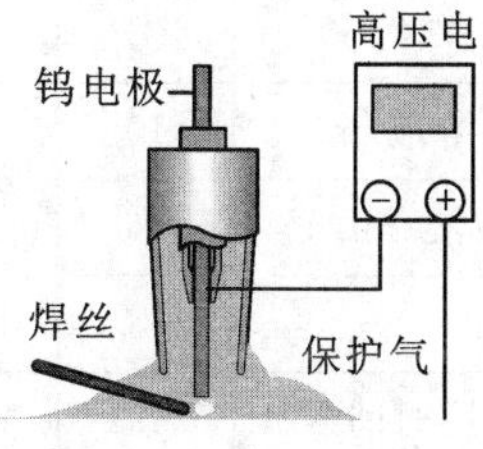


(1)长征三号乙火箭发动机在焊接时需要使用氩弧焊。氩弧焊(如图)是在氩气保护下,通过在钨电极与焊件间产生的高压电弧放

热，熔化焊丝或焊件的一种焊接技术。

①金属钨作电极是利用了金属钨的导电性和________；用氩气作保护气，是因为氩气的化学性质________；

②如果在没有保护气的情况下焊接金属，可能导致焊接不牢，原因是______________________________________________________________。

(2)长征三号乙的第一、二级火箭用偏二甲肼（$C_2H_8N_2$）和四氧化二氮（$N_2O_4$）做推进剂，该反应的化学方程式为 $C_2H_8N_2+2N_2O_4 =\!=\!= 3N_2+4H_2O+2X$. 则 X 的化学式是______________。

(3)长征三号乙的第三级火箭采用液氢、液氧做推进剂。实验室可通过电解水得到氢气和氧气，氢气在与直流电源________极相连的电极上产生。氢能是未来最理想的能源，但目前应用并不广泛的原因是______________________________________________(答一条即可)。

(4)北斗卫星的光伏发电板的主要构成材料是硅，单质硅由石英固体（$SiO_2$）和碳在高温下反应制得，同时产生一种可燃性气体，该反应的化学方程式是________。

**24.**(6 分)A～I 是初中化学常见的物质，它们之间有如图所示的转化关系，"→"表示物质间存在着相应的转化关系，"—"表示物质间能发生反应(部分反应物、生成物和反应条件未标出)。A、B、G、H、I 中均含有同一种元素，且 A 为金属单质，D 是大理石的主要成分，G 的稀水溶液呈蓝色。请回答：

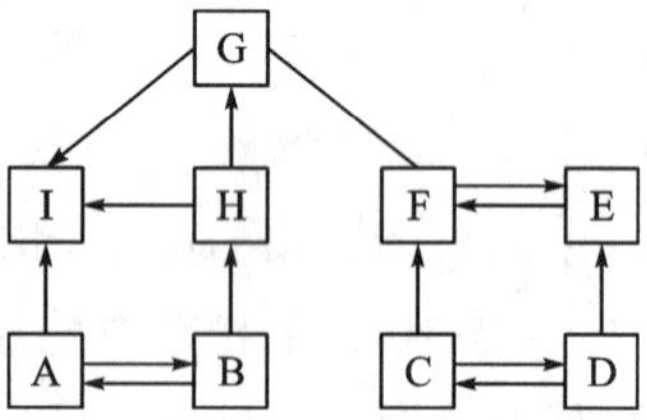


(1)C 的化学式为______________。

(2)E 所属物质类别为________(选填"单质""氧化物""酸""碱""盐")。

(3)写出 H→G 的化学方程式______________。

**四、研究性学习题**(共 2 题，共 18 分。)

**25.**(8 分)探究一：用锌制取氢气。甲同学拟用如图实验装置完成制取氢气和测量生成气体体积的实验：

(1)装置连接顺序：A→________→________→D(填字母)。

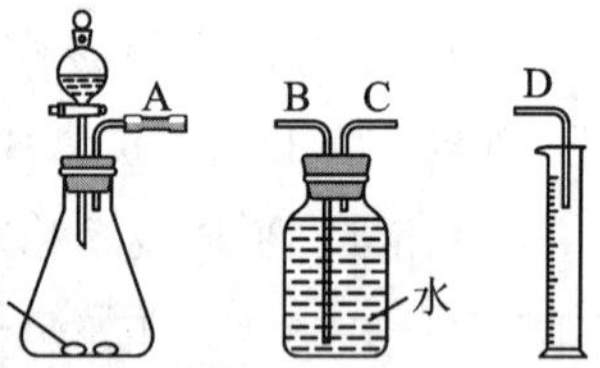


探究二：硫酸铜对氢气生成速率的影响。乙同学在用稀硫酸与锌反应制取氢气的实验中，发现加入少量硫酸铜溶液可加快氢气的生成速率，为此展开探究。

【设计实验】

在锥形瓶中分别放入足量的、等质量的、颗粒大小相同的锌粒，再向分液漏斗中加入由 31.5%的稀硫酸、不同体积的水、5%的硫酸铜溶液组成的混合液，试剂用量记录如表：

| | ① | ② | ③ | ④ | ⑤ |
|---|---|---|---|---|---|
| 31.5%的 $H_2SO_4$ 溶液/mL | 10 | $V_1$ | 10 | 10 | 10 |
| 5%的 $CuSO_4$ 溶液/mL | 3.6 | 3.8 | 4.0 | 4.2 | 4.4 |
| 蒸馏水/mL | 16.4 | 16.2 | 16.0 | 15.8 | $V_2$ |
| 收集 70 mL 水所用时间/s | 21.2 | 20.4 | 19.7 | 20.5 | 21.3 |

(2)表中的 $V_1$＝________ mL，$V_2$＝________ mL。

【分析与结论】

(3)表中________组反应速率最快，该组的原混合液中 $H_2SO_4$ 和 $CuSO_4$ 溶质的质量比为________（最简整数比）。（提示：31.5%的 $H_2SO_4$ 溶液和5%的 $CuSO_4$ 溶液密度均为1.2g/mL）

**26.**（10分）某化学兴趣小组同学探究环境湿度对过氧化钠（$Na_2O_2$）与 $CO_2$ 反应的影响。

【猜想与假设】猜想1：$Na_2O_2$ 与 $CO_2$ 在湿度较小的条件下不反应，只在湿度较大的条件下反应。猜想2：$Na_2O_2$ 与 $CO_2$ 在湿度较小和湿度较大的条件下均能反应。

【查阅资料】①常温下，过氧化钠是淡黄色粉末；②过氧化钠能与盐酸反应；③二氧化碳不溶于饱和碳酸氢钠溶液；④ppm是含量的一种表示方法。

【实验探究】(1)用图1装置制取并收集较潮湿的二氧化碳气体。其中饱和碳酸氢钠溶液的作用是________________________________。

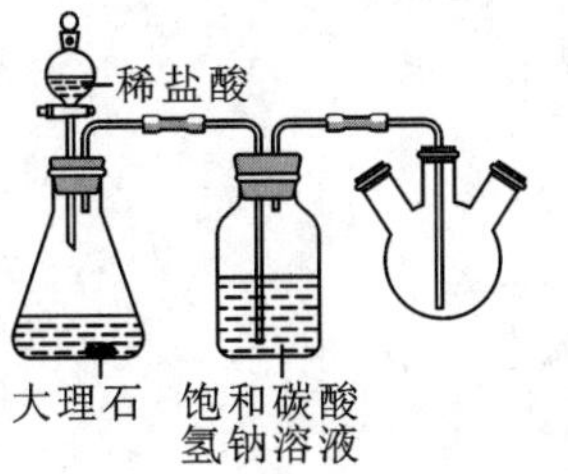

图1

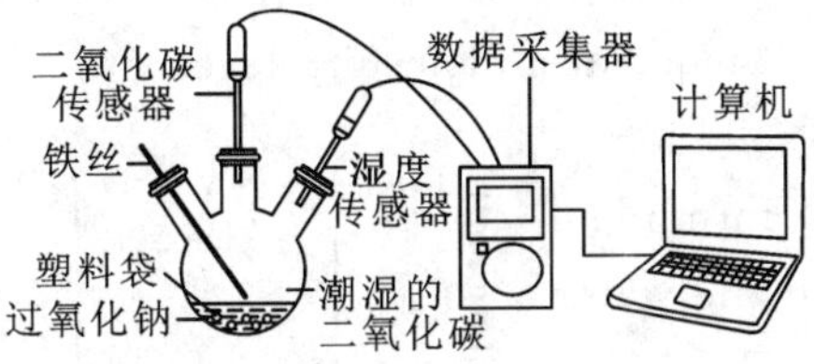

图2

(2)如图2，在三颈烧瓶中分别插入湿度传感器、二氧化碳传感器、带铁丝的胶塞。

(3)待 $CO_2$ 传感器显示 $CO_2$ 读数稳定后，用铁丝戳破装有 $Na_2O_2$ 的塑料袋，使 $Na_2O_2$ 粉末与潮湿的 $CO_2$ 充分接触，打开数据采集器，得到图3、图4。

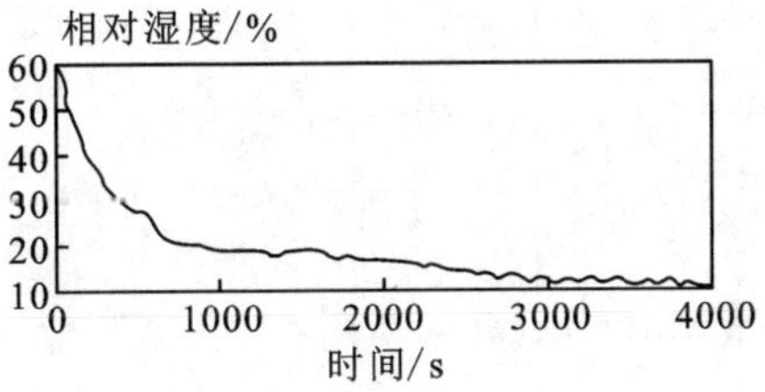

图3

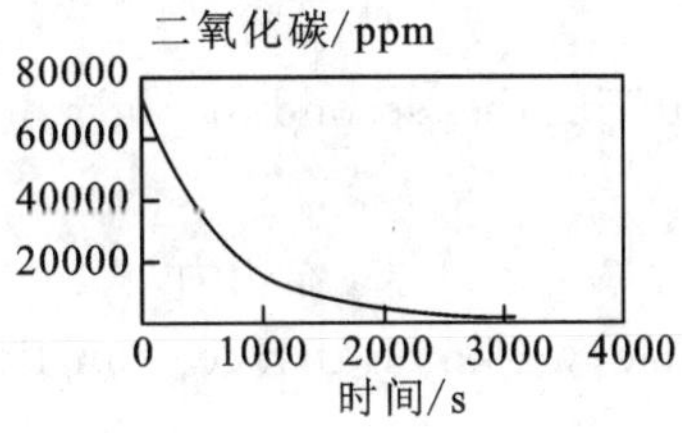

图4

该实验可得出的结论是________________________________。

(4)用图5装置制取并收集较干燥的二氧化碳气体，其中固体干燥剂的作用是____________。

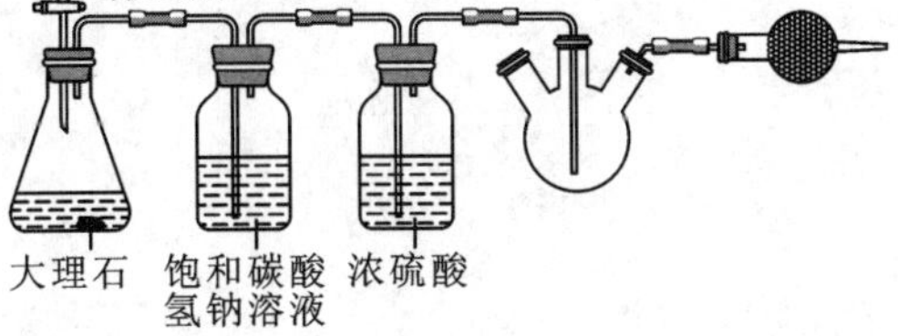

图5

(5)装置同图2。待 $CO_2$ 传感器显示 $CO_2$ 读数稳定后，用铁丝戳破装有 $Na_2O_2$ 的塑料袋，使过氧化钠粉末与较干燥的 $CO_2$ 充分接触，打开数据采集器，得到图6、图7。

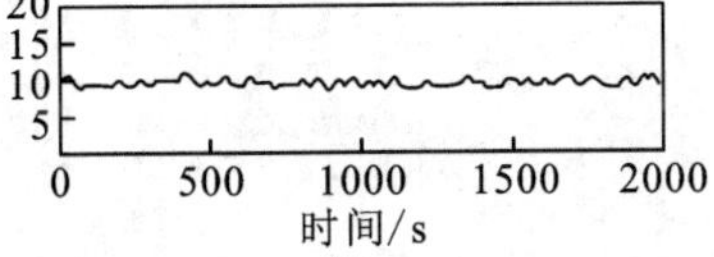

图6

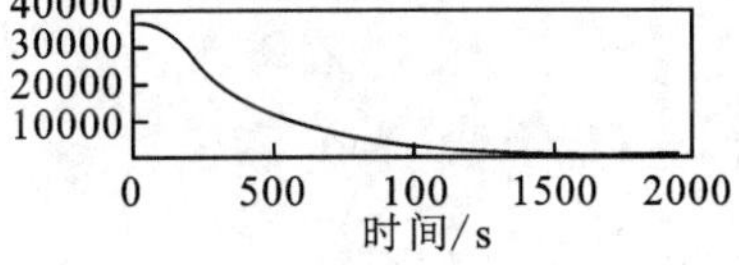

图7

【结论与反思】

(1)小组同学通过上述实验得出猜想________(填“1”或“2”)是正确的。

(2)分析图3中相对湿度变化的原因是________________。

**五、科技英语题**(共1题,共6分。)

**27.**(6分)Why do snowflakes have six sides? Why does ice float on water? Is every snowflake unique? Here we take a look at the answers to these questions and more.

Snowflakes form around mineral or organic particles in the atmosphere. Each water molecule can form hydrogen bonds to four other water molecules. This creates a hexagonal structure, which is why snowflakes are six sided.

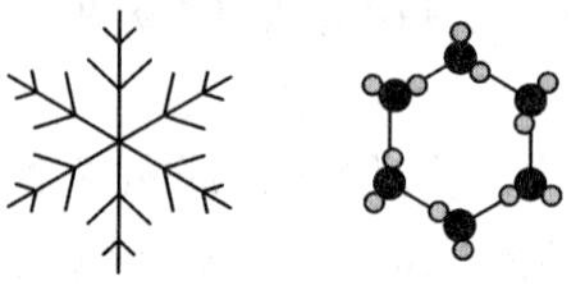

A snowflake's shape depends on the humidity and temperature when it forms. As of 2013, researchers had identified 121 categories of snowflakes, although individual flakes remain unique at a molecular level.

Water is unusual in that its solid form, ice, is less dense than its liquid form. The fixed hydrogen bonds in ice hold the water molecules farther apart than in the liquid phase. Researchers recently discovered that the smallest number of waler molecules that can form an ice crystal is approximately 90(±10).

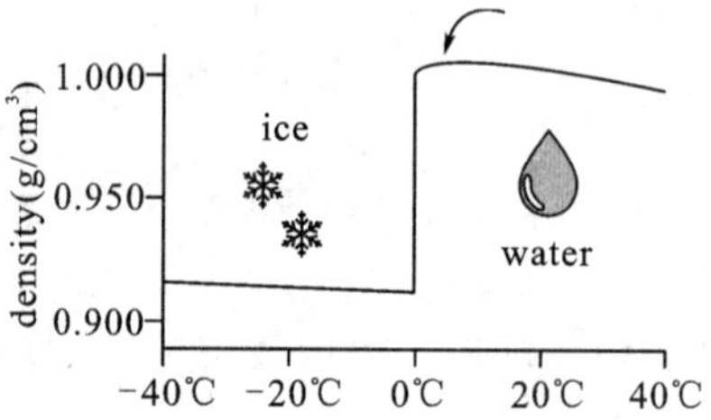


(1)Water has the highest density at the temperature of ________.

A. −15 ℃　　B. 0 ℃　　C. 4 ℃

(2) The "hydrogen bond" in the second paragraph means ________ in Chinese.

A. 化学键　　B. 氢键　　C. 作用力

(3)According to the article, we know that ice can float on water because ________.

A. the existence of hydrogen bonds increases the distance between water molecules

B. snowflake's hexagonal structure makes it easier to float

C. snowflakes can change shape at different temperatures and humidity

# 2021年江西省九年级学科竞赛化学试题

学习笔记

说明：1. 本卷共有四大题，共11小题。全卷满分40分，理化合卷共120分。

2. 本卷可能用到相对原子质量：H—1 C—12 O—16 Cl—35.5 Ca—40 Fe—56 Cu—64

**一、单项选择题**（本大题包括6小题，每小题2分，共12分。）

**1.** 2020年12月17日"嫦娥五号"返回器成功着陆。带回的月球土壤中含有一种重要的元素氦-3。当两个氦-3原子相遇，在满足一定条件下会发生核聚变，生成一个氦-4和两个氢，同时释放出强大的能量。下列说法正确的是（　　）

A. 氦-3原子和氦-4原子具有相同的中子数

B. 核聚变释放出的能量不是清洁能源

C. 氦-3原子和氦-4原子具有相同的核电荷数

D. 氦-3原子发生聚变是化学变化

**2.** 在一定条件下，在一个密闭容器内发生某反应，测得反应过程中各物质的质量如下表所示，下列说法错误的是（　　）

| 物质 | a | b | c | d |
|---|---|---|---|---|
| 反应前质量(g) | 10 | 10 | 10 | 2 |
| 反应后质量(g) | 待测 | 2 | 21 | 2 |

A. 反应后a物质的质量为7 g　　B. b物质可能是化合物

C. d物质可能没有参加反应　　D. 该反应为分解反应

**3.** 已知浓硫酸有吸水性，用下图实验装置制取干燥的气体正确的是（　　）

| | A | B | C | D |
|---|---|---|---|---|
| X | 大理石与盐酸 | 锌粒与稀硫酸 | 双氧水与二氧化锰 | 二氧化锰与氯酸钾 |
| Y | 水 | 浓硫酸 | 浓硫酸 | 浓硫酸 |
| Z | $CO_2$ | $H_2$ | $O_2$ | $O_2$ |

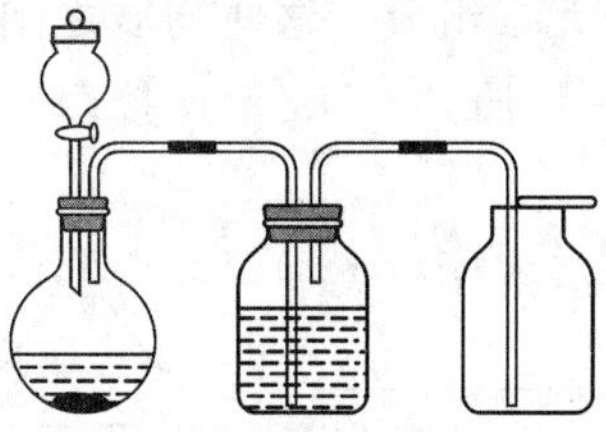


**4.** 推理是化学学习中常用的方法，下列推理正确的是（　　）

A. 离子是带电荷的粒子，则带电荷的粒子一定是离子

B. 含碳元素的物质充分燃烧都会生成$CO_2$，所以燃烧有$CO_2$生成的物质一定含碳元素

C. 单质中只含一种元素，则由一种元素组成的物质一定是单质

D. 同种元素的粒子质子数相同，则含有相同质子数的粒子一定属于同种元素

**5.** 一定量的木炭在盛有氮气和氧气混合气体的密闭容器中燃烧后生成 CO 和 $CO_2$，且测得反应后所得 CO、$CO_2$、$N_2$ 的混合气体中碳元素的质量分数为 24%，则其中氮气的质量分数可能为（　　）

A. 70%　　　B. 20%　　　C. 50%　　　D. 10%

**6.** 某同学误将少量 $KMnO_4$ 当成 $MnO_2$ 加入到 $KClO_3$ 中进行加热制取氧气，部分物质质量随时间变化如图所示，下列关于该过程的说法正确的是（　　）

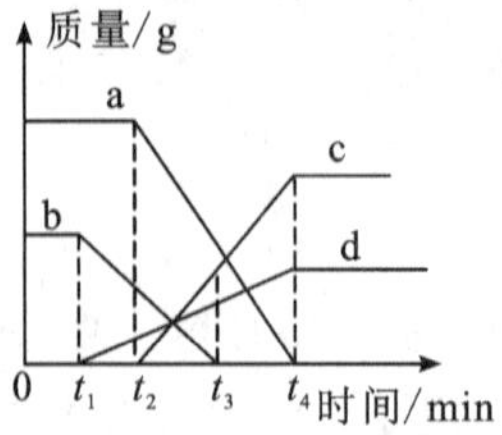


A. $t_1$ 时刻，$KClO_3$ 开始分解　　B. $t_2$ 时刻，$O_2$ 开始产生

C. 曲线 c 代表 KCl　　D. 曲线 d 代表 $MnO_2$

**二、填空与说明题**（本大题包括 2 小题，共 12 分。）

**7.**（每空 1 分，共 6 分）请运用化学知识，回答以下问题。

（1）观察粒子排列规律，将合适的化学符号填入空白：$O^{2-}$、$F^-$、________、$Na^+$、$Mg^{2+}$。

（2）根据氯酸钾的化学式是 $KClO_3$，推测出氯酸钙的化学式为____________________；自来水厂用一种新型的消毒试剂高铁酸钠（$Na_2FeO_4$）进行消毒，高铁酸钠中铁元素的化合价为________。

（3）某化学兴趣小组的同学为了探究水的净化过程，从河中取来水样，观察到水样呈黄色，有异味，浑浊，有固体小颗粒，现对水样进行如下处理：

①取适量水样，加入________，搅拌，静置，一段时间后，进行过滤；

②实验过程中发现该过滤操作比预期时间长得多，可能的原因是____________________（写出一条即可）。

（4）下列有关燃烧和灭火的分析或做法正确的是________（填选项序号）。

A. 吹灭蜡烛：降低着火点

B. “釜底抽薪”：利用了清除可燃物的灭火原理

C. 电器起火：用水浇灭

D. 煽风点火：增大可燃物与氧气的接触面积

**8.**（除化学方程式每空 2 分外，其余每空 1 分，共 6 分）甲、乙、丙、丁、戊是初中化学常见的物质，分别由 C、H、O 中的一种或几种元素组成。这些物质之间的转化关系如右图所示（“→”表示某一物质转化为另一物质，“—”表示连接两物质之间能反应，部分反应物、生成物及反应条件已略去）。

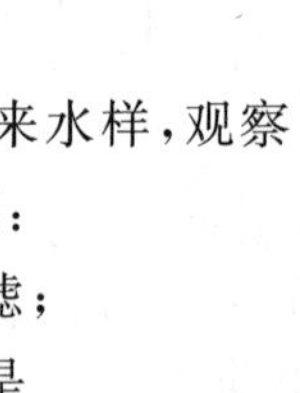


（1）若丁能使带火星木条复燃，则反应丙→乙的基本反应类型是________；反应丙—戊的化学方程式是____________________。

（2）若丁能使澄清石灰水变浑浊，则甲是________（填化学式）；若戊由三种元素组成，则反应戊→丁的化学方程式是____________________。

**三、实验与探究题**（本大题包括 2 小题，共 10 分。）

**9.**（每空 1 分，共 4 分）某中学化学兴趣小组按照课本实验方法（如图甲），做木炭与氧化铜反应实验时，发现很难观察到紫红色铜的生成，却往往有暗红色固体出现。他们决定对这个实验进行探究和改进。

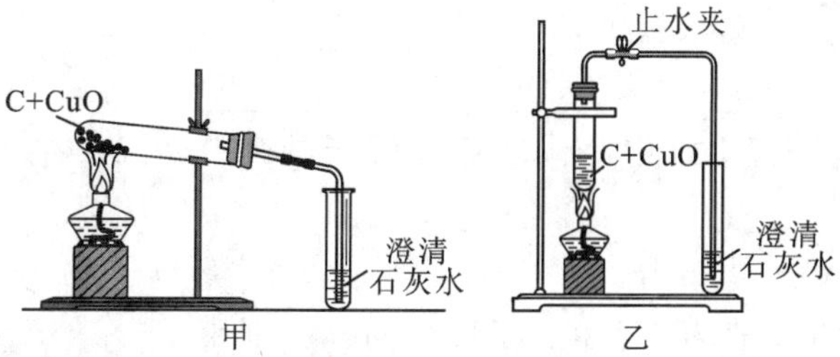


【提出问题】如何选择合适的条件,使木炭还原氧化铜的实验现象更明显?

【分析与交流】(1)小周建议用上图的乙装置替代甲装置。与甲相比较,乙装置中将试管直立放置的作用是______________________________。

(2)对下列三种氧化铜和碳的质量比例,小施建议选择________(填选项序号)的比例。

A. 40∶3　　B. 40∶5　　C. 48∶3

你认为小施这样选择的理由是____________________________。

【实验与结论】同学们决定按改进后的方案进行实验,他们在检验了乙装置的气密性后,往试管中加入已干燥的药品并开始加热,当看到澄清石灰水刚出现浑浊时,________(填"可以"或"不能")确定氧化铜和炭粉已经开始反应。

**10.**(除实验结论 2 分外,其余每空 1 分,共 6 分)菱铁矿和赤铁矿一样,也是工业上冶炼铁的一种矿物。某种菱铁矿中铁元素的主要存在形式是碱式碳酸亚铁,为测定碱式碳酸亚铁[$x\mathrm{FeCO_3}\cdot y\mathrm{Fe(OH)_2}\cdot z\mathrm{H_2O}$]的组成,华同学在老师的指导下设计了如图实验装置:

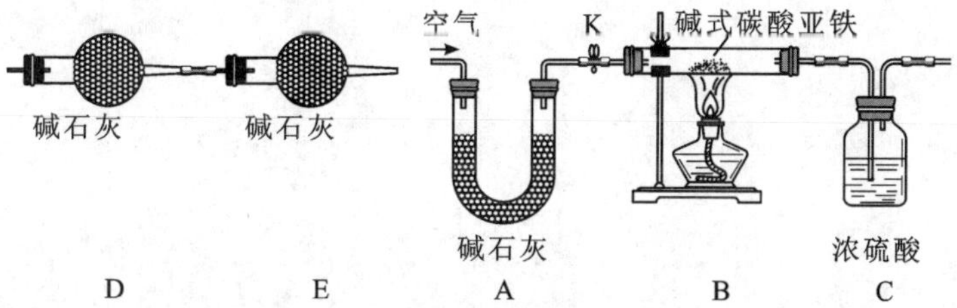


【查阅资料】a. 碱式碳酸亚铁受热会完全分解生成 FeO、$CO_2$、$H_2O$。

b. FeO 是一种黑色粉末,它不稳定,在空气中加热,可被氧化成四氧化三铁。

c. 碱石灰是 NaOH 及 CaO 的混合物,可以吸收 $CO_2$ 和 $H_2O$,浓硫酸可吸收 $H_2O$。

【实验步骤】(1)检查装置气密性后,称取 3.40 g 碱式碳酸亚铁粉末放在装置 B 中。

(2)打开弹簧夹 K,鼓入一段时间空气,准确称量装置 C、D、E 的质量。

(3)关闭弹簧夹 K,加热装置 B 至装置 C 中导管末端无气泡冒出,再打开弹簧夹 K,缓缓通空气一段时间,这样操作的目的是________________________。

再次准确称量装置 C、D、E 的质量,所得数据如下

| | 装置 C/g | 装置 D/g | 装置 E/g |
|---|---|---|---|
| 加热前 | 200.00 | 180.00 | 180.00 |
| 加热后 | 200.36 | 180.88 | 180.00 |

(4)分析图、表中数据可知:3.40 g 碱式碳酸亚铁受热分解过程中生成 $H_2O$

的质量为________g，$CO_2$的质量为________g，装置E的作用是______________

______________________________________________________________________________。

【实验结论】在 $x\text{FeCO}_3 \cdot y\text{Fe(OH)}_2 \cdot z\text{H}_2\text{O}$ 中，氢原子与氧原子的个数之比为________。(2分)

**四、计算题**(第(1)1分，(2)3分，(3)2分，共6分。)

**11.** 为了检测石灰石样品中碳酸钙的含量，甲、乙、丙、丁四位同学分别用质量分数相同的盐酸与样品充分反应进行试验测定(样品中的杂质不含钙元素，不溶与水，且不与盐酸反应)。测得数据如下表：

请回答：

| | 甲 | 乙 | 丙 | 丁 |
|---|---|---|---|---|
| 所取石灰石样品质量/g | 10.0 | 10.0 | 10.0 | 10.0 |
| 加入盐酸的质量/g | 20.0 | 30.0 | 45.0 | 50.0 |
| 剩余固体的质量/g | 6.0 | 4.0 | 2.0 | 2.0 |

(1)10.0 g样品与45.0 g盐酸充分反应后，盐酸是否还有剩余________(是或否)。

(2)10.0 g样品与足量稀盐酸反应后可产生二氧化碳多少克？(写出计算过程)

(3)有一种含碳酸钙和氧化钙的混合物，测得其中钙元素的质量分数为50%。取该混合物16g，经高温煅烧后，将所得剩余固体全部投入足量盐酸中，固体全部溶解生成氯化钙，则生成氯化钙的质量为________。

# 2022年初中化学学科竞赛试题(全国通用)



**一、选择题**(15题×2分=30分,每题有1到2个正确选项,选对得2分,错选得0分,漏选得1分。)

**1.** 描述物质变化的成语有:①滴水成冰;②死灰复燃;③木已成舟;④火烧赤壁;⑤沙里淘金;⑥火上浇油;⑦百炼成钢;⑧花香四溢;⑨玉石俱焚。其中属于化学变化的是(　　)

A. ②③④⑤⑥⑦　　　B. ②④⑤⑥⑦⑨

C. ①③④⑤⑧⑨　　　D. ②④⑥⑦⑨

**2.** 纳米铁粉在空气中能自燃并生成一种红色氧化物。对比铁丝在空气中不能燃烧,而在氧气中能剧烈燃烧的事实,某同学得出的下列结论正确的是(　　)

A. 纳米铁粉在空气中自燃的产物是四氧化三铁

B. 相同的反应物在不同条件下生成物可能不同

C. 有些物质燃烧时温度不需要达到着火点

D. 反应物间的接触面积大小不是反应能否发生的因素之一

**3.** 常温下,氯气与苛性钠溶液反应的产物是氯化钠、次氯酸钠($NaClO$)和水。该反应中未涉及到的氯元素的化合价为(　　)

A. $-1$　　B. $+1$　　C. $-2$　　D. 0

**4.** 我国拥有丰富的页岩气,它与天然气的主要成分相同。下列关于页岩气的说法正确的是(　　)

A. 它是混合物　　　B. 它的主要成分是一种有机物

C. 它是可再生能源　　　D. 点燃该气体无需验纯

**5.** 下列实验操作不能达到目的的是(　　)

A. 向滴有酚酞的$Na_2CO_3$溶液中加入$BaCl_2$溶液,溶液褪色,则证明$BaCl_2$溶液有酸性

B. 准确称取1.5g$Ca(OH)_2$,常温下配制50g3%的$Ca(OH)_2$溶液

C. 在实验室,用98%的浓硫酸来配制50g9.8%的稀硫酸

D. 可通过灼热的铜粉除去$CO_2$中的$O_2$

**6.** 下列事实不能作为相应观点的证据的是(　　)

A. 尘土飞扬,说明分子是运动的

B. 电解水得到氢气和氧气,说明分子是可分的

C. 气体被压缩后体积发生了较大变化,说明气体分子间的间隔较大

D. 往水杯中倒水,水可以稍稍高出杯沿,而不会满溢出来,说明分子间存在引力

**7.** 模型构建是学习化学的重要方法之一,下列图示正确的是(　　)

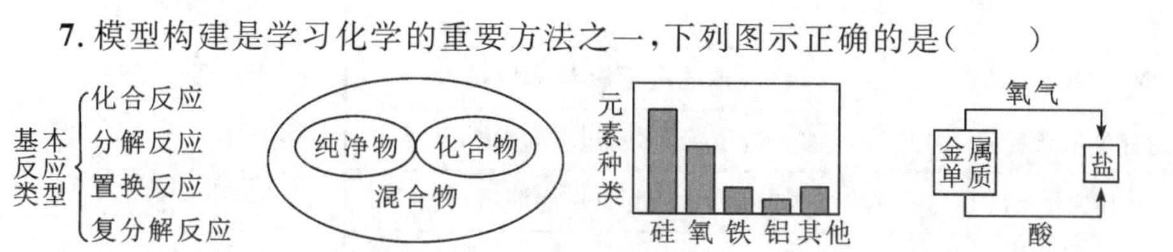


A. 化学反应分类　B. 物质分类　C. 地壳中元素含量　D. 金属的化学性质

8. 超临界流体是温度和压力同时高于临界值的流体，即压缩到具有接近液体密度的气体，是物质介于气态和液态之间的一种新的状态。目前应用最广的是超临界二氧化碳，它可作为溶剂、发泡剂取代某些有机溶剂如氟氯代烷等。下列有关说法中错误的是(　　)

A. 超临界二氧化碳与其气态或液态之间的转化是物理变化

B. 超临界二氧化碳的形成，引起二氧化碳化学性质的改变

C. 超临界二氧化碳可用于中药、香料中有效成分的提取

D. 用超临界二氧化碳代替氟氯代烷可减轻对臭氧层的破坏

9. 以下有关科学常识对应正确的是(　　)

A. 性质与用途

| |
|---|
| 氢气燃烧产物为水——最理想燃料 |
| 纯碱呈碱性——改良酸性土壤 |
| 活性炭有吸附性——做净水剂 |

B. 元素与人体健康

| |
|---|
| 人体缺氟——易生龋齿 |
| 人体缺锌——幼儿智力发育低下 |
| 人体缺碘——甲状腺肿大 |

C. 生活常识

| |
|---|
| 烧炭取暖防中毒——保持室内通风 |
| 防菜刀生锈——擦干水后悬挂起来 |
| 海产品保鲜——可用甲醛浸泡 |

D. 环保与物质的利用

| |
|---|
| 减少水污染——合理使用农药、化肥 |
| 减少汽车尾气污染——使用97号汽油 |
| 减少白色污染——使用可降解的塑料 |

10. 下列装置能达到对应实验目的的是(　　)

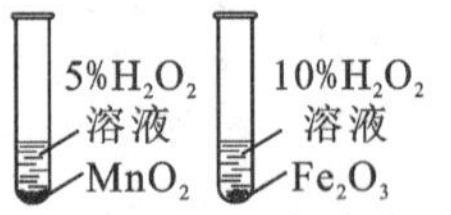


A. 比较 $MnO_2$ 和 $Fe_2O_3$ 的催化效果

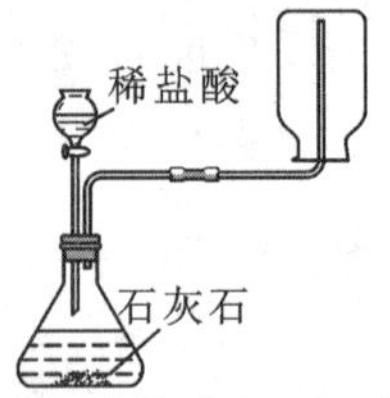


B. 制取并收集 $CO_2$ 气体

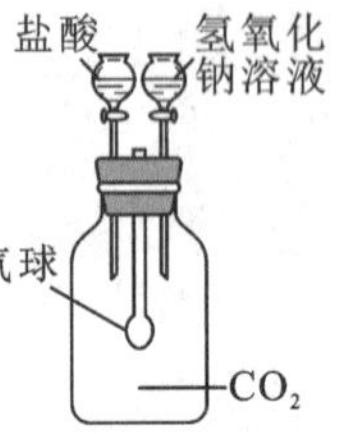


C. 确认 $CO_2$ 和 NaOH 已发生反应

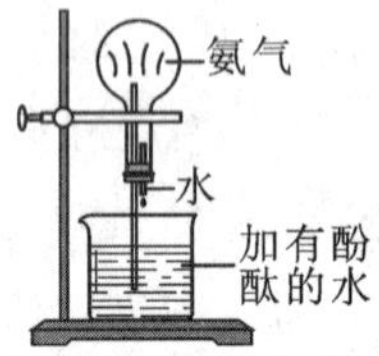


D. 氨气与滴有酚酞的水形成红色喷泉

11. 四只烧杯中分别盛有稀盐酸，并滴加了数滴紫色石蕊试液。现向这四只烧杯中不断加入下列物质，直至过量，其中能使溶液最后呈紫色的物质是(　　)

A. $Mg(OH)_2$　　B. $CaCO_3$　　C. $Na_2SO_4$　　D. CaO

12. 溶液的密度随固体溶质溶解的增多而增大，某溶质的饱和溶液还能继续溶解一定质量的其他溶质，如右图，一个悬挂在弹簧秤上的物体浸没在 $Ba(OH)_2$ 饱和溶液中，在恒温条件下，加入一些下列物质，能使弹簧秤读数变大的是(物体不与溶液发生化学反应)(　　)

A. $H_2O$　　B. $CuSO_4$ 溶液　　C. $Ba(OH)_2$ 晶体　D. BaCl 晶体

13. 除去下列物质中混有的少量杂质所选用的操作方法，正确的是(　　)

| 选项 | 物质 | 操作方法 |
|---|---|---|
| A | $O_2$ 中混有少量 HCl 气体 | 将气体通过足量 NaOH 溶液 |
| B | CuO 中混有少量碳粉 | 加入适量稀盐酸，过滤，洗涤，干燥 |
| C | NaCl 溶液中混有少量 $CaCl_2$ | 加入过量 $Na_2CO_3$ 溶液、过滤 |
| D | $Cu(NO_3)_2$ 溶液中混有少量 $CuCl_2$ | 加入适量 $AgNO_3$ 溶液、过滤 |

14. 一定质量的 $AgNO_3$ 和 $Cu(NO_3)_2$ 的混合溶液中加入铁粉，充分反应后，下列图中一定错误的是(横坐标表示加入铁的质量)(　　)

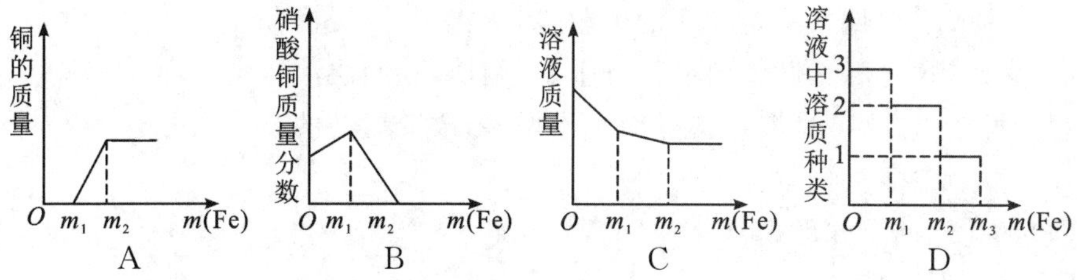


15. 某无色气体可能含有 $H_2O$、$CO_2$、$CO$、$H_2$ 中的一种或几种，若将该气体依次通过以下实验装置(假设每步操作中，参加反应的气体均完全反应或被吸收)，下列实验设计能达到预期要求的是(　　)

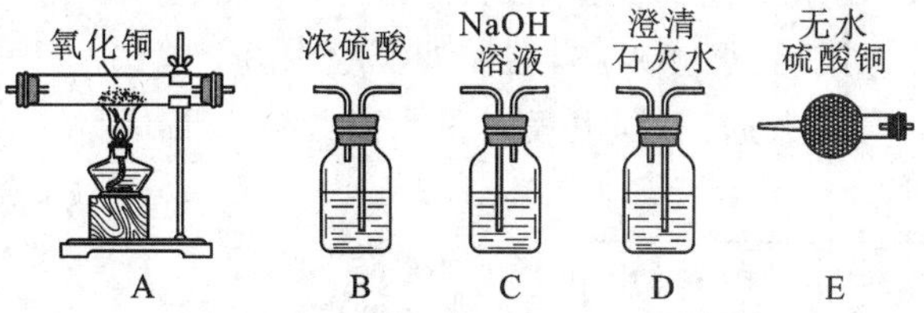


A. 气体依次通过 D→E 来验证是否含有 $CO_2$ 和 $H_2O$

B. 气体依次通过 B→A→E 来验证是否含有 $H_2$

C. 气体依次通过 E→D→C — B→A→D→E 来验证是否含有 $H_2O$、$CO_2$、$CO$、$H_2$

D. 气体依次通过 C→A→D 来验证是否含有 CO

**二、填空题**(41 分)

16. (7 分)宏观和微观相联系是化学独特的思维方式。

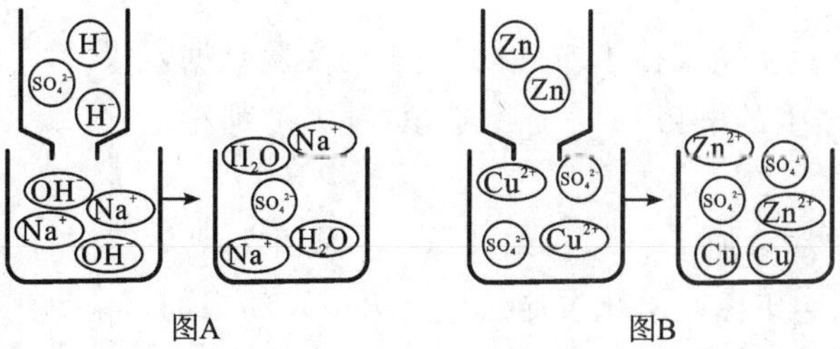


(1)微观探析化学反应的规律是化学科学的核心任务。根据下列微观示意图回答问题：

①从微粒的角度说明图 A 反应的实质是____________________(书写离子方程式)；

②图 B 所示反应中，参加反应的微粒是________、________(写出微粒的符号)。

(2)化学上有一种能将微观粒子数目与宏观物质质量联系起来的量，叫作物质的量，其单位是摩尔。1 摩尔任何物质中含有构成它的微粒个数都是 $6.02\times10^{23}$ 个，1 摩尔任何物质的质量是以克为单位，数值上都等于该物质的相对分子质量。例如 1 摩尔水的各种量关系如下：

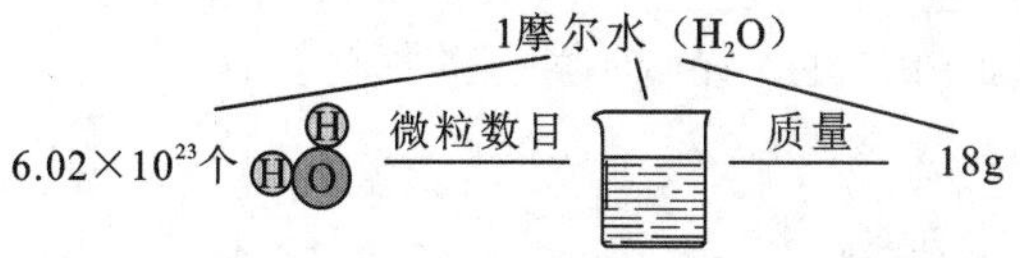


①1 摩尔水中氢原子数目是________个；

②1 摩尔水中氧元素质量为________ g；

③$3.01\times10^{23}$ 个氧原子为________摩尔。

**17.** (4 分)甲酸(HCOOH)与浓硫酸共热到 60～80 ℃可发生脱水型的分解反应,并由此而制得 CO 气体。实验室用甲酸和浓硫酸混合后制取 CO 时,常不需加热,其具体操作方法如下:在试管内倒入一定体积的甲酸,然后再小心、缓慢地沿试管壁倒入等体积的浓硫酸,这时可见试管内液体分上、下两层,在两层液体的界面处有少量气泡,轻轻振动试管,可见液体交界面气泡增多,改变振动的力度可控制气泡产生的速率。试回答下列问题:

(1)用上述方法制取 CO 的化学反应方程式为____________________。

(2)用该法制 CO 不需加热的原因是__________________________________。

(3)以上操作方法可控制反应速率的原因是___________________________。

**18.** (3 分)右下图是一个电池的示意图,该装置可产生气体和电流。老师告诉同学们,只要用两种不同的导体做电极,用水果代替实验中的稀硫酸也可以组成一个电池,产生电流的原理是一样的。同学们很感兴趣,在课外实验中,同学们进行了水果电池的制作,记录了以下的实验数据:不同电极时单个西红柿水果电池的电流和电压。

| 电极 | 碳棒—铜片 | 碳棒—铁片 | 碳棒—锌片 |
|---|---|---|---|
| 电流强度(mA) | 1.43 | 4.26 | 4.63 |
| 电压(V) | 0.6 | 1.2 | 1.3 |

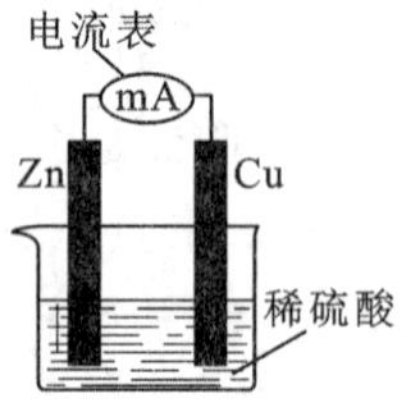


注:除电极材料不一样外,其他实验条件相同,请回答以下问题。

(1)右上图装置中能量的转变是从化学能转变为电能。该实验经过一段时间后溶液 pH 的变化是________(选填"增大""减小""不变"),质量减少的电极是________。

(2)假如改用镁片和碳棒做电极,其他实验条件不变,根据上表的实验数据,你猜想产生的电压应比表中三种电池产生的电压________(选填"都大""都小""处在它们之间""无法判断")。

**19.** (9 分)黑白复印机用的墨粉中常添加 $Fe_3O_4$ 粉末。$Fe_3O_4$ 是由 $Fe^{2+}$、$Fe^{3+}$ 和 $O_2$ 按 1∶2∶4 的个数比构成的。下图是氧化沉淀法生产 $Fe_3O_4$ 粉末的流程简图。已知第④步反应中各元素化合价保持不变。

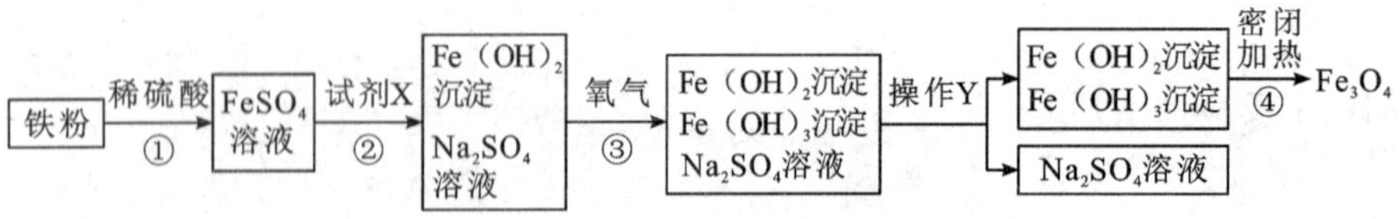


(1) $Fe_3O_4$ 粉末在复印机的电磁场作用下能使墨粉形成字迹或图案,这不仅利用了 $Fe_3O_4$ 的________性,还利用了 $Fe_3O_4$ 是黑色的性质。

(2)四氧化三铁与盐酸反应方程式为____________________。

(3)第②步加入试剂 X,试剂 X 的名称是________。

(4)在第③步反应是要向溶液中通入 $O_2$,以使生成的 $Fe(OH)_2$ 部分转化成 $Fe(OH)_3$,写出反应的化学方程式____________________。在第③步反应中要控制通入 $O_2$ 的量,以使生成的 $Fe(OH)_2$ 和 $Fe(OH)_3$ 的质量比等于________,才能确保第④步最终完全反应生成 $Fe_3O_4$。

(5)操作 Y 的流程为________、________、晾干。

**20.** (4 分)工业上通过如下转化可制得 $KClO_3$ 晶体:

$$NaCl\text{ 溶液}\xrightarrow[\text{I}]{80\ ℃,\text{通电}}NaClO_3\text{ 溶液}\xrightarrow[\text{II}]{\text{室温},KCl}KClO_3\text{ 晶体}$$

(1)Ⅰ反应中,被还原的物质是________。

(2)Ⅱ中析出晶体后的母液中溶质的化学式为____________________。

(3)用右下图装置(夹持、加热装置已略去)进行实验,②中有现象,但该现象不能作为判断①中发生了化学反应的依据是________。

| 选项 | ①中实验 | ②中现象 |
|---|---|---|
| A | 加热氯酸钾和二氧化锰的混合物 | 伸入试管内的带火星木条复燃 |
| B | 加热碱式碳酸铜固体 | 澄清石灰水变浑浊 |
| C | 加热铜丝 | 伸入水中导管口有气泡冒出 |
| D | 加热氯化铵和熟石灰的混合物 | 酚酞溶液变红 |

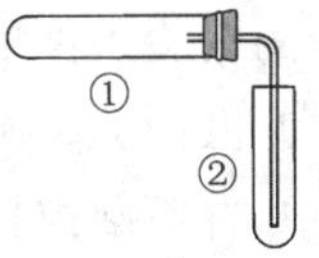


**21.**(8分)硫化氢的转化是资源利用和环境保护的重要研究课题。将 $H_2S$ 和空气的混合气体通入 $FeCl_3$、$FeCl_2$、$CuCl_2$ 的混合溶液中反应,用以回收S,其物质转化如图所示。

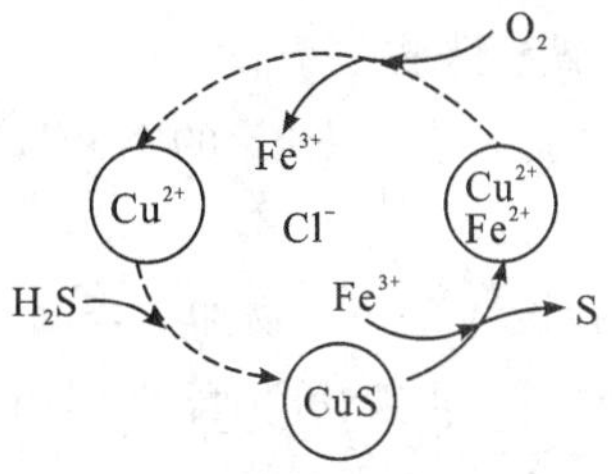


(1)反应中当 34 g$H_2S$ 转化为硫单质时,保持溶液中 $Fe^{3+}$ 的量不变,需要消耗 $O_2$ 的质量为________。

(2)在温度一定和不补加溶液的条件下,缓慢通入混合气体,并充分搅拌。欲使生成的硫单质中不含CuS,可采取的措施是____________________。

(3)写出图中从左往右逆时针各步转化的化学方程式:________________、________________、$4FeCl_2+$________$+4HCl=4FeCl_3+$________。

**22.**(6分)小明用六块积木A~F分别对应铁、二氧化碳、硫酸、氢氧化钙、碳酸钠、氯化钡中的一种物质,按照物质能反应的积木就叠放在一起,不反应的积木间就不接触的原则,搭成右下图所示形状。已知E的物质类别与其他5种不同,B与C反应可以生成F,请完成下列问题:

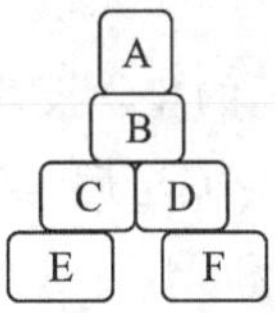


(1)C的化学式为________________,D的俗称为________。

(2)写出A与B反应的化学方程式____________________,C与D的基本反应类型是____________________。

(3)写出F物质的一个用途:____________________。

**三、实验题**(13分)

**23.**(4分)无焰食品加热器常被用于野外加热食物,它所用的材料有镁、铁、氯化钠。使用时加入水,利用镁和水反应产生热来加热。下面是在15 ℃、1个标准大气压的环境中对上述材料进行的研究。

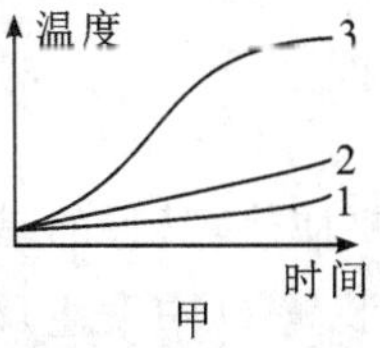


甲

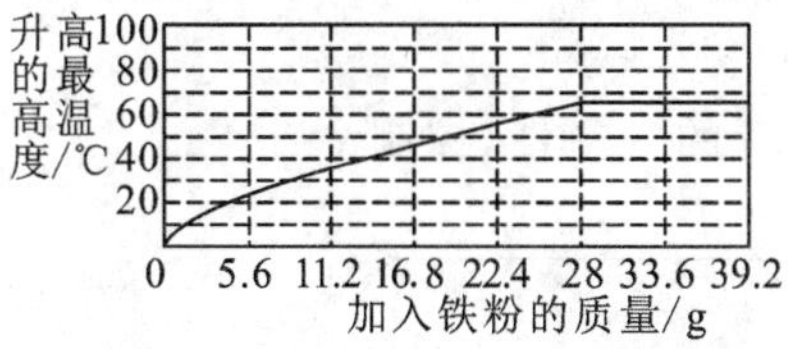


乙

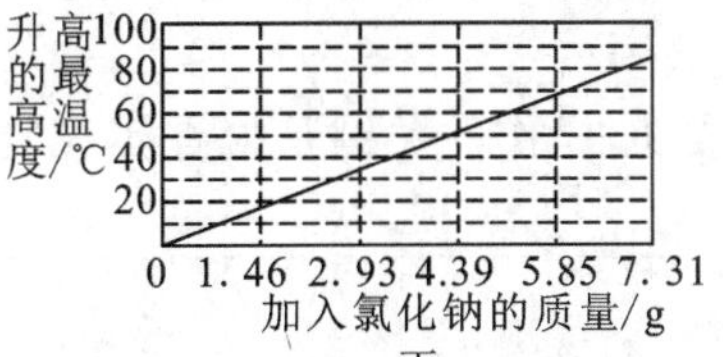


丙

实验1:将一定质量的镁条、铁粉和氯化钠加入盛有适量水的隔热容器中,连续搅拌,每隔一段时间记录一次温度,在图甲上绘得曲线1;然后把相同质量的镁条剪成若干细条，重复上述实验，绘得曲线 2；再取相同质量的镁粉重复上述实验，绘得曲线 3。

实验 2：把 2.4 g 镁粉、5.85 g 氯化钠和一定质量的铁粉混合，放入盛有 100 mL 水的隔热容器中，并不断搅拌，一段时间后测出容器内升高的最高温度。图乙是在改变铁粉质量的实验条件下，绘得的温度变化曲线。

实验 3：把 2.4 g 镁粉、28 g 铁粉和一定质量的氯化钠混合，放入盛有 100 mL 水的隔热容器中，并不断搅拌，一段时间后测出容器内升高的最高温度。图丙是在改变氯化钠质量的实验条件下，绘得的温度变化曲线。

(1)通过实验 1 可以发现影响镁和水反应快慢的因素是______________。

(2)实验 3 中，当 NaCl 质量大于 7.31 g，实验就不必再做的原因是_______。

A. 加入更多的 NaCl 不再改变反应快慢

B. 加入 NaCl 会使反应变慢

C. 水已沸腾，不会再有温度变化

D. 需要加入更多的铁粉来提高温度

(3)如果在实验 3 中加入了 3.66 g 的 NaCl，容器中混合物升高的最高温度最接近________。

(4)根据图乙和丙，在设计无焰食物加热器时，如果所用镁粉的质量为 2.4 g，则取 7.31 gNaCl 和________ g 铁粉时，能做到用尽可能少的材料产生尽可能多的热量。

**24.** (9 分)晶体硅是一种重要的非金属材料。制备纯硅的主要步骤如下：

①高温下用碳还原二氧化硅制得粗硅，同时得到一种可燃性气体；

②粗硅与干燥 HCl 气体反应制得 $SiHCl_3$：$Si+3HCl \xlongequal{300\ ℃} SiHCl_3+H_2$；

③$SiHCl_3$ 气体与过量 $H_2$ 在 1000～1100 ℃反应制得纯硅。已知 $SiHCl_3$ 能与 $H_2O$ 强烈反应，在空气中易自燃。

请回答下列问题：

(1)第①步制备粗硅的化学反应方程式为__________________。

(2)粗硅与 HCl 反应完全后，经冷凝得到的 $SiHCl_3$(沸点 33.0 ℃)中含有少量 $SiCl_4$(沸点 57.6 ℃)和 HCl(沸点 −84.7 ℃)，提纯 $SiHCl_3$ 采用的方法为____________________________________________________________。

(3)用 $SiHCl_3$ 与过量 $H_2$ 反应制备纯硅的装置如下(热源及夹持装置略去)：

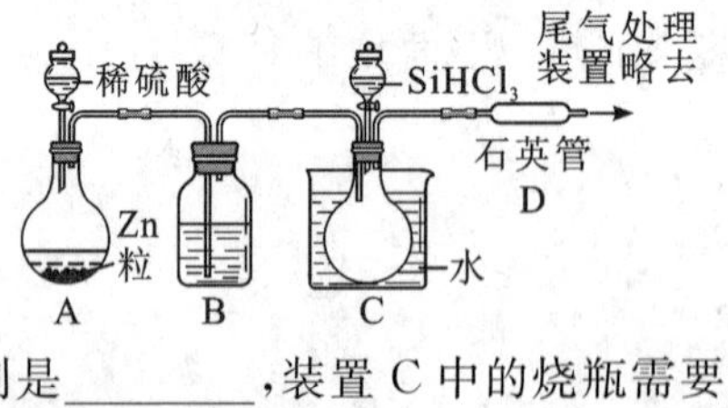


①装置 B 中的试剂是________，装置 C 中的烧瓶需要加热，其目的是_____；

②装置 D 不能采用普通玻璃管的原因是________，装置 D 中发生反应的化学方程式为___________________；

③为保证制备纯硅实验的成功，操作的关键是检查实验装置的气密性，控制好反应温度以及________________________________________________。

**四、计算题**(16 分)

**25.** (6 分)化学反应在防治环境污染中扮演了重要角色。某工厂废气中的 $SO_2$，可用以下方式处理。方式一：$2SO_2+O_2+2CaO \xlongequal{} 2CaSO_4$；方式二：$2SO_2+O_2+4NaOH \xlongequal{} 2Na_2SO_4+2H_2O$。

试计算：(已知 $CaSO_4$ 的价格为 700 元/吨)

(1)若用方式一处理 9.6 吨 $SO_2$，所得产品价值多少元？

(2)若用方式二处理 9.6 吨 $SO_2$，刚好用去 50t 一定浓度的 NaOH 溶液，求所得溶液的溶质质量分数(最终结果精确到 0.1%)。

**26.** (10 分)固体铵盐 A、B 的成分可能是 $(NH_4)_2SO_4$、$NH_4HSO_4$，或是两者的混合物。已知 $NH_4HSO_4$ 在水溶液里可解离出 $H^+$，甲、乙两个研究性学习小组的同学想要确定 A 和 B 的成分，并测定 B 中氮元素的质量分数。

(1)甲实验小组的同学取了数份相同质量的样品 A 溶于水，然后加入 40% NaOH 溶液(下图中用氢氧化钠溶液质量表示横坐标)，水浴加热至气体全部逸出(此温度下铵盐不分解)。该气体经干燥后用足量浓硫酸完全吸收，浓硫酸增重的质量如图。分析该图象并回答下列问题：

①写出 $ab$ 段涉及的化学方程式：________；②样品 A 的成分是________，$c$ 点的数值是________。

(2)乙实验小组的同学取了数份不同质量的样品 B，测定方法与甲组同学大部分相同，不同的是，他们将不同质量的铵盐分别加入到 50.00 mLNaOH 溶液中(含 8.12 gNaOH)，测定结果如下：

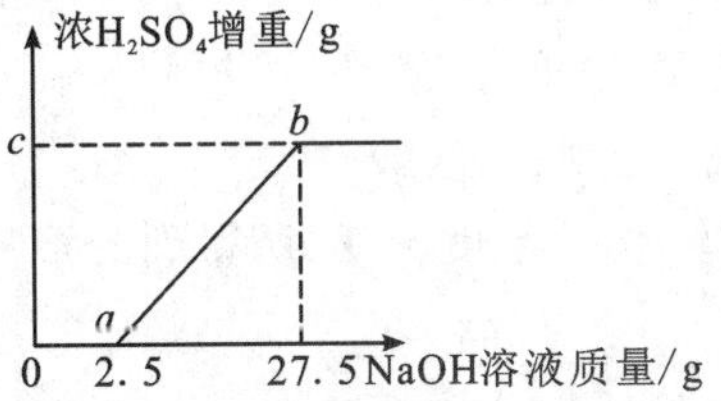


| 实验编号 | Ⅰ | Ⅱ | Ⅲ | Ⅳ |
| --- | --- | --- | --- | --- |
| 铵盐的质量(g) | 10.00 | 20.00 | 30.00 | 50.00 |
| 浓硫酸增加的质量(g) | $m$ | $m$ | 1.36 | 0 |

①分析实验数据可知，实验编号为________的实验中，氢氧化钠足量，铵盐中的铵根离子完全转化成气体；

②样品 B 中氮元素的质量分数为________。(精确到 0.01%，写出计算过程)

# 2022年天原杯初三化学竞赛天河区初赛试题

学习笔记

可能用到的相对原子质量：C—12　O—16　Ca—40　H—1　Cl—35.5　S—32

**一、选择题**(本题包括15小题，每小题2分，共30分。每小题只有一个选项符合题意。请将答案填写在答卷对应的空格内。)

**1.** 目前我国许多城市和地区定期公布空气质量报告，在空气质量报告中，一般不涉及(　　)

A. $SO_2$　　B. $NO_2$　　C. $CO_2$　　D. 可吸入颗粒物

**2.** 能证明分子在化学反应中可分的事实是(　　)

A. 水通过直流电生成氢气和氧气

B. 冷却热的饱和硫酸铜溶液时有晶体析出

C. 烧碱能吸收空气中的水分而潮解

D. 一个氧分子是由两个氧原子构成的

**3.** 5月31日是“世界无烟日”。燃着的香烟产生的烟气中含有一种能与血液中血红蛋白结合的有毒气体(　　)

A. $CO_2$　　B. $O_2$　　C. $H_2$　　D. CO

**4.** 下列各组物质，按单质、化合物、混合物顺序排列正确的是(　　)

A. 空气、氮气、稀有气体　　B. 液态氧、火碱、天然气

C. 生石灰、熟石灰、石灰石　　D. 水银、金刚石、盐酸

**5.** 向饱和$KNO_3$溶液加入少量的$KNO_3$固体，保持温度不变，所得到的溶液中(　　)

A. 溶质的质量分数增大　　B. 溶质的质量分数不变

C. 溶液的质量增加　　D. 溶质的质量增加

**6.** 下列各组物质不用其他试剂，只用组内物质间的相互作用就能鉴别出来的一组是(　　)

A. HCl　$Na_2CO_3$　NaOH　$KNO_3$

B. $CuSO_4$　NaOH　$BaCl_2$　$HNO_3$

C. $CaCl_2$　$K_2CO_3$　$NaNO_3$　NaCl

D. $FeCl_3$　$Ba(OH)_2$　$KNO_3$　NaCl

**7.** 在硝酸银溶液中，加入过量铜粉和过量铁粉，充分反应后过滤，留在滤纸上的物质是(　　)

A. 银、铜、铁　　B. 银、铜

C. 银、铁　　D. 银

**8.** 用量筒量取液体时，某同学的操作如下：量筒平放，面对刻度，仰视液体凹液面最低处读数为19 mL。倾出一部分液体，又俯视凹液面最低处读数为11 mL。这位同学取出液体的体积(　　)

A. 8 mL　　B. 大于8 mL　　C. 小于8 mL　　D. 无法判断

**9.** 如图所示，锥形瓶内盛有气体X，滴管内盛有液体Y，若挤压滴管胶头，使液体Y滴入瓶中，振荡，一会儿可见小气球a鼓起。气体X和液体Y不可能是(　　)

| 选项 | X | Y |
| --- | --- | --- |
| A | HCl | 水 |
| B | $CO_2$ | 石灰水 |
| C | $SO_2$ | NaOH |
| D | CO | NaOH |

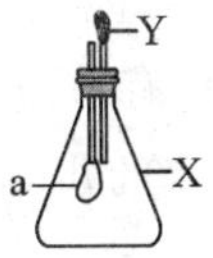


**10.** 某化学兴趣小组在研究性学习活动中发现，我市近郊的一条小河呈较强的酸性。经过调查和实验分析，查明是上游河床含有某种物质 R 在水中与氧气反应所致，其反应的化学方程式为 $2R+2H_2O+7O_2 = 2FeSO_4+2H_2SO_4$。则 R 的化学式是(　　)

A. FeS　　B. $Fe_2S_3$　　C. FeO　　D. $FeS_2$

**11.** $b$ g 某金属与足量的稀硫酸反应，生成该金属的三价正盐和 $a$ g 氢气。则该金属的相对原子质量为(　　)

A. $\frac{2b}{a}$　　B. $\frac{3b}{2a}$　　C. $\frac{3b}{a}$　　D. $\frac{a}{3b}$

**12.** 制特种玻璃时原料中添加了硼砂($Na_2B_4O_7\cdot 10H_2O$)，其中硼的化合价为(　　)

A. +1　　B. +2　　C. +3　　D. +4

**13.** 如图所示，等臂杠杆 AB 两端各挂体积相同、质量相等的空心铜球和铁球，在水平位置平衡，再将铜球、铁球分别同时浸没在盛有 $CuSO_4$ 溶液的烧杯中，则将发现(球体积变化忽略不计)(　　)

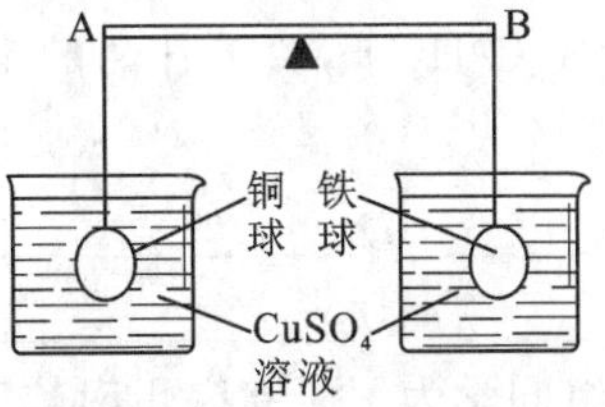


A. 杠杆 A 端下倾

B. 杠杆 B 端下倾

C. 杠杆仍在水平位置平衡

D. 杠杆先 A 端下倾，后 B 端下倾

**14.** 以下命题，没有违背化学变化规律的是(　　)

A. 石墨制成金刚石　　B. 2 g$H_2$ 完全燃烧生成 36 g$H_2O$

C. 水变成汽油　　D. 干冰转化成冰

**15.** "绿色化学"是当今社会提出的一个新概念。在"绿色化学工艺"中，理想状态是反应物中的原子全部转化为欲制得的产物，即原子的利用率为 100%。在用 $C_3H_4$(丙炔)合成 $C_5H_8O_2$(2-甲基丙烯酸甲酯)的过程中，欲使原子的利用率达到最高，在催化剂作用下还需其他的反应物是(　　)

A. CO 和 $CH_3OH$　　B. $CO_2$

C. $H_2O$ 和 $CH_4$　　D. $CH_3OH$ 和 $H_2$

**二、填空题**(本题包括 6 小题，共 31 分。)

**16.** (4 分)氢气是一种高效而无污染的理想能源，下列①—⑥是某化学兴趣小组的学生查阅资料归纳的工业上制取氢气的方法，其中包括正在研究的方案。

①电解法：$2H_2O \xlongequal{\text{通电}} 2H_2\uparrow+O_2\uparrow$；

②甲烷转化法：$CH_4+H_2O \xlongequal{\text{催化剂}} CO+3H_2$；

③水煤气法：$C+H_2O \xlongequal{1000\ ℃} CO+H_2$；

④碳氢化合物热裂化：$CH_4 \xlongequal{\text{高温}} C+2H_2$；

⑤设法将太阳光聚集产生高温使水分解：$2H_2O \xlongequal{\text{高温}} 2H_2\uparrow+O_2\uparrow$；

⑥寻找高效催化剂使水分解产生氢气。

如果将来人类广泛使用氢气作为能源，那么上述 6 种方法中你认为可行的方法有________，并请简述不可行的方法的理由：________________________________。

**17.**（2 分）如图由小分子组装而成的具有一定高级结构的巨分子有时也称为“超分子”。图中的十二面体是 1999 年合成的迄今最大的非生物高分子，化学式 $C_{2000}H_{2300}N_{60}P_{120}S_{60}O_{200}F_{180}Pt_{60}$，相对分子质量达 61955，直径达 7.5nm，相当于小蛋白质分子的尺寸，右边是其原子堆积模型。该种分子由________种元素组成，每个分子中共有________个原子。

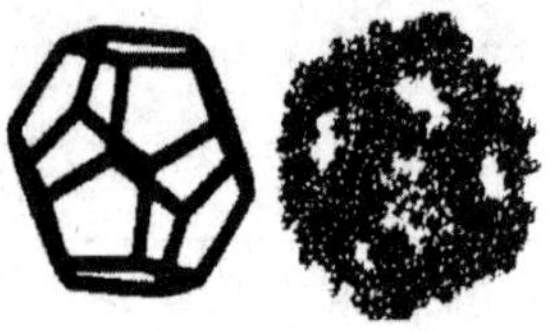

**18.**（4 分）在氯化镁、氯化亚铁和氯化铜的混合溶液中，加入一定量的铝粉，充分反应后过滤，在滤出的固体中滴加稀盐酸，有气泡产生，则滤出的固体中一定含有________________（写化学式，下同），滤液中一定含有的溶质是________________。

**19.**（7 分）从 H、O、C、N、Na、Fe、Ca 七种元素中，选择适当的元素组成符合下列要求的物质，并用化学式填空（未要求填写个数的，每空只填一种物质）。

（1）相对分子质量最小的氧化物是________。

（2）厨房用的酸性调味品是________。

（3）农业上作为氮肥的是________。

（4）含四种元素的酸式盐是________。

（5）能作燃料的是（写三种）________、________、________。

**20.**（4 分）甘油在印刷、化妆品等工业中常用作润湿剂，也可用来制造医药和炸药。根据甘油的化学式 $C_3H_8O_3$，关于甘油的组成你能得出哪些信息？（任写四条）

①________________；②________________；

③________________；④________________。

**21.**（10 分）兴趣小组同学为了研究广州南越王墓出土的文物，对两件文物的表面 A 物质和 B 进行了下图所示的实验。

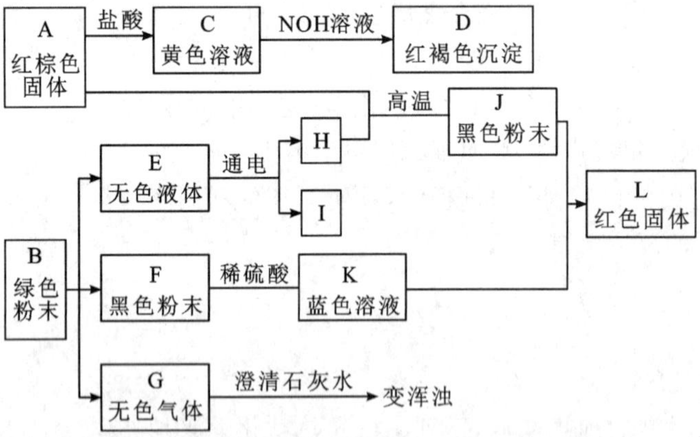


（1）请你根据上图实验现象推断下列物质的化学式：

A：________________；F：________________；G：________________。

（2）写出下列转化的化学方程式：

C→D ________________；

E→H＋I ________________；

J＋K→L ________________。

（3）在博物馆里很少见到由 J 制造的完好文物，原因是什么？

________________________________________________

________________________________________________

**三、实验题**(本题包括 5 个小题,共 39 分。)

**22.** (6 分)实验室用足量的稀盐酸跟方解石(较纯的 $CaCO_3$ 晶体)反应制得二氧化碳。反应的化学方程式是________________。

如右图所示的装置,容器的容积为 11.2L($CO_2$ 密度按 1.97 g/L 计)至少需要方解石________g。为什么实际需要的方解石超过理论计算量?________________。

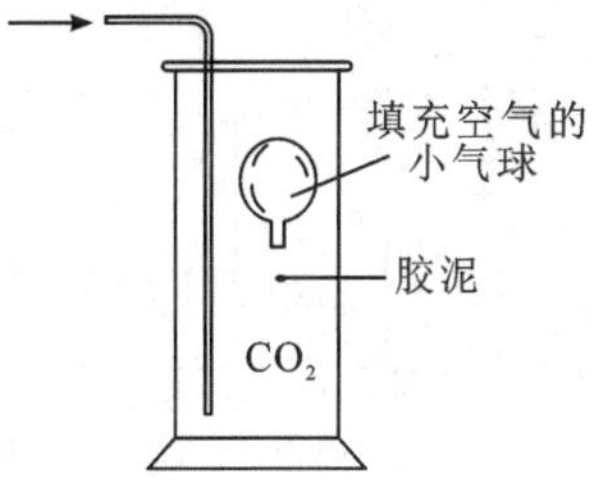


在通常状况下,填充有空气的小气球在空气中会下沉。但在充满二氧化碳的容器中会悬浮。这个实验现象说明了二氧化碳________。

**23.** (8 分)甲同学在实验室做中和反应时,将稀硫酸滴入氢氧化钠溶液中,意外发现有气泡产生,乙同学提醒:是不是拿错了药品?但甲同学查验后确实没有拿错药品,仔细观察瓶口有白色粉末状物质,甲怀疑氢氧化钠溶液变质了。

(1)氢氧化钠溶液在空气中变质的原因是________________。

(2)利用与上述实验不同的原理,甲同学设计了一个验证该氢氧化钠溶液是部分变质还是全部变质的实验:

| 实验操作步骤 | 实验现象 | 实验结论 |
| --- | --- | --- |
| 1.________________ | 产生白色沉淀 | ________ |
| 2.________________ | 测得溶液 pH=11 | |

(3)写出在部分变质的氢氧化钠溶液中滴加稀盐酸发生反应的化学方程式________________。

**24.** (10 分)根据实验装置图和以下两个反应事实回答下列问题:

Ⅰ.反应事实

(1)$CO_2$ 在高温下可氧化 C 生成 CO。

(2)C 在高温下与水蒸气反应可生成 CO 和 $H_2$,CO 可与水蒸气反应生成 $CO_2$ 和 $H_2$。

Ⅱ.实验装置图:

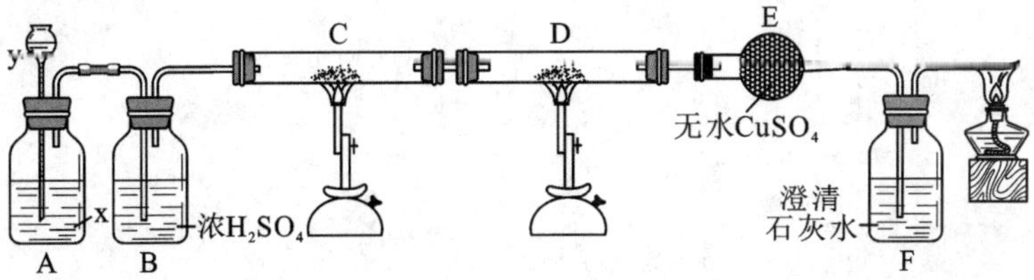


(1)若 C 中装有炭粉,D 中装有氧化铜,E 中不产生现象,澄清石灰水变浑浊,则 A 中试剂 x 是________,试剂 y 是________,装置 C 中发生反应的化学方程式是________________。

(2)如果 A 中试剂 x 是锌粒,试剂 y 是稀硫酸,C 中装的是氧化铜,D 中装的是炭粉,则由 D 中导出的气体可能由________组成,那么 E 中的现象是________,F 中的现象是________。D 中发生反应的化学方程式是________________。

**25.**（7分）已知 $CaCO_3+H_2O+CO_2 \longrightarrow Ca(HCO_3)_2$，$Ca(HCO_3)_2$ 易溶于水。某实验小组在含一定量 $Ca(OH)_2$ 的石灰水中通入 $CO_2$，产生沉淀的量与通入 $CO_2$ 气体的量的关系如图所示，回答下列问题：

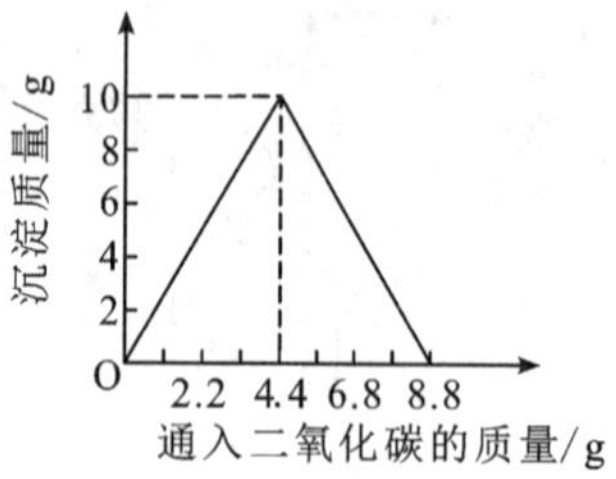


（1）写出在石灰水中刚通入 $CO_2$ 时的化学方程式________________。

（2）请描述整个实验过程的实验现象________________________。

（3）通 $CO_2$ 气体前石灰水中溶质的质量为________g。

（4）至少通入 $CO_2$ 气体质量________g时溶液的质量是整个实验过程中溶液质量的最大值（不考虑 $CO_2$ 气体在水中的溶解性）。

**26.**（8分）小王同学用同种纯净的锌与同种硫酸溶液做了三次实验，有关实验数据如下：

| | 第1次 | 第2次 | 第3次 |
|---|---|---|---|
| 所取锌的质量/g | 1.6 | 3.5 | 4.5 |
| 所用硫酸溶液质量/g | 10 | 10 | 10 |
| 生成氢气的质量/g | 0.05 | 0.1 | 0.1 |

（1）反应后能肯定硫酸有剩余的是第________次实验。

（2）反应后锌肯定有剩余的是第________次实验。

（3）写出实验中发生反应的化学方程式________________。

（4）你认为小王同学能否通过该实验测定所用硫酸溶液溶质的质量分数________（填“能”或“不能”）。若能，测定得到的溶质质量分数为________（若不能，请在相应位置填写理由）。

# 2023年全国初中化学学科素养大赛试题

可能用到的相对原子质量：H—1　C—12　O—16　Na—23　Cl—35.5　Ca—40　Cu—64

**一、选择题**(本题共15题，每题2分，共30分。每题有1个或2个选项符合题意。)

**1.** 下列微粒中电子数大于质子数的是(　　)

A. $H_3O^2$　　B. $O^{2+}$　　C. $H_2$　　D. 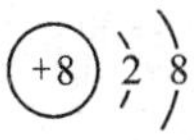

**2.** 某集团近年来大气污染治理成效显著，厂“绿”意盎然。治理后，钢铁厂排放的尾气中，下列物质含量最大的是(　　)

A. $CO_2$　　B. $NO_2$　　C. $SO_2$　　D. $PM_{10}$

**3.** 化学与生产、生活、社会密切相关，下列有关说法中正确的是(　　)

A. 地沟油经过加工处理后可用来制生物柴油

B. 油脂在人体内分解为氨基酸后才能被吸收

C. 高纯度的硅可用于制造计算机芯片材料

D. 医用消毒酒精中乙醇的浓度为95%

**4.** 人体中纯净的胃液是一种强酸性溶液，pH值在0.9～1.5。氢氧化铝是一种治疗胃酸过多的胃药的主要成分。目前这种胃药已不常用，其主要原因是(　　)

A. 它不能中和胃酸　　B. 长期摄入铝元素对人体健康不利

C. 它不易溶于胃酸　　D. 它与胃酸反应会放出大量气体

**5.** 下列关于古代化学的应用和记载的说明不合理的是(　　)

A.“千淘万漉虽辛苦，吹尽狂沙始到金”说明金在自然界中能以单质存在

B.《梦溪笔谈》“熬胆矾铁釜，久之亦化为铜”是发生了置换反应

C.“自古书契多编以竹简，其用缣帛者(丝织品)谓之为纸”，文中“纸”的主要成分是纤维素

D.“司南之杓(勺)，投之于地，其杓指南”，司南中“杓”的主要成分为$Fe_3O_4$

**6.** 为了探究植物光合作用的原理，某学生设计了上图实验装置。在相同的条件下，你预测，数天后植物生长最茂盛的是(　　)

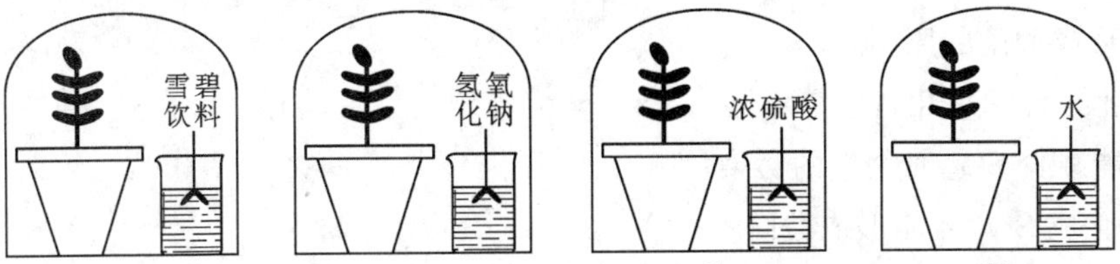


A　　B　　C　　D

**7.** 如图所示，小试管中盛放着固体乙(足量)，滴管中有液体甲，广口瓶中有少量饱和的澄清石灰水(试管底部浸没在澄清石灰水中)。当把甲溶液滴到乙中，过一会儿可看到石灰水变浑浊了，U形管中的a液面降低、b液面升高了。根据以上

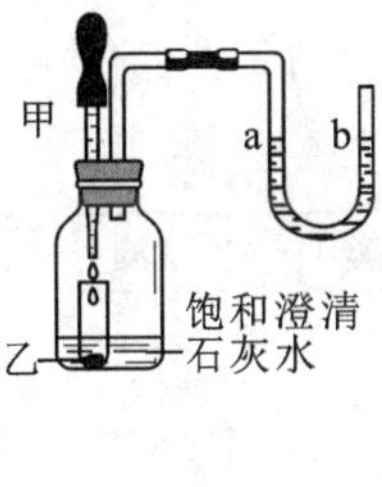

现象请你分析下列说法正确的是(　　)

A. 石灰水变浑浊,有可能是发生了物理变化

B. 石灰水变浑浊,一定是发生了化学变化

C. 甲、乙有可能分别是水和硝酸铵

D. 甲、乙有可能分别是稀盐酸和大理石

**8.** 病毒的主要成分是蛋白质、核酸、脂肪及糖类物质,下列说法正确的是(　　)

A. 称为糖类的有机化合物都有甜味

B. 蛋白质、核酸、脂肪及糖类都是高分子化合物

C. 医院可采取高温或者紫外线照射的方法使蛋白质变性而杀死病毒

D. 浓的 $K_2SO_4$ 溶液能使溶液中的蛋白质析出,加水后析出的蛋白质还可再溶解

**9.** 物质与水发生的复分解反应称为水解反应。例如:$Al_2S_3+6H_2O$ ═══ $2Al(OH)_2\downarrow+3H_2S\uparrow$。根据上述观点,下列说法中不正确的是(　　)

A. $CuSO_4$ 的水解产物是 $Cu(OH)_2$ 和 $H_2SO_4$

B. $CaO_2$ 的水解产物是 $Ca(OH)$ 和 $C_3H_2$

C. $Mg_3N_2$ 水解产物是 $Mg(OH)_2$ 和 $NH_3$

D. $Na_2S$ 的水解产物 NaOH 和 $H_2SO_4$

**10.** $Fe_2O_3$、ZnO、CuO 的固体混合粉末 $a$ g,在加热条件下用足量 CO 还原,得到金属混合物 4.82 g,将生成的 $CO_2$ 气体用足量的澄清石灰水吸收后,产生 10.00 g 白色沉淀,则 $a$ 的数值为(　　)

A. 7.41　　B. 7.18　　C. 6.42　　D. 4.92

**11.** 氧化钙和氢氧化钙的固体混合物 6 g,与 50 g 质量分数为 14.6%的盐酸恰好反应。原固体混合物中钙元素的质量分数为(　　)

A. 71.4%　　B. 66.7%　　C. 50%　　D. 36%

**12.** 如图是硫元素在自然界中的循环图。下列有关说法不正确的是(　　)

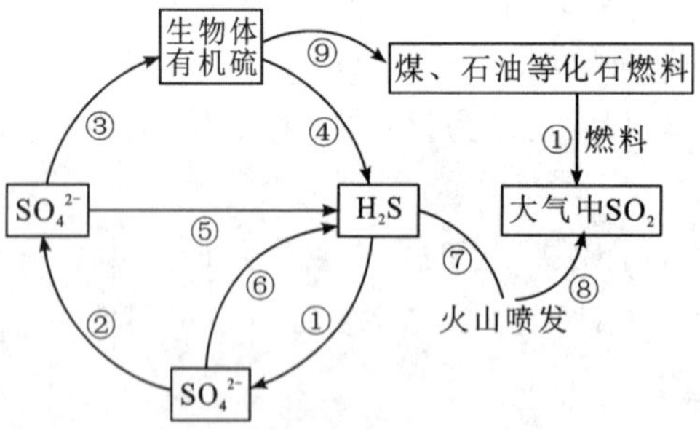


A. 大量使用化石燃料是形成酸雨的原因之一

B. 循环过程中硫元素的化合价既有升高也有降低

C. 除去化石燃料中的硫能减少 $SO_2$ 对大气的污染

D. 大气中的 $SO_2$ 必须氧化成 $SO_3$ 才能形成酸雨

**13.** 废弃物的综合利用有利于节约资源、保护环境。实验室利用废旧电池的铜帽(主要成分为 Cu、Zn)制备 $CuSO_4\cdot5H_2O$ 的部分实验步骤如图:

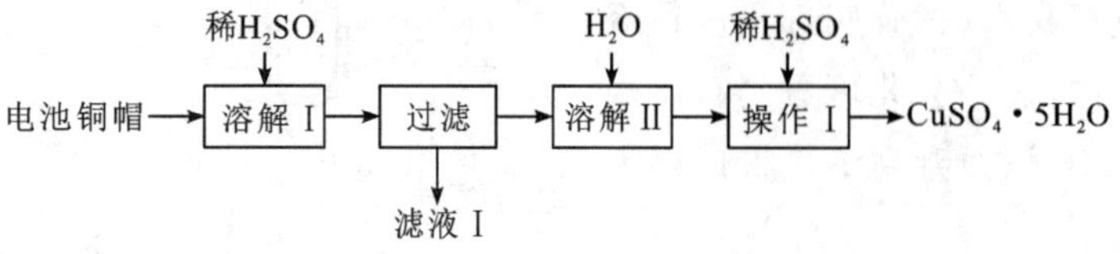

下列说法错误的是(　　)

A.“溶解Ⅰ”中,将铜帽粉碎可加快反应速率

B.“滤液Ⅰ”中,溶质的主要成分为 $ZnSO_4$

C.“溶解Ⅱ”过程中,$H_2O_2$ 起到催化作用

D.“操作Ⅰ”需要用到酒精灯、玻璃棒等仪器

**14.** 已知:$2CO_2+2Na_2O_2 = 2Na_2CO_3+O_2$。在密闭容器中,将 6.6 g$CO_2$ 与一定量的 $Na_2O_2$ 固体充分反应后,气体变为 3.8 g。下列说法正确的是(　　)

A. 3.8 g 气体全部是 $O_2$

B. 3.8 g 气体通过足量 NaOH 溶液后,气体减少 2.2 g

C. 反应后的固体是混合物

D. 生成 $Na_2CO_3$ 的质量为 15.9 g

**15.** 将露置于空气中的某氢氧化钠固体样品溶于水,向所得溶液中逐滴加入稀盐酸至过量,生成的 $CO_2$ 质量与加入盐酸的质量有如图所示的关系(不考虑 $CO_2$ 在水中的溶解)。(提示:盐酸与碳酸钠反应分 2 步,第 1 步为 $Na_2CO_3+HCl = NaCl+NaHCO_3$,第 2 步为 $NaHCO_3+HCl = NaCl+H_2O+CO_2\uparrow$。)

下列说法不正确的是(　　)

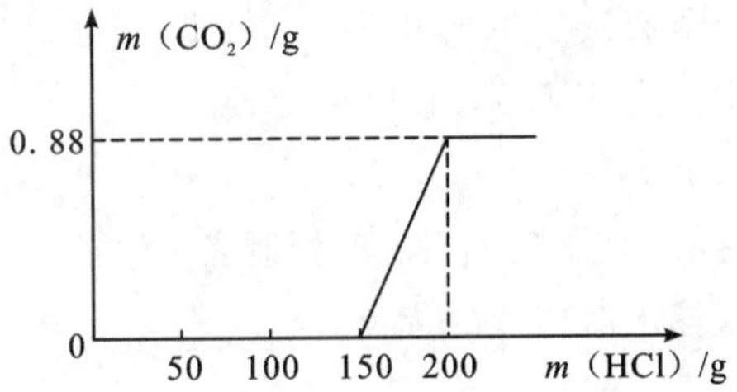


A. 滴加盐酸 0 ～150 g 段发生 2 个反应

B. 所用盐酸的溶质质量分数为 1.46%

C. 加入盐酸质量为 200 g 时,溶液中的溶质为 NaCl

D. 该样品中 NaOH 与 $Na_2CO_3$ 质量比为 2∶1

**二、非选择题**(共 8 题,共 70 分。)

**16.** (5 分)某工厂排放的废水中含有 $K^+$、$Cu^{2+}$、$SO_4^{2-}$、$NO_3^-$ 四种离子。

(1)废水中离子个数比 K∶$Cu^{2+}$∶$NO_3^-$ =2∶7∶8.若 $K^+$ 为 $3n$ 个,则 $SO_4^{2+}$ 离子个数为________。

(2)为防止 $Cu^{2+}$ 排放对环境造成的污染,小组同学设计了两种方案:

①甲方案是往废水中加入铁,涉及反应的化学方程式为________________(写出一个即可);

②乙方案是往废水中加入________(写化学式),恰好反应后过滤,所得滤液蒸发后所得物质可作钾肥,写出钾肥的化学式:________________(写一个)。

**17.** (6 分)某课外活动中,学生利用下图所示的材料完成探究实验,杠杆已调至平衡。

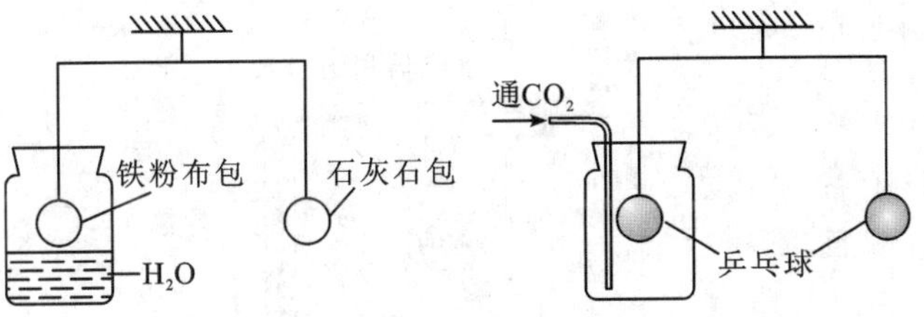


实验1　　　　实验2

(1)实验 1 中,较长时间后,左边铁粉布包下降,原因是____________________________________。如将铁粉换成________、________(填物质名称),杠杆也会出现相似现象。

(2)实验 2 中,通入 $CO_2$ 一段时间,右边乒乓球________(填"上升"或"下降")。再往集气瓶中滴入足量 NaOH 溶液,观察到的现象是________________。

**18.** (10 分)某化学研究小组针对 CO 还原 $Fe_2O_3$ 的实验进行改进,具体实验装置如图所示。

改进实验对部分实验仪器进行了改装:

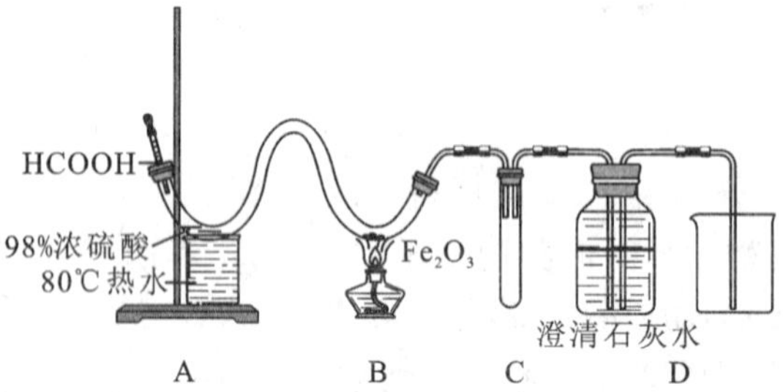


①W 形管:注意中部凸起部分要比两端高一些,防止因左边产生的气体较多,导致液体溢出到右边;

②利用"水量法",事先测算出集气瓶左边所有装置的容积为 130 mL,并在装满澄清石灰水的集气瓶外侧表面画线标出上部容积 130 mL 所在位置。

请回答下列问题:

(1)A 处 HCOOH 在浓硫酸作用下发生脱水,生成 CO。则 A 处制备 CO 的化学方程式是____________________。此处选择水浴加热的优点是________________________________。

(2)装置 C 的作用是________________________________________。

(3)装置 D 的作用是________(填字母序号)

A. 根据液面下降,确定装置内的空气是否排尽

B. 防止 CO 逸散,污染环境

C. 用于检验和吸收 $CO_2$

D. 测量过剩的 CO 的体积

(4)实验结束后,取下集气瓶,拿到安全之处,拔掉双孔塞立即________,拆开其余实验装置,清洗整理。

**19.** (5 分)氮化铝(AlN)是一种高性能陶瓷材料,工业上用 $Al_4C_3$ 和 $NH_3$ 在高温条件下反应制得,同时生成 $CH_4$;在热水中,氮化铝能与水反应,生成氢氧化铝和 $NH_3$。

(1)写出其中一个反应的化学方程式____________________,该反应所属的基本反应类型是____________________。

(2)实验表明,在其他条件相同时,氮化铝分别在 80 ℃和 90 ℃时完全反应所得溶液的 pH 值:$pH_{80℃}>pH_{90℃}$,其可能原因为________________________。

**20.** (7 分)密陀僧(PbO)可作药用,可与碳反应:$2PbO+C \xlongequal{\triangle} 2Pb+CO_2\uparrow$、$PbO+C \xlongequal{\triangle} Pb+CO\uparrow$。用图中实验可以证明密陀僧中含有氧元素,在实验前后及过程中均通入氮气。试回答:

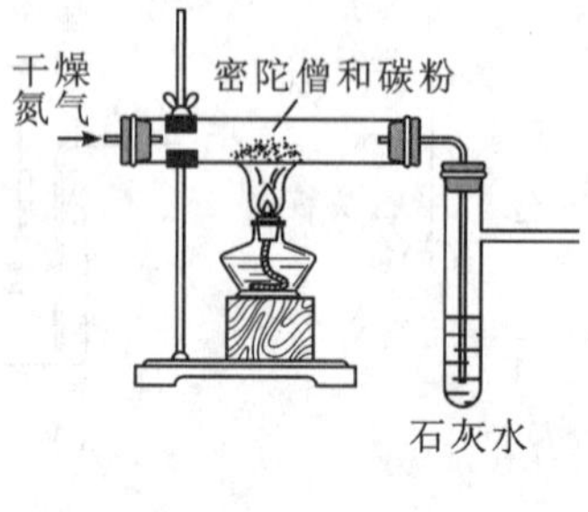


(1)通过观察到____________________的现

象，证明密陀僧中含有氧元素。

(2)为了使实验成功，混合物中碳的含量应________(填“较多”或“较少”)，理由是________________________________________________。

(3)该实验以氮气代替空气作为反应环境，其原因是________________。

(4)本实验设计中的不足之处是________________________________。

**21.**(9分)高纯氧化铁可作现代电子工业的材料，以下是用硫铁矿烧渣(主要成分为 $Fe_2O_3$、$FeO$、$SiO_2$)为原料制备高纯氧化铁($Fe_2O_3$)的生产流程示意图。

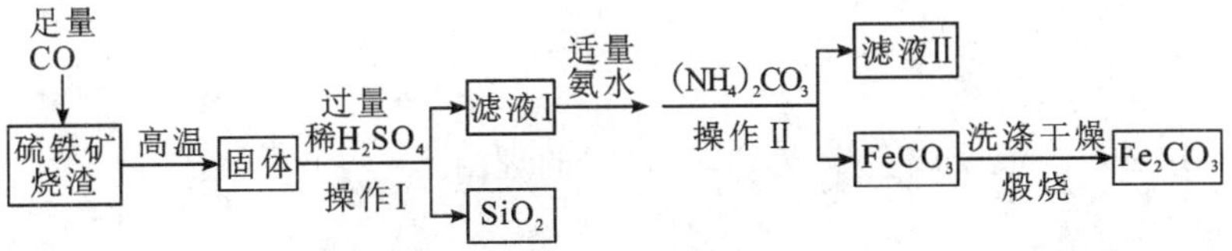


(1)操作Ⅰ、操作Ⅱ的作用是________________________________。

(2)滤液Ⅰ主要阳离子是________。

(3)加适量氨水的目的是________________________________。

(4)滤液Ⅱ中可回收的产品是________________(写化学式)。

(5)在空气中煅烧 $FeCO_3$ 化学方程式为________________________。

**22.**(12分)硅藻土是一种天然材料，内部有特殊微孔结构。化学需氧量(COD)是评价水溶液体系中有机质污染程度的指数。运用硅藻土负载纳米 NiO 在光催化下可处理废水 COD。

(1)探究 NiO 负载量对污水中 COD 降解率的影响，实验结果如下表。

| 实验编号 | 材料/g | | 污水体积/mL | 污水中 COD 降解率 |
|---|---|---|---|---|
| | 硅藻土 | NiO | | |
| 第1组 | 0.5 | 0 | 50 | 2% |
| 第2组 | 0.5 | 0.1 | *b* | 10% |
| 第3组 | *a* | 0.3 | 50 | 40% |
| 第4组 | 0.5 | 0.5 | 50 | 80% |
| 第5组 | 0.5 | 1.0 | 50 | 70% |

①实验中，$a=$________，$b=$________。

②分析第1组实验，硅藻土对污水中 COD 也起降解作用的原因是________________________________________________。

③通过实验分析可知，NiO 负载量对污水中 COD 降解率的影响是________________________________________________。

④是否可以用以上实验获得的硅藻土和 NiO 的最佳质量比作为处理另一污水中 COD 降解的最佳质量比？请做出判断，并说明理由。________________

(2)探究硅藻土负载纳米 NiO 的质量对污水中 COD 降解率的影响实验如下：将不同质量的硅藻土负载纳米 NiO 分别放入装有 50 mL 污水的烧杯中，将上述烧杯用保鲜膜密封后置于太阳光下照射 8 h，测得污水中 COD 降解率如右图。硅藻土负载纳米 NiO 的质量对污水中 COD 降解率的影响是________

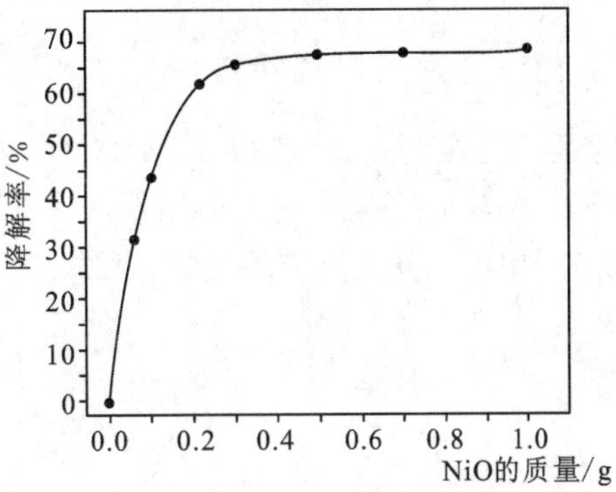

________________________________________________________________。

(3)请设计实验探究光源(室内光或太阳光)在硅藻土负载纳米 NiO 对污水中 COD 降解率起影响作用。你的设计是________________________________________________。

**23.**(16 分)某研究性学习小组对过量的 $Na_2CO_3$ 溶液滴入一定量 $CuSO_4$ 溶液中得到的蓝色固体的成分进行了如下探究:

【猜想与假设】

猜想一:固体为 $CuCO_3$。

猜想二:固体为 $Cu(OH)_2$。

猜想三:固体为 $Cu(OH)_2$、$CuCO_3$ 混合物。

(1)你认为 $Na_2CO_3$ 溶液与 $CuSO_4$ 溶液反应会生成 $Cu(OH)_2$ 的理由是________________________________________________________________。

【查阅资料】

①$Cu(OH)_2$ 和 $CuCO_3$ 晶体均不带结晶水;②$Cu(OH)_2$、$CuCO_3$ 受热易分解,各生成对应的两种氧化物。

【设计与实验】

Ⅰ.固体的获取。

(2)将反应后的固、液混合物经过滤、洗涤、低温烘干,得到蓝色固体。判断固体已洗净的方法及现象是________________________________________。

Ⅱ.用如下图所示装置,定性探究固体的成分。

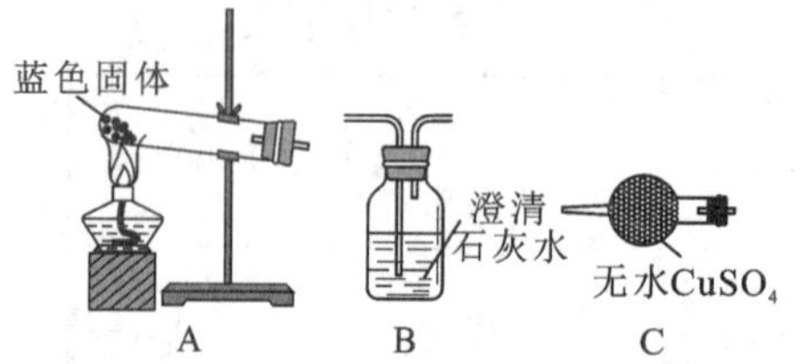


(3)小组同学将装置按 A、________(填"B""C")的顺序组合进行实验,验证出猜想三是正确的。实验中观察到 B 中的澄清石灰水变浑浊,C 中的现象为________________________。

Ⅲ.固体成分定量测定。

已知:$Cu(OH)_2$ 的分解温度为 66～68 ℃,$CuCO_3$ 的分解温度为 200～220 ℃。设固体的组成为 $a Cu(OH)_2 \cdot b CuCO_3$ 小组同学用热分析仪对固体进行热分解,获得相关数据,绘成固体质量变化与分解温度的关系如右图。请根据图示回答下列问题:

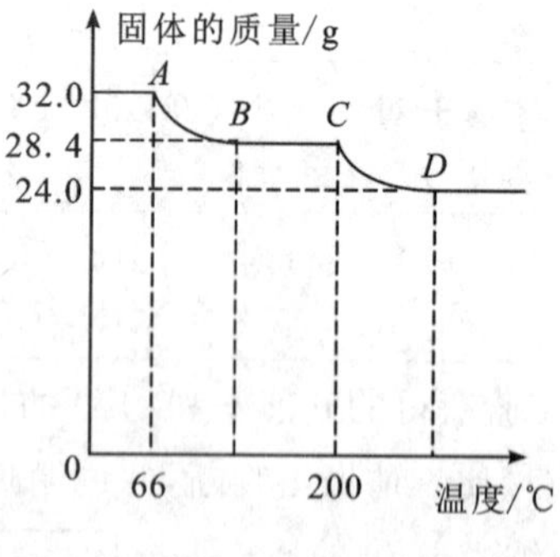


(4)写出 $AB$、$CD$ 段发生反应的化学方程式:

$AB$ 段____________________;

$CD$ 段____________________。

(5)通过计算可得:$a:b=$________。

(6)若将 24.0 g 剩余固体继续加热到更高的温度,发现固体质量减少了 2.4 g 后质量不再改变,写出此过程中可能发生反应的化学方程式________________________________________。

# 2024年初中学生化学素质和实验能力竞赛试题

学习笔记

可能用到的相对原子质量：H—1　C—12　N—14　O—16　Na—23　Mg—24　Al—27　S—32　Cl—35.5　K—39　Fe—56　Cu—64　Zn—65　Br—80　Ba—137

**一、选择题**（本题包括10个小题，每小题2分，共20分。每小题只有1个选项符合题意。）

**1.** 我国多个城市的$PM_{2.5}$数值突破警戒线，$PM_{2.5}$与肺癌、哮喘等疾病密切相关，它主要来自化石燃料的燃烧（如机动车尾气、燃煤等）。下列与$PM_{2.5}$相关的说法错误的是（　　）

A. $PM_{2.5}$会导致城市人为能见度下降，产生阴霾天气

B. 光化学烟雾、酸雨、臭氧层破坏等与$PM_{2.5}$的存在可能有关

C. $PM_{2.5}$含有的铅、镉、铬、砷等对人体有害的元素均是金属元素

D. 减少煤和石油等燃料的使用能有效减小$PM_{2.5}$在空气中的浓度

**2.** 体操运动员比赛时为了防滑，常在手掌上涂抹碳酸镁粉末。碳酸镁属于（　　）

A. 氧化物　　B. 酸　　C. 碱　　D. 盐

**3.** 下列各组食品中蛋白质含量最丰富的是（　　）

A. 黄瓜、西红柿　　B. 鸡蛋、牛肉

C. 米饭、馒头　　D. 苹果、梨子

**4.** 二十一世纪初，法国科学家发现一种只由四个中子构成的粒子，这种粒子称为“四中子”，也有人称之为“零号元素”。下列有关该粒子的说法正确的是（　　）

A. “四中子”带负电荷　　B. “四中子”的质子数为4

C. “四中子”的电子数为0　　D. 该粒子是一种新型化合物

**5.** 根据美国《华尔街日报》报道，享誉全球的新西兰牛奶及奶制品被检测出含有低含量的有毒物质双氰胺（其结构简式如图所示）。下列有关双氰胺的说法错误的是（　　）

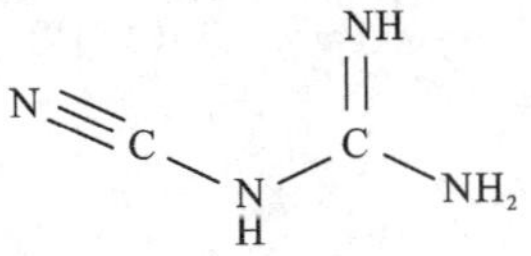


A. 双氰胺的化学式为$C_2H_4N_4$

B. 双氰胺是一种有机物

C. 双氰胺中氮元素的质量分数约为66.7%

D. 双氰胺中，C、H、N三种元素的质量比为1∶2∶2

**6.** 下列试剂中，能把NaOH溶液、稀硫酸、BaCl溶液一次鉴别出来的是（　　）

A. $Na_2CO_3$溶液　　B. $Na_2SO_4$溶液

C. $KNO_3$溶液　　D. KCl溶液

**7.** “$NaCl+CO_2+NH_3+H_2O = NaHCO_3\downarrow+NH_4Cl$”是著名的“侯氏制碱法”的重要反应。下列相关说法中正确的是（　　）

A. 从该反应可以获得氮肥

B. $NaHCO_3$俗名苏打，水溶液显碱性

C. 析出晶体后的剩余溶液中只有一种溶质

D. 析出晶体后的溶液为$NaHCO_3$的不饱和溶液

8. 铊(TI)是某种高温超导体中的组成成分之一。已知铝与铊的原子结构示意图如图所示。关于铊的判断错误的是(　　)

A. 铊能置换出盐酸中的氢

B. 铊的金属活动性比铝的强

C. 铊能生成+3 价的化合物

D. $TI^{3+}$ 的最外层有 3 个电子

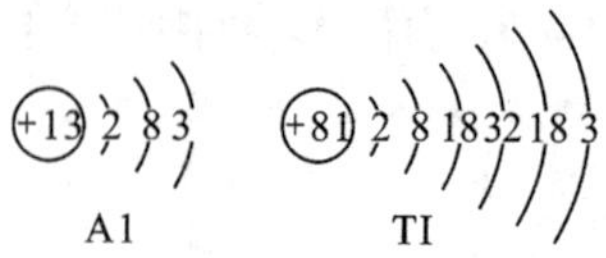


9. 高速铁路的快速发展方便了人们的出行。工业上利用铝热反应焊接钢轨间的缝隙,反应的化学方程式是 $2Al+Fe_2O_3 \xlongequal{高温} Al_2O_3+2Fe$。下列说法错误的是(　　)

A. 该反应属于置换反应

B. 该反应中 $Fe_2O_3$ 是氧化剂

C. 铝、铁均是由分子构成的单质

D. 该反应利用铝的还原性,在高温下把铁从氧化铁里还原出来

10. 向硫酸亚铁、硫酸铜的混合溶液中投入一些锌粉,完全反应后得到一些固体沉淀。向滤出的沉淀中加入少量稀硫酸,有气泡产生。下列对固体沉淀成分的判断正确的是(　　)

A. 一定含有锌、铁,可能含有铜

B. 一定含有铁、铜,可能含锌

C. 一定含有锌、铜,可能含有铁

D. 一定含有铁,可能含有锌、铜

**二、选择题**(本题包括 5 个小题,每小题 3 分,共 15 分。每小题有 1 个或 2 个选项符合题意。若有两个选项符合题意的,错 1 个不得分,漏选 1 个扣 2 分。)

11. 下列各项中,前者一定小于后者的是(　　)

A. 纯铝的硬度,镁铝合金的硬度

B. NaOH 溶于水后溶液的温度,$NH_4NO_3$ 溶于水后溶液的温度

C. 1%的稀硫酸的 pH,1%的氢氧化钠溶液的 pH

D. 5g 铝与足量盐酸反应生成 $H_2$ 的质量,5g 镁与足量盐酸反应生成 $H_2$ 的质量

12. 某化学家设计了如下制备氢气的反应步骤:

①$CaBr_2+H_2O \xlongequal{750\ ℃} CaO+2HBr$ ②$2HBr+Hg \xlongequal{100\ ℃} HgBr_2+H_2$

③$HgBr_2+CaO \xlongequal{750\ ℃} CaBr_2+HgO$ ④$2HgO \xlongequal{500\ ℃} 2Hg\uparrow+O_2\uparrow$

下列说法错误的是(　　)

A. 理论上只需消耗水

B. 理论上生成氧气的质量是氢气的 2 倍

C. 反应过程需要很高的能量

D. 使用重金属汞污染环境

13. "E85"是含乙醇 85%的乙醇汽油。科学家最近的研究表明,大量使用"E85"可能导致大气中 $O_3$ 含量上升,将会对人体造成更直接的伤害。寻找新的替代能源又成为化学工作者研究的课题。下列说法中正确的是(　　)

A. 乙醇属于可再生能源

B. 推广使用乙醇汽油是为了减少温室气体排放

C. "E85"是由两种物质组成的一种燃料,属于新能源

D. 等质量的"E85"和汽油充分燃烧后放出的能量相等

14. 如图是 M、N 两种物质的溶解度曲线。$t_2$℃时往盛有 100g 水的烧杯中先后加入 $m$gM 和 $m$gN(两种物质溶解时互不影响,且溶质仍是 M、N),充分搅拌。将混合物的温度降低到 $t_1$℃。下列说法正确的是(　　)

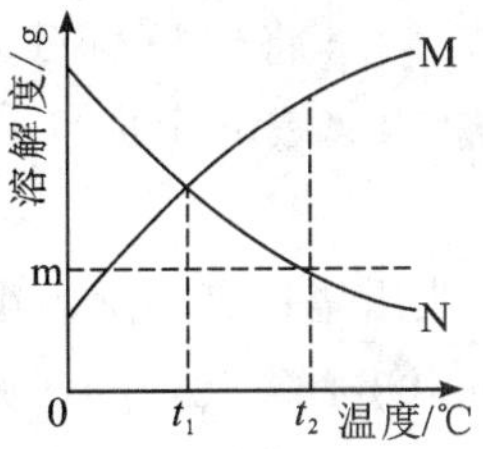


A. $t_2$℃时,得到 M 的饱和溶液

B. $t_2$℃时,得到 N 的不饱和溶液

C. 温度降低到 $t_1$℃时,M、N 的溶质质量分数相等

D. 温度降低到 $t_1$℃时,M、N 的溶解度相等,得到 M、N 的不饱和溶液

15. 向 5.3g 含杂质的碳酸钠样品中加入过量的盐酸,得到干燥纯净的气体 2.2g,则该碳酸钠样品中所含杂质可能是(　　)

A. 碳酸钙和碳酸锌　　B. 碳酸钾和碳酸氢钠

C. 碳酸钡和碳酸钾　　D. 碳酸氢钠和碳酸氢钾

**三、填空题**(本题包括 7 个小题,共 35 分。)

16. (3 分)工业生产中通常有“三酸两碱”之说,“三酸”指硝酸、硫酸和盐酸,“两碱”指烧碱和纯碱。

(1)从物质分类的角度分析,上述说法中不恰当的一种物质是________(填化学式)。

(2)向盐酸中加入浓硫酸时,会有白雾生成。下列叙述不属于导致产生该现象的原因的是________(填字母标号)。

A. 浓硫酸具有脱水性

B. 盐酸具有挥发性

C. 气体溶质的溶解度随温度升高而降低

(3)“三酸”常用于溶解金属和金属氧化物。下列块状金属在常温下能够溶于足量的盐酸且生成有色溶液的是________(填字母标号)。

A. Cu　　B. Ag　　C. Al　　D. Fe

17. (4 分)废旧印刷电路板的回收利用可实现资源再生,并减少污染。废旧印刷电路板经粉碎分离,能得到非金属粉末和金属粉末。

(1)下列处理印刷电路板非金属粉末的方法中,不符合环境保护理念的是________(填字母标号)

A. 把它转化成燃油　　B. 露天焚烧

C. 作为有机复合建筑材料的原料　　D. 直接填埋

(2)用 $H_2O_2$ 和 $H_2SO_4$ 的混合溶液可溶出印刷电路板金属粉末中的铜。已知在 $H_2SO_4$ 溶液中 Cu 与 $H_2O_2$ 反应生成 $CuSO_4$ 和 $H_2O$,反应的化学方程式为____________________。

(3)控制其他条件相同,印刷电路板的金属粉末用 10% $H_2O_2$ 溶液和一定浓度硫酸溶液处理,测得不同温度下铜的平均溶解速率如下表所示。

| 温度/℃ | 20 | 30 | 40 | 50 | 60 | 70 | 80 |
|---|---|---|---|---|---|---|---|
| 铜的平均溶解速率/($g \cdot L^{-1} \cdot s^{-1}$) | 0.47 | 0.51 | 0.61 | 0.51 | 0.46 | 0.43 | 0.37 |

当温度高于 40 ℃时,铜的平均溶解速率随着反应温度的升高而下降,其主要原因是________________________________________________。

18. (4 分)铝及其化合物在生产、生活中有广泛应用。请回答下列问题:

(1)“和谐号”动车组列车采用轻量化铝合金车体,主要利用铝的性质是________。

(2)AlN 是一种良好的耐热冲击材料,可溶解于强碱溶液。反应的化学方程

式为 $AlN+NaOH+X \xlongequal{} NaAlO_2+NH_3\uparrow$，X 的化学式是________________________。

(3)在火箭和导弹技术中，将铝粉与石墨、$TiO_2$ 按一定比例混合均匀，涂在金属表面，在高温下煅烧，金属表面生成 TiC 和氧化铝，写出该反应的化学方程式____________________。

**19.**(5分)食盐和工业用盐具有广泛的用途。已知工业用盐含 $NaNO_2$，外观酷似食盐并有咸味。$NaNO_2$ 有氧化性和还原性，遇酸分解放出 $NO_2$。

(1)写出可鉴别工业用盐和食盐的一种试剂是________。

(2)氯碱工业通过电解饱和食盐水来获得氯气($Cl_2$)、氢气和苛性钠。请写出电解饱和食盐水的化学方程式____________________。

(3)某工厂废液中含有2%～5%的 $NaHO_2$，直接排放会造成水污染，但加入 $NH_4Cl$ 能使 $NaNO_2$ 中的氮转化为对空气无污染的气体，同时还生成水和氯化钠，该反应的化学方程式是____________________。

**20.**(7分)一包白色粉末，由 $Na_2CO_3$、$CaCO_3$、$Na_2SO_4$、$(NH_4)_2SO_4$、$CuSO_4$ 中的两种或两种以上的物质混合而成。为探究其组成，进行如下实验：

(1)取少量白色粉末，向其中加入足量的水，充分搅拌后，得到无色溶液。则原白色粉末中一定不含有________。

(2)测得实验(1)所得溶液的 pH=10。用 pH 试纸检测该无色溶液的操作是________。

(3)取少量实验(1)所得无色溶液，向其中加入足量的 $BaCl_2$ 溶液，产生白色沉淀，过滤后，往该白色沉淀中加入足量的盐酸溶液，沉淀部分溶解，并产生无色气体。

综合上述实验，则原白色粉末一定有________，其组成有________种可能组合。

为进一步探究原白色粉末的组成，另取少量白色粉末，加入________，研磨，产生刺激性气味，则可推断原白色粉末中一定含有________。

**21.**(5分)臭氧是一种强氧化剂，常用于杀菌消毒等。

(1)$O_3$ 与 KI 溶液反应生成的两种非金属单质是________(填化学式)。

(2)$O_3$ 在水中易分解。若 $O_3$ 的起始浓度为 $1.04g\cdot L^{-1}$，一定条件下，$O_3$ 的浓度减少一半所需的时间(t)与溶液 pH 和温度(T)关系如下表所示：

| T/ ℃ | 3.0 | 4.0 | 5.0 | 6.0 |
|---|---|---|---|---|
| 20 | 301 | 231 | 169 | 58 |
| 30 | 158 | 108 | 48 | 15 |
| 50 | 31 | 26 | 15 | 7 |

①在 30 ℃、pH=4.0 条件下，$O_3$ 的平均分解速率为________$g\cdot L^{-1}\cdot min^{-1}$。

②据表中的递变规律，推测 $O_3$ 在下列条件下平均分解速率依次增大的顺序为________。(填字母)

a. 40 ℃、pH=3.0　b. 10 ℃、pH=4.0　c. 30 ℃、pH=7.0

**22.**(7分)溴化钙($CaBr_2$)可用作阻燃剂、制冷剂，具有易溶于水，易潮解等性质。某化学兴趣小组以大理石(含有少量 $SiO_2$ 和 $Fe_2O_3$)为原料制备溴化钙的流程如下：

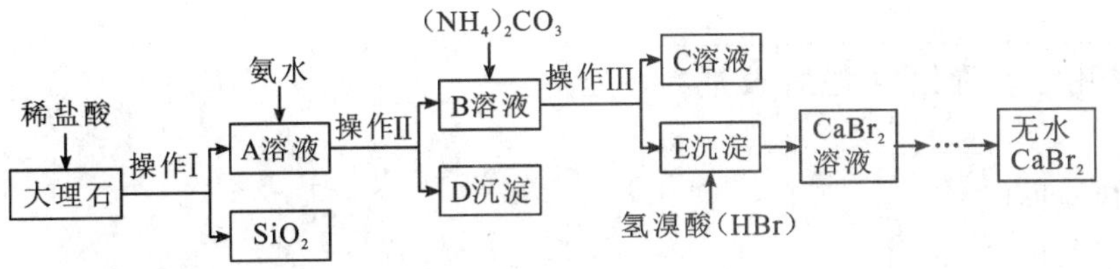


回答下列问题：

(1)D沉淀的化学式是____________________。

(2)从C溶液可以回收得到化肥，其主要成分的化学式为________________。

(3)氢溴酸性质与盐酸相似。写出E沉淀与氢溴酸反应的化学方程式____________________。

(4)本实验需要多次使用玻璃棒，得到溴化钙溶液前的所有实验中，玻璃棒的作用主要有________。

(5)为了测定制得的溴化钙的纯度，取10.0g无水溴化钙样品溶于水，加入足量的$Na_2CO_3$溶液，充分反应后过滤、洗涤、干燥，得到4.85g碳酸钙，则溴化钙的质量分数为________。

**四、实验题**(本题包括2个小题，共20分。)

**23.**(8分)右下图中，装置甲、乙(夹持仪器略去)作为氢气发生装置可以达到随制随停的效果。回答下列问题：

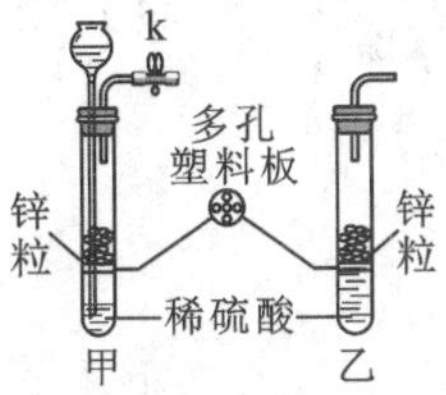


(1)甲中的活塞k处于关闭状态，据图判断装置甲________(填“漏气”或“不漏气”)。

(2)甲、乙还可以制取的一种气体是________。

(3)甲中长颈漏斗下端管口应处于塑料板之下的理由是________________________________________。

(4)打开甲中活塞k时，观察到：长颈漏斗内的液体流入试管，当液体与锌接触时，即产生气泡。此时，若关闭活塞k，观察到的现象是____________________________________。

(5)用乙制取氢气，使反应发生的操作方法是______________________________。

**24.**(12分)某课外活动小组为测定铜锌合金粉末中锌的质量分数，设计如下实验方案。

【方案1】按以下步骤测定铜锌合金粉末中锌的质量分数：

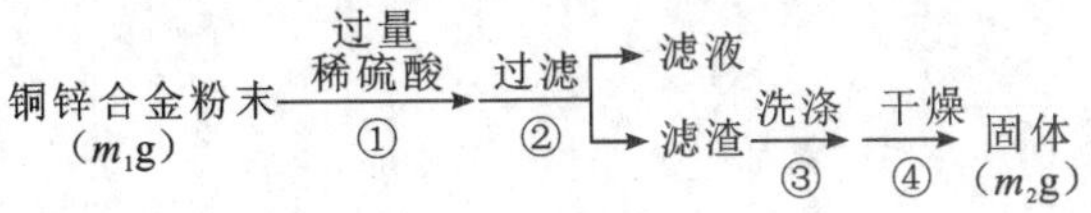


(1)称量铜锌合金粉末质量时，必须使用的仪器是________。

(2)如何判断①中反应已进行充分？______________________________。

(3)上述实验测得的锌的质量分数为________(用含$m_1$、$m_2$的代数式表示)。

(4)如果步骤①稀硫酸不足，测定结果将________(填“偏高”“偏低”或“无影响”)。

【方案2】用下图装置甲测定铜锌合金粉末中锌的质量分数：

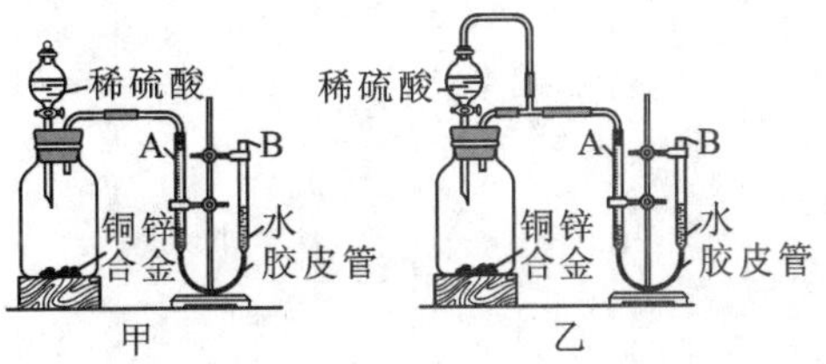


(5)读取量气管A中液面初始读数前，如果液面位置如图所示，此时应进行

的操作是__________________________________________________。

(6)某同学建议将甲装置用乙装置代替，这样改进的好处是________(填字母标号)。

a. 可以使锌与稀硫酸较快地反应

b. 能较准确地测得生成氢气的体积

c. 使分液漏斗与广口瓶内气体的压强相等，便于稀硫酸滴下

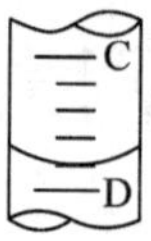


(7)若 50 mL 量气管 A 中液面的位置如右图所示，刻度 D 为 40，C 与 D 刻度间相差 1 mL，则此时的液面读数为________。

**五、计算题**(本题包括 2 个小题，共 10 分。)

**25.**(4 分)在无土栽培中，需要配制 1L 一定组成的植物营养液。甲、乙两位同学所取溶质不尽相同，结果配得组成相同(各种离子含量均相同)的营养液，请你把乙同学所取各种溶质的质量填入下表空格中。

| | 甲 | | | 乙 | | |
|---|---|---|---|---|---|---|
| 溶质 | KCl | $K_2SO_4$ | $ZnSO_4$ | KCl | $K_2SO_4$ | $ZnCl_2$ |
| 溶质质量/g | 22.35 | 34.8 | 16.1 | | | |

**26.**(6 分)现有硫酸和硫酸铜的混合溶液 100g，向其中不断加入 10%的氢氧化钠溶液，生成沉淀的质量与加入氢氧化钠溶液质量的变化关系如图所示。

(1)计算图中 $m$ 的数值；

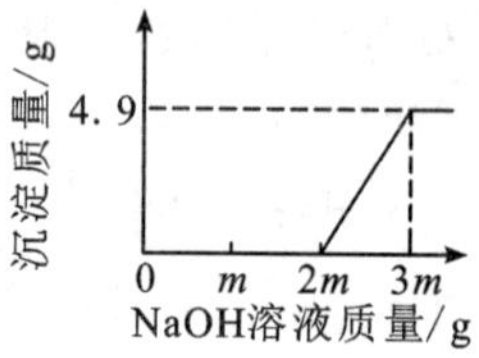


(2)若控制加入氢氧化钠溶液的质量为 $3m$g，然后过滤，计算此时滤液的溶质质量分数。(结果精确到 0.1%)

# 参考答案与提示

## 2012年全国初中学生化学素质和实验能力竞赛复赛试题

**一、选择题**

| 1 | 2 | 3 | 4 | 5 | 6 | 7 | 8 |
|---|---|---|---|---|---|---|---|
| D | AD | A | CD | C | B | A | B |
| **9** | **10** | **11** | **12** | **13** | **14** | **15** | |
| BD | BC | A | B | AB | C | D | |

**二、填空题**

**16.** (1)A

(2)稀薄燃烧发动机中汽油与空气的质量比低，相对来说氧气的比例更高，有利于燃料的充分燃烧

(3)空气中的 $N_2$ 和 $O_2$ 形成 $NO_x$ 需要较高的温度，稀薄燃烧发动机运转温度较低，不利于 $NO_x$ 的生成

(4)3∶1

**17.** (1)C (2)$BaCO_3$ $NaHSO_4$

(3)$2NaHSO_4 + Na_2CO_3 \longequal 2Na_2SO_4 + CO_2\uparrow + H_2O$

$BaCl_2 + NaHSO_4 \longequal BaSO_4\downarrow + NaCl + HCl$

**18.** (1)锡 2∶3 (2)B (3)$O_2$、$H_2O$ 和 $CO_2$

**19.** $Ca(NO_3)_2 + BaBr_2 —— Ba(NO_3)_2\downarrow + CaBr_2$

**20.** $2NaN_3 \longequal 2Na + 3N_2\uparrow$ $10Na + 2KNO_3 \longequal K_2O + 5Na_2O + N_2\uparrow$

36∶65(或 0.55∶1 或 1∶1.81)

**21.** $TiCl_4$ $TiCl_4 + O_2 \longequal TiO_2 + 2Cl_2$

**22.** (1)硫酸钡 盐酸 (2)BD

**23.** (1) $CH_3CHNH_2COOH + NaOH \longequal CH_3CHNH_2COONa + H_2O$

(2)$NaOOCCHNH_2CH_2CH_2COONa$

(3)在较低温度下

**24.** (1)$2NO + O_2 + 4CO \xlongequal{催化剂} N_2 + 4CO_2$

(2)NO、$O_2$

**25.** 2 铝和锌或者镁和锌

**三、实验题**

**26.** (1)$NH_3 + HCl \longequal NH_4Cl$ (2)氨分子比氯化氢分子扩散得快

**27.** (1)25%

(2)反应生成的 $CO_2$ 没有被 $Ba(OH)_2$ 溶液全部吸收(锥形瓶中残留) A 中的水蒸气、氯化氢气体和空气中的水蒸气等进入装置 B 中 在 B 装置进出口加洗气装置

**28.** (1)由于铁也会与盐酸反应产生氢气，因此很难判断什么时候锌正好反应掉而铁没有反应

(2)118.9 量筒、玻璃棒 洗涤 4.28 μm

(3)22.75% 偏小

(4)乙同学 锌和铁的原子量差异不大，镀锌铁皮中两者的比例的改变造成与酸反应后产生氢气质量的改变非常微小，对称量的要求很高。另外在实验的过程中随着气体的产生也会带走水蒸气，造成实验结果不可靠

**四、计算题**

**29.** $Cd(OH)_2$：1.3 mg/L>0.005 mg/L，不符合；

$CdCO_3$：0.018 mg/L>0.005 mg/L，不符合。

**30.** (1)$\frac{233}{142}<\frac{n}{m}<\frac{217}{126}$ (2)16.8

**附加题**

(1)①$(NH_4)_2SO_4 + 2NaOH \xlongequal{\triangle} Na_2SO_4 + 2NH_3\uparrow + 2H_2O$

② $(NH_4)_2SO_4$ 与 $NH_4HSO_4$ 的混合物 4.25

(2)①Ⅰ ②0.17

## 2013年全国初中学生化学素质和实验能力竞赛复赛试题

**一、选择题**

| 1 | 2 | 3 | 4 | 5 | 6 | 7 | 8 |
|---|---|---|---|---|---|---|---|
| CD | B | B | D | B | AB | A | A |
| **9** | **10** | **11** | **12** | **13** | **14** | **15** | |
| C | A | BD | D | A | D | AC | |

**15.** 点拨：铝完全反应，置换出金属的质量：

| Al | ～ | $Pb^{2+}$ | $Hg^{2+}$ | $Fe^{2+}$ | $Zn^{2+}$ |
|---|---|---|---|---|---|
| 5.4 g | | 62.1 g | 60.3 g | 16.8 g | 19.5 g |
| Al | ～ | $Ag^{+}$ | $Cu^{2+}$ | $Sn^{2+}$ | $Mg^{2+}$ |
| 5.4 g | | 64.8 g | 19.2 g | 35.7 g | 0 g |

第一组：不论是 $Pb^{2+}$ 或 $Hg^{2+}$，被置换出的质量都大于 36.0 g，但可能存在盐的量不足，铝未反应完，置换出的铅和汞的质量共 36.0 g；

第二组：不论是 $Fe^{2+}$ 或 $Zn^{2+}$，被置换出的质量都小于 36.0 g，组合也小于 36.0 g；

第三组：置换出 Ag 和 Cu 的质量分别为 64.8 g 和 19.2 g，36.0 g 介于两者之间，可以通过组合得到；

第四组：Mg 不反应；置换出 Sn 的质量为 35.7 g，小于

36.0 g,不能由组合得到相应结果。

**二、填空题**

**16.** (1)C (2)骨质疏松 (3)B (4)乳化

**17.** (1)金属 Ne (2)16 −2 $SO_3$

(3)最低负化合价数值＝8−最外层电子数

**18.** (1)① 中和等量 $H_2SO_4$ 时所用 $Ca(OH)_2$ 更少,费用更低 ② 用 $Ca(OH)_2$ 中和 $H_2SO_4$ 产物为微溶的 $CaSO_4$,在水体中残留较少

(2)$(NH_4)_2SO_4$ C

**19.** (1)$CuSO_4$ (2)$CaCO_3$ 5 NaOH、$BaCl_2$

**20.** (1)$Cl_2O_4$ (2)$2Cl_2O_4 \xlongequal{} Cl_2 + O_2 + Cl_2O_6$

解析:(1)设高氯酸氯分子中含有 $n$ 个氯原子,则由题意知,$\frac{35.5n}{35.5n+4\times16}=0.526$,解得 $n=2$,故高氯酸氯的化学式为 $Cl_2O_4$。

**21.** (1)

| 实验编号 | 实验目的 | 温度/℃ | pH | 浓度/(mg·L⁻¹) $H_2O_2$ | 浓度/(mg·L⁻¹) $Fe^{2+}$ |
|---|---|---|---|---|---|
| ① | | | | | |
| ② | | 40 | 3 | 204 | 16.8 |
| ③ | 探究溶液 pH 对降解反应速率的影响 | | | | |

(2)增加 过氧化氢在温度过高时分解

(3)反应速率趋于零(或该降解反应趋于停止)

(4)将所取样品迅速加入一定量的 NaOH 溶液中,使 pH 为 10(或使所取样品骤冷等)

**22.** (1)C (2)$CaSO_4$ $Ca^{2+}$、$Mg^{2+}$、$SO_4^{2-}$、$Br^-$

(3)B

**23.** (1)BD

(2)$Cl_2 + 2NaOH \xlongequal{} NaCl + NaClO + H_2O$ 160

(3)BED (4)$N_2H_4 + O_2 \xlongequal{} N_2 + 2H_2O$

点拨:(2)71 g $Cl_2$ 消耗 80 g NaOH 生成 74.5 g NaClO,生成的 NaClO 再与 80 g NaOH 和尿素反应生成肼。

**三、实验题**

**24.** CO 稀盐酸 关闭 a,打开 b

$Na_2CO_3 + 2HCl \xlongequal{} 2NaCl + H_2O + CO_2\uparrow$

**25.** (1)ACB (2)① 不可行 残余液中的 $MnCl_2$ 也会与 $AgNO_3$ 反应生成沉淀 ②锌粒 残留溶液 气体未冷却至室温

**26.** (1)D CaO 与水反应,消耗氨水溶液中的水 CaO 遇水放热,降低了 $NH_3$ 的溶解度

(2)E 碱石灰

(3)$NaNO_2 + NH_4Cl \xlongequal{\triangle} NaCl + N_2\uparrow + 2H_2O$

(4)Cu 和 CuO 可以循环使用,节省试剂 避免使用有毒的 $NaNO_2$ 污染小

(5)方法二制得的氮气中含有密度(或相对分子质量)比氮气大的稀有气体,导致密度偏大

**四、计算题**

**27.** (1)75% (2)86.2 g。

点拨:(1)设碳酸钙的质量为 $x$,

$$2HCl \sim CaCO_3 \sim CO_2$$

$$100 \qquad 44$$

$$x \qquad 3.3\ g$$

$x = 7.5\ g$ $w(CaCO_3)=\frac{7.5}{10}\times100\% = 75\%$。

(2)$m(HCl) = \left(\frac{7.5}{100}\times73+\frac{2.5}{58}\times73\right) \div 10.0\% = 86.2\ g$

**28.** (1)66.7 % (2)4.2

解析:(1)$w(N)=\frac{6\times14}{6\times14+6\times1+3\times12}=66.7\ \%$

(2)$m=\frac{1\times66.7\%}{16\%}=4.2\ g$

**附加题**

**1.** (1)$Na_2CO_3 \cdot 2NaHCO_3 \cdot 2H_2O$ (2)3.65% $2Na_2CO_3 \cdot NaHCO_3 \cdot H_2O$

点拨:(1)31.0 g 天然碱中碳元素的质量,就是碳酸钡中碳元素的质量,即

$59.1\times\frac{12}{197}\times100\%=3.6\ g$

由于

$$aNa_2CO_3 \cdot bNaHCO_3 \cdot cH_2O \sim \frac{b}{2}CO_2+\left(\frac{b}{2}+c\right)H_2O$$

$$106a+84b+18c \qquad 22b+9b+18c$$

$$31.0\ g \qquad 9.8\ g$$

所以$\begin{cases}106a+84b+18c=31.0,\\31b+18c=9.8,\\\frac{(a+b)\times12}{106a+84b+18c}\times100\%=3.6\end{cases}$

解得:$a=0.1$,$b=0.2$,$c=0.2$,即 $a:b:c=1:2:2$,所以样品 A 的化学式可以表示为:$Na_2CO_3 \cdot 2NaHCO_3 \cdot 2H_2O$。

(2)设盐酸的质量分数为 $w$,

$$NaHCO_3+HCl=NaCl+H_2O+CO_2\uparrow$$

$$36.5 \qquad 44$$

$$(60-40)\times w\ g \qquad (1.32-0.44)\ g$$

$\frac{36.5}{44}=\frac{(60-40)w}{(1.32-0.44)}$,解得 $w=3.65\%$。

由反应的方程式及表中所列盐酸质量与气体质量可知,每加入 20 g 盐酸,它与碳酸氢钠产生二氧化碳的质量是 0.88 g。由此可知,若加入盐酸的量为 0~30 g,则它用于将碳酸钠转化为碳酸氢钠;若加入盐酸的量为 30~75 g,则它用于将碳酸氢钠转化为二氧化碳。故 $a:b=2:1$。

$$2Na_2CO_3 \cdot NaHCO_3 \cdot cH_2O \sim 3CO_2$$

$$2\times106+84+18c \qquad 3\times44$$

$$4.71\ g \qquad 1.98\ g$$

$\frac{2\times106+84+18c}{3\times44}=\frac{4.71}{1.98}$,解得 $c=1$。

故样品B的化学式可以表示为 $2Na_2CO_3 \cdot NaHCO_3 \cdot H_2O$。

**2.** 解：和松节油反应，气体体积缩小了 $a$ mL，此部分体积即为参加反应的 $O_n$ 的体积。

又 $2O_n = nO_2$，由实验结果 $a$ 和 $a/2$ 可知，若 $a=2$，则由 $a/2$ 推知 $n=3$，$O_n$ 即 $O_3$。

故 $n=3$。

## 2014年全国初中学生化学素质和实验能力竞赛复赛试题

**一、选择题**

| 1 | 2 | 3 | 4 | 5 | 6 | 7 | 8 |
|---|---|---|---|---|---|---|---|
| C | C | A | AC | B | B | D | D |
| **9** | **10** | **11** | **12** | **13** | **14** | **15** | |
| BC | A | BC | C | D | C | AC | |

**二、填空题**

**16.** (1)②

(2)碳酸钡与胃酸中的盐酸反应，生成可溶性的氯化钡　$BaCO_3 + 2HCl = BaCl_2 + H_2O + CO_2\uparrow$　可溶性的氯化钡与硫酸镁反应，生成难溶的硫酸钡，且硫酸镁是泻盐，可以帮助排泄　$BaCl_2 + MgSO_4 = MgCl_2 + BaSO_4\downarrow$

(3)$K_2S$

**17.** (1)$2NaHCO_3 \overset{\triangle}{=} Na_2CO_3 + CO_2\uparrow + H_2O$

(2)$K_2SO_4 \cdot Al_2(SO_4)_3 \cdot 24H_2O + 6NaHCO_3 = K_2SO_4 + 3Na_2SO_4 + 2Al(OH)_3 + 6CO_2\uparrow + 24H_2O$

(3)$Ca(H_2PO_4)_2 + 2NaHCO_3 = CaHPO_4 + Na_2HPO_4 + 2CO_2\uparrow + 2H_2O$

**18.** 66.7%　三聚氰胺(相对廉价)可造成蛋白质含量偏高的假象(奶制品中蛋白质含量是通过测定含氮量推算的)

**19.** $BaSO_3$　$BaSO_4$

**20.** (1)Ⅰ　Ⅳ

(2)先产生白色沉淀，后白色沉淀又溶解　$MgCl_2 + 2NaOH = 2NaCl + Mg(OH)_2\downarrow$　$Mg(OH)_2 + 2HCl = MgCl_2 + 2H_2O$

**21.** 3　60　90

**22.** $CaCO_3$、$Na_2CO_3$、$NaHCO_3$、$Ca(HCO_3)_2$

**23.** (1)1.13

(2)1.21～1.26 g/mL　在此范围内氯化钠大量析出而其他盐析出很少。密度小于1.21 g/mL时，几乎没有氯化钠析出；密度大于1.26 g/mL时，其他盐的析出量明显增大

**24.** (1)使反应更充分　(2)$CaCO_3$　(3)常温下，$K_2SO_4$ 的溶解度更小

(4)减少 $K_2SO_4$ 的溶解，提高产率　可取最后一次洗涤液，先加入过量的 $Ba(NO_3)_2$ 溶液，振荡、静置，再向上层清液中滴加 $AgNO_3$ 溶液，观察现象即可判断

**25.** $CaSO_4 \cdot \frac{1}{2}H_2O$　$2CaSO_4 \xlongequal{高温} 2CaO + 2SO_2\uparrow + O_2\uparrow$

**26.** 30%稀硝酸的密度　浓硝酸和水的体积　玻璃棒、烧杯、量筒

**27.** (1)将C中导管浸入水槽中，微热试管A，可看到C中导管口有气泡冒出，冷却后，C中导管内的液面上升，形成一段水柱

(2)$\frac{2a}{0.0893V}$　导管内残余液体未进入量筒，造成测定的 $V$ 偏小

(3)上下移动乙管，使甲、乙两管的液面相平　与凹液面最低处相平

**28.** (1)$2NaOH + CO_2 = Na_2CO_3 + H_2O$

$Na_2CO_3 + H_2O + CO_2 = 2NaHCO_3$

(2)$NaOH + NaHCO_3 = Na_2CO_3 + H_2O$

(3)$CO_2$ 用量较多，且 $NaHCO_3$ 分解需要消耗能量

**29.** (1)去除茶叶中的有机物

(2)使铝、铁的氢氧化物沉淀便于过滤

(3)步骤③中生成沉淀的质量　(4)适量或过量

**30.** $CH_4 + 2O_2 \xlongequal{点燃} CO_2 + 2H_2O$

体积比　1　:　2

10 $m^3$ 空气中氧气的体积为：$10\ m^3 \times 21\% = 2.1\ m^3$，过量氧气的体积为：$2.1\ m^3 - 2.0\ m^3 = 0.1\ m^3$，因此，氧气过量 $0.1\ m^3/2.0\ m^3 = 0.05$(倍)。

答：氧气过量0.05倍。

**31.** (1)Al，Mg $\xrightarrow{过量NaOH}$ $NaAlO_2$ 溶液 $\xrightarrow{过量CO_2}$ $Al(OH)_3 \xrightarrow{灼烧} Al_2O_3$

$w(Al) = \frac{2M(Al)}{M(Al_2O_3)} = \frac{2\times27}{2\times27+3\times16} = \frac{54}{102} = 52.94\%$。

答：样品①中铝的质量分数为52.94%。

(2)Ⅰ.实验b、c(合金质量增加，产生气体体积不变)可知，实验c中盐酸已消耗完。

$2HCl \sim H_2$

73　　2

$30\ g \times w(HCl)$　$0.672\ L \times 0.0893\ g/L$

$w(HCl) = \frac{73 \times 0.672\ L \times 0.0893\ g/L}{2 \times 30\ g} = 7.3\%$。

答：盐酸中溶质的质量分数为7.3%。

Ⅱ.由上可知，在实验a中，金属已消耗完。

$2Al \sim 3H_2$　　$Mg \sim H_2$

54　　6　　24　　2

$m(Al)$　$m(Al)/9$　$m(Mg)$　$m(Mg)/12$

依题意有

$\begin{cases} m(Al)+m(Mg)=0.510\ g, \\ m(Al)/9+m(Mg)/12=0.560\ L\times 0.0893\ g/L。\end{cases}$

解得 $m(Al)=0.270$ g，$m(Mg)=0.240$ g，$m(Al)$ : $m(Mg)=9:8$。

答：合金中铝镁的质量比为 9 : 8。

**附加题**

**1.** 粉末 A 中含有 $CaCO_3$，其质量为 $W/4$。

若粉末 A 由 $CaCO_3$、$Ca(OH)_2$ 和 CaO 组成，设转化为 $Ca(OH)_2$ 的 CaO 质量为 $x_1$，转化为 $CaCO_3$ 的 CaO 质量为 $x_2$。

| $CaO+H_2O═Ca(OH)_2$ | | 质量增加 |
|---|---|---|
| 56 | 74 | 18 |
| $x_1$ | | $\frac{18x_1}{56}$ |

| $CaO+CO_2═CaCO_3$ | | 质量增加 |
|---|---|---|
| 56 | 100 | 44 |
| $x_2$ | $\frac{W}{4}$ | $0.11W$ |

$\frac{18x_1}{56}+0.11W=0.20W$，$x_1=\frac{(0.20-0.11)W\times 56}{18}=0.28W$

$x_2=\frac{56\times 0.11W}{44}=0.14W$

故变质的 CaO 质量共有：$(0.28+0.14)W=0.42W$，A 中未变质的 CaO 的质量为 $W-0.42W=0.58W$，A 中 CaO 的质量分数为 $\frac{0.58W}{1.2W}\times 100\%=48.3\%$。

**2.** $C_nH_{2n+2}+(1.5n+0.5)O_2═nCO_2+(n+1)H_2O$

体积比为 1:(1.5n+0.5)

30 $m^3$ 空气中氧气的体积为：30 $m^3\times 21\%=6.3\ m^3$，氧气过量的体积为：$6.3\ m^3-(1.5n+0.5)\ m^3=(5.8-1.5n)\ m^3$。

若 $n=1$，氧气过量 4.3 $m^3$；

若 $n=2$，氧气过量 2.8 $m^3$；

若 $n=3$，氧气过量 1.3 $m^3$；

若 $n=4$，氧气过量 −0.2 $m^3$；

若 $n=5$，氧气过量 −1.7 $m^3$，

根据题意，两种气体的含量相近，且 $n$ 值仅差 1，所以这两种气体的分子式为 $C_3H_8$ 和 $C_4H_{10}$。

## 2015 年全国初中学生化学素质和实验能力竞赛复赛试题

**一、选择题**

| 1 | 2 | 3 | 4 | 5 | 6 | 7 | 8 |
|---|---|---|---|---|---|---|---|
| AC | D | AB | B | D | B | D | AD |

| 9 | 10 | 11 | 12 | 13 | 14 | 15 | |
|---|---|---|---|---|---|---|---|
| C | BD | A | BD | B | C | AD | |

**二、填空题**

**16.** $Ca(OH)_2$　$CaCO_3$

**17.** $CuSO_4$　$CuSO_4+2KOH=Cu(OH)_2\downarrow+K_2SO_4$　$CuSO_4+BaCl_2=BaSO_4\downarrow+CuCl_2$

**18.** (1) ①$K_2O\cdot Al_2O_3\cdot 6SiO_2$

②$Al_2O_3\cdot 2SiO_2\cdot 2H_2O$

(2)酸性：$H_2CO_3>H_2SiO_3$，遵循强酸制弱酸的规律

**19.** (1) 没有　有　不可恢复的

(2) 可恢复的

(3) $SO_2+Cl_2+2H_2O═H_2SO_4+2HCl$

**20.** (1) ① $SiHCl_3+H_2═Si+3HCl$

② $SiHCl_3+3H_2O═H_2SiO_3\downarrow+H_2\uparrow+3HCl$　爆炸

(2) $2NaOH+SiO_2═Na_2SiO_3+H_2O$

**21.** (1)不变　(2)变大　(3)变小

解析：饱和溶液是指该温度下，某种溶质的饱和溶液，即只针对该溶质饱和，对其他溶质并不饱和；通过向溶液中加水或加某种固体时，分析判断溶液中溶质质量的变化，并进一步判断溶液密度的变化，然后再应用阿基米德原理分析解题。

(1)向饱和的氯化钠溶液中加入氯化钠晶体后，由于该温度下的溶液已针对氯化钠饱和，故加入的氯化钠晶体不会再溶解，溶液质量不变，溶液密度也不变，故悬挂着的物体所受浮力不变，弹簧秤的示数也不变。

(2)向饱和的氯化钠溶液中加入蒸馏水后，溶液被稀释，溶液密度变小，由阿基米德原理 $F_浮=\rho_水 gV_排$ 可知：悬挂着的物体所受浮力变小，故弹簧测力计示数变大。

(3)向饱和的氯化钠溶液中加入硝酸钾晶体，加入的硝酸钾晶体会继续溶解，溶液质量增大，而溶液体积几乎不发生变化，故溶液密度变大，由阿基米德原理 $F_浮=\rho_水 gV_排$ 可知：悬挂着的物体所受浮力变大，故弹簧测力计示数变小。

**22.** 6.5g　2.5g 或 5g　4g

解析：对比甲、乙两同学所用 A 和 B 的质量及生成 AB 的质量：同样生成 6 g AB，甲实验 B 的用量为 2 g、乙实验 B 的用量为 5 g，则可得反应生成 6 g AB 时需要消耗 B 的质量为 2 g；利用质量守恒定律，可判断生成 6 g AB 时消耗 B 的质量为 2 g，消耗 A 的质量 $=6\ g-2\ g=4\ g$，则两物质恰好完全反应时，A、B 两物质的用量比为 4 : 2=2 : 1；

根据反应中反应物 A、B 两物质的质量比为 2 : 1 及质量守恒定律，由于丙同学实验中生成 AB 的质量为 7.5 g，若 A 的用量 $=7.5\times\frac{2}{3}=5$ g，此时 B 的用量 $=9-5=4(g)$；若 B 的用量 $=7.5\times\frac{1}{3}=2.5(g)$，此时 A 的用量 $=9-2.5=$

6.5(g)；因此丙同学实验中A、B的质量分别为：5 g、4 g或6.5 g、2.5 g。

**23.** (1) $Cu+H_2O_2+H_2SO_4 \xlongequal{} CuSO_4+2H_2O$

(2) $2CuSO_4+2Na_2CO_3+H_2O \xlongequal{} Cu_2(OH)_2CO_3+2Na_2SO_4+CO_2\uparrow$ (3)+1

解析：(1)双氧水具有氧化性，在酸性环境下能将金属铜氧化，方程式为：$Cu+H_2O_2+H_2SO_4 \xlongequal{} CuSO_4+2H_2O$。

(3) 化合物中元素化合价的代数和为零，$Cu_2S$中S的化合价为−2，故Cu的化合价为+1。

**24.** (1)③①②⑤④

(2)烧瓶、直型冷凝管、接收管、温度计、锥形瓶

(3)相反 (4)蒸馏烧瓶支管口 (5)防止液体暴沸

解析：(1)实验的操作顺序是：先组装仪器（按组装仪器的顺序从下到上，从左到右），然后检验装置的气密性，最后添加药品。所以该实验操作顺序是：③①②⑤④。

(2)冷凝管里水流的方向与蒸汽的流向相反，否则不能使蒸馏水充满冷凝管，不能充分冷凝。

(3)温度计测量的是蒸汽的温度，故应放在支管口。

(4)液体加热要加沸石或碎瓷片，防止暴沸。

**三、实验题**

**25.** (1)$Mg+2H_2O \xlongequal{\triangle} Mg(OH)_2+H_2\uparrow$

(2)减弱

(3)①氢氧化镁的溶解度随着温度的降低而减小，从而使溶液碱性消失（或减弱）；②吸收了空气中的二氧化碳而使溶液碱性消失（或减弱）

(4)做对比实验，让上述红色溶液分别与空气接触和在隔绝空气的条件下冷却，若前者褪色，后者不褪色，则证明空气中的$CO_2$使溶液碱性减弱，导致红色褪去

解析：

(2)根据碱能使酚酞溶液变红色的性质可以知道，能使酚酞变红色的溶液显碱性，而放置在空气中一段时间后，发现溶液的红色褪去，说明溶液的碱性消失（或减弱）。

(3)根据金属镁可与热水反应生成一种碱和一种气体，滴加酚酞溶液，溶液变为红色，这种碱可能是氢氧化镁。放置在空气中冷却后，发现溶液的红色褪去了，根据碱能与二氧化碳反应的化学性质，我们很容易想到是否是碱性溶液与空气中的二氧化碳反应生成了其他的盐；根据氢氧化镁微溶于水的性质和物质的溶解度受温度的影响，我们可以猜测温度降低，$Mg(OH)_2$溶解度变小了。

(4)根据氢氧化镁微溶于水的性质和物质的溶解度受温度的影响，我们可以猜测温度降低，$Mg(OH)_2$溶解度变小了，从而设计加热褪色的溶液，观察溶液颜色变化的实验。

**26.** (1)$Fe_2O_3+3CO \xlongequal{高温} 2Fe+3CO_2$

(2)检验氧化铁与一氧化碳反应的产物二氧化碳的存在，并吸收二氧化碳，有利于尾气的燃烧 (3)提高酒精灯火焰的温度 ② (4)节省能源

**27.** (1) A 氧气、水

(2) 将菜刀擦干、涂上一层植物油

(3)火力发电厂多使用煤，煤中含S元素，产生的$SO_2$有还原性，可继续变为$SO_3$和水生成硫酸腐蚀铁器

解析：(1)铁在空气中锈蚀，实际上是铁跟空气中的氧气和水共同作用的结果；铁制品生锈需要的条件：要有能够发生反应的物质，反应物要能相互接触，生成物不会对反应起阻碍作用。

(2)防锈的方法：使铁制品与氧气和水隔绝可以防止生锈，防止家庭厨房里菜刀生锈可采取将菜刀擦干，放置在干燥处（或将菜刀擦干，涂上一层植物油）等方法。

(3)酸雨的危害。

**28.** (1) 金属的活动性，金属活动性越强反应越快

(2) 金属与酸的接触面，接触面越大反应越快

(3) 酸的浓度，酸越浓反应越快（答案合理即可）

解析：(1)镁粉产生气体的速度快，说明金属活动性越强，反应速率越快。

(2)铁粉与盐酸的接触面积比铁片与酸的接触面积大，而铁粉产生气体快，说明金属与酸反应的速率与金属和酸的接触面积有关，即接触面积越大反应越快。

(3)铁粉分别与5%盐酸和10%盐酸反应，10%盐酸产生气体快，说明金属与酸反应的速率与酸的浓度有关，即浓度越大反应速率越快。

**四、计算题**

**29.** (1) $Ni_{0.97}O$ (2) 91∶6

解析：设$Ni^{2+}$个数为$x$，则$Ni^{3+}$个数为$0.97-x$，

$2x+3(0.97-x)=2$，$x=0.91$，$0.97-x=0.06$，该晶体中$Ni^{2+}$和$Ni^{3+}$的离子个数比为91∶6。

**30.** (1)$nCO+(2n+1)H_2 \xrightarrow[一定温度]{催化剂} C_nH_{2n+2}+nH_2O$

(2)当完全反应后，合成塔内温度不变，而塔内气体压强降低到原来的$\frac{2}{5}$，则物质的量为原来的$\frac{2}{5}$，根据反应$nCO+(2n+1)H_2 \xrightarrow[一定温度]{催化剂} C_nH_{2n+2}+nH_2O$，则$\frac{2}{5}(n+2n+1)=1+n$，得$n=3$。即恰好反应生成丙烷，无汽油生成。

(3)$\frac{5}{11} \leqslant \frac{V(CO)}{V(H_2)} \leqslant \frac{8}{17}$

**附加题**

(1)柴油不完全燃烧生成了炭黑所致 (2)化学

(3)催化剂 水蒸气 (4)$Al(OH)_3$

(5) $2FeS_2+7O_2+2H_2O \xlongequal{} 2FeSO_4+2H_2SO_4$

$4FeSO_4+O_2+2H_2SO_4 \xlongequal{} 2Fe_2(SO_4)_3+2H_2O$

(6)一方面提高氧气量，增大氨的氧化率；另一方面γ值在该范围，氨的氧化率已高达95%～99%，再提高，氨的氧化率上升空间已有限，反而会增加能耗，增加生产成本

## 2016年全国初中学生化学素质和实验能力竞赛复赛试题

**一、选择题**

| 1 | 2 | 3 | 4 | 5 | 6 | 7 | 8 |
|---|---|---|---|---|---|---|---|
| BC | B | B | D | C | AD | C | A |
| **9** | **10** | **11** | **12** | **13** | **14** | **15** | |
| C | AD | AD | D | BD | C | A | |

**二、填空题**

**16.** (1)$Na_3PO_4+3AgNO_3 = Ag_3PO_4\downarrow+3NaNO_3$

(2) $Na_3PO_4+3AgNO_3+H_2O = Ag_2HPO_4\downarrow+3NaNO_3+AgOH$

(3)过滤，测滤液的 pH，pH＞7 为 $Ag_2HPO_4$ 沉淀，pH＝7 为 $Ag_3PO_4$ 沉淀

**17.** (1)不同　(2)$3\times6.02\times10^{23}$

(3)$8\times2\times6.02\times10^{23}$

**18.** $32n/(3n-2m)$

**19.** (1)$2PbO\cdot PbO_2$　$Pb_2PbO_4$

(2)$6Zn+12HCl+As_2O_3=2AsH_3+6ZnCl_2+3H_2O$

(3)$CO+PdCl_2+H_2O=2HCl+Pd+CO_2$

**20.** (1)$Ba(NO_3)_2$　$Cu(OH)_2$　(2)$H_2O$

(3)$NaNO_3$　$Na_2SO_4$

(4)$CuSO_4+Ba(NO_3)_2=BaSO_4\downarrow+Cu(NO_3)_2$

**21.** (1)Fe　(2)$FeCl_2$　(3)置换反应　化合反应

(4)$3Fe+2O_2 \xlongequal{点燃} Fe_3O_4$

**22.** (1)K　Cl　(2)HCl　(3)$F_2$　(4)$H_2S$　(5)$C_2H_6$

**23.** $CaCO_3+2HCl=CaCl_2+H_2O+CO_2\uparrow$

$2Al+6HCl=2AlCl_3+3H_2\uparrow$

**24.** $3CoC_2O_4+2O_2 \xlongequal{高温} Co_3O_4+6CO_2$

**三、实验题**

**25.** (1)b→c→h→i→e→d→f(b、c 顺序互换也可)

(2)防止氢气与空气混合后受热爆炸

(3)7.2　0.8

(4)偏大

**26.** (1)$HCOOH \xlongequal{60\sim80℃} H_2O+CO\uparrow$

(2)甲酸和浓硫酸混合时，可产生大量的热，使反应液温度达到反应所需的温度

(3)反应在两液体的界面发生，振动试管可使两反应物相互混合、溶解，增大反应物相互间的接触面，持续产生大量的热，从而加快反应速率

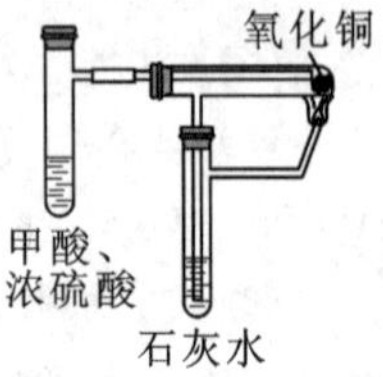


(4)实验装置参见右图。

**27.** (1)浓 $H_2SO_4$

(2)干燥管中药品不变蓝色

(3)用带火星的木条靠近集气瓶口，若木条复燃，证明氧气已集满

(4)$CO_2$

**28.** (1)用注射器抽取

(2)吸收气体样品中的 $CO_2$ 和 $SO_2$

(3)酸雨和温室效应

(4)对污染性废物进行处理后再排放等，不乱倒废液、乱放废物等

**四、计算题**

**29.** (1)1、2　(2)40

(3)设 200 g 的碳酸钠溶液中碳酸钠的质量为 $x$。

$Na_2CO_3+CaCl_2 = 2NaCl+CaCO_3\downarrow$

106　　　　　　　100

$x$　　　　　　　　20 g

$\frac{106}{100}=\frac{x}{20\ g}$

$x=\frac{106\times20\ g}{100}=21.2\ g$

碳酸钠溶液中溶质的质量分数为：$\frac{21.2\ g}{200\ g}\times100\%=10.6\ \%$

答：碳酸钠溶液中溶质的质量分数是 10.6%。

**30.** (1)29.5%　(2)$Ba_2Fe_3O_6$

解析：(1)混合氧化物加入硫酸钾溶液得到白色沉淀，硫酸盐只有硫酸钡不溶，所以 4.66 g 固体是硫酸钡的质量，则硫酸钡中钡元素的质量：$4.66g\times\frac{137}{233}\times100\%=2.74$ g。混合氧化物中加入氢氧化钠得到红褐色沉淀，我们学过红褐色沉淀只有氢氧化铁，所以 3.20 g 是氢氧化铁的质量，则氢氧化铁中铁元素的质量：$3.20\ g\times\frac{56}{107}\times100\%=1.675$ g，所以氧元素质量：$12.52\ g-2.74\ g\times2-1.675\ g\times2=3.69$ g，氧元素质量分数为$\frac{3.69\ g}{12.52\ g}\times100\%=29.5\%$。

(2)由钡元素质量为 5.48 g，铁元素质量为 3.35 g，氧元素质量为 3.69 g，所以钡、铁、氧原子个数比为$\frac{5.48}{137}:\frac{3.35}{56}:\frac{3.69}{16}=2:3:6$，所以化学式为 $Ba_2Fe_3O_6$。

故答案为(1)29.5%　(2)$Ba_2Fe_3O_6$。

## 2017年全国初中学生化学素质和实验能力竞赛(河南赛区)初赛试题

**一、选择题**

| 1 | 2 | 3 | 4 | 5 | 6 | 7 | 8 | 9 | 10 |
|---|---|---|---|---|---|---|---|---|---|
| B | D | C | A | B | D | C | D | B | C |

| 11 | 12 | 13 | 14 | 15 | 16 | 17 | 18 | 19 | 20 |
|---|---|---|---|---|---|---|---|---|---|
| D | D | B | C | B | C | A | D | C | A |

**二、填空题**

**21.** (1)$CO_2$　(2)NaOH　(3)$(NH_4)_2CO_3$

(4)$Na_2CO_3$　(5)$C_2H_5OH$

**22.** (1)最外层电子数不同　(2)分子构成不同

(3)溶液中所含的离子种类不同　(4)物质组成不同

**23.** 8 g　1∶1

**24.** (1)氯　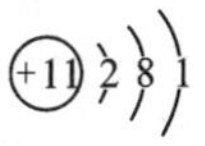　(2)$H_2O_2$　$-1$

(3)NaOH　放热　有刺激性气味的气体产生

$(NH_2)_2SO_4+2NaOH \xlongequal{} 2NH_3\uparrow+2H_2O+2Na_2SO_4$

(4)氢离子与氢氧离子反应生成水分子

**25.** (1)相等　(2)0～20℃　(3)甲＜乙　(4)23.1%

(5)$\frac{13m}{7}$ g

**26.** (1)CO　吸热　(2)甲＞乙＞丙

(3)①$CuSO_4+BaCl_2 \xlongequal{} CuCl_2+BaSO_4\downarrow$

②$CaCl_2+Na_2CO_3 \xlongequal{} CaCO_3\downarrow+2NaCl$

**三、简答题**

**27.** (1)洁净,热值高等,合理即可。

(2)和氧气有充分大的接触面积,足够多的氧气。

**28.** 这是一个分解反应;化学反应前后元素种类不变等。

**29.** (1)①漏斗、烧杯、玻璃棒。　②当蒸发皿中出现较多固体时。

(2)①除去多余的氯化钡。　②氢氧化钠、氯化钠和碳酸钠。

(3)计算—量取—混匀—装瓶

**30.** $N_2+O_2 \xlongequal{闪电} 2NO$　$2NO+O_2 \xlongequal{} 2NO_2$

$3NO_2+H_2O \xlongequal{} 2HNO_3+NO$

**31.** 过程略,部分变质(或有 10.6 g 氢氧化钠未发生变质)。

**32.** 硝酸银、硝酸铜和硝酸锌；　银、铜；　锌和硝酸铜发生了反应。

**四、综合应用题**

**33.** (1)用止水夹夹住导气管,从长颈漏斗向下加水,形成稳定的液柱说明气密性良好

(2)b

(3)饱和碳酸氢钠溶液　$NaHCO_3+HCl \xlongequal{} NaCl+CO_2\uparrow+H_2O$

(4)温度达到着火点

(5)①不支持燃烧也不能燃烧　②$2H_2O_2 \xlongequal{MnO_2} 2H_2O+O_2\uparrow$

**34.** (1)$KClO_3$

(2)$AgNO_3+KCl \xlongequal{} AgCl\downarrow+KNO_3$

(3)$Fe_2(SO_4)_3+6NaOH \xlongequal{} 2Fe(OH)_3\downarrow+3Na_2SO_4$

(4)碳、氧化铁和二氧化锰

$3C+2Fe_2O_3 \xlongequal{高温} 4Fe+3CO_2\uparrow$

(5)①0.1 g　②14.5%　③20.8%

## 2017年全国初中学生化学素质和实验能力竞赛(黑龙江赛区)初赛试题

**一、选择题**

| 1 | 2 | 3 | 4 | 5 | 6 | 7 | 8 | 9 | 10 |
|---|---|---|---|---|---|---|---|---|---|
| B | C | D | A | B | B | A | C | A | C |
| **11** | **12** | **13** | **14** | **15** | **16** | **17** | **18** | **19** | **20** |
| C | A | C | C | B | CD | AC | BD | BD | B |

**二、填空题**

**21.** $HNO_3$　$Ba(OH)_2$　$Ba(NO_3)_2$

**22.** 4　16

**23.** (1)盐酸　氯化铜

(2)硫酸　开始加入氢氧化钡溶液时没有产生沉淀

碳酸钠　盐酸与碳酸钠溶液会发生化学反应,二者不能共存

**24.** $8NH_3+6NO_2 \xlongequal{} 7N_2+12H_2O$

$CaH_2+2H_2O \xlongequal{} Ca(OH)_2+2H_2\uparrow$

**25.** (1)$O_2$　11.18 g

(2)因为通过计算得出氯化钾的质量为 11.18 g,大于 10.8 g。

(3)7.8 g＜a≤12.83 g

**26.** (1)盐酸

(2)NaOH　$NaAlO_2$　NaCl

**27.** 2∶3

**三、简答题**

**28.** (1)氨气有刺激性气味,易溶于水,有毒性。

(2)氨气溶于水呈碱性,柠檬水呈酸性,二者发生中和反应,减少氨对抢险队员的伤害。

(3)液氨汽化时会吸收大量的热,使温度降低。

**29.** 不合理。草木灰的主要成分是碳酸钾,碳酸钾溶于水呈碱性,能与碳铵发生化学反应释放出氨气,降低肥效。

**30.** 溶液呈红色　无明显变化　出现白色沉淀,溶液红色消失。因为二氧化碳与石灰水中的氢氧化钙反应生成难溶于水的碳酸钙,所以出现白色沉淀;反应使溶液的碱性明显降低,溶液红色褪去。

**31.** 区别是进气管的管口比原来大。

因为由两种气体燃烧的化学方程式可知,等体积的液化石油气和煤气燃烧消耗的氧气体积相比,煤气消耗的氧气更少。在煤气灶周围氧气量相同的情况下,煤气燃烧量更大,所以煤气炉具的进气管管口更大。

四、实验题

**32.** 三种

实验报告：

| 猜测 | 实验内容 | 实验现象 | 结论及化学方程式 |
| --- | --- | --- | --- |
| 铁、铜、银的混合物 | 向滤出的固体中加入稀硫酸 | 固体部分溶解，同时有气泡产生，溶液变为浅绿色 | 加入稀硫酸有气体产生，说明固体中含有铁。固体中含有铁说明银离子、铜离子被全部置换出来，即固体中还含有铜和银。则固体为铁、铜、银的混合固体。$Fe+H_2SO_4 = FeSO_4+H_2\uparrow$ |

**33.** (1)③④⑥

(2)G→F→E→I

(3)解：由题意知氢气的质量为 450 ÷ 1000 L × 0.08928 g/L＝0.04 g

设锌的相对原子质量为 $x$

$Zn+H_2SO_4=ZnSO_4+H_2\uparrow$

$x$　　　　　　2

1.3 g　　　　　0.04 g

$\frac{x}{2}=\frac{1.3\ g}{0.04\ g}$

解得 $x=65$

五、计算题

**34.** (1)过量　不足量

(2)8∶9

**35.** 解：(1)本品若为纯碳酸钙，其每片含钙量为$\frac{40\ g}{50}\times 40\%=0.32$ g，因此本品每片不可能含钙 0.75 g。

(2)①设 10 片钙片含碳酸钙的质量为 $x$

$CaCO_3+2HCl=CaCl_2+H_2O+CO_2\uparrow$

100　　　　　　　44

$x$　　　　　　(22+8−26.7)g

$\frac{100}{44}=\frac{x}{3.3\ g}$

解得 $x=7.5$ g，因此每片此钙片含碳酸钙 0.75 g。

②每片此钙片的含钙量＝0.75 g×40%＝0.3 g，

建议厂家将含钙量："每片含钙 0.75 g"改为"每片含钙 0.3 g"。

## 2017 年全国初中学生化学素质和实验能力竞赛(湖南赛区)初赛试题

一、选择题

| 1 | 2 | 3 | 4 | 5 | 6 | 7 | 8 | 9 | 10 |
| --- | --- | --- | --- | --- | --- | --- | --- | --- | --- |
| C | A | C | B | B | C | C | D | C | C |

| 11 | 12 | 13 | 14 | 15 | 16 | 17 | 18 | 19 | |
| --- | --- | --- | --- | --- | --- | --- | --- | --- | --- |
| C | D | B | A | A | A | C | C | D | |

二、填空题

**20.** (1)甲烷(或 $CH_4$)，$CH_4+2O_2 \xlongequal{点燃} 2H_2O+CO_2$

(2)排尽空气、防止爆炸

(3)作为报警气体、提醒人们天然气是否泄漏

**21.** (1)$2Mg+O_2 \xlongequal{点燃} 2MgO$(化合反应)

(2)$2NaOH+H_2SO_4 = Na_2SO_4+2H_2O$(复分解反应)

(3)$2KClO_3 \xlongequal[\triangle]{MnO_2} 2KCl+3O_2\uparrow$(分解反应)

(4)$2NO_2+3Fe \xlongequal{点燃} Fe_3O_4+N_2$

**22.** 金属　38　五　$Sr^{2+}$

**23.** $HNO_3$、$Fe(OH)_3$、$Fe(NO_3)_2$。

**24.** A. $Na_2SO_4$　B. $Na_2CO_3$　C. $Ba(OH)_2$　D. HCl

**25.** (1)$2Cu+O_2 \xlongequal{\triangle} 2CuO$　$CuO+CO \xlongequal{\triangle} Cu+CO_2$

(2)CO、$CO_2$ 及少量未反应的 $O_2$

(3)除去 $O_2$ 又生成了 $CO_2$，不能净化 CO

**26.** (1)稀 $H_2SO_4$ 中的 $H^+$ 溶解 CuO

(2)水不能溶解 CuO

(3)$Na_2SO_4$

(4)稀 $H_2SO4$ 中的 $H^+$ 溶解 CuO，$H_2O$ 和 $SO_4^{2-}$ 不能溶解 CuO

(5)$CuO+H_2SO_4 = CuSO_4+H_2O$

**27.** ①没有充足的氧气　②没有液态水　③大气上方无臭氧层保护

三、实验与探究

**28.** B. 试管内液面上升　C. 水槽中的水回流到烧瓶中　D. 试剂瓶中的 NaOH 溶液被吸入锥形瓶，试剂瓶内的长导管口有气泡产生　E. 烧瓶内形成喷泉

**29.** (3)CO、$H_2O$

(4)第二种 $H_2C_2O_4 \xlongequal{\triangle} CO_2\uparrow+CO\uparrow+H_2O$

(5)第一点：底部弯曲的试管避免了熔化的草酸晶体流进导管

第二点：乙同学设计的装置可同时证明 $CO_2$、CO、$H_2O$ 的存在

第三点：乙同学的设计在验证了 CO 存在的同时又解决了 CO 的污染问题

证明方法：在干燥管的尖嘴处点燃干燥后导出的气体，并在火焰上方罩一个冷而干燥的小烧杯，烧杯内壁无水雾。

四、计算题

**30.** (1)碳元素　(2)174　(3)$C_7H_{10}O_5$

31.(1)设 $CaCO_3$ 的质量分数为 $x$

$CaCO_3+2HCl \xlongequal{} CaCl_2+CO_2\uparrow+H_2O$

100　　　　　　44

$6x$　　　　　　2.2 g

$x=\frac{100\times2.2\ g}{6\times4.4}=83.3\%$

(2)盐酸的质量分数(其他正确答案酌情记分)。

## 2017年全国初中学生化学素质和实验能力竞赛(江苏赛区)初赛试题

**一、选择题**

| 1 | 2 | 3 | 4 | 5 | 6 | 7 | 8 |
|---|---|---|---|---|---|---|---|
| D | D | C | C | B | D | AD | BD |
| **9** | **10** | **11** | **12** | **13** | **14** | **15** | **16** |
| B | AB | B | C | C | AB | B | D |

**二、填空题**

17.(1)熔点高　(2)74　(3)氢气

(4)$3H_2+WO_3 \xlongequal{高温} 3H_2O+W$

18.$SO_4^{2-}$　$Ba^{2+}$　$Na_2SO_4+Ba(NO_3)_2=BaSO_4\downarrow+2NaNO_3$

19.(1)16　(2)C、H、O　m(C)∶m(H)∶m(O)=3∶1∶4

20.(1)①②　(2)①②③④⑤　(3)③　(4)c,d

21.(1)3、10

(2)10　Ar(或 Ne)

(3)随着原子核电荷数的递增,元素原子最外层电子数呈周期性变化

22.(1)$N_2H_4+2H_2O_2 \xlongequal{} N_2+4H_2O$　高能(或污染少)

(2)$CO_2+2LiOH=Li_2CO_3+H_2O$　吸收等质量的 $CO_2$ 所需要的 LiOH 比 NaOH 少得多(由反应式可知,吸收等质量的 $CO_2$ 所需 LiOH 和 NaOH 的质量比为 24/40=3/5)

23.(1)$Zn+2HCl=ZnCl_2+H_2\uparrow$

(2)反应产生的氢气使试管 A 内压强增大,盐酸被压进长颈漏斗与锌粒脱离接触,反应即停止

(3)A→B→C

24.(1)D　C　(2)C　A　(3)B　C　(4)A　B

25.(1)$CH_4$、$C_2H_5OH$(其他合理答案亦可)　$CO_2$　$Fe_2O_3$

(2)作燃料(其他合理答案均给分)

(3)$2H_2O \xlongequal{通电} 2H_2\uparrow+O_2\uparrow$

**三、实验题**

26.(1)澄清石灰水变浑浊　石灰水与二氧化碳反应生成碳酸钙

(2)空气中含有 $O_2$,能与碳反应生成 $CO_2$,会影响实验的准确性　潮湿的 $N_2$ 中有水蒸气,影响实验结果

(3)30%

27.(1)增大　甲　体积　密度　防止二氧化碳溶于水

(2)92%　泡沫溢出或样品粉末洒落(其他合理答案亦可)　试样未充分反应或搅拌不充分(其他合理答案亦可)

28.[提出猜想]$CaCO_3$　$MgCO_3$

[设计方案](1)$Na_2CO_3$ 溶液

(2)装置的气密性　稀盐酸

吸收 $CO_2$ 中的水蒸气　除去空气中的 $CO_2$

即使 50 g 水垢全部为 $CaCO_3$,产生 $CO_2$ 的质量应为 22 g,而实验测得生成的 $CO_2$ 质量为 24 g,大于 22 g

[实验结论]$Mg(OH)_2$、$CaCO_3$、$MgCO_3$

**四、计算题**

29.解:(1)设 9.2 g 固体中 Fe 的质量为 $x$,盐酸的质量分数为 $w$。

$Fe+2HCl \xlongequal{} FeCl_2+H_2\uparrow$

56　　73　　　　2

$x$　50.0 g×$w$　　0.10g

56∶2=$x$∶0.10 g　　$x$=2.8 g

73∶2=50.0 g×$w$∶0.10 g　$w$=7.3%

(2)设与 $CuSO_4$ 反应的 Fe 的质量为 $y$

$Fe+CuSO_4 \xlongequal{} FeSO_4+Cu$

56　　　　　64

$y$　　　　(9.2−2.8)g

56∶64=$y$∶(9.2−2.8)g　　$y$=5.6 g

(3)<　因为有少量 Fe 与 $CuSO_4$ 溶液中的酸性物质发生了反应

30.解:设 1000 g 该醇燃料的碳和氢完全燃烧,分别消耗氧气的质量为 $x$ 和 $y$

则:C　～　$O_2$　　4H　～　$O_2$

12　　32　　4　　32

1000 g×52%　$x$　1000 g×13%　$y$

$x$=32×1000 g×52%/12=1387 g

$y$=32×1000 g×13%/4=1040 g

则 1000 g 该醇燃料完全燃烧消耗氧气的质量为 1387 g+1040 g−1000 g×35%=2077 g。

设需 $H_2O_2$ 的质量为 $w$

$2H_2O_2 \xlongequal{} 2H_2O+O_2\uparrow$

2×34　　　32

$w$　　　2077 g

$w$=2×34×2077 g/32=4414 g

需质量分数为 90% 的 $H_2O_2$ 的质量为:4414 g/90%=4904 g。

## 2017年全国初中学生化学素质和实验能力竞赛(山东赛区)初赛试题

**一、选择题**

| 1 | 2 | 3 | 4 | 5 | 6 | 7 | 8 | 9 | 10 |
|---|---|---|---|---|---|---|---|---|---|
| C | A | A | C | D | BD | C | C | D | D |
| **11** | **12** | **13** | **14** | **15** | **16** | **17** | **18** | **19** | **20** |
| C | D | A | C | D | D | C | B | AC | B |

**二、填空题**

**21.** 原子核体积小　原子内有相对较大的空间　原子核质量很大　原子核带有正电荷等

**22.** (1) C: $CO_2$　D: $H_2$　E: $Ca(OH)_2$　(2) $CaCO_3 \xlongequal{高温} CaO + CO_2\uparrow$　复分解反应

**23.** (1) AgCl　$Cu(OH)_2$　(2) C　(3) ①Fe, Fe、Ag和Cu　②B, D　③$Ba(NO_3)_2 + Na_2SO_4 = BaSO_4 + 2NaNO_3$

**24.** (1) 都是由碳、氢、氧三种元素组成,都属于有机物

(2) 观察液体产品的流动情形,黏稠者为丙二醇,油状为甘二醇。或降低温度,观察其凝固情形,稍稍降温即易于凝固者为丙二醇(给出一条合理答案即可,但不能采用品尝的办法)

(3) 厂方的领导要健全管理机制,对生产和经营的每一个环节进行严格管理,加强岗位培训,提高企业员工的道德法制观念和专业素质,依法经营,不贪图便宜;员工要有高度的责任心和过硬的专业素质(开放式问题,在回答时一定要结合实际来回答)

**25.** (1) 胃蛋白酶消失的时间较短,说明酶的活性越强

(2) 2

(3) 没有设计对照实验,因此不能确认蛋白块消失是由胃蛋白酶的作用所引起的

(4) 方法1:将温度由25℃提高到37℃;方法2:将原题中正方体蛋白块处理得更小;方法3:适当增大5支试管中蛋白酶溶液的浓度

**26.** (1) A　先　气球收集或点燃

(2) 吸收A中反应生成的二氧化碳;检验D中反应生成的二氧化碳;$3CO + Fe_2O_3 \xlongequal{高温} 3CO_2 + 2Fe$

(3) 80%

(4) B装置吸收 $CO_2$ 不充分;E吸收了装置里空气中的 $CO_2$ 或者外界 $CO_2$ 进入的干扰(给出一条合理答案即可)

**27.** (1)

| | 现象 | 结论 |
|---|---|---|
| 第一种情况 | A试管中:无红色沉淀<br>B试管中:溶液变蓝色 | |
| 第二种情况 | A试管中:蓝色沉淀变成红色<br>B试管中:溶液变蓝色 | 淀粉部分转化为葡萄糖 |
| 第三种情况 | A试管中:蓝色沉淀变成红色<br>B试管中:溶液不变蓝色 | |

(2) 中和稀硫酸、制备氢氧化铜沉淀、使混合液呈碱性

**28.** (1) 1.8

(2) 解:二氧化碳的质量为 158.0 g + 100 g − 253.6 g = 4.4 g

设参加反应的碳酸钠的质量为 $x$

$Na_2CO_3 + 2HCl = 2NaCl + H_2O + CO_2\uparrow$

106　　　　　　　　　　44

$x$　　　　　　　　　　4.4 g

$\frac{106}{44} = \frac{x}{4.4\ g}$

$x = 10.6\ g$

$\frac{10.6\ g}{11.0\ g} \times 100\% = 96.4\%$

所以该产品中碳酸钠的质量分数合格。

**29.** (1) 依据题意,溶液的总质量增加了 $2m$ g,其中包括硫酸镁与氢氧化钠反应导致的溶液质量增加以及硫酸镁溶液中所含的水。

设氢氧化钠转化为硫酸钠导致的溶液质量增加量为 $x$,硫酸镁的质量为 $y$

$2NaOH + MgSO_4 = Na_2SO_4 + Mg(OH)_2\downarrow$　$\Delta m$

80　　120　　142　　58　　62

$0.2m$　　$y$　　　　　　　　$x$

解得: $x = 0.155m$　　$y = 0.3m$

硫酸镁溶液中所含的水的质量为 $2m - 0.155m$

硫酸镁溶液的总质量为 $0.3m + 2m - 0.155m$

$MgSO_4\% = 0.3m/(0.3m + 2m - 0.155m) \times 100\% = 14.0\%$

(2)

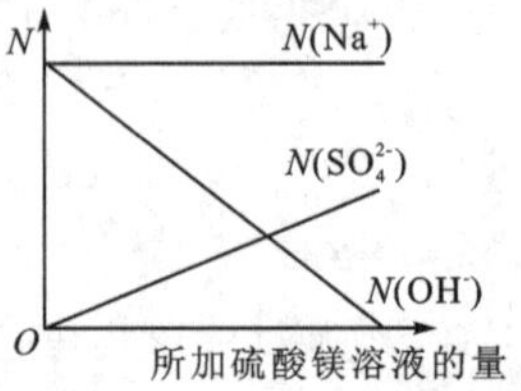


## 2017年全国初中学生化学素质和实验能力竞赛(上海赛区)初赛试题

**一、单项选择题**

| 1 | 2 | 3 | 4 | 5 | 6 | 7 | 8 | 9 | 10 |
|---|---|---|---|---|---|---|---|---|---|
| A | A | A | B | C | D | C | D | D | C |
| **11** | **12** | **13** | **14** | **15** | **16** | **17** | **18** | **19** | **20** |
| B | B | A | A | D | C | A | D | D | C |

二、多项选择题

| 21 | 22 | 23 | 24 | 25 | 26 | 27 | 28 | 29 | 30 |
|---|---|---|---|---|---|---|---|---|---|
| BC | AD | BD | BD | BC | D | D | CD | AC | AC |
| 31 | 32 | 33 | 34 | 35 | 36 | 37 | 38 | 39 | 40 |
| CD | C | AB | D | CD | CD | C | BC | C | BC |

## 2017年上海市青少年“白猫杯”《生活中化学》知识竞赛初赛试卷

一、是非题

| 1 | 2 | 3 | 4 | 5 | 6 | 7 | 8 | 9 | 10 |
|---|---|---|---|---|---|---|---|---|---|
| × | × | √ | × | √ | √ | × | √ | × | √ |

二、选择题

| 1 | 2 | 3 | 4 | 5 | 6 | 7 | 8 | 9 | 10 |
|---|---|---|---|---|---|---|---|---|---|
| B | A | D | C | A | C | C | C | C | D |
| 11 | 12 | 13 | 14 | 15 | | | | | |
| B | B | C | A | C | | | | | |

三、不定项选择题

| 1 | 2 | 3 | 4 | 5 | 6 | 7 | 8 | 9 | 10 |
|---|---|---|---|---|---|---|---|---|---|
| A | CD | ACD | BC | ABC | ABC | AD | AD | B | C |

## 2018年全国初中学生化学素质和实验能力竞赛(河南赛区)初赛试题

一、选择题

| 1 | 2 | 3 | 4 | 5 | 6 | 7 | 8 | 9 | 10 |
|---|---|---|---|---|---|---|---|---|---|
| C | C | D | A | D | D | C | B | C | D |
| 11 | 12 | 13 | 14 | 15 | 16 | 17 | 18 | 19 | 20 |
| B | B | D | C | B | A | C | D | C | C |

二、填空题

**21.** $N_2$　$C_2H_5OH$(或 $C_2H_6O$)　$Na^+$、$Cl^-$　$NaHCO_3$

**22.** 蛋白质、维生素、无机盐(任写两种即可)　丙烷　$C_4H_{10}$

**23.** $H_2$　$Ca(OH)_2$

**24.** (1)分解反应　(2)化学反应前后原子的种类、个数(或元素的种类)不变

(3)$(m+2):m$

**25.** $Na_2SiO_3$　$2CH_3COOH + Mg(OH)_2 = (CH_3COO)_2Mg + 2H_2O$

$2CH_3COOH + CaCO_3 = (CH_3COO)_2Ca + H_2O + CO_2\uparrow$

**26.** Cl　S　Na

**27.** (1)$2H_2O_2 \xlongequal{二氧化锰} 2H_2O + O_2\uparrow$

(2)$CaO + H_2O = Ca(OH)_2$

(3)$CaCO_3 + 2HCl = CaCl_2 + H_2O + CO_2\uparrow$

(4)$Zn + H_2SO_4 = ZnSO_4 + H_2\uparrow$

**28.** (1)测定粗锌样品中锌的质量分数(或纯度)

(2)②$Zn + 2HCl = ZnCl_2 + H_2\uparrow$　③65%

(3)①吸收水蒸气、氯化氢气体　偏大　②不能　碱石灰能吸收反应生成的 $CO_2$

三、简答题

**29.** (1)a 处溶液变红色；b 处溶液变浑浊；烧杯中低处蜡烛先熄灭

(2)节约药品、产生的污染物少(或废弃物少等，合理即可)

**30.** (1)温度应达到着火点

(2)红磷足量或装置不漏气等

(3)不支持燃烧或难溶于水等

(4)$4P + 5O_2 \xlongequal{点燃} 2P_2O_5$

**31.** (1)蒸发溶剂

(2)溶液中溶质的质量将减小

(3)不相等。因溶解度不同，10 ℃时 30 g 硝酸钾在 100 g 水中不能完全溶解，而 30 g 氯化钠在 100 g 水中可以完全溶解，故所得溶液中溶质的质量分数不相等

**32.** (1)因为会引入新的杂质离子 $NO^{3-}$

(2)取少量上层清液，继续滴加 $BaCl_2$ 溶液，如没有白色沉淀出现，则说明 $BaCl_2$ 过量

(3)除去 $Ca^{2+}$、$Ba^{2+}$

(4)烧杯、玻璃棒、漏斗、蒸发皿、酒精灯、铁架台、坩埚钳等

(5)还应在滤液中加入适量的稀盐酸以除去氢氧化钠和碳酸钠

**33.** (1)①$CO_2 + 3H_2 = CH_3OH + H_2O$

(2)略

(3)不行。如果直接通入合成塔，由于空气中 $CO_2$ 的含量太低，不利于甲醇的生成

(4)6.6 t

**34.** (1)浓盐酸有挥发性，由于 HCl 挥发减少，溶质的质量分数变小

(2)21.2 mL

(3)设未变质的氢氧化钠的质量为 $x$。

$Na_2CO_3 + 2HCl = 2NaCl + H_2O + CO_2\uparrow$

106　　　　　　　　44

10 g$-x$　　　　　　2.2 g

$106/(10\text{ g}-x) = 44/2.2\text{ g}$　$x = 4.7\text{ g}$

故未变质的氢氧化钠的质量为 4.7 g。

四、综合应用题

**35.** (1)$2NaCl + 2H_2O \xlongequal{电解} 2NaOH + Cl_2\uparrow + H_2\uparrow$

(2)$Na_2CO_3 + Ca(OH)_2 = CaCO_3\downarrow + 2NaOH$

(3)酸和碱在组成上都含有氢元素(或酸、碱都能使指示剂变色或都有腐蚀性等)

(4)ECADB　砝码和被称量物质放颠倒了　11.5 g

(5)用玻璃棒蘸取氢氧化钠溶液滴到 pH 试纸上，把试纸显示的颜色与标准比色卡比较，即可得出该溶液的 pH

(6)由质量守恒关系可得：　$H_2SO_4 \sim K_2SO_4$

　　98　　　174

　　100 g×9.8%　　$x$

$\frac{98}{(100\ g\times 9.8\%)}=\frac{174}{x}$　$x=17.4$ g　答：(略)。

**36.** (1)Cu　Fe　Al　(2)AD

(3)铁的金属活动性不如锌，不能把锌置换出来

| 实验步骤 | 现象和结论 | 有关反应的化学方程式 |
|---|---|---|
| 稀盐酸(或稀硫酸等) | 若有气体生成，则乙的猜想正确；反之，则甲的猜想正确 | $Fe+2HCl = FeCl_2+H_2\uparrow$ 或 $Fe+H_2SO_4 = FeSO_4+H_2\uparrow$ 等 |

(4)解：设样品中杂质的质量为 $x$。

$Fe_2O_3+3CO \xlongequal{高温} 2Fe+3CO_2$

160　　　112

20 g$-x$　　65.2 g$-$(70 g$-$20 g)$-x$

$160/(20\ g-x)=\frac{112}{[65.2\ g-(70\ g-20\ g)-x]}$　$x=4$ g

样品中 $Fe_2O_3$ 的质量分数为：(20 g－4 g)/20 g×100%＝80%

答：(略)。

## 2018年全国初中学生化学素质和实验能力竞赛(河南赛区)初赛试题(备选二)

### 一、选择题

| 1 | 2 | 3 | 4 | 5 | 6 | 7 | 8 | 9 | 10 |
|---|---|---|---|---|---|---|---|---|---|
| C | B | C | D | D | A | A | B | B | A |
| **11** | **12** | **13** | **14** | **15** | **16** | **17** | **18** | **19** | **20** |
| A | B | A | D | D | C | C | B | D | C |

### 二、填空题

**21.** (1)压强减小，二氧化碳气体的溶解度减小

(2)温度升高，二氧化碳气体的溶解度减小

$H_2CO_3 = H_2O+CO_2\uparrow$

**22.** (1)$2H_2S+3O_2 = 2H_2O+2SO_2$

(2)$H_2S$

(3)1∶1

(4)大

**23.** (1)12　$MgSO_4$　$BaCl_2$

(2)a. $CuSO_4+Ba(NO_3)_2 = BaSO_4\downarrow+Cu(NO_3)_2$

b. $CuSO_4+2NaOH = Cu(OH)_2\downarrow+Na_2SO_4$

c. $Cu(OH)_2+2HCl = CuCl_2+2H_2O$

d. $CuCl_2+2AgNO_3 = 2AgCl\downarrow+Cu(NO_3)_2$

(3)Fe(或铁)　$Fe_2(SO_4)_3+3BaCl_2 = 3BaSO_4\downarrow+2FeCl_3$(或其他合理答案)

**24.** (1)$2Al+2NaOH+2H_2O = 2NaAlO_2+3H_2\uparrow$

(2)＝

**25.** (1)$3CO+Fe_2O_3 \xlongequal{高温} 2Fe+3CO_2$

(2)增大反应物的接触面积

(3)$N_2$　$CaO+SiO_2 \xlongequal{高温} CaSiO_3$

(4)使生铁中的碳转化为二氧化碳，降低生铁中的含碳量　延展

(5)铁与空气中的水和氧气发生了反应

(6)$6HCl+Fe_2O_3 = 2FeCl_3+3H_2O$

**26.** (1)降温结晶　(2)①B　②氯化铵　(3)4

### 三、简答题

**27.** (1)见右图

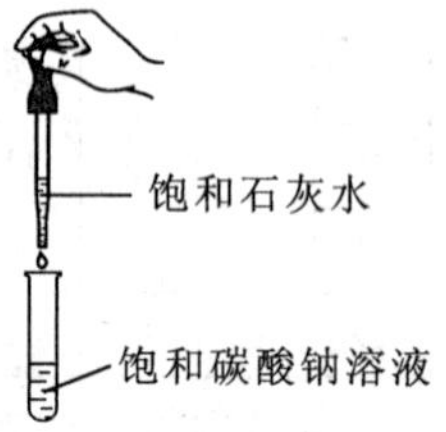


(2)$Na_2CO_3+Ca(OH)_2 = CaCO_3+2NaOH$

(3)碳酸钠和氢氧化钠

(4)往反应后溶液中滴加足量的氯化钡溶液，静置，往上层溶液中滴加酚酞溶液，若溶液变红色，则猜想正确。(或其他合理答案)

**28.** (1)过量的氯化钡溶液、过量的碳酸钠溶液、过量(或足量)的盐酸

(2)＞　除杂过程中有氯化钾生成

(3)烧杯、漏斗

(4)D

(5)搅拌，防止液滴飞溅。

(6)计算、称量、量取、溶解。

**29.** (1)反应前后原子的种类、数目没有改变(或参加反应的钠和氯气的质量等于生成的氯化钠的质量)；钠原子失去电子的总数等于氯原子得到电子的总数；钠原子最外层只有 1 个电子，在化学反应中易失去电子，氯原子最外层有 7 个电子，在化学反应中易得电子；此反应是两种物质反应生成另一种物质，属于化合反应

(2)

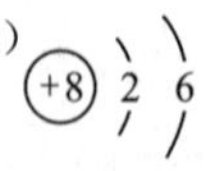


(3)从 1 到 8 依次递增

**30.** (1)催化剂

(2)①0～$t$ 内，锌与稀硫酸反应放出的热量使溶液温度升高，温度越高反应速率越快

②$t$ 以后，稀硫酸的浓度逐渐变小，反应速率就逐渐减慢了。

**31.** (1)$2H_2+O_2 = 2H_2O$

(2)pH 逐渐变小

(3)用玻璃棒蘸取水样滴到(或点到)pH 试纸上，把试纸显示的颜色与标准比色卡进行比较

32. (1)$2C+O_2 \xlongequal{点燃} 2CO$　$2CO+O_2 \xlongequal{点燃} 2CO_2$(或其他合理答案)

(2)$CaCO_3 \xlongequal{高温} CaO+CO_2\uparrow$　$CaO+H_2O \xlongequal{} Ca(OH)_2$

$CO_2+Ca(OH)_2 \xlongequal{} CaCO_3+H_2O$(或其他合理答案)

四、综合应用题

33. (1)检验二氧化碳是否被全部除去

(2)在B、C之间增加装置E,在C、D之间增加装置F。把尾气烧掉或收集起来。

(3)$BaCl_2$ 和 NaOH

(4)B不变浑浊,C中物质由黑色变为红色,F变蓝色,D变浑浊

(5)取A装置中溶液少许于试管中,滴加氯化钡溶液,若有白色沉淀产生,则证明二氧化碳与氢氧化钠发生了化学反应(或其他合理答案)

(6)设生成 $a$ g铜所消耗氢气和一氧化碳的质量分别为 $x$、$y$。

$H_2+CuO \xlongequal{\triangle} Cu+H_2O$

2　　　　64

$x$　　　　$a$ g

$\frac{2}{64}=\frac{x}{a\text{ g}}$

$x=\frac{a}{32}$ g

$CO+CuO \xlongequal{\triangle} Cu+CO_2$

28　　　　64

$y$　　　　$a$ g

$\frac{28}{64}=\frac{y}{a\text{ g}}$

$y=\frac{14a}{32}$ g

生成相等质量的铜单质,消耗氢气的质量小于消耗一氧化碳的质量。

34. (1)$CaCO_3+H_2O+CO_2 \xlongequal{} Ca(HCO_3)_2$

(2)m　n　饱和 $NaHCO_3$ 溶液　浓盐酸挥发出的HCl使浑浊变澄清了。

(3)①$CaCl_2$ 和 HCl

②$Ca(OH)_2+2HCl \xlongequal{} CaCl_2+2H_2O$

(4)气球膨胀,使气球受到的浮力增大(或装置漏气)。

(5)设:2 g碳酸钙完全与盐酸反应生成的氯化钙和二氧化碳的质量分别为 $x$、$y$。

$2HCl+CaCO_3 \xlongequal{} CaCl_2+CO_2\uparrow+H_2O$

　100　　111　　44

　2 g　　$x$　　$y$

$\frac{100}{111}=\frac{2\text{ g}}{x}$

$x=2.22$ g

$\frac{100}{44}=\frac{2\text{ g}}{y}$

$y=0.88$ g

所得溶液中生成物溶质的质量分数为

$\frac{2.22\text{ g}}{50\text{ g}+2\text{ g}-0.88\text{ g}}\times100\%=4.3\%$。

## 2018年上海市初中学生化学竞赛(天原杯)预赛试卷

一、单项选择题

| 1 | 2 | 3 | 4 | 5 | 6 | 7 | 8 | 9 | 10 |
|---|---|---|---|---|---|---|---|---|---|
| B | A | B | B | D | A | C | C | A | D |
| 11 | 12 | 13 | 14 | 15 | 16 | 17 | 18 | 19 | 20 |
| D | C | C | D | B | C | B | B | D | A |

二、多项选择题

| 21 | 22 | 23 | 24 | 25 | 26 | 27 | 28 | 29 | 30 |
|---|---|---|---|---|---|---|---|---|---|
| C | B | B | A | A | B | AD | BC | C | BD |
| 31 | 32 | 33 | 34 | 35 | 36 | 37 | 38 | 39 | 40 |
| C | AC | D | AC | C | D | CD | A | CD | A |

## 2018年江苏省"金钥匙"科技竞赛决赛试题

一、选择题

| 1 | 2 | 3 | 4 | 5 | 6 | 7 | 8 | 9 | 10 |
|---|---|---|---|---|---|---|---|---|---|
| AD | C | AC | A | D | C | BC | A | BC | B |
| 11 | 12 | 13 | 14 | 15 | 16 | 17 | 18 | 19 | 20 |
| B | D | BD | A | C | C | C | A | B | A |

二、判断题

21.

| a | b | c | d | e | f | g | h | i | j |
|---|---|---|---|---|---|---|---|---|---|
| √ | √ | × | √ | √ | × | √ | × | √ | × |

三、综合应用题

22. (1)葡萄糖　淀粉　低　(2)转化为二氧化碳和水,同时放出能量　(3)糖尿病　(4)温度升高酶的活性降低

23. (1)混合物　(2)8

(3)$CH_4+2O_2 \xlongequal{点燃} CO_2+2H_2O$

(4)没有和氧气或空气接触,温度没有达到着火点(答出一点即可)

(5)①$CH_4+H_2O \xlongequal{一定条件} CO+3H_2$　②○○

24. (1)德国现代化学发展早于美国(或钾碱球这个仪器很特别、这个仪器很重要等等,任何答案,合理即可)

(2)$C_2H_5OH+6CuO \xlongequal{高温} 2CO_2\uparrow+3H_2O\uparrow+6Cu$

(3)$CH_4$

(4)[ω−(12a/44)−2b/18]g 或[ω−(3a/11)−b/9]g

**四、研究性学习题**

**25.** (1)①$Ba(OH)_2+H_2SO_4 \xlongequal{} BaSO_4\downarrow+2H_2O$

②无　③C

(2)①A　②$Na^+$　$SO_4^{2-}$　$OH^-$　③减少

**26.** (1)$Na_2CO_3$

(2)$2NaHCO_3+H_2SO_4 \xlongequal{} Na_2SO_4+2H_2O+2CO_2\uparrow$

(3)盐酸的挥发性对实验的干扰

(4)①④⑤

(5)其他条件不变时,温度越高,碳酸氢钠晶体产生速率越快。

**五、科技英语题**

**27.** (1)B　(2)C　(3)B

## 2018年上海市青少年"白猫杯"《生活中化学》知识竞赛初中组决赛试卷

**一、判断题**

| 1 | 2 | 3 | 4 | 5 | 6 | 7 | 8 | 9 | 10 | 11 | 12 |
|---|---|---|---|---|---|---|---|---|---|---|---|
| × | × | √ | √ | × | √ | × | × | √ | √ | × | × |

**二、填空题**

**1.** 71;2.53

**2.** 清洁化学;环境无害化学;有毒;有害;零排放

**3.** 石油;光分解塑料;生物分解塑料

**4.** 面筋;胶原蛋白;小麦蛋白

**5.** 光合;二氧化碳和水

**6.** 一种;一类十分相似的;蔗糖;蛋白质;蛋白质;蛋白酶分解而遭到破坏

**7.** 靛蓝草(或"蓼蓝")

**8.** 油;脂肪;高级脂肪酸的甘油酯;不饱和脂肪酸;饱和脂肪酸

**9.** 凝固时体积膨胀(或"液态时的密度大于固态时的密度");水中结出的冰浮在水面上;冷天水管中的水结冰时造成水管冻裂;保护

**10.** 蓝色染料;蓝色染料及鞣酸铁(若"鞣酸铁"答成"硫酸亚铁和鞣酸"也对);颜色会发生变化,开始时呈蓝色,逐渐地在蓝色上又罩上一层黑色;先用漂白粉溶液涂抹,褪去蓝色染料的颜色,用吸水纸吸干溶液后,再用草酸溶液涂抹,因草酸可将鞣酸铁还原为可溶性的鞣酸亚铁,再用吸水纸吸干溶液,字迹就消去了;二氧化钛(或"钛白粉");世界上最白的东西

**三、计算题**

**1.** (1) 设最少需补充淡水 $x$ mL,则

$(200\times1\times3.5\%)/[(200+x)\times1]=\dfrac{2}{100}$,

$x=150$。

(2) 设最少需排尿 $y$ mL,则

$\dfrac{2}{100}=\dfrac{(200\times1\times3.5\%)}{y}$,

$y=350$。

答:(1)最少需补充淡水 150 mL;(2)最少要排尿 350 mL。

## 2018年全国初中学生化学竞赛初赛试题

**一、选择题**

| 1 | 2 | 3 | 4 | 5 | 6 | 7 | 8 |
|---|---|---|---|---|---|---|---|
| C | D | C | C | B | B | C | C |
| **9** | **10** | **11** | **12** | **13** | **14** | | |
| B | A | C | A | A | D | | |

**二、填空题**

**15.** (1)$N_2$　(2)$CO_2$　(3)NaOH　(4)$H_2SO_4$　(5)$Ca(OH)_2$

**16.** (1)维生素　(2)有机物　(3)碘(或 I)　铁(或 Fe)

**17.** 12　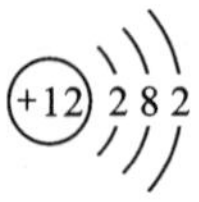　$Mg^{2+}$　+2　MgO

**18.** (1)氧气　(2)元素　(3)使用节水龙头或用洗菜水拖地或用洗衣水冲厕所等(合理答案即可)

**19.** (1)铜片上的白磷燃烧产生白烟　(2)③④　②④　(3)乙

**三、分析题**

**20.** (1) [$Ba(CH)_2$ / $Ca(CH)_2$] $\xrightarrow{③}$ [$Ba(OH)_2$] $\xrightarrow{④}$

(2)$BaO+H_2O \xlongequal{} Ba(OH)_2$

$Ba(OH)_2+CO_2 \xlongequal{} BaCO_3\downarrow+H_2O$

(3)加热后过滤得滤液

**21.** (9分)(1)两　(2)置换反应

(3)$H_2$　$O_2$　$H_2+CuO \xlongequal{\triangle} Cu+H_2O$

(4)C　$C+2CuO \xlongequal{高温} 2Cu+CO_2\uparrow$

**四、实验题Ⅰ**

**22.** (1)E(G)　$2KMnO_4 \xlongequal{\triangle} K_2MnO_4+MnO_2+O_2\uparrow$

(2)二氧化碳($CO_2$)　将导气管口堵住并向长颈漏斗中注一定量的水,静置,观看长颈漏斗中水位是否下降,不下降证明不漏气　(3)a　(4)B　G

(5)试管口略向下倾斜(合理答案即可)

**23.** 【方案设计】

(1)用带火星的木条试验,看木条是否复燃

(2)$SO_2+2NaOH \xlongequal{} Na_2SO_3+H_2O$

(3)实验时在 B 装置中易发生爆炸事故　堵住试管口,靠近火焰点火　尖锐的爆鸣声

【实验探究】$H_2$

【思维拓展】(1)酸性

(2)$SO_2$易溶于水,也能使液面上升　将 NaOH 溶液换成水做对比实验

**五、计算题**

**24.** (1)98　1∶16∶32　(2)22.2 mL　159.2 g

**25.** (1)2

(2)解:设最多可吸取二氧化硫的质量为 $x$。

$2CaO + 2SO_2 + O_2 = 2CaSO_4$

2×56　　2×64

1400 t×80%　　$x$

$$\frac{2\times56}{2\times64}=\frac{1400\ t\times80\%}{x}$$

$x$=1280 t

答:(略)

**六、选择题**

**26.** AB　**27.** CD　**28.** AD　**29.** A　**30.** CD

**七、实验题**

**31.** (1)不能,会引入硝酸钠等新的杂质

(2)将溶液静置后取上层清液,加入氯化钡溶液后假设没有沉淀则证明 $SO_4^{2-}$ 已除尽

(3)除去过量的 $BaCl_2$　假设先过滤,那么在加入 $Na_2CO_3$ 溶液后生成的 $BaCO_3$ 还需要过滤

(4)不严密,没有除去过量的 $Na_2CO_3$

**32.** (1)测定铜粉样品中铜的质量分数

(3)

| | |
|---|---|
| B、E 中有气泡产生 | $2H_2O_2 \xrightarrow{MnO_2} 2H_2O + O_2\uparrow$ |
| C 中的红褐色粉末变成黑色 | $2Cu + O_2 \xrightarrow{\triangle} 2CuO$<br>$C + O_2 \xrightarrow{\triangle} CO_2$ |

(4)$\frac{W-(m_2-m_1)\times\frac{12}{44}}{W}$

(5)水蒸气通过 C 被 D 中碱石灰吸取　洗气瓶　浓硫酸(或干燥管　碱石灰)

## 2019 年江苏省"金钥匙"科技竞赛初赛试题

**一、选择题**

| 1 | 2 | 3 | 4 | 5 | 6 | 7 | 8 | 9 | 10 |
|---|---|---|---|---|---|---|---|---|---|
| C | D | D | C | A | A | D | A | B | B |
| **11** | **12** | **13** | **14** | **15** | **16** | **17** | **18** | **19** | **20** |
| C | A | D | C | D | C | D | AC | BC | A |

**二、填空题**

**21.** (1)O　$Al_2O_3$　$\overset{0}{N_2}$　(2)$KNO_3$　$S^{2-}$

**22.** (1)$H_2O$　$CO_2 + 3H_2 \xrightarrow{催化剂} CH_4O + H_2O$

(2)D

**23.** (1)$CaCO_3$　$CuSO_4$　$Cu(OH)_2$　(2)放出

(3)$Ca(OH)_2 + Na_2CO_3 = CaCO_3\downarrow + 2NaOH$

(4)$CuO + CO \xrightarrow{\triangle} Cu + CO_2$

**三、综合题**

**24.** (1)酒精灯　分液漏斗　(2)C　D　G　H　(3)溶解　B　(4)I　<

**25.** 【问题讨论】(1)使钠和氧气、水隔绝

(2)$2Na + 2H_2O = 2NaOH + H_2\uparrow$

(3)碳　①反应物中不含有氢元素,不能生成氢氧化钠　②碳酸钠　B　乙　③碳酸钠溶液显碱性,也能使酚酞试液变红色　用沙土盖灭

【拓展应用】(1)20　80　玻璃棒

(2)①酸性　NaOH、NaCl

②设:此盐酸的质量分数为 $x$,

恰好完全反应时消耗氢氧化钠质量:20 g×20%=4 g,

$NaOH + HCl = H_2O + NaCl$,

40　　36.5

4 g　　25 g×$x$

$$\frac{40\ g}{4\ g}=\frac{36.5}{25\ g\times x}$$

$x$=14.6%

答:盐酸的实际质量分数是 14.6%。

(3)部分氯化氢气体挥发

## 2019 年江苏省"金钥匙"科技竞赛决赛试题

**一、选择题**

| 1 | 2 | 3 | 4 | 5 | 6 | 7 | 8 | 9 | 10 |
|---|---|---|---|---|---|---|---|---|---|
| AD | C | C | D | BC | D | A | D | BC | C |
| **11** | **12** | **13** | **14** | **15** | **16** | **17** | **18** | **19** | **20** |
| D | D | BC | CD | AC | A | AD | D | BD | BC |

**二、判断题**

| a | b | c | d | e | f | g | h | i | j |
|---|---|---|---|---|---|---|---|---|---|
| √ | × | √ | × | × | √ | √ | × | × | √ |

**三、综合应用题**

**22.** (1)能量　2

(2)第一,月表的温差达到 300 ℃以上,温度最低在 −180 ℃以下,最高在 130 ℃以上;第二,月球表面不存在大气,和空间环境即宇宙空间一样,属于真空状态;第三,月球上,太阳产生的紫外线非常强烈;最后,月球表面还存在宇宙射线和高能粒子的辐照作用(回答出一个即可得分)

(3)ABC

(4)适宜的温度、充足的水、一定厚度和适宜呼吸的大

气　火星

**23.** (1)过滤；物理变化

(2)$6CO_2+6H_2O \xlongequal{光} C_6H_{12}O_6+6O_2$　$CO_2$　$O_2$　$CO_2$

**24.** (1)$Na_2CO_3$　$NH_4NO_3$

(2)$CaO+H2O \xlongequal{} Ca(OH)_2$　$CaCO_3+2HCl \xlongequal{} CaCl_2+H_2O+CO_2\uparrow$

(3)硝酸

**四、研究性学习题**

**25.** (1)氨气极易溶于水　收集的氨气不纯，混有空气(其他合理答案亦可得分)

(2)①相同条件下，氨分子比氯化氢分子运动得快
②$NH_3+HCl \xlongequal{} NH_4Cl$

(3)【现象分析】黄色　红色

【拓展探究】氯化氢气体的密度比空气大，氨气的密度比空气小，两种气体更快反应

**26.** (1)$P_2O_5+3H_2O \xlongequal{\triangle} 2H_3PO_4$　(2)①

【拓展延伸】(3)$4P+5O_2 \xlongequal{高能激光} 2P_2O_5$

(4)DE段：白磷燃烧消耗氧气，导致氧气浓度减小

(5)试管中的液面约上升至试管中空气总体积的五分之一处　钢铁生锈

**五、科技英语题**

**27.** (1)C　(2)B　(3)C

## 2019年全国初中学生化学素质和实验能力竞赛(广东省)初赛试题

### 第一部分

**一、选择题**

| 1 | 2 | 3 | 4 | 5 | 6 | 7 |
|---|---|---|---|---|---|---|
| D | D | B | D | B | A | C |
| **8** | **9** | **10** | **11** | **12** | **13** | **14** |
| A | B | A | C | D | C | D |

**二、填空题**

**15.** C；$C_2H_5OH$；$H_2$；$CO_2$

**16.** 小于；40；37.5%

**17.** 有机物；丙烯由碳和氢两种元素组成；丙烯中碳和氢元素的质量比为6∶1；丙烯分子是由碳原子和氢原子构成

**18.** (1)洗发；护发　(2)活性碳；吸附作用

**19.** (1)鸡蛋壳逐渐溶解，产生大量气泡，蛋壳浮在溶液上面

(2)Ⅱ中溶液出现白色沉淀；Ⅲ中紫色石蕊试液变红

(3)Ⅱ和Ⅲ的现象结合起来足以说明鸡蛋壳的成分中含有碳酸盐；　第Ⅲ步是多余的。

三、**20.** (1)$H_2$；C；CuO

(2)稀$H_2SO_4$或稀HCl(稀硫酸或稀盐酸)

(3)如$CuSO_4+Fe \xlongequal{} Cu+FeSO_4$

(4)在金属活动顺序中位于氢的前面

**21.** (1)$O_3$；结构不同

(2)②　(3)不变；相同

(4)反应过程中氯原子没有损耗，而是在循环消耗臭氧，导致少量的氯原子就能对臭氧层产生巨大影响

四、**22.** (1)铁架台；集气瓶

(2)②；化学方程式略；固—液反应；反应在常温下能够发生

(3)b；使收集的气体更纯

(4)把湿润的pH试纸放在集气瓶口

**23.** (1)①氧气的浓度；②可燃物与氧气的接触面积

(2)

| 实验操作 | 实验现象 | 实验结论 |
|---|---|---|
| 将两块红热的木炭分别放入盛后氧气和空气的集气瓶中 | 盛有氧气的集气瓶中发出白光，燃烧更剧烈 | 氧气的浓度越大，燃烧更剧烈 |
| 取质量相等的两块镁，其中一块磨成粉末，都在空气中点燃 | 镁粉的燃烧程度比镁块的剧烈 | 可燃物与氧气的接触面积越大，燃烧更剧烈 |

(3)化学方程式略

(4)将煤或其他燃料加工成粉末状(或燃料燃烧时不断鼓入空气)。

**五、计算题**

**24.** (1)46.7%　3 kg

**25.** (1)5.3 g

(2)$n(NaOH) \xlongequal{} 13.3\ g-5.3\ g=8\ g$

$NaOH+HCl \xlongequal{} NaCl+H_2$

40　　36.5

8 g　　$m(HCl)\times14.6\%$

$\frac{40}{36.5}=\frac{8\ g}{m(HCl)\times14.6\%}$

$m(HCl)=50\ g$

(3)NaOH被中和后，滴加盐酸，为何没有立即产生CO气体

### 第二部分

**一、选择题**

| 26 | 27 | 28 | 29 | 30 | 31 |
|---|---|---|---|---|---|
| C | C | AD | BD | B | C |

**二、实验题**

**32.** 用集气瓶装满水，盖好玻璃片，拿入仓库，在仓库里把水全部倒掉，再盖好玻璃片，拿出即可；或用注射器，先把注射器中的空气排出，进入仓库后，注射器往后慢慢拉，空气进入注射器里，再拿出仓库外；用空的塑料袋，进

入仓库后把袋口打开，空气进入袋中，用手握紧袋口，再拿出仓库。

**33.** ①$Ba(OH)_2$；$Na_2CO_3$；HCl

②除去 $Ng^{2+}$ 和 $SO_4^{2-}$

$MgCl_2+Ba(OH)_2 = Mg(OH)_2\downarrow+BaCl_2$

$MgSO_4+Ba(OH)_2 = Mg(OH)_2+BaSO_4\downarrow$

③除去 $Ba^{2+}$ 和 $Ca^{2+}$

$Ba(OH)_2+Na_2CO_3 = BaCO_3\downarrow+2NaOH$

$CaCl_2+Na_2CO_3 = CaCO_3\downarrow+2NaCl$

$BaCl_2+Na_2CO_3 = BaCO_3\downarrow+2NaCl$

④刚好无气泡产生

## 2020年海南省初中化学竞赛初赛试题

**一、选择题**

| 1 | 2 | 3 | 4 | 5 | 6 | 7 | 8 |
|---|---|---|---|---|---|---|---|
| C | C | B | D | B | D | A | D |
| **9** | **10** | **11** | **12** | **13** | **14** | **15** | |
| C | A | B | A | D | B | A | |

**二、填空题**

**16.** (1)$NaHCO_3$　$Na_2CO_3$　(2)CO 或 $SO_2$

(3)$2NaOH+H_2SO_4 = Na_2SO_4+2H_2O$

**17.** (1)总是在不断地运动　(2)②　(3)②④

**18.** (1)无色、液体

(2)醋酸会与铝发生反应，腐蚀铝制品

(3)磷酸钙与醋酸反应生成可溶性钙盐，有利于吸收。

**19.** (1)$Cu+2H_2SO_4(稀) \xlongequal{\triangle} CuSO_4+2H_2O+SO_2$

(2)配制波尔多液

**20.** (1)鸡蛋壳逐渐溶解，产生大量气泡，蛋壳浮在溶液上面　(2)$CO_2+H_2O = H_2CO_3$　(3)Ⅰ和Ⅱ的现象结合起来足以说明鸡蛋壳的成分中含有碳酸盐　Ⅲ

**三、简答题**

**21.** (1)小明从嘴里吹出的气体中含有较多二氧化碳，氧气量不足

(2)通过导气管通入氧气或者用一支空试管小心插入水中罩住白磷

**22.** 高效的农药化肥促进农业的增产丰收

**四、实验题**

**23.**

| 实验方案 | 实验现象 |
|---|---|
| 方案(1)维生素C片溶于蒸馏水配成溶液，向其中滴加紫色石蕊溶液 | 溶液变红色 |
| 方案(2)维生素C片溶于蒸馏水配成溶液，用玻璃棒蘸取该溶液滴在pH试纸上，稍后读数 | pH小于7 |

**24.** (1)收集40 mL氧气所需时间　(2)DBE

(3)分离实验后的混合物中的CuO，洗涤干燥后称量其质量，观察其质量是否不变，并将其放入氯酸钾固体中，重复实验2的操作，观察其是否仍能加速氯酸钾的分解

**五、计算题**

**25.** (1)20 g　16.9 mL　(2)0.2 g

**26.** 58%

## 2020年吉林省长春市双阳区初中化学竞赛初赛试题

**一、选择题**

| 1 | 2 | 3 | 4 | 5 | 6 | 7 | 8 | 9 | 10 |
|---|---|---|---|---|---|---|---|---|---|
| B | B | C | D | C | A | D | D | B | D |
| **11** | **12** | **13** | **14** | **15** | **16** | **17** | **18** | **19** | **20** |
| B | B | A | B | C | D | A | A | D | C |

**二、填空题**

**21.** (1)①$Fe^{2+}$　②$Al_2(SO_4)_3$

(2)①$Fe+CuSO_4 = FeSO_4+Cu$

②$Fe_2O_3+3CO \xlongequal{高温} 2Fe+3CO_2$

**22.** 4　461

**23.** 常温下为气态　$H_2$、$O_2$、$CO_2$

含有氧元素　$H_2O$、$O_2$、$CO_2$

**24.** (1)有机物　(2)苯酚有毒性，强烈的腐蚀性

(3)②③　(4)$C_6H_6O+7O_2 \xlongequal{点燃} 6CO_2+3H_2O$

**25.**

| 方法 | 现象 | 结论 |
|---|---|---|
| (1)取样，在酒精灯上加热 | 有刺激性气味的气体生成 | 原化肥是碳酸氢铵 |
| (2)取样，加水溶解，滴加稀盐酸 | 有大量气泡产生 | 原化肥是硫酸钾 |

**26.** (1)−3　(2)$2Mg+O_2 \xlongequal{点燃} 2MgO$　(3)<

**27.** 盐酸、氯化铁

**28.** (1)防止钠与水、氧气反应

(2)钠是银白色金属、密度比水小、质软、熔点低、反应放热、与水反应的生成物中有碱性物质等合理答案均可

(3)$2Na+2H_2O = 2NaOH+H_2\uparrow$；

$2NaOH+CuSO_2 = Na_2SO_2+Cu(OH)_2\downarrow$

29. $BaCl_2$　HCl　NaOH　$Na_2CO_2$

30. (1)过滤　(2)催化　(3)$CaCO_3$　$O_2$

三、31. $Cu^{2+}$、$Fe^{3+}$　$OH^-$　$CO_3^{2-}$　NaOH

NaCl、$NaSO_4$

32. (1)A　带火星的木条(或燃着的木条)

(2)除去 $CO_2$ 中混有的 HCl

(3)NaOH(其他合理答案给分)

(4)在 D 和 E 装置之间增加气体干燥装置(如盛有浓硫酸的洗气瓶等。其他合理答案给分)

四、计算题

33. (1)0.24　氢　(2)$N_2$　0.14

(3)$2NH_3+3CuO \xlongequal{\triangle} 3Cu+N_2+3H_2O$

34. (1)设赤铁矿中 $Fe_2O_3$ 的质量为 $x$,生成 $FeCl_3$ 的质量为 $y$。

$Fe_2O_3+6HCl \xlongequal{} 2FeCl_3+3H_2O$

160　　$6\times36.5$　$2\times162.5$

$x$　$109.5\times10\%$ g　$y$

$\frac{160}{x}=\frac{6\times36.5}{109.5\times10\% \text{ g}}=\frac{2\times162.5}{y}$

解得:$x=8$ g　$y=16.25$ g

赤铁矿中 $Fe_2O_3$ 的含量:$\frac{8 \text{ g}}{10 \text{ g}}\times100\%=80\%$

(2)反应后溶液的质量:8 g+109.5 g=117.5 g

反应后溶液中溶质的质量分数:$\frac{16.25 \text{ g}}{117.5 \text{ g}}\times100\%=13.8\%$

答:赤铁矿中 $Fe_2O_3$ 的含量为 80%,反应后溶液中溶质的质量分数为 13.8%。

## 2020年湖南省益阳市南县初中化学全能知识竞赛

一、选择题

| 1 | 2 | 3 | 4 | 5 | 6 | 7 | 8 |
|---|---|---|---|---|---|---|---|
| C | D | B | B | D | A | A | C |
| 9 | 10 | 11 | 12 | 13 | 14 | 15 | 16 |
| C | D | A | B | D | A | C | A |

二、填空题

17. (1)$NH_3$　HCl　$CH_4+2O_2 \xlongequal{点燃} CO_2+2H_2O$

(2)$H_2O$、$H_2O_2$　$NaHCO_3$、NaCl　$CH_3COOH$

18. (1)脂肪　(2)A　(3)Ca　(4)维生素

19. (1)物理

(2)$ZnO+H_2SO_4 \xlongequal{} ZnSO_4+H_2O$(或写 FeO、CuO 与硫酸的反应)

(3)$ZnSO_4$　(4)冷却结晶

20. (1)加大温室效应,使地球温度升高

(2)置换反应

(3)$CuO+CO \xlongequal{高温} Cu+CO_2$

(4)$4CH_4+7O_2 \xlongequal{点燃} 2CO_2+2CO+8H_2O$

三、实验探究题

21. (1)$Ca(OH)_2+CO_2 \xlongequal{} CaCO_3\downarrow+H_2O$

(2)清液变红色

(3)圆底烧瓶

(4)16.5　(5)2.5%

(6)导管中进入的水未计算在内

四、计算题

22. 解:设恰好完全反应时生成 $HNO_3$ 的质量为 $x$,消耗 HCl 的质量为 $y$。

$AgNO_3+HCl \xlongequal{} AgCl\downarrow+HNO_3$

　　36.5　143.5　63

　　$y$　2.87 g　$x$

$\frac{63}{x}=\frac{143.5}{2.87 \text{ g}}$　$x=1.26$ g

$\frac{36.5}{y}=\frac{143.5}{2.87 \text{ g}}$　$y=0.73$ g

恰好完全反应时溶液的质量为

$50 \text{ g}+\frac{0.73 \text{ g}}{7.3\%}-2.87 \text{ g}=57.13$ g。

$\omega(HNO_3)=\frac{m(HNO_3)}{m(溶液)}\times100\%=\frac{1.26 \text{ g}}{57.13\text{g}}\times100\%=2.2\%$

答:溶质所得溶液的溶质质量分数为 2.2%。

## 2020年广东省初中化学竞赛(天原杯)初赛试题

一、选择题

| 1 | 2 | 3 | 4 | 5 | 6 | 7 | 8 |
|---|---|---|---|---|---|---|---|
| D | D | C | A | C | C | B | B |
| 9 | 10 | 11 | 12 | 13 | 14 | | |
| C | D | B | C | B | D | | |

二、填空题

15. 3　非金属

16. 电极　除铁锈　密度最小　还原性

17. (1)$CH_4+2O_2 \xlongequal{点燃} CO_2+2H_2O$　(2)硫化氢

(3)空气(或氧气)

18. (1)$Cu+2AgNO_3 \xlongequal{} Cu(NO_3)_2+2Ag$

(2)①$Cl_2>Br_2>I_2>S$　②B

19. (1)4.5　45.5　50　(2)加速溶解　(3)取水时视线俯视;称量固体时左码右物

三、简答题

20. (1)开发新能源　减少矿石燃料的使用或提高燃

料的利用率　(2)释放　(3)$CO_2+H_2O$ ══ $H_2CO_3$　(4)大　深海中压强大,温度低

**21.** (1)$Ca(OH)_2$　NaOH　$Na_2CO_3$

(2)$Na_2CO_3+Ca(OH)_2$ ══ $CaCO_3\downarrow+2NaOH$　复分解反应　(3)①

**四、实验题**

**22.** (1)铁架台　酒精灯

(2)酒精不能超过酒精灯容积的 2/3　用酒精灯外焰加热等

(3)ABCD 或 CD　$2H_2O_2 \xlongequal{MnO_2} 2H_2O+O_2\uparrow$　$KMnO_4$　$2KMnO_4 \xlongequal{\triangle} K_2MnO_4+MnO_2+O_2\uparrow$

(4)水槽　碱石灰(或生石灰、烧碱、浓硫酸等)

**23.** (1)

| | |
|---|---|
| ① | ① 除去不溶性杂质 |
| ② | ②与硫酸铜完全反应 |
| ③过滤 | ③ |
| ④ | ④除去过量的铁 |
| ⑤ | ⑤得到硫酸亚铁溶液和铜 |
| ⑥将滤液蒸发结晶 | ⑥ |

(2)$Fe+CuSO_4$ ══ $FeSO_4+Cu$

$Fe+H_2SO_4$ ══ $H_2\uparrow+Fe_2SO_4$

(3)不变;增大

**五、计算题**

**24.** (1)C　(2)59.3%　(3)42.2 mg

**25.** (1)$n=2$　$m=n$ 所以 $m=2$

(2)解:设理论上最多吸收二氧化硫的质量为 $x$。

$2CaO + 2SO_2 + O_2 \xlongequal{高温} 2CaSO_4$

112　　128

1400 t×80%　$x$

112∶128=(1400 t×80%)∶$x$

$x=1280$ t

**六、选择题**

| 26 | 27 | 28 | 29 | 30 |
|---|---|---|---|---|
| B | BC | BD | D | AC |

**七、填空题**

**31.** 8　4980

**32.** (3)$CO_2$、CO、$H_2O$。

(4)第二种　$H_2C_2O_4 \xlongequal{\triangle} CO_2\uparrow+CO\uparrow+H_2O$

(5)底部弯曲的试管避免了熔化的草酸晶体流进导管(或乙同学设计的装置可同时证明 $CO_2$、CO、$H_2O$ 的存在;或乙同学的设计在验证了 CO 存在的同时又解决了 CO 的污染问题)

证明方法:在干燥管的尖嘴处点燃干燥后导出的气体,并在火焰上方罩一个冷而干燥的小烧杯,烧杯内壁无水雾。

**八、计算题**

**33.** (1)设 16 mL 该酱油中含铁元素质量为 $x$,

由题意得,100 mL∶(200 mg×12.5%)=16 mL∶$x$,解得 $x=4$ mg。

∴此人一天从酱油中吸收的铁元素质量为 4 mg×10%=0.4 mg

(2)设需要硫酸亚铁晶体($FeSO_4\cdot7H_2O$)晶体质量为 $y$。

Fe　～　$FeSO_4\cdot7H_2O$

56　　　278

1.12 g　　$y$

56∶1.12 g=278∶$y$

解得 $y=5.56$ g

答:(1)0.4 mg　(2)5.56 g

## 2020 年上海市初三化学竞赛(天原杯)预赛试卷

**一、单项选择题**

| 1 | 2 | 3 | 4 | 5 | 6 | 7 | 8 | 9 | 10 |
|---|---|---|---|---|---|---|---|---|---|
| B | A | D | A | C | D | A | D | C | D |
| **11** | **12** | **13** | **14** | **15** | **16** | **17** | **18** | **19** | **20** |
| D | B | B | A | C | B | D | B | B | D |
| **21** | **22** | **23** | **24** | **25** | **26** | **27** | **28** | **29** | **30** |
| B | C | B | A | A | C | C | A | D | A |
| **31** | **32** | **33** | **34** | **35** | | | | | |
| C | C | C | A | B | | | | | |

**二、多项选择题**

| 36 | 37 | 38 | 39 | 40 | 41 | 42 | 43 | 44 | 45 |
|---|---|---|---|---|---|---|---|---|---|
| AB | CD | CD | AD | A | BD | D | AC | BD | BC |

## 2020 年全国初中化学奥林匹克竞赛试题

**一、选择题**

| 1 | 2 | 3 | 4 | 5 | 6 | 7 | 8 | 9 | 10 |
|---|---|---|---|---|---|---|---|---|---|
| A | B | B | B | A | D | B | C | A | B |

**二、填空题**

**11.** 稀醋酸　碳酸氢钠溶液　用湿抹布扑盖　停止加热,继续通氢气,到试管冷却后为止

**12.** 试管内的水中的二氧化碳已接近饱和　保证不离开水面,不断摇动试管

**13.** $2Cu+H_2O+CO_2+O_2$ ══ $Cu_2(OH)_2CO_3$

14. $3C+S+2KNO_3 \xlongequal{} K_2S+N_2\uparrow+3CO_2\uparrow$

15. 5∶6　16. Cu　17. 23.2%

18. 洗涤碱发生风化作用而失去部分结晶水。

19. $Na^+$、$OH^-$、$CO_3^{2-}$(不要求答 $H^+$)

20. $BaCl_2$、$Na_2SO_4$;$CuSO_4$

21. 通过计算知氢氧化钡溶液能除去更多的二氧化碳。

22. $H_2$;$O_2$;2∶1;分子数

三、实验题

23. 有水喷出;氢气分子质量小,运动速度快,因而在一定时间里进入容器A的氢气分子比逸出的气体分子多,使容器A与盛水的瓶内气体的压强大于外界的大气压,因而有水喷出

24. 发出黄光、放出热量、生成白烟;缓慢氧化;前两个实验没什么变化,第三个实验中白磷燃烧;可燃物质只有在与足够的氧气接触、温度达到着火点以上时,才能发生燃烧

25. ①取一段6~7 cm长的铁丝,用砂纸将其表面擦净,分为3等份备用。另取3支试管,第1支加热使试管内干燥后放入一段铁丝,用橡皮塞塞紧;第2支试管内放入一段铁丝,加满蒸馏水后,用橡皮塞塞紧;第3支试管内放入一段铁丝,加蒸馏水使铁丝的$\frac{1}{2}$浸入水中,3支试管都放在试管架上,过三四天后观察发生的变化　②第1、2两支试管中的铁丝基本没有生锈,第3支试管中的铁丝,在水面处,生锈明显　③第1支试管的实验说明铁生锈不单纯是氧气的作用;第2支试管的实验说明铁生锈不单纯是水的作用;第3支试管的实验说明铁生锈是水和氧气共同作用的结果

26. ①右　②右　$a+b$　左　继续加入样品　③碳酸钠溶液　静置后向上层清液滴加1或2滴碳酸钠溶液至不再出现浑浊时,证明碳酸钠溶液已过量　④稀盐酸　除去过量的碳酸根,以得到纯净的氯化钠　氯化钠　碳酸钙　$CaCl_2$、$H_2O$、$CO_2$　⑤$\frac{\left[b-d\times\left(\frac{111}{100}\right)\right]}{b}\times100\%$

四、计算题

27. (1)0.8 g　(2)33.3%

28. 解:原来的硝酸钠溶液就是不饱和溶液,混合后溶剂增加,硝酸钠更不饱和。原来的氯化钾是饱和溶液,混合后也变为不饱和,因而硝酸钠、氯化钾不会成为晶体析出。混合溶液中的四种离子,也可能结合硝酸钾、氯化钠晶体析出。

$NaNO_3+KCl \xlongequal{} KNO_3+NaCl$

85　　74.5　　101　　58.5

$x$　　31　　$y$　　$x$

$x=35.4$ g恰好反应完全,$y=42.0$ g,$z=24.3$ g。已知10 ℃时硝酸钾的溶解度为20.9 g,氯化钠的溶解度为35.8 g。

100∶150=20.9∶$m$,$m=31.4$ g,31.4<42.0。

100∶150=35.8∶$W$,$w=53.7$ g,53.7>24.3。

可知析出的晶体是硝酸钾。

## 2020—2021学年初三化学用语竞赛试题(全国通用)

1. (1)钡　(2)金　(3)K　(4)Si

2. (1)氩气　(2)氩元素　(3)一个氩原子

3. (1)钠元素符号为Na

(2)钠元素的相对原子质量为22.99

4. (1)三氧化二氮　(2)硝酸　(3)氢氧化亚铁　(4)硫酸铵　(5)碳酸氢钠

5. (1)C　(2)$CO_2$　(3)HCl　(4)$Na_2S$　(5)$ZnCl_2$　(6)2A1　(7)$5CO_3^{2-}$　(8)$SO_3$　(9)$N_2$　(10)$P_4$

6.

| 物质名称 | 化学式 | 构成物质的微粒符号 |
|---|---|---|
| 银 | Ag | Ag |
| 过氧化氢 | $H_2O_2$ | $H_2O_2$ |
| 氯化钠 | NaCl | $Na^+$、$Cl^-$ |

7. (1)一个水分子中含有两个氢原子

(2)一个锌离子带有两个单位的正电荷

(3)2个碘原子

(4)氧化钙中氧元素化合价为−2价

8. (1)化合物　(2)碳元素、氢元素、氧元素

(3)15　(4)122;3∶6　(5)4.2 g

9. (1)氨气在氧气中点燃生成氮气和水

(2)每4个氨气分子可与3个氧分子反应生成2个氮分子和6个水分子

(3)每68份质量的氨气与96份质量的氧气在点燃条件下反应生成56份质量的氮气和108份质量的水

10. (1)1　1　2　(2)1　5　3　4　(3)2　1　3　1　1　3

11. $C_4H_4S$

12. (1)$2H_2O \xlongequal{通电} 2H_2\uparrow+O_2\uparrow$

(2)$3Fe+2O_2 \xlongequal{点燃} Fe_3O_4$

(3)$4P+5O_2 \xlongequal{点燃} 2P_2O_5$

(4)$CO_2+Ca(OH)_2 \xlongequal{} CaCO_3\downarrow+H_2O$

(5)$CaCO_3+2HCl \xlongequal{} CaCl_2+CO_2\uparrow+H_2O$

(6)$2KClO_3 \xlongequal[\triangle]{MnO_2} 2KCl+3O_2\uparrow$

(7)$2KMnO_4 \xlongequal{\triangle} K_2MnO_4+MnO_2+O_2\uparrow$

(8)$2NO+2CO \xlongequal{催化剂} 2CO_2+N_2$。

13. (1)7　(2)化合反应　(3)催化剂　(4)12∶19

14. (1)D $2H_2O+2F_2\xlongequal{点燃}4HF+O_2$。

(2)分子　原子

15. (1)失　金属　$MgCl_2$　(2)5

(3)$Na^+$,$F^-$。

(4)电子层数相同　最外层电子数逐渐增多

16. (1)+2　(2)$HgS+O_2\xlongequal{\triangle}Hg+SO_2$

(3)易挥发性　(4)$Hg+S\xlongequal{}HgS$

17. (1)1.6

(2)解:设该样品中氢化钙的质量为 $x$。

$CaH_2+2H_2O\xlongequal{}Ca(OH)_2+2H_2\uparrow$

42　　　　　　　4

$x$　　　　　　　1.6 g

$\frac{42}{x}=\frac{4}{1.6\ g}$

$x=16.8$ g

答:该样品中氢化钙的质量16.8 g。

## 2021年江苏省"金钥匙"科技竞赛决赛试题

一、选择题

| 1 | 2 | 3 | 4 | 5 | 6 | 7 | 8 | 9 | 10 |
|---|---|---|---|---|---|---|---|---|---|
| B | D | AB | D | AB | AD | AD | B | D | A |
| 11 | 12 | 13 | 14 | 15 | 16 | 17 | 18 | 19 | 20 |
| B | C | B | AC | BC | BD | C | C | C | AD |

二、判断题

21.

| a | b | c | d | e | f | g | h | i | j |
|---|---|---|---|---|---|---|---|---|---|
| √ | × | √ | √ | × | √ | √ | × | × | × |

三、综合应用题

22. (1)高分子有机化合物　C　H　=

(2)气　液　6000　2

(3)$N_2$　将铁中的碳氧化成二氧化碳除去

(4)AB

23. (1)①熔点高　不活泼　②生成金属氧化物

(2)$CO_2$

(3)负　制取成本高(贮存与运输困难等,合理答案答出一条即可)

(4)$SiO_2+2C\xlongequal{高温}Si+2CO\uparrow$

24. (1)$CO_2$

(2)氧化物

(3)$CuSO_4+BaCl_2\xlongequal{}BaSO_4\downarrow+CuCl_2$

四、研究性学习题

25. (1)C　B　(2)10　15.6　(3)③　63∶4

26.【实验探究】(1)吸收氯化氢

(3)过氧化钠在湿度较大的条件下与二氧化碳能反应

(4)防止空气中的水蒸气进入三颈烧瓶

【结论与反思】(1)2

(2)过氧化钠与水能反应

五、科技英语题

27. (1)C　(2)B　(3)A

## 2021年江西省九年级学科竞赛化学试题

一、单项选择题

| 1 | 2 | 3 | 4 | 5 | 6 |
|---|---|---|---|---|---|
| C | D | C | B | B | C |

二、填空与说明题

7. (1)$Ne^+$　(2)$Ca(ClO_3)_2$　+6

(3)①明矾　②滤纸没有紧贴漏斗内壁或滤纸孔被堵塞　(4)B

8. (1)化合反应　$H_2O+CO_2=H_2CO_3$

(2)$H_2O_2$　$C_2H_5OH+3O_2\xlongequal{点燃}2CO_2+3H_2O$;

三、实验探究题

9. (1)有利于集中加热,获得持续高温

(2)B　反应中炭粉会与试管内的氧气反应而部分消耗,故稍过量的炭粉有利于反应的进行　不能

10. (3)使B中分解生成的二氧化碳和水蒸气全部被D、C装置吸收或排尽B装置里的二氧化碳和水蒸气

(4)0.36　0.88　防止空气中的水蒸气和二氧化碳被D装置吸收

4·9

四、计算题

11. (1)是

(2)解:设反应生成 $CO_2$ 的质量为 $x$。

由数据分析知,样品中碳酸钙的质量为8.0g。

$CaCO_3+2HCl\longrightarrow CaCl_2+CO_2\uparrow+H_2O$

100　　　44

8g　　　　$x$

$\frac{400}{44}=\frac{8g}{x}$

得 $x=3.52$g

答:10.0g样品与足量稀盐酸反应后可产生二氧化碳3.52g。

(3) 22.2g

## 2022年初中化学学科竞赛试题(全国通用)

一、选择题

| 1 | 2 | 3 | 4 | 5 | 6 | 7 | 8 |
|---|---|---|---|---|---|---|---|
| D | B | C | AB | AB | A | A | B |

| 9 | 10 | 11 | 12 | 13 | 14 | 15 | |
|---|---|---|---|---|---|---|---|
| B | CD | AB | AB | D | D | BD | |

**二、填空题**

**16.** (1)① $H^+ + OH^- \!=\!=\!= H_2O$；② Zn　$Cu^{2+}$

(2)① $1.204\times10^{24}$ 或 $2\times6.02\times10^{23}$　② 16　③ 0.5

**17.** (1) $HCOOH \xlongequal[60\sim80℃]{浓硫酸} CO\uparrow + H_2O$

(2)甲酸和浓硫酸混合时，浓硫酸溶于水放出大量的热，使温度达到反应所需的温度

(3)由于甲酸和浓硫酸密度不同所以甲酸在上层，浓硫酸在下层，反应在两液体的界面发生，振动试管可使两反应物相互混合、溶解，增大反应物相互间的接触面而加快反应速率

**18.** (1)增大　锌片　(2)都大

**19.** (1)磁

(2) $Fe_3O_4 + 8HCl \!=\!=\!= FeCl_2 + 2FeCl_3 + 4H_2O$

(3)氢氧化钠溶液

(4) $4Fe(OH)_2 + 2H_2O + O_2 \!=\!=\!= 4Fe(OH)_3$

90∶214(或 45∶107)

(5)过滤　洗涤

**20.** (1) $H_2O$　(2) $KClO_3$、NaCl、$NaClO_3$、KCl　(3) C

**21.** (1) 16 g

(2)增大混合气体中空气的比例或补充空气(或氧气)、将空气改为氧气

(3) $CuCl_2 + H_2S \!=\!=\!= CuS\downarrow + 2HCl$

$2FeCl_3 + CuS = S\downarrow + 2FeCl_2 + CuCl_2$　$O_2$　$2H_2O$

**22.** (1) $H_2SO_4$　消石灰或熟石灰

(2) $BaCl_2 + Na_2CO_3 \!=\!=\!= 2NaCl + BaCO_3\downarrow$　复分解反应

(3)气体肥料、灭火等

**三、实验题**

**23.** (1)镁的(反应)表面积或镁的颗粒大小　(2) C

(3) 40～45 ℃均可　(4) 28

**24.** (1) $SiO_2 + 2C \xlongequal{高温} Si + 2CO\uparrow$

(2)分馏(或蒸馏)

(3)①浓硫酸；使滴入烧瓶中的 $SiHCl_3$ 气化

②在该反应温度下，普通玻璃会软化；

$SiHCl_3 + H_2 \xrightarrow{1000\sim1100\ ℃} Si + 3HCl$

③排尽装置中的空气

**四、计算题**

**25.** (1) 14280 元　(2) 34.4%

**26.** 解：(1)① $oa$ 段是氢离子和氢氧根结合生成水的过程，$ab$ 段是氢氧化钠和硫酸铵的反应，故填：

$(NH_4)_2SO_4 + 2NaOH \xlongequal{\triangle} Na_2SO_4 + 2NH_3\uparrow + 2H_2O$；

②样品 A 是硫酸铵和硫酸氢铵的混合物，与硫酸铵反应的氢氧化钠溶液的质量为 27.5 g－2.5 g＝25 g，故氢氧化钠的质量为 25 g×40%＝10 g。

设生成的氨气的质量为 $x$，

$(NH_4)_2SO_4 + 2NaOH \xlongequal{\triangle} Na_2SO_4 + 2NH_3\uparrow + 2H_2O$

　　80　　　　　　　34

　　10 g　　　　　　 $x$

$\frac{80}{34} = \frac{10g}{x}$

$x = 4.25$ g

故填 $(NH_4)_2SO_4$ 和 $NH_4HSO_4$。

(2)① Ⅱ中铵盐质量是Ⅰ的 2 倍，如果氢氧化钠过量，则Ⅱ中生成的氨气量应该是Ⅰ中的 2 倍，实际上相等，则说明Ⅱ中氢氧化钠的量不足，Ⅰ中氢氧化钠足量，故填Ⅰ

②设 10 g 铵盐中含 $x$ g $(NH_4)_2SO_4$、$y$ g $NH_4HSO_4$，

$x + y = 10$，$(\frac{8.12}{40} - \frac{3y}{115})\times17 = 1.36$，$(\frac{x}{132}\times2\times14 + \frac{y}{115}\times14)\div10\times100\% = 17.00\%$

解得 $x = 5.285$　$y = 4.715$　N%＝17.00%

故填 17.00%。

## 2022 年天原杯初三化学竞赛天河区初赛试题

**一、选择题**

| 1 | 2 | 3 | 4 | 5 | 6 | 7 | 8 |
|---|---|---|---|---|---|---|---|
| C | A | D | B | B | B | A | B |
| **9** | **10** | **11** | **12** | **13** | **14** | **15** | |
| D | D | C | C | B | A | A | |

**二、填空题**

**16.** ⑤⑥　①④需要消耗大量的能量　②③有 CO 生成，会污染环境

**17.** 8　4980

**18.** Cu、Fe；$MgCl_2$、$AlCl_3$。

**19.** (1) $H_2O$　(2) $CH_3COOH$　(3) $NH_4NO_3$

(4) $NaHCO_3$　(5) $H_2$、CO、$CH_4$

**20.** ①甘油由 C、H、O 三种元素组成　②每个甘油分子中有 3 个 C 原子，8 个 H 原子，3 个 O 原子　③甘油分子中 C、H、O 原子个数比为 3∶8∶3　④甘油中 C、H、O 元素质量比为 36∶8∶48

**21.** (1) A：$Fe_2O_3$　F：CuO　G：$CO_2$

(2) $FeCl_3 + 3NaOH \!=\!=\!= 3NaCl + Fe(OH)_3\downarrow$

$2H_2O \xlongequal{通电} 2H_2\uparrow + O_2\uparrow$

$Fe + CuSO_4 \!=\!=\!= Cu + FeSO_4$

(3)铁的化学性质比较活泼，在潮湿的空气中容易生锈(被腐蚀)

三、实验题

**22.** $CaCO_3+2HCl \xlongequal{} CaCl_2+CO_2\uparrow+H_2O$　50

方解石含有杂质，$CO_2$ 能溶于水　密度大于空气

**23.** (1)空气中的二氧化碳属于酸性化合物能与呈碱性的 NaOH 溶液发生反应(或者 $2NaOH+CO_2 \xlongequal{} Na_2CO_3+H_2O$)

(2)

| 实验操作步骤 | 实验现象 | 实验结论 |
| --- | --- | --- |
| 1. 取少量氢氧化钠溶液于试管中，滴加 $CaCl_2$ 溶液或 $BaCl_2$ 溶液 | 产生白色沉淀 | 氢氧化钠溶液部分变质 |
| 2. 用玻璃棒蘸取试管中上层清液滴到放在玻璃片上的一小片 pH 试纸上，观察颜色并与标准比色卡比较 | 测得溶液 pH=11 | |

(3) $NaOH+HCl \xlongequal{} NaCl+H_2O$

$Na_2CO_3+2HCl \xlongequal{} 2NaCl+CO_2\uparrow+H_2O$

**24.** (1)碳酸钠溶液　稀盐酸 $CO_2+C \xlongequal{高温} 2CO$

(2) $CO_2$、$CO$、$H_2$、$H_2O$；变蓝色；变浑浊；

$C+H_2O \xlongequal{高温} CO+H_2$

$CO+H_2O \xlongequal{高温} CO_2+H_2$

**25.** (1) $Ca(OH)_2+CO_2 \xlongequal{} CaCO_3\downarrow+H_2O$

(2)开始产生白色沉淀，随着 $CO_2$ 的不断通入，沉淀逐渐增多，然后沉淀不断减少，最后完全消失

(3)7.4　(4)8.8

**26.** (1)1　(2)3

(3) $Zn+H_2SO_4 \xlongequal{} ZnSO_4+H_2\uparrow$

(4)能　49%

## 2023年全国初中化学学科素养大赛试题

一、选择题

| 1 | 2 | 3 | 4 | 5 | 6 | 7 | 8 |
| --- | --- | --- | --- | --- | --- | --- | --- |
| B | A | AC | B | C | A | AD | CD |
| **9** | **10** | **11** | **12** | **13** | **14** | **15** | |
| BD | C | B | D | C | B | D | |

二、非选择题

**16.** (1) $6n$　(2)① $Fe+CuSO_4 \xlongequal{} Cu+FeSO_4$ (或 $Fe+Cu(NO_3)_2 \xlongequal{} Fe(NO_3)_2+Cu$)

② KOH　$KNO_3$ 或 $K_2SO_4$

**17.** (1)铁粉与水和氧气发生了反应　氢氧化钠　生石灰

(2)下降　$CO_2+2NaOH \xlongequal{} Na_2CO_3+H_2O$

**18.** (1) $HCOOH \xrightarrow[80\ ℃]{浓硫酸} CO\uparrow+H_2O$　受热均匀，且容易控制温度

(2)安全瓶，防止 D 中的液体倒吸使 W 形管发生炸裂

(3)ABC　(4)点燃尾气

**19.** (1) $Al_4C_3+4NH_3 \xlongequal{高温} 4AlN+3CH_4$ 或 $AlN+3H_2O \xlongequal{\triangle} Al(OH)_3\downarrow+NH_3\uparrow$　复分解反应

(2)氨气与水反应生成的氨水具有碱性，但氨水不稳定，在较高温度下分解使溶液 pH 变小

**20.** (1)石灰水变浑浊

(2)较少　碳含量较少更易产生二氧化碳，现象更明显

(3)防止空气中的氧气与碳反应生成二氧化碳干扰实验

(4)没有对尾气进行处理

**21.** (1)分离固体和液体

(2) $H^+$、$Fe^{2+}$

(3)中和过量的 $H_2SO_4$

(4) $(NH_4)_2SO_4$

(5) $4FeCO_3+O_2 \xlongequal{高温} 2Fe_2O_3+4CO_2$

**22.** (1)①0.5　50

②硅藻土内部有特殊微孔结构，有吸附性

③在 50 mL 该污水中，0.5 g 硅藻土和 0.5 gNiO 混合，对该污水中 COD 降解效果最好

④不行，水体的污染程度可能不同

(2)在一定体积的污水中，随着硅藻土负载纳米 NiO 的质量增多，COD 降解率越高，当硅藻土负载纳米 NiO 的质量达到一定量时，COD 降解率变化不大

(3)将相同质量的硅藻土负载纳米 NiO 分别放入装有 50 mL 污水的烧杯中，将上述烧杯用保鲜膜密封后，一个置于太阳光下照射 8 h，另一个置于室内光下照射 8 h，分别测得污水中 COD 降解率

**23.** (1) $Na_2CO_3$ 溶液呈碱性，OH 可与 $Cu^{2+}$ 结合生成 $Cu(OH)_2$

(2)取最后洗涤液少量，滴加适量的稀盐酸，无气泡产生

(3)C　B　白色固体变为蓝色

(4) $Cu(OH)_2 \xlongequal{\triangle} CuO+H_2O$

$CuCO_3 \xlongequal{\triangle} CuO+CO_2\uparrow$

(5)2∶1

(6) $4CuO \xlongequal{\triangle} 2Cu_2O+O_2\uparrow$

## 2024年初中学生化学素质和实验能力竞赛试题

一、选择题 **1.** C **2.** C **3.** B **4.** B **5.** D **6.** A **7.** D **8.** D **9.** C **10.** B

二、选择题

**11.** AC **12.** B **13.** A **14.** CD **15.** AB

三、填空题

**16.** (1)$Na_2CO_3$ (2)A (3)C

**17.** (1)BD

(2)$Cu+H_2O_2+H_2SO_4 = CuSO_4+2H_2O$

(3)温度过高时造成 $H_2O_2$ 分解,减缓了化学反应速率

**18.** (1)密度小 (2)$H_2O$

(3)$4Al+3C+3TiO_2 = 3TiC+2Al_2O_3$

**19.** (1)高锰酸钾

(2)$2NaCl+2H_2O \xlongequal{通电} 2NaOH+H_2\uparrow+Cl_2\uparrow$

(3)$NaNO_2+NH_4Cl \longrightarrow N_2\uparrow+NaCl+2H_2O$

**20.** (1)$CuSO_4$ 和 $CaCO_3$

(2)在玻璃片上放一条 pH 试纸,用玻璃棒蘸取少量溶液滴到 pH 试纸上,把试纸显示的颜色与标准比色卡比较,读出 pH (3)$Na_2CO_3$ 三 熟石灰 $(NH_4)_2SO_4$

**21.** (1)$O_2$、$I_2$ (2)0.0048 b、a、c

**22.** (1)$Fe(OH)_3$ (2)$NH_4Cl$

(3)$CaCO_3+2HBr = CaBr_2+H_2O+CO_2\uparrow$

(4)引流 (5)97%

四、实验题

**23.** (1)不漏气 (2)二氧化碳 (3)使生成的气体能做到随制随停,且形成液封,不会漏气 (4)试管内液体回到长颈漏斗中,不再有气泡产生 (5)倾斜试管,使稀硫酸与锌粒接触,即可产生氢气

**24.** (1)托盘天平 (2)没有气泡生成

(3)$(m_1-m_2)/m_1\times100\%$ (4)偏低

(5)慢慢下移 b 管,使两管的液面持平后即可

(6)C (7)40.2 ml

五、计算题

**25.** 7.45 52.2 13.6

**26.** (1)硫酸和硫酸铜混合溶液,向其中加入氢氧化钠溶液,先发生反应 1;$2NaOH+H_2SO_4 = Na_2SO_4+2H_2O$,然后是反应 2;$2NaOH+CuSO_4 \longrightarrow Na_2SO_4+Cu(OH)_2\downarrow$。由于仅有 $Cu(OH)_2$ 是沉淀,可以列如下计算式:

设与 $CuSO_4$ 反应所需 $x$ g 的 NaOH,其中 $Cu(OH)_2$ 的相对分子量为:(63.5+(16+1)×2)g/mol=97.5 g/mol。

$2NaOH+CuSO_4 = Cu(OH)_2\downarrow+Na_2SO_4$

2×40　　　　97.5

$x$　　　　　4.9 g

$\frac{2\times40}{97.5}=\frac{x}{4.9\ g}$,解得 $x=4.02$ g,

则$(3m-2m)\times10\%=4.02$ g,解得 $m=40.2$ g。

(2)滤液仅有一种溶质 $Na_2SO_4$,无论是反应 1 还是反应 2,NaOH 与 $SO_4^{2-}$ 的反应比都是 2∶1,然后生成 1 份的 $Na_2SO_4$,所以 $3m$ 的 NaOH 物质的量为 $\frac{3\times40.2\ g\times10\%}{40}=0.402$ mol,则可以生成 $\frac{0.402\ mol}{2}=0.201$ mol 的 $Na_2SO_4$,则可以生成 0.201×(23×2+32+16×4)g=28.542 g的 $Na_2SO_4$;此时溶液的质量为 100 g+3×40.2=220.6 g,所以此时滤液中溶质的质量分数为 $\frac{28.542}{220.6}\times100\%=12.9\%$,即滤液中溶质的质量分数为 12.9%。